INQUÉRITO POLICIAL
E
PRISÕES PROVISÓRIAS

FRANCISCO SANNINI NETO

INQUÉRITO POLICIAL E PRISÕES PROVISÓRIAS

Teoria e Prática de Polícia Judiciária

De acordo com as Leis 12.830/2013, 12.850/2013 e 12.878/2013

EDITORA
IDEIAS & LETRAS

DIREÇÃO EDITORIAL:
Marcelo C. Araújo

REVISÃO:
Cristina Nunes

COMISSÃO EDITORIAL:
Avelino Grassi
Edvaldo Araújo
Márcio Fabri

PROJETO GRÁFICO:
Junior dos Santos

DIAGRAMAÇÃO E CAPA:
Bruno Olivoto

COPIDESQUE:
Leila Cristina Dinis Fernandes

© Editora Ideias & Letras, 2017.

2ª impressão.

EDITORA
IDEIAS&
LETRAS

Rua Barão de Itapetininga, 274
República - São Paulo/SP
Cep: 01042-000 – (11) 3862-4831
Televendas: 0800 777 6004
vendas@ideiaseletras.com.br
www.ideiaseletras.com.br

Dados Internacionais de Catalogação na Publicação (CIP)
(Câmara Brasileira do Livro, SP, Brasil)

Sannini Neto, Francisco
Inquérito policial e prisões provisórias: teoria e prática de polícia judiciária. De acordo com as Leis 12.830/2013, 12.850/2013 e 12.878/2013 / Francisco Sannini Neto. – 1. ed. – São Paulo: Ideias & Letras, 2014.

ISBN 978-85-65893-59-6

1. Inquérito policial 2. Inquérito policial – Brasil 3. Inquérito policial – Jurisprudência – Brasil 4. Inquérito policial – Leis e legislação – Brasil 5. Prisão cautelar – Brasil I. Título.

14-04203   CDU-343.123.1(81)

Índices para catálogo sistemático:
1. Brasil: Inquérito policial: Direito penal
343.123.1(81)

Sumário

Agradecimentos 11

Apresentação 13

Prefácio 17

Introdução 19

Capítulo I – Sistemas Processuais 23
    1. Considerações gerais... 25
    2. Sistema inquisitivo 26
    3. Sistema acusatório 29
    4. Sistema misto.. 32
    5. Modelo adotado pelo ordenamento jurídico brasileiro............... 32
    6. Modelo ideal 36

Capítulo II – Inquérito policial 39
    1. Destaques iniciais 41
    2. Lei 12.830/2013: A investigação criminal conduzida pelo delegado de polícia 43
        2.1. Comentários aos dispositivos 45
    3. Investigação preliminar no sistema brasileiro: Inquérito policial ... 54
        3.1. Considerações gerais 54
        3.2. Polícia judiciária e a devida investigação criminal constitucional 57
    4. O investigado como sujeito de direitos 73
        4.1. Delegado de polícia e os direitos fundamentais 73
        4.2. Princípios constitucionais do contraditório e da ampla defesa 76

4.2.1. Persecução penal e neoconstitucionalismo 78
4.2.2. Aplicação dos princípios constitucionais do contraditório
e da ampla defesa na investigação criminal 82

5. Indiciamento: Momento e consequências jurídicas 90
    5.1. Ato privativo do delegado de polícia 95
    5.2. Sujeito passivo do indiciamento 98
    5.3. Indiciamento e o artigo 17-D da Lei de Lavagem de Capitais 99
    5.4. Indiciamento e infrações de menor potencial ofensivo 100

6. Poder discricionário do delegado de polícia: Boletim de ocorrência, termo circunstanciado e auto de prisão em flagrante 101
    6.1. Considerações gerais 101
    6.2. Delegado de polícia e causas excludentes da ilicitude 104

7. Das provas produzidas no inquérito policial e suas consequências 108
    7.1. Considerações gerais 108
    7.2. Valor probatório do inquérito policial 109
    7.3. Provas e elementos de informações 112
    7.4. Confissão extraprocessual e seu valor probatório 114

8. Inquérito policial e medidas cautelares decorrentes 117
    8.1. Medidas cautelares podem ser concedidas pelo delegado de polícia?........... 120
    8.2. Poder cautelar do delegado de polícia 121

9. Polícia militar e as atividades de polícia investigativa e judiciária: Constitucionalidade? 125
    9.1. Polícia federal, polícia civil e polícia militar 125
    9.2. Da ilegalidade do cumprimento de mandado de busca e apreensão pela polícia militar 127
    9.3. Da ilicitude da prova oriunda de diligências investigatórias realizadas pela polícia militar 131
    9.4. Do crime de usurpação de função pública 132

10. Lei das Organizações Criminosas e os novos meios de investigação 132
    10.1. Conceito de organização criminosa 133
    10.2. Da colaboração premiada 136
    10.3. Da ação controlada 140

SUMÁRIO

10.4. Da infiltração de agentes 141
10.5. Do acesso a registros, dados cadastrais, documentos e informações 142
10.6. Considerações finais 143

Capítulo III – Prisões Provisórias 147

1. Introdução 149
2. Prisão em flagrante 151
    2.1. Prisão em flagrante e a Constituição da República 151
    2.2. Direitos fundamentais e o Estado Democrático de Direito 152
    2.3. Prisão em flagrante e os direitos fundamentais 153
    2.4. Prisão em flagrante: Histórico 159
    2.5. Natureza jurídica e fundamento 159
        2.5.1. Requisitos para a prisão em flagrante 162
    2.6. Espécies de flagrante 165
    2.7. Flagrante preparado e flagrante esperado 168
    2.8. Flagrante protelado, retardado, diferido ou de ação controlada 171
    2.9. Flagrante obrigatório e facultativo 171
    2.10. Flagrante forjado ou fabricado 172
    2.11. Fases da prisão em flagrante (*inter prisiones*) 173
    2.12. Sujeito ativo da prisão em flagrante 176
    2.13. Sujeito passivo da prisão em flagrante 176
    2.14. Prisão em flagrante e crimes formais 178
    2.15. Prisão em flagrante nos crimes permanentes e continuados 178
    2.16. Prisão em flagrante e a inviolabilidade de domicílio 179
    2.17. Prisão em flagrante e crimes habituais 180
    2.18. Prisão em flagrante e crimes de menor potencial ofensivo 181
    2.19. Prisão em flagrante e crimes de ação penal privada
        e de ação penal pública condicionada 183
    2.20. Prisão em flagrante e o período eleitoral 183
        *2.20.1. Conversão da prisão em flagrante em prisão preventiva
        e o artigo 236 do Código Eleitoral* 184

2.21. Prisão em flagrante e a Lei Maria da Penha..189

2.22. Prisão em flagrante e causas excludentes de ilicitude..................................191

2.23. Prisão em flagrante e o princípio da insignificância.....................................196

    2.23.1. Infração bagatelar própria e infração bagatelar imprópria.................200

    2.23.2. Formalização da aplicação do princípio da insignificância pelo delegado de polícia..205

    2.23.3. Princípio da insignificância e o crime de roubo...............................206

2.24. Prisão em flagrante e os menores de idade..208

2.25. Prisão em flagrante e a fiança..215

    2.25.1. Momento para concessão de fiança pelo delegado de polícia..............221

2.26. Prisão em flagrante e apresentação espontânea..222

2.27. Prisão em flagrante e o Código de Trânsito Brasileiro.................................223

    2.27.1. Prisão em flagrante e o crime de embriaguez ao volante.................224

    2.27.2. Embriaguez ao volante e morte no trânsito: Crime doloso ou culposo?..231

        2.27.2.1. Dolo eventual e culpa consciente............................232

        2.27.2.2. Embriaguez ao volante e morte: Tipificação......................234

2.28. Auto de prisão em flagrante delito: Formalidades.......................................238

2.29. Autoridade competente para a lavratura do auto..239

2.30. Local da lavratura do auto..240

2.31. Prazo para a lavratura do auto..241

2.32. Comunicação da prisão à família e ao advogado..243

2.33. Oitiva de todos os envolvidos na ocorrência...244

2.34. Nota de culpa..246

2.35. Auto de prisão em flagrante e o juiz de direito...246

2.36. Prisão em flagrante e o termo inicial do prazo para a conclusão do inquérito policial..250

3. Prisão preventiva..251

    3.1. Introdução..251

    3.2. Conceito e natureza jurídica...253

    3.3. Pressupostos..255

    3.4. Momento da decretação...259

3.5. Legitimados ativos 260
3.6. Fundamentos (*Periculum Libertatis*) 264
   3.6.1. Garantia da ordem pública 265
   3.6.2. Garantia da ordem econômica 275
   3.6.3. Conveniência da instrução criminal 278
   3.6.4. Assegurar a aplicação da lei penal 282
3.7. Condições de admissibilidade 285
   3.7.1. Crimes punidos com pena máxima superior a quatro anos ...287
   3.7.2. Investigado ou acusado condenado por outro crime doloso em sentença transitada em julgado, ressalvado o disposto no artigo 64, inciso I do Código Penal 291
   3.7.3. Quando o crime envolver violência doméstica e familiar contra a mulher, criança, adolescente, idoso, enfermo ou pessoa com deficiência, para garantir a execução das medidas protetivas de urgência 292
      3.7.3.1. Prisão preventiva *autônoma* e violência doméstica e familiar 295
   3.7.4. Quando houver dúvida sobre a identidade civil da pessoa ou esta não fornecer elementos suficientes para seu esclarecimento 298
3.8. Prisão preventiva e causas excludentes de ilicitude 299
3.9. Espécies de prisão preventiva 300
   3.9.1. Prisão preventiva convertida (artigo 310, II, do Código de Processo Penal) 301
   3.9.2. Prisão preventiva autônoma ou independente (artigo 311 e seguintes do Código de Processo Penal) 303
   3.9.3. Prisão preventiva substitutiva ou subsidiária (artigo 282, § 4º, e artigo 312, Parágrafo Único, do Código de Processo Penal) 307
      3.9.3.1. Polícia judiciária e o descumprimento das medidas cautelares..308
   3.9.4. Prisão preventiva para averiguação (art. 313, Parágrafo Único) 313
3.10. Prisão preventiva e seu prazo de duração 315
3.11. Necessidade de fundamentação da decisão que decreta a prisão preventiva 316

4. Prisão temporária 317
   4.1. Introito 317
   4.2. Constitucionalidade da lei de prisão temporária 320
   4.3. Conceito e natureza jurídica da prisão temporária 321
   4.4. Requisitos da prisão temporária 322

4.5. Prova da materialidade do crime e fundadas razões
de autoria ou participação...324
4.6. Imprescindibilidade para as investigações......................................325
4.7. Fundadas razões de autoria ou de participação do indiciado
nos crimes listados no artigo 1º, inciso III, da Lei 7.960/1989........326
4.8. Prisão temporária e a Lei das Organizações Criminosas................332
4.9. Procedimento para decretação da prisão temporária.....................333
4.10. Prisão cautelar de extraditando (Lei 12.878/2013)........................336

Anexos..341

Bibliografia..369

Agradecimentos

Em primeiro lugar, como não poderia deixar de ser, agradeço a Deus e a todos os meus familiares. Meus pais, Francisco Sannini Filho e Celina Ferreira Sannini, que sempre serviram de exemplo para mim e sempre me apoiaram nos momentos mais difíceis, especialmente na época em que eu sofria em busca de aprovação no concurso público para delegado de polícia.

Agradeço à minha irmã, Maria, ser minha parceira e cúmplice ao longo de toda a nossa vida, além de ser a principal divulgadora das minhas conquistas.

À minha noiva, Audrey Molina Banzi, estar sempre ao meu lado, ser a mulher que é e a futura mãe dos meus filhos. Meu amor, é com você que eu espero construir e conquistar tudo aquilo que eu sempre sonhei.

Agradeço também aos meus dois mestres, amigos e colegas, Dr. Eduardo Cabette e Dr. Eduardo Paglione. Vocês plantaram a semente que resultou neste livro. A ajuda de vocês foi essencial ao sucesso desta obra e a realização deste sonho. Obrigado!

Por fim, agradeço e rendo minhas homenagens a todos os Policiais Civis do Estado de São Paulo e aos Delegados de Polícia de todo o Brasil, pois são eles os primeiros a aplicar o Direito dentro da persecução penal, profissionais que exercem uma função que, além de jurídica, é também policial. A Autoridade de Polícia Judiciária é essencial dentro de um Estado Democrático de Direito e sua função é indispensável na correta aplicação do *jus puniendi* estatal. A todos os colegas e, especialmente, à Turma Charlie do Concurso DP-1/2008-SP, o meu muito obrigado!

Apresentação

Com imensa honra e alegria recebi o convite do amigo Dr. Francisco Sannini Neto para fazer a apresentação da obra com a qual inaugura sua incursão pelas letras jurídicas. Digo "inaugura sua incursão pelas letras jurídicas" somente considerando que se trata do seu primeiro *livro* publicado. No entanto, o Dr. Franciso Sannini Neto já é um fecundo produtor científico com a publicação de vários artigos por todo o Brasil, seja em formato impresso ou nos sítios especializados da internet. Portanto, não inicia agora seu percurso de iluminação de todos aqueles que pretendem aprender o Direito Penal, Processo Penal e a Legislação Esparsa Penal e Processual Penal, mas apenas prossegue e progride como seria de se esperar, considerando sua capacidade e sua dedicação aos estudos e à pesquisa.

Tive a grata satisfação de ser seu professor no curso de bacharelado em Direito e inclusive participar de sua banca de conclusão de curso. Desde os bancos escolares, o Dr. Francisco Sannini Neto já demonstrava o interesse daqueles que são ávidos pelo saber, pelo aprendizado e pelo aperfeiçoamento, cientes de que se não é possível a aquisição da sabedoria plena para nenhum ser humano, nada nos impede, e sim nos compele, pela própria natureza, a tentar incessantemente progredir em direção ao saber. Têm consciência essas pessoas, como o amigo Sannini, que se trata de um caminho sem-fim, mas um caminho cujo trilhar produz frutos espirituais de valor inestimável. Foi com essa inspiração nítida que o vi concluir com louvor o curso de Direito e seguir em sua especialização, bem como sua aprovação no concurso público de Delegado de Polícia do Estado de São Paulo, função esta que hoje exerce com competência e denodo ímpares.

O livro "Inquérito Policial e Prisões Provisórias – Teoria e Prática de Polícia Judiciária" que ora vem a lume é o resultado de todo esse esforço contínuo do estudante, do estudioso, do pesquisador e do profissional, de modo a aliar num só contexto, como o próprio título indica, não somente uma teoria aprofundada e crítica, mas também informações que servirão de norte para todos aqueles que se iniciam ou labutam cotidianamente na prática profissional da investigação criminal.

A obra segue uma metodologia científica de qualidade, partindo do tema geral dos sistemas processuais para depois ingressar no detalhamento do inquérito policial como instrumento de investigação criminal por excelência no sistema jurídico processual penal brasileiro. São abordados temas atualíssimos, tais como, apenas a título exemplificativo, a Lei 12.830/2013, que trata da investigação criminal conduzida pelo delegado de polícia; os limites e amplitude da investigação criminal de acordo com as normas constitucionais; o ato do indiciamento no inquérito policial; a atividade do delegado de polícia diante das infrações de menor potencial ofensivo e das excludentes de ilicitude; o valor probatório do inquérito policial; as medidas cautelares na fase investigativa, com especial destaque para as mudanças operadas pela Lei 12.403/2011 e o consequente estudo de todas as prisões provisórias (flagrante, preventiva e temporária); a nova Lei das Organizações Criminosas (Lei 12.850/2013) e a atuação da Polícia Judiciária e, especialmente, da figura do delegado de polícia. Este, obviamente, é um brevíssimo resumo meramente enumerador dos temas abordados pelo Dr. Francisco Sannini Neto em seu aprofundado trabalho.

Por derradeiro e com a finalidade de liberar mais rapidamente possível o leitor à fruição dos saberes desta obra de alta qualidade, deve-se consignar, com absoluta imparcialidade e justiça, que não se trata de mais um manual simplista e mercadológico, como vários que pululam o mundo editorial nacional. A obra que vem a lume pelas mãos competentes e dedicadas do Dr. Francisco Sannini Neto é sim didática e servirá como farol para os aprendizes do Direito Processual Penal na área da investigação criminal. No entanto, não se resume a isso, porque a estes já irá proporcionar um conhecimento nada epidérmico, mas aprofundado e crítico, de todos os temas

APRESENTAÇÃO

ali desenvolvidos. Para além disso, o livro que tenho a honra de apresentar ao público também se destina a todos os estudiosos, pesquisadores e profissionais do Direito, como útil instrumento de consulta e acesso à vanguarda do pensamento jurídico brasileiro.

Resta apenas parabenizar o autor e o leitor que adquiriu esta obra e dela certamente retirará ensinamentos preciosos.

Eduardo Luiz Santos Cabette
Delegado de Polícia, mestre em Direito Social, Pós-graduado em Direito Penal e Criminologia, professor de Direito Penal, Processo Penal, Legislação Penal e Processual Penal Especial e Criminologia na graduação e na pós-graduação da Unisal, professor conteudista da rede LFG de ensino – atualidades do Direito – e membro do grupo de pesquisa de Ética e Direitos Fundamentais do programa de mestrado da Unisal.

PREFÁCIO

Nos tempos ora vividos, em que é acentuada a disputa de espaços, indevida, ilegítima, inconstitucional, sobre quem é incumbido de exercer a apuração de infrações e de suas autorias, vem a lume a obra jurídica do Dr. Francisco Sannini Neto, que nos honra com o convite para prefaciá-la.

O exercício da polícia judiciária, atividade inerente ao mister de Delegados de Polícia, auxiliados por suas equipes de trabalho, requer constante aperfeiçoamento e embasamento nas novas tendências doutrinárias. Não se trata de trabalho amador; cuida-se de atividade científica, fundada em metodologia própria. Por essa razão, o profissional do Direito que busca o aperfeiçoamento no campo do inquérito policial tem de valer-se do que há de melhor nos campos teórico e prático.

Muito tem sido escrito sobre esse capítulo do Direito Processual Penal. No mais das vezes, "muito do mesmo", reproduzindo-se doutrinas e conceitos num ciclo não inovador, voltado ao consumo imediato de temas jurídicos superficiais e enlatados.

Ávido por novas visões, fundadas em sólida doutrina, deparamos com o trabalho que segue, caracterizado por um texto leve e um modo didático de apresentar os eixos temáticos. O Dr. Sannini aborda as inovações legislativas, percorrendo um caminho lógico na apresentação, vindo do geral ao particular.

O grave tema das prisões e os delicados aspectos referentes a medidas cautelares invasivas – que estão em voga – são analisados sob o enfoque da legalidade, o único permitido neste campo, sob pena de desvirtuarem-se as finalidades da primeira fase da persecução penal.

Orgulha-nos ter contato com primoroso trabalho, elaborado por jovem, estudioso e competente delegado de polícia.

O Dr. Franciso Sannini Neto é um jurista promissor. E o fato de estar à frente da polícia judiciária, exercendo suas funções, atualmente, em delegacia de polícia, credencia seu livro como referência processual penal.

Luiz Mauricio Souza Blazeck
Delegado Geral de Polícia do Estado de São Paulo

Introdução

O objetivo desta obra é destacar a importância do inquérito policial dentro de um Estado Democrático de Direito, sendo ele um instrumento necessário e praticamente indispensável para a apuração de infrações penais, possibilitando, destarte, o correto exercício do direito de punir pertencente ao Estado. Demais, também analisaremos todos os aspectos relevantes que circundam as prisões cautelares, que, por seu turno, se caracterizam como instrumentos indispensáveis para a investigação criminal e para o próprio processo.

Antes de adentrarmos especificamente nos temas, é necessário que entendamos bem o modo como se realiza a *persecutio criminis* no ordenamento jurídico pátrio. Assim, sempre que se constatar a ocorrência de uma infração, cabe ao Estado dar início à persecução penal, com o objetivo de, ao final, aplicar uma pena ao criminoso.

Desse modo, certo de que a autotutela foi afastada pelo sistema jurídico brasileiro, é dever do Estado efetivar seu direito de punir por meio de um processo penal que legitime a aplicação de uma pena, com a observância de todos os princípios estabelecidos na Constituição da República.

Vale lembrar que, com a Constituição de 1988, foi inaugurada uma nova fase na democracia brasileira. Nunca foi dada tanta importância aos direitos fundamentais no Brasil como no atual modelo constitucional. Nesse contexto, antes de se restringir um dos direitos mais importantes de um indivíduo, qual seja, o direito de liberdade de locomoção, o Estado deve sempre se valer de um processo, que é o instrumento adequado para legitimar a aplicação de uma pena.

Nesse diapasão, Aury Lopes Jr. nos ensina que "o processo não pode mais ser visto como um simples instrumento a serviço do poder punitivo (direito penal), senão que desempenha o papel limitador do poder e garantidor do indivíduo a ele submetido. Há que se compreender que o respeito às garantias fundamentais não se confunde com impunidade, e jamais se defendeu isso. O processo penal é o caminho necessário para chegar-se, legitimamente, à pena. Daí porque somente se admite sua existência quando ao longo desse caminho forem rigorosamente observadas as regras e garantias constitucionalmente asseguradas (as regras do devido processo legal)".[1]

Em síntese, podemos afirmar que o ordenamento jurídico deve apresentar um total sincronismo, desde o Código Penal que tipifique condutas que ferem aqueles bens jurídicos tidos como os mais importantes, passando por uma persecução penal que respeite as garantias previstas na Constituição e terminando com a aplicação de uma pena por meio de uma sentença condenatória transitada em julgado.

Sem embargo do exposto até aqui, devemos lembrar que, antes de darmos início à fase processual, devemos passar por uma fase preliminar de investigação, fase esta que é de crucial relevância para o posterior processo, uma vez que o legitima e fornece subsídios ao titular da ação (Ministério Público ou ofendido).

Daí a importância dessa investigação preliminar, que se formaliza por meio do inquérito policial, instrumento que serve de proteção aos direitos fundamentais, já que protege o indivíduo de submeter-se desnecessariamente a um processo, consagrando-se, assim, o Estado Democrático de Direito.

Já no que se refere às prisões cautelares, advertimos que no dia 4 de julho de 2011 entrou em vigor a Lei 12.403/2011, que alterou significativamente o Código de Processo Penal na parte que trata das prisões processuais e medidas cautelares diversas. Como é cediço, dentro de nosso ordenamento jurídico há duas modalidades de prisão: prisão penal (aquela decorrente de

---

[1] LOPES JR., Aury. *Direito Processual Penal e sua Conformidade Constitucional*. 3 ed. Rio de Janeiro: Lúmen Júris, 2008, p. 9.

INTRODUÇÃO

uma sentença condenatória com trânsito em julgado e decretada ao final de um longo processo, cercado por todas as garantias constitucionais, especialmente pela cláusula do devido processo legal); e a prisão processual (decretada durante o processo, antes do trânsito em julgado da sentença penal condenatória).

A inovação legislativa foi, a nosso ver, extremamente positiva, principalmente porque adequou as prisões processuais ao princípio da presunção de não culpabilidade, previsto no artigo 5º, inciso LVII, da Constituição da República, assim como ao postulado da proporcionalidade, tão importante nos dias de hoje.

Explicações para esta alteração não faltam. A Lei 12.403/2011 decretou o fim da banalização das prisões cautelares (ou processuais), na medida em que elas passam a ser utilizadas somente em último caso, quando as demais medidas cautelares se mostrarem insuficientes ou inadequadas para a garantia dos bens jurídicos previstos no artigo 282, inciso I, do Código de Processo Penal.

Sempre foi questionado pela doutrina mais garantista a incompatibilidade das prisões processuais com o princípio da presunção de não culpabilidade. Isto, pois, se o indivíduo só é considerado culpado ao final do processo, com o trânsito em julgado da sentença penal condenatória, não teria sentido sua prisão durante a persecução penal. Ademais, as prisões cautelares muitas vezes feriam o postulado da proporcionalidade, uma vez que suspeitos eram presos por crimes que, ao final do processo, não poderiam resultar numa pena privativa da liberdade.

Com o objetivo de sanar essas falhas e adequar o Código de Processo Penal à Constituição da República, foi promulgada a nova Lei 12.403/2011. Apenas para ilustrar tal mudança de paradigma, trazemos o exemplo do artigo 313 do Estatuto Processual Penal. Este dispositivo nasceu umbilicalmente ligado ao artigo 44 do Código Penal, que trata das hipóteses de substituição da pena privativa de liberdade por penas restritivas de direito.

Dessa forma, a prisão preventiva, em regra, só poderá ser decretada quando se tratar de crime cuja pena máxima cominada seja superior a quatro anos de prisão. Outrossim, essa modalidade prisional poderá ser adotada quando restar caracterizada a reincidência. Percebe-se, nesse contexto, que o legislador manteve uma congruência com o restante do ordenamento jurídico, dificultando a decretação de prisões cautelares desnecessárias.

Salta ao olhos, portanto, a proporcionalidade da medida, pois se o indivíduo não poderá ser preso ao final do processo, não se justifica sua prisão durante a *persecutio criminis*; afinal, o meio não pode ser mais grave que o fim.

Sem embargo do exposto até aqui, devemos destacar que as prisões processuais são aceitas e amplamente utilizadas em todo o mundo. Entende-se, de um modo geral, que se trata de um mal necessário. Levando-se em consideração que não há direitos fundamentais absolutos, é perfeitamente possível e necessária a flexibilização desses direitos de acordo com o caso concreto. São por tais necessidades que a prisão cautelar ganhou espaço dentro dos ordenamentos jurídicos mundiais.

No momento em que o juiz opta pela prisão processual, está decidindo-se a favor da sociedade (ameaçada pela periculosidade de determinada pessoa) ou do processo (meio pelo qual o Estado exerce legitimamente seu direito de punir). Contudo, negada a prisão cautelar, está decidindo-se pelo direito de liberdade de locomoção do suspeito ou pelo princípio da presunção de não culpabilidade. É nesse embate entre direitos fundamentais que se desenvolve o tema em questão.

Ao longo desta obra, procuraremos abordar todos os pontos controversos envolvendo o inquérito policial e as prisões cautelares, dando destaque tanto aos aspectos práticos como aos teóricos, proporcionando, assim, uma visão inédita sobre os temas.

Por fim, não podemos negar que esta obra é, inevitavelmente, contagiada por questões que envolvem o dia a dia do delegado de polícia. Durante nossa carreira dentro da Polícia Civil do Estado de São Paulo, nós nos deparamos com diversas situações pouco corriqueiras e que exigem um pronto posicionamento de nossa parte. Não é fácil decidir e aplicar o Direito tão próximo ao calor dos fatos. Penso que as experiências compartilhadas neste livro podem ser de grande valia para todos aqueles que atuam ou têm interesse em atuar dentro da área penal e processual penal.

Capítulo I
SISTEMAS PROCESSUAIS

1. Considerações gerais

Já é conhecido o jargão de que o nível de democracia de um Estado pode ser constatado por meio de uma análise de seu sistema processual penal. Quanto mais garantias forem conferidas ao acusado durante o processo, mais justa será a decisão final. Tendo em vista que o poder de punir pertencente ao Estado só pode ser exercido por meio de um processo, é essencial que essa caminhada processual seja regada por garantias que não permitam que o acusado seja tratado como um mero objeto do Direito.

Não podemos deixar de reconhecer que a própria história do Direito está diretamente ligada a seu período histórico, sendo que os ordenamentos jurídicos vêm evoluindo de acordo com a evolução da sociedade. Já vivenciamos períodos de intensa repressão, nos quais os direitos e garantias fundamentais eram constantemente violados e oprimidos pelo Estado. Exemplos marcantes dessa fase são o nazismo na Alemanha, o fascismo na Itália e as ditaduras existentes até hoje.

Nesse contexto, tanto o Direito Penal como o Direito Processual Penal são utilizados de acordo com o nível de democracia existente em um Estado. Contudo, devemos salientar que é por meio do processo que o Estado efetivamente toca o indivíduo. Por isso, Aury Lopes Jr. conclui que é no Direito Processual Penal que nós podemos encontrar as principais manipulações do poder político, até pela natureza da tensão existente (poder de apenar *versus* direito de liberdade).[1]

---

[1] LOPES JR., Aury. *Direito Processual Penal*, p. 106.

Em regra, o Estado se vale do Direito Penal para aumentar o nível de repressão ao crime, o que acaba resultando no surgimento de novos tipos penais e no aumento das penas abstratamente cominadas, como se esse ramo do Direito fosse a solução para todos os problemas. No Brasil, infelizmente, nós estamos acompanhando uma constante inflação legislativa, que, por incrível que pareça, é pautada pela falsa premissa de que o rigor penalista é eficaz no combate ao crime. Além de essas ações não produzirem os resultados esperados, nós ainda sofremos com um sistema penitenciário extremamente falho, no qual a pena não cumpre sua função de ressocializar o preso, haja vista que, na maioria dos casos, o condenado sai da penitenciária pior que entrou.

Já no campo processual, o endurecimento de um Estado manifesta-se por meio do utilitarismo judicial, pela ausência de contraditório e ampla defesa, pela prática de atos sigilosos e, especialmente, pelo uso abusivo das prisões cautelares.

Neste capítulo nós analisaremos os sistemas processuais que ganharam destaque ao longo da história e suas principais características. Mais que isso, veremos o modelo que é adotado por nosso ordenamento jurídico e ousaremos sugerir um outro modelo, muito mais garantista e consentâneo com o Estado Democrático de Direito.

2. Sistema inquisitivo

O sistema inquisitivo ganhou força a partir do século XII, principalmente devido às falhas existentes no sistema acusatório. Conforme veremos melhor no próximo ponto, o sistema acusatório é marcado pela divisão dos sujeitos processuais, existindo uma parte acusadora, uma outra responsável pela defesa do acusado e, por fim, um juiz imparcial para analisar o caso penal.

Ocorre que nessa época não havia um órgão estatal responsável pela acusação, sendo essa atividade relegada aos particulares, geralmente um cidadão do povo com boa oratória e que se utilizava dessa função para galgar

CAPÍTULO I SISTEMAS PROCESSUAIS

espaço no meio político. Em virtude disso, a atividade acusatória era repleta de falhas que acabavam gerando sérios reflexos no combate à delinquência.

Com o objetivo de mitigar esse problema, os juízes passaram a assumir uma postura ativa dentro do processo. Naturalmente, os poderes dos magistrados foram aumentando paulatinamente, assumindo cada vez mais as funções reservadas ao acusador privado, chegando ao limite de reunir em um mesmo órgão do Estado as funções de acusação e julgamento. Foi aí que nasceu o juiz-inquisidor.

Tendo em vista a eficácia aparentemente demonstrada pela nova sistemática, esse modelo foi rapidamente adotado por todas as legislações da época, sendo que sua face mais radical foi estabelecida dentro do Direito Canônico, no transcurso do século XIII, com a instituição do Tribunal da Inquisição, que objetivava reprimir a heresia ou qualquer outro tipo de conduta que fosse de encontro com os Mandamentos da Igreja Católica. Essa mesma época ficou conhecida como caça às bruxas, em que várias mulheres foram condenadas à morte em fogueiras, e Joana d'Arc foi sua vítima mais famosa.

Aury Lopes Jr. resume bem as principais características do sistema inquisitório:

> Frente a um fato típico, o julgador atua de ofício, sem necessidade de prévia invocação, e recolhe (também de ofício) o material que vai constituir seu convencimento. O processado é a melhor fonte de conhecimento e, como se fosse uma testemunha, é chamado a declarar a verdade sob pena de coação. O juiz é livre para intervir, recolher e selecionar o material necessário para julgar, de modo que não existem mais defeitos pela inatividade das partes e tampouco existe uma vinculação legal do juiz.[2]

Como podemos notar, no sistema inquisitivo o juiz assume a posição de protagonista, sendo responsável pela investigação, acusação e julgamento

---

[2] LOPES JR., Aury. *Direito Processual Penal. Op. cit.*, p. 112.

do criminoso. Tendo em vista que o suspeito era considerado a principal fonte de prova, as prisões cautelares constituíam a regra, pois o inquisidor precisava dispor do corpo do herege para realizar a tortura e conseguir a confissão, tida como a rainha das provas dentro de um sistema tarifado de provas.

Já que por meio da tortura era facilmente obtida a prova mais valiosa para a condenação de um suspeito, sua defesa tornava-se desnecessária, haja vista que ele próprio já havia admitido sua culpa. Assim, a figura do advogado também era dispensada, sendo que, quando utilizado, sua principal função era convencer o acusado a confessar sua culpa o quanto antes para que lhe pudesse ser imposta uma pena.

Dessa forma, o interrogatório não era utilizado como meio de defesa, mas sim como meio de prova. Devido à importância da confissão, eram utilizadas cinco espécies progressivas de tortura, e o suspeito tinha o "direito" a que somente se praticasse um tipo de tortura por dia.[3] Se o acusado não confessasse ao final de 15 dias de tortura, era liberado.

O sistema inquisitivo foi utilizado por diversas legislações até o final do século XVIII, ocasião em que a Revolução Francesa, influenciada pelas ideias iluministas, passou a extingui-lo de maneira paulatina.

Com o objetivo de facilitar a compreensão do tema, as principais características desse modelo podem ser elencadas da seguinte forma: 1) concentração de poder nas mãos de uma só pessoa (juiz-inquisidor); 2) a confissão do réu é tida como a rainha das provas; 3) não há debates orais, predominando os procedimentos escritos; 4) ausência de contraditório e ampla defesa; 5) procedimento sigiloso; 6) inexistência de coisa julgada; 7) admissão da tortura; 8) as penas geralmente eram aflitivas; 9) as prisões cautelares constituíam a regra; 10) o acusado era tratado como objeto de direito e não como sujeito de direito.

---

[3] LOPES JR., Aury. *Direito Processual Penal. Op. cit.*, p. 116.

CAPÍTULO I SISTEMAS PROCESSUAIS

3. Sistema acusatório

A origem do sistema acusatório está ligada ao Direito grego, sendo que a persecução penal desenvolve-se com a participação direta do povo no exercício da acusação. Conforme analisado acima, o problema desse sistema em sua versão original residia exatamente nesse fato, uma vez que a acusação realizada pelos particulares era falha e passou a exigir uma postura mais ativa por parte dos magistrados, o que, eventualmente, acabou desencadeando o surgimento do sistema inquisitivo.

Contudo, com a Revolução Francesa e suas novas ideologias de valorização do homem e dos direitos fundamentais, o sistema inquisitivo perdeu força e o sistema acusatório foi paulatinamente ressurgindo das cinzas. Dessa vez, todavia, percebeu-se que o mesmo erro não poderia ser repetido, ou seja, a acusação não poderia ficar nas mãos de particulares.

Assim, foi necessária uma divisão da persecução penal em duas fases distintas, sendo que a responsabilidade pela acusação agora ficaria a cargo do próprio Estado, porém, por meio de um órgão distinto do juiz. É exatamente nesse ponto que surge o Ministério Público.

Aury Lopes Jr., ao citar Carnelutti, ensina-nos que há um nexo entre o sistema inquisitivo e o Ministério Público, justamente devido à necessidade de dividir a atividade estatal em duas partes. Nesse contexto, o Ministério Público seria uma *parte fabricada*, que surge da necessidade do sistema acusatório e garante a imparcialidade do juiz.[4]

Dentro dessa nova perspectiva, é impossível não reconhecer que o Ministério Público é parte no processo penal, parte esta responsável pelo exercício de uma pretensão acusatória. Somente com essa divisão de funções o sistema processual fica perfeito, havendo, assim, uma parte acusadora, outra responsável pela defesa e um juiz imparcial na ponta da pirâmide.

É preciso que a doutrina processual penal desmistifique o mito de que o Ministério Público é um sujeito imparcial, que só objetiva promover a justiça. Aliás, quando tratamos de processo penal, o ideal seria que os

---

[4] LOPES JR., Aury. *Direito Processual Penal. Op. cit.*, p. 118.

representantes do Ministério Público fossem chamados de "promotores de acusação" e não "promotores de justiça". O fato de um promotor pleitear, por exemplo, a absolvição do réu em alegações finais não significa que ele seja um sujeito imparcial. Lembramos que, como agente público, o promotor deve pautar sua atuação pelo princípio da legalidade, o que impossibilita a efetivação da acusação sem que haja, ao menos, a prova da materialidade do crime e indícios suficientes de autoria. Ora, seria mesmo absurdo que um órgão pertencente ao Estado, que deve atuar de acordo com a lei (expressão da vontade geral), procedesse a seu arrepio, pleiteando a condenação de um suspeito sem respaldo probatório para tanto. Não podemos, destarte, incidir no erro de acreditar que uma mesma pessoa possa ser capaz de executar duas funções tão antagônicas como acusar e defender, não se podendo, outrossim, confundir a observância da legalidade com uma suposta imparcialidade.

Nessa mesma linha de raciocínio, justamente em virtude de o Ministério Público ser parte no processo penal, somos absolutamente contrários a seu poder investigatório. Isto, pois, como pode um agente do Estado conduzir uma investigação com a devida e necessária imparcialidade, se ele já vislumbra no horizonte uma futura batalha judicial a ser travada?! Mais que isso, quais seriam as garantias do investigado diante de uma investigação conduzida pelo próprio órgão responsável pela acusação posterior?

Não podemos olvidar que a investigação preliminar não se direciona exclusivamente à acusação, sendo que em inúmeras situações a investigação acaba atuando em sentido contrário, ou seja, fornecendo elementos que servem ao próprio investigado, demonstrando, assim, a desnecessidade de submetê-lo a uma fase processual. É exatamente esse o papel do inquérito policial, que não tem vínculo nem com a acusação, nem com a defesa, sendo compromissado apenas com a verdade e com a justiça, servindo como um verdadeiro filtro processual, impedindo que acusações infundadas desemboquem em um processo.

Feitas essas observações, consignamos que a adoção do sistema acusatório, além de exigir a divisão da persecução penal em duas fases distintas (investigação e processo), concentrando as ações processuais (acusação, de-

CAPÍTULO I SISTEMAS PROCESSUAIS

fesa e julgamento) em pessoas diferentes, também demanda a observância de outras características, especialmente no que se refere à postura do juiz, que, necessariamente, deve abster-se de participar da produção de provas, deixando essa função apenas para as partes (acusação e defesa). Somente assim a imparcialidade do juiz restará preservada e o sistema acusatório será respeitado.

Aury Lopes Jr. destaca que o juiz "deve resignar-se com as consequências de uma atividade incompleta das partes, tendo que decidir com base no material defeituoso que lhe foi proporcionado".[5] É essa a premissa elementar do sistema acusatório, que exige a inércia judicial mesmo diante de eventuais falhas oriundas da atividade acusatória.

Raciocínio semelhante deve ser observado no que diz respeito à defesa. Com a criação do Ministério Público, o Estado conseguiu mitigar os problemas decorrentes de uma atividade acusatória mal-administrada. Nesse sentido, faz-se necessário que o Estado também se preocupe em criar e manter um serviço público de defesa, o que deve ser feito por meio do fortalecimento das Defensorias Públicas. Somente assim nós poderíamos ter um sistema acusatório perfeito.

Diante do exposto, podemos sintetizar as principais características de um sistema acusatório puro da seguinte forma: 1) distinção entre as atividades de acusar, defender e julgar; 2) a iniciativa probatória cabe exclusivamente às partes; 3) a figura do juiz deve manter-se inerte e imparcial, sem qualquer participação na atividade probatória; 4) predomina a liberdade de defesa e a isonomia entre as partes do processo; 5) vigora a publicidade e a oralidade; 6) observância do contraditório e da ampla defesa; 7) inexistência de um sistema tarifado de provas, prevalecendo o livre convencimento motivado do julgador; 8) possibilidade de revisão das decisões por meio do duplo grau de jurisdição; 9) existência de coisa julgada; 10) o imputado deve ser tratado como sujeito de direito (desde a investigação criminal) e não como objeto de direito.

---

[5] LOPES JR., Aury. *Direito Processual Penal. Op. cit.*, p. 109.

4. Sistema misto

O sistema misto é dividido em duas fases procedimentais distintas: 1) instrução preliminar; 2) judicial. A fase de instrução preliminar é pautada pelo sistema inquisitivo, no qual a responsabilidade pela produção das provas fica sob a responsabilidade do juiz (juizado de instrução), não havendo contraditório ou ampla defesa e prevalecendo o caráter sigiloso do procedimento. Já na fase judicial nasce a acusação propriamente dita, com debates orais e públicos, divisões de funções e respeito ao contraditório e ampla defesa.

5. Modelo adotado pelo ordenamento jurídico brasileiro

Com base no artigo 129, inciso I, da Constituição da República, que conferiu privativamente ao Ministério Público a atribuição de propor a ação penal pública, a maioria da doutrina entende que nosso ordenamento jurídico adotou o sistema acusatório.

Contudo, deve-se salientar que esse entendimento não é pacífico na doutrina, senão vejamos.

De acordo com o magistério de Paulo Rangel,

> o Brasil adota um sistema acusatório que, no nosso modo de ver, não é puro em sua essência, pois o inquérito policial regido pelo sigilo, pela inquisitoriedade, tratando o indiciado como objeto de investigação, integra os autos do processo, e o juiz, muitas vezes, pergunta, em audiência, se os fatos que constam no inquérito policial são verdadeiros.[6]

Já Guilherme de Souza Nucci entende que o sistema adotado no Brasil, ainda que de maneira não oficial, é o sistema misto.[7] Defende o autor que

---
[6] RANGEL, Paulo. *Direito Processual Penal*. São Paulo: Atlas, 2013, p. 53.
[7] NUCCI, Guilherme de Souza. *Manual de Processo Penal e Execução Penal*. 4 ed. Ed. Revista dos Tribunais, 2007, p. 126.

CAPÍTULO I   SISTEMAS PROCESSUAIS

nosso Código de Processo Penal prevê a colheita inicial de provas por meio do inquérito policial, presidido por um bacharel em Direito (delegado de polícia) e que possui todos os requisitos de um sistema inquisitivo (sigilo, ausência de contraditório e ampla defesa, procedimento escrito etc.). Somente após essa fase preliminar que se ingressa com a ação penal e, em juízo, passam a vigorar as garantias constitucionais mencionadas, aproximando-se do sistema acusatório. Demais disso, as provas colhidas durante a "fase inquisitiva" podem ser consideradas pelo juiz, o que acaba desvirtuando o sistema genuinamente acusatório.

Em conclusão, Nucci arremata dizendo o seguinte:

> Defender o contrário, classificando-o como acusatório é omitir que o juiz brasileiro produz prova de ofício, decreta a prisão do acusado de ofício, sem que nenhuma das partes tenha solicitado, bem como se vale, sem a menor preocupação, de elementos produzidos longe do contraditório, para formar sua convicção. Fosse o inquérito, como teoricamente se afirma, destinado unicamente para o órgão acusatório, visando à formação da sua *opnio delicti*, e não haveria de ser parte integrante dos autos do processo, permitindo-se ao magistrado que possa valer-se dele para a condenação de alguém.[8]

Aury Lopes Jr., por sua vez, afirma que o modelo brasileiro é (neo)inquisitório, pois

> (...) é reducionismo pensar que basta ter uma acusação (separação inicial de funções) para constituir-se um processo acusatório. É necessário que se mantenha a separação para que a estrutura não se rompa e, portanto, é decorrência lógica e inafastável que a iniciativa probatória esteja (sempre) nas mãos das partes. Somente isso permite a imparcialidade do juiz.[9]

---

[8] Nucci, Guilherme de Souza. *Op. cit.*, p. 127.
[9] Lopes Jr., Aury. *Direito Processual Penal. Op. cit.*, p. 119.

Das posições acima consignadas, depreende-se que os principais argumentos contra a adoção do sistema acusatório pelo modelo brasileiro se referem à influência do inquérito policial na decisão final do juiz e na possibilidade deste em realizar atividades probatórias.

Deveras, tais argumentos são irrefutáveis e merecem acolhida. Se um sistema acusatório puro exige a inércia do magistrado no que diz respeito à produção de provas, temos de reconhecer que não foi esse o modelo adotado por nosso ordenamento jurídico. Para subsidiar esse entendimento, vejamos alguns dispositivos do Código de Processo Penal.

> Art. 5º – Nos crimes de ação penal pública o inquérito policial será iniciado:
> II – **mediante requisição da autoridade judiciária** ou do Ministério Público, ou a requerimento do ofendido ou de quem tiver qualidade para representá-lo. (Grifamos.)

> Art. 13 – Incumbirá ainda à autoridade policial:
> II – realizar as diligências **requisitadas pelo juiz** ou pelo Ministério Público. (Grifamos.)

> Art. 311 – Em qualquer fase da investigação policial ou do processo penal, caberá a prisão preventiva **decretada pelo juiz, de ofício, se no curso da ação penal**, ou a requerimento do Ministério Público, do querelante ou do assistente, ou por representação da autoridade policial. (Grifamos.)

Além dos dispositivos citados, existem, ainda, vários outros com determinações semelhantes, seja no Código de Processo Penal ou em legislações especiais.[10] Percebam, caros leitores, que em todos esses casos o juiz abandona sua inércia e sai à caça de elementos probatórios. Muitos alegam que essa atividade seria legítima devido ao poder instrutório do juiz na busca pela verdade real. Não obstante, é inegável que tais procedimentos acabam descaracterizando o sistema acusatório.

---

[10] A Lei 9.296/1996, por exemplo, determina que a interceptação telefônica possa ser decretada de ofício pelo magistrado.

CAPÍTULO I SISTEMAS PROCESSUAIS

Particularmente, entendemos que nosso ordenamento jurídico adotou uma espécie de *sistema acusatório mitigado* ou *relativo*. Não concordamos com o posicionamento de Nucci, pois no sistema misto nós temos uma fase preliminar inquisitiva sem qualquer observância do contraditório ou ampla defesa, sendo o investigado tratado como objeto de direitos e não como sujeito de direitos. Com a devida vênia, não é essa a visão que temos sobre a investigação preliminar, pois, conforme veremos ao longo desta obra, os princípios do contraditório e da ampla defesa devem ser observados durante essa fase nas medidas de suas possibilidades. Ademais, dentro de uma visão constitucional da persecução penal, o investigado deve ser tratado como sujeito de direitos desde sua fase preliminar de investigação e não apenas durante o processo.

Da mesma forma, não concordamos que o sistema (neo)inquisitivo de Lopes Jr., vez que incabível qualquer analogia com este período de exceção dentro de um Estado Democrático de Direito. Falar em inquisição é aceitar os abusos perpetrados pelo Estado, é conceber violações constantes a direitos fundamentais e, acima de tudo, é legitimar a tortura como meio para a obtenção de provas. Ora, desnecessário comentar que as atividades de investigação devem observar todas as regras e princípios expressos na Constituição da República, sendo a tortura, inclusive, criminalizada por nosso ordenamento jurídico. Por tudo isso, refutamos qualquer analogia entre o sistema inquisitivo e a fase preliminar de investigação.

Por fim, considerando que nossa sistemática permite uma postura proativa do juiz, que pode, outrossim, pautar sua decisão pelos elementos produzidos na fase preliminar de investigação, na qual os princípios do contraditório e da ampla defesa não são observados em sua plenitude, também não podemos afirmar que nosso modelo é o acusatório (puro). Justamente por possuir tais características, defendemos que nosso ordenamento adotou um *sistema acusatório mitigado* ou *relativo*, que sofre a influência da fase preliminar de investigação e permite que o juiz abandone sua inércia de maneira excepcional, apenas quando necessário à melhor formação de seu convencimento e no intuito de buscar a verdade possível acerca do evento criminoso.

Asseveramos, todavia, que essa postura proativa do magistrado deve ser evitada para que sua imparcialidade se comprometa o menos possível. Por outro lado, sob pena de colocarmos em risco os direitos discutidos no processo, é interessante que o juiz, de maneira excepcional, assuma uma postura ativa, com o objetivo de evitar que eventual equívoco das partes possa prejudicar o correto exercício jurisdicional. Vale dizer, ainda, que essa conduta só poderia ser adotada na fase processual, sendo a produção de prova pelo magistrado fora do processo absolutamente inconstitucional.

6. Modelo ideal

Após analisarmos de maneira profunda as espécies de sistemas processuais e suas principais características, podemos concluir que a maior problemática sobre o assunto envolve a fase preliminar de investigação, materializada por meio do inquérito policial.

Sendo assim e certo de que nosso ordenamento jurídico adotou um *sistema acusatório mitigado* ou *relativo*, ousamos sugerir a implementação de uma sistemática que aproximaria o modelo brasileiro do ideal.

Nesse sentido, defendemos que o delegado de polícia deveria atuar como uma espécie de juiz da fase pré-processual, agindo como se fosse um verdadeiro juiz de instrução. Por ser bacharel em Direito, assim como o juiz, a autoridade de polícia judiciária é o agente estatal capaz de proporcionar uma perfeita investigação criminal sob o ponto de vista jurídico, além de fomentar a paridade de armas entre as partes envolvidas nesta fase da persecução penal. Por não ser vinculado ao processo posterior, o delegado de polícia pode conduzir a investigação de maneira imparcial e justa, preservando-se, assim, o princípio da igualdade.

Sem embargo, para que a persecução penal transcorra de maneira equilibrada e em pé de igualdade, além do delegado de polícia, nós também precisamos da presença das partes desde essa fase preliminar, transportando para a investigação a pirâmide adotada na fase processual, substituindo apenas o juiz pela autoridade policial.

CAPÍTULO I   SISTEMAS PROCESSUAIS

Com o objetivo de ilustrar o raciocínio ora desenvolvido, defendemos que as delegacias de polícia fossem estruturadas com plantões permanentes de promotores e defensores públicos. Assim, todos os elementos produzidos nessa fase já poderiam, dentro do possível, ser produzidos sob o império do contraditório e da ampla defesa. Com a adoção desse modelo, além de reforçarmos os direitos e garantias do investigado, nós também teríamos um significativo incremento na celeridade da persecução penal, pois inúmeras provas produzidas na fase pré-processual não precisariam ser repetidas durante o processo.

Em conclusão, consignamos que estamos cientes de que o modelo apresentado por nós tem espaço apenas no mundo dos sonhos, haja vista que o Estado não dispõe de recursos materiais ou humanos para efetivar sua implementação. Contudo, várias ideias que mudaram o mundo começaram nos sonhos de seus idealizadores. Quem sabe esse sonho um dia vire realidade. Cabe a reflexão ao mundo jurídico!

Capítulo II

INQUÉRITO POLICIAL

1. Destaques iniciais

O objetivo desta obra é destacar a importância do inquérito policial dentro de um Estado Democrático de Direito, sendo ele um instrumento necessário e praticamente indispensável para a apuração de infrações penais, possibilitando, destarte, o correto exercício do direito de punir pertencente ao Estado.

Ademais, também intencionamos demonstrar a observância de diversos princípios constitucionais durante a investigação criminal, tais como o princípio do devido processo legal, princípio do contraditório e da ampla defesa, princípio da motivação das decisões, princípio da presunção de inocência, princípio da proporcionalidade, princípio da igualdade (paridade de armas), princípio da dignidade da pessoa humana etc.

Antes de adentrarmos especificamente no tema, é necessário que entendamos bem o modo como se realiza a *persecutio criminis* no ordenamento jurídico pátrio. Assim, sempre que se constatar a ocorrência de uma infração, cabe ao Estado dar início à persecução penal com o objetivo de, ao final, aplicar uma pena ao criminoso.

Certo de que a autotutela foi afastada pelo sistema jurídico brasileiro, é dever do Estado efetivar seu direito de punir por meio de um processo penal que legitime a aplicação de uma pena, com a observância de todos os princípios estabelecidos na Constituição da República.

Vale lembrar que, com a Constituição de 1988, foi inaugurada uma nova fase na democracia brasileira. Nunca foi dada tanta importância aos direitos fundamentais no Brasil como no atual modelo constitucional. Nesse contexto, antes de se restringir um dos direitos mais importantes do indivíduo, qual seja, o direito de liberdade de locomoção, o Estado deve sempre se valer de um processo, que é o instrumento adequado para legitimar a aplicação de uma pena.

Nesse diapasão, Aury Lopes Jr. nos ensina que

> o processo não pode mais ser visto como um simples instrumento a serviço do poder punitivo (direito penal), senão que desempenha o papel limitador do poder e garantidor do indivíduo a ele submetido. Há que se compreender que o respeito às garantias fundamentais não se confunde com impunidade, e jamais se defendeu isso. O processo penal é o caminho necessário para chegar-se, legitimamente, à pena. Daí porque somente se admite sua existência quando ao longo desse caminho forem rigorosamente observadas as regras e garantias constitucionalmente asseguradas (as regras do devido processo legal).[1]

Em síntese, podemos afirmar que o ordenamento jurídico deve apresentar um total sincronismo, desde o Código Penal que tipifique condutas que ferem aqueles bens jurídicos tidos como os mais importantes, passando por uma persecução penal que respeite as garantias previstas na Constituição e terminando com a aplicação de uma pena por meio de uma sentença condenatória transitada em julgado.

Sob tais premissas, Fauzi Hassan Choukr conclui que

> a dignidade da pessoa humana como fundamento maior do sistema implica a formação de um processo banhado pela alteridade, ou seja, pelo respeito à presença do outro na relação jurídica, advindo daí a conclusão de afastar-se deste contexto o chamado modelo inquisitivo de processo, abrindo-se espaço para a edificação do denominado sistema acusatório. Fundamentalmente aí reside o núcleo de expressão que afirma que o réu (ou investigado) é sujeito de direitos na relação processual (ou fora dela, desde já na investigação), e não objeto de manipulação do Estado.[2]

---

[1] LOPES JR., Aury. *Direito Processual Penal e sua Conformidade Constitucional. Op. cit.*, p. 9.
[2] CHOUKR, Fauzi Hassan. *Garantias Constitucionais na Investigação Criminal*. 3 ed. Rio de Janeiro: Editora Lumen Juris, 2006, p. 8.

CAPÍTULO II INQUÉRITO POLICIAL

Sem embargo do exposto até aqui, devemos lembrar que, antes de se dar início à fase processual, devemos passar por uma fase preliminar de investigação, fase esta que é de crucial relevância para o posterior processo, uma vez que o legitima e fornece subsídios ao titular da ação penal (Ministério Público ou ofendido).

Daí a importância dessa investigação preliminar, que se formaliza por meio do inquérito policial, instrumento que serve de proteção aos direitos fundamentais, já que protege o indivíduo de submeter-se desnecessariamente a um processo, consagrando-se, assim, o Estado Democrático de Direito.

2. Lei 12.830/2013: A investigação criminal conduzida pelo delegado de polícia

Foi aprovada pelo Congresso Nacional a Lei 12.830/2013, que dispõe sobre a investigação criminal conduzida pelo delegado de polícia. Com a entrada em vigência da nova lei, não só os delegados de polícia, mas toda a sociedade terão muito de comemorar, pois quanto mais garantias forem concedidas às autoridades de polícia judiciária, mais bem elaborada será a investigação, e quanto melhor for a investigação, mais próximo nós chegaremos do ideal de justiça.

Logo no início desta obra, nós destacamos que o modelo de investigação criminal adotado pelo Brasil não está livre de críticas, especialmente devido ao fato de que as autoridades responsáveis por sua condução não dispõem das prerrogativas necessárias à perfeita realização de suas atividades. Como investigar uma pessoa importante e de grande influência política com a devida imparcialidade, se a autoridade responsável pela investigação é extremamente vulnerável a ingerências de seus superiores?!

Aliás, é exatamente por esse motivo que Juízes e Promotores gozam da garantia da inamovibilidade, pois com essa prerrogativa, inerente ao cargo, tais autoridades podem desenvolver suas funções com a necessária imparcialidade. Ao conferir essa garantia aos juízes e promotores, o legislador constituinte o fez pensando em toda a sociedade, que assim teria seus valores e direitos mais bem protegidos por agentes estatais capazes de garantir e dar efetividade à justiça.

Nesse sentido, em uma época em que muito se discute sobre o poder investigatório do Ministério Público, questão muito mais relevante e de enorme importância para a sociedade seria a extensão, aos delegados de polícia, das mesmas prerrogativas conferidas aos juízes e promotores. Apenas com a garantia da inamovibilidade os delegados de polícia poderão conduzir as investigações criminais com a devida isenção e com a necessária objetividade.

Certo de que a persecução penal tem o intuito de reconstituir o fato criminoso, buscando chegar ao mais próximo possível da "verdade real", tendo em vista que a investigação criminal – iniciada logo após a ocorrência da infração – é o instrumento apto a reunir provas e elementos de informação sobre autoria e materialidade do crime, é extremamente necessário que o titular dessa investigação, ou seja, o delegado de polícia, goze de prerrogativas que lhe possibilitem o perfeito exercício de seu mister, sem qualquer ingerência política ou administrativa, devendo observância apenas aos preceitos legais, constitucionais e a seu livre convencimento jurídico e motivado sobre o fato apurado.

Num período em que a violência e a criminalidade não param de crescer, a sociedade é a maior prejudicada pelas brigas ideológicas e de egos envolvendo as instituições ligadas à persecução penal. É preciso que se dê um basta nessas guerras institucionais. Para tanto, é indispensável o respeito às regras preestabelecidas de distribuição de atribuições e competências. Imbuído desse espírito, o legislador vem, por meio do projeto de Lei 132/2012, reforçar a autonomia do delegado de polícia na condução da investigação criminal. É o que veremos na sequência.

CAPÍTULO II INQUÉRITO POLICIAL

2.1. Comentários aos dispositivos

Art. 2º – As funções de polícia judiciária e a apuração de infrações penais exercidas pelo delegado de polícia são de natureza jurídica, essenciais e exclusivas de Estado.

No artigo 2º do projeto de Lei, o legislador ordinário reitera a distinção feita pelo legislador constituinte entre *as funções de polícia judiciária* e a *apuração de infrações penais*. No primeiro caso nós temos aquelas atividades diretamente ligadas ao apoio ao Poder Judiciário (v.g. cumprimento de mandados de busca, condução coercitiva de testemunhas etc.). Já no segundo caso, nós temos aquelas atividades relacionadas à investigação de infrações penais, que, em última análise, também servem de suporte ao perfeito exercício do Poder Judiciário.

Feita essa distinção, o dispositivo em análise deixa claro que o delegado de polícia, no exercício de suas funções – seja de polícia judiciária ou na apuração de infrações penais –, realiza atividade de natureza jurídica, essencial (ou seja, indispensável) e exclusiva do Estado. Em outras palavras, o legislador reconhece que a autoridade de polícia judiciária é essencial para a Justiça, assim como os juízes, promotores e advogados/defensores públicos.

Já no final do dispositivo em questão, o legislador determina que as funções exercidas pelo delegado de polícia são *exclusivas de Estado*. Isso significa que o Estado chamou para si a responsabilidade pela investigação de infrações penais. Nada mais lógico e oportuno, afinal, a investigação criminal, por vezes, acaba restringindo direitos fundamentais, o que demanda a atuação de agentes estatais, que pautam suas ações pelo princípio da legalidade pública, só podendo fazer aquilo que está previsto em lei. Dessa forma, investigações realizadas por particulares são absolutamente ilegais, não podendo ser toleradas em nosso ordenamento jurídico, principalmente por não contarem com qualquer previsão legal. Reforçando esse entendimento, consignamos que procedimentos investigativos que não possuem perfeita regulamentação legal podem acarretar em abusos e violações aos direitos do investigado, prejudicando, inclusive, a correta apuração do crime.

Não podemos nunca nos esquecer de que vivemos em um Estado Democrático de Direito, sendo que o direito de punir pertencente ao Estado não pode ser exercido a qualquer preço, devendo guardar estreita obediência ao princípio da dignidade da pessoa humana, que, por sua vez, é a fonte de todos os direitos fundamentais. Nesse contexto, qualquer investigação criminal que seja realizada sem a devida previsão legal coloca em risco tudo o que foi conquistado pela Constituição Cidadã de 1988, expondo novamente uma indesejada face inquisitiva do Estado, em que os direitos fundamentais são relegados a um segundo plano com o objetivo de saciar sua ânsia punitiva.

> § 1º – Ao delegado de polícia, na qualidade de autoridade policial, cabe a condução da investigação criminal por meio de inquérito policial ou outro procedimento previsto em lei, que tem como objetivo a apuração das circunstâncias, materialidade e autoria das infrações penais.

Com base nesse dispositivo podemos afirmar, primeiramente, que "autoridade policial" é apenas o delegado de polícia. Sendo assim, qualquer ato normativo que fizer menção à figura da "autoridade policial" estará referindo-se ao delegado de polícia. Sendo assim, podemos concluir, por exemplo, que o termo circunstanciado previsto na Lei 9.099/1995 só pode ser lavrado pelo delegado de polícia, sendo ilegais os termos confeccionados por oficiais da polícia militar.

Dando continuidade na interpretação do dispositivo, podemos afirmar que cabe ao delegado de polícia a condução da investigação criminal, que, via de regra, se materializa por meio do inquérito policial, que, por sua vez, é o único procedimento de investigação criminal com regulamentação legal.

Em nosso entendimento, o texto legal apenas reitera o disposto no artigo 144 da Constituição da República, que confere às polícias judiciárias, dirigidas por delegados de polícia de carreira, a atribuição para realizar a investigação de infrações penais.

CAPÍTULO II INQUÉRITO POLICIAL

Notem, caros leitores, que o dispositivo determina que qualquer procedimento previsto em lei que tenha por objetivo a apuração das circunstâncias, materialidade e autoria das infrações penais, deve ser conduzido pelo delegado de polícia. Nesse caso, não importa o meio pelo qual se materializa a investigação criminal – seja pelo inquérito policial ou outro procedimento previsto em lei –, o importante é que, em se tratando de infração penal, suas circunstâncias e autoria, a atividade seja conduzida pelo delegado de polícia.

Por tudo isso, entendemos que, reforçando o conteúdo da Constituição da República, a nova lei impossibilita a realização de procedimentos investigatórios criminais por autoridades diferentes do delegado de polícia. Explicamos. Outras instituições, como o Ministério Público, Receita Federal, COAF etc., podem realizar investigações ou fiscalizações ligadas a suas atividades-fim. Contudo, tais instituições não podem iniciar uma investigação com o intuito exclusivo de apurar infrações penais. Inclusive, é nesse sentido que se pode afirmar que o inquérito policial é dispensável, pois, em inúmeros casos, outros procedimentos investigativos podem, eventualmente, reunir elementos que, por si só, justifiquem o início da ação penal, dispensando-se, assim, a instauração do inquérito policial.

Entretanto, insistimos que em se tratando de procedimento cujo objetivo exclusivo seja a apuração de infrações penais, essa atividade deve, por força de lei, ser conduzida por delegado de polícia. Desse modo, numa interpretação *a contrario sensu*, seria ilegal a investigação criminal conduzida pelo Ministério Público. A uma, porque ela é desenvolvida sem participação do delegado de polícia. A duas, porque essa investigação não possui qualquer previsão legal.

Da mesma forma, considerando que interceptações telefônicas e mandados de busca e apreensão têm por objetivo a apuração das circunstâncias, materialidade e autoria de infrações penais, tais procedimentos, que são essencialmente investigativos, não podem ser conduzidos pela polícia militar, salvo em se tratando de crimes militares.

> *§ 2º* – Durante a investigação criminal cabe ao delegado de polícia a requisição de perícia, informações, documentos e dados que interessam à apuração dos fatos.

O dispositivo em questão não necessita de esforços interpretativos. Nesse sentido, durante a investigação criminal o delegado de polícia pode requisitar perícia, informação, documentos e dados que possam interessar à perfeita apuração dos fatos. Vale destacar que a "requisição", nesse caso, tem o sentido de determinação, de ordem, não podendo ser desrespeitada por seu destinatário. Caso contrário, poderá restar caracterizado o delito de desobediência.

Como exemplo, podemos citar a requisição de perícia ao Instituto de Criminalística ou ao Instituto Médico Legal. Da mesma forma, o texto legal confere ao delegado de polícia a possibilidade de determinar a condução coercitiva de uma testemunha para prestar as informações necessárias à apuração do delito.

Tendo em vista que o dispositivo em questão estabelece que o delegado de polícia poderá requisitar informações, documentos, dados etc., que interessem à apuração dos fatos, podemos concluir que essa previsão também inclui a possibilidade de requisitar informações, por exemplo, às empresas telefônicas, instituições financeiras, provedores de internet e administradoras de cartão de crédito, desde que seu conteúdo verse sobre a qualificação pessoal do investigado, filiação ou endereço. Asseveramos, todavia, que as informações protegidas pela cláusula de reserva de jurisdição continuam dependendo de autorização judicial (v.g. sigilo bancário ou telefônico).

> *§ 3º* – O delegado de polícia conduzirá a investigação criminal de acordo com seu livre convencimento técnico-jurídico, com isenção e imparcialidade (VETADO).

O dispositivo em análise era um dos mais importantes da lei, uma vez que conferia ao delegado de polícia uma maior autonomia na condução da investigação criminal. Como todo agente público, a autoridade policial deve pautar suas ações pelo princípio da imparcialidade, o que garante também sua isenção na condução da investigação criminal. Desnecessária, portanto, essa previsão no texto legal.

Contudo, ao dispor que o delegado de polícia *conduzirá a investigação criminal de acordo com seu livre convencimento técnico-jurídico*, o legislador pretendia destacar que o contorno jurídico do caso nessa fase preliminar deve ficar por conta da autoridade policial.

CAPÍTULO II   INQUÉRITO POLICIAL

Considerando que o delegado de polícia possui uma formação essencialmente jurídica, devendo ser bacharel em Direito, sendo submetido a concursos públicos extremamente rígidos, assim como juízes, promotores, defensores públicos etc., é dever da autoridade de polícia judiciária analisar o fato criminoso sob todos os aspectos jurídicos. Mais do que isso, na condução da investigação, que objetiva a perfeita elucidação dos fatos, o delegado de polícia pode coordenar as diligências de maneira discricionária, de acordo com a necessidade para a formação de seu convencimento sobre o caso. No mesmo sentido e reforçando o exposto nesse ponto, lembramos que a Constituição do Estado de São Paulo garante, em seu artigo 140, § 3º, que *"aos Delegados de Polícia é assegurada independência funcional pela livre convicção nos atos de polícia judiciária"*.

Isso não significa, todavia, que a autoridade policial possa eximir-se de atender uma requisição feita pelo Ministério Público. Muito pelo contrário. Como titular da ação penal, o Ministério Público pode requisitar diligências que sejam imprescindíveis para o exercício desse mister. O delegado de polícia, por sua vez, deve acatá-las não por subordinação ao Ministério Público, mas sim por respeito ao princípio da legalidade, que deve pautar toda a investigação criminal.

Apesar de interpretação ora esposada, a Presidência da República optou por vetar esse dispositivo por entender que ele poderia gerar um conflito entre o Ministério Público e as Polícias Judiciárias. As "razões do veto" são assim expostas na Mensagem 251/2013:

> Da forma como o dispositivo foi redigido, a referência ao convencimento técnico-jurídico poderia sugerir um conflito com as atribuições investigativas de outras instituições, previstas na Constituição Federal e no Código de Processo Penal. Dessa forma, é preciso buscar uma solução redacional que assegure as prerrogativas funcionais dos delegados de polícia e a convivência harmoniosa entre as instituições responsáveis pela persecução penal.

Com todo respeito às razões invocadas pelo veto presidencial, mas, em nosso entendimento, o dispositivo em questão objetivava apenas ratificar o posicionamento no sentido de que cabe ao delegado de polícia observar todos os aspectos ligados ao crime, desde a tipicidade da conduta, passando pela análise de eventuais excludentes de ilicitude, até as causas excludentes de culpabilidade. Tendo em vista que o dispositivo fazia menção ao *livre convencimento técnico-jurídico*, ficava claro que as autoridades policiais poderiam fundamentar suas decisões em teorias jurídicas, como a do princípio da insignificância, teoria da imputação objetiva, teoria da tipicidade conglobante etc. Apesar do veto, continuamos defendendo que cabe ao delegado de polícia analisar todas essas questões.

> *§ 4º* – O inquérito policial ou outro procedimento previsto em lei em curso somente poderá ser avocado ou redistribuído por superior hierárquico, mediante despacho fundamentado, por motivo de interesse público ou nas hipóteses de inobservância dos procedimentos previstos em regulamento da corporação que prejudiquem a eficácia da investigação.

O dispositivo em comento, seguindo o espírito do dispositivo anterior, reforça a autonomia do delegado de polícia na condução da investigação criminal, na medida em que determina que o inquérito policial só possa ser avocado ou redistribuído por superior hierárquico mediante *despacho fundamentado*, desde que haja motivo de interesse público ou inobservância de procedimentos previstos em atos normativos da própria instituição (v.g. lei orgânica ou portarias).

Trocando em miúdos, o delegado de polícia responsável pela condução de determinado inquérito policial só poderá ser retirado da investigação por meio de um despacho fundamentado, o que, sem dúvida, confere mais segurança à autoridade policial e garante a imparcialidade na apuração do caso.

Exemplificando, se um inquérito policial for redistribuído em virtude da desídia do delegado de polícia que o conduzia, não há qualquer ilegalidade nesse ato, desde que precedido de um despacho fundamentado. Entretanto, caso essa modificação na presidência da investigação ocorra sem qualquer fundamento, ela será ilegal, podendo ser questionada não só pelo próprio delegado de polícia substituído, mas também pelas partes (advogado e Ministério Público).

CAPÍTULO II   INQUÉRITO POLICIAL

> *§ 5º* – A remoção do delegado de polícia dar-se-á somente por ato fundamentado.

O presente dispositivo representa um grande avanço em busca de uma melhor investigação criminal, aproximando-se da ideal e necessária prerrogativa da inamovibilidade. Com base nesse dispositivo, o delegado de polícia não poderá ser removido de um local de trabalho sem justificativa. Assim, caso um delegado seja removido de uma unidade sob o fundamento de que em outro local há uma maior necessidade de pessoal e, duas semanas depois, outro delegado é indicado para ocupar sua vaga, caberá mandado de segurança contra a remoção, podendo ser alegado, entre outras coisas, o desvio de finalidade.

Ao que nos parece, o dispositivo confere uma espécie de "inamovibilidade relativa" ao delegado de polícia, que pode ser burlada, por exemplo, por meio de uma promoção, cuja real finalidade seja camuflar uma remoção. Desse modo, o ideal seria que fossem estendidas aos delegados de polícia as mesmas prerrogativas conferidas aos magistrados e promotores, pois só assim as investigações criminais estariam absolutamente livres de influências externas.

> *§ 6º* – O indiciamento, privativo do delegado de polícia, dar-se-á por ato fundamentado, mediante análise técnico-jurídica do fato, que deverá indicar a autoria, materialidade e suas circunstâncias.

Infelizmente, o indiciamento é um ato administrativo de extrema relevância dentro da persecução penal, mas, apesar disso, não dispõe de uma perfeita previsão legal. Em regra, tal procedimento é regulamentado por atos normativos das próprias polícias judiciárias, por meio de portarias e resoluções. Sendo assim, consideramos que o dispositivo em comento constitui um avanço, ainda que modesto, dentro da investigação criminal.

Com a inovação legislativa, o indiciamento deve, necessariamente, ser precedido de um despacho fundamentado em que o delegado de polícia exponha todos os aspectos jurídicos utilizados na formação de seu convencimento. Demais disso, a autoridade policial deverá indicar a autoria, os indícios da materialidade do crime e todas as suas circunstâncias.

Outro aspecto relevante. Nos termos do texto legal, o indiciamento é um ato privativo do delegado de polícia. Isso significa que, ao indiciar alguém, o delegado de polícia expõe a opinião da polícia judiciária sobre o caso, sendo essa conclusão absolutamente autônoma e independente de outras instituições. Assim, da análise do dispositivo em comento, depreende-se que juízes ou promotores não podem determinar o formal indiciamento de uma pessoa. Tal análise é subjetiva e privativa da autoridade de polícia judiciária. Ora, entender que o juiz ou o promotor possam determinar o indiciamento, seria a mesma coisa que impor ao delegado de polícia um convencimento que não é seu, o que seria absurdo!

> Art. 3º – O cargo de delegado de polícia é privativo de bacharel em Direito, devendo-lhe ser dispensado o mesmo tratamento protocolar dos magistrados, membros da Defensoria Pública, do Ministério Público e advogados.

Por meio desse dispositivo, o legislador ordinário passa a conferir aos delegados de polícia o mesmo *tratamento protocolar* dispensado aos magistrados, membros da Defensoria Pública, do Ministério Público e advogados. Isso significa que, com a vigência da nova lei, as autoridades policiais passam a receber o pronome de tratamento "Excelência", seja pessoalmente – no exercício de suas funções – ou por meio de ofícios, requisições ou requerimentos que lhes forem endereçados.

Muito embora esse tratamento protocolar não seja utilizado com frequência, ao fazer menção aos advogados em geral, sendo mais comum sua referência aos juízes e promotores, historicamente o termo sempre foi empregado entre estes e os advogados, todos se tratando por "Excelência". A partir da nova lei, contudo, esse tratamento também será conferido às autoridades policiais.

Como delegado de polícia, entendo que essa mudança no tratamento protocolar é desnecessária, não trazendo qualquer benefício às investigações criminais, servindo apenas para massagear o ego de alguns. Por outro lado, ao interpretar o dispositivo em questão, percebemos, nas entrelinhas, que a intenção do legislador vai além de dispor sobre um mero tratamento protocolar.

CAPÍTULO II   INQUÉRITO POLICIAL

Ao que nos parece, o objetivo da lei é destacar mais uma vez que a autoridade policial exerce uma função essencial à Justiça, assim como os magistrados, os membros da Defensoria Pública, do Ministério Público e os advogados.

A impressão que nós temos é que o legislador teve a intenção de nortear o tratamento do delegado de polícia por meio desse dispositivo, passando a ideia de que sua remuneração e suas prerrogativas devam ser compatíveis com os demais cargos essenciais à Justiça, desvinculando as autoridades policiais de outros agentes policiais, como policiais rodoviários federais, agentes federais, oficiais da polícia militar etc., que estariam diretamente vinculados à segurança pública. O delegado de polícia, todavia, estaria ligado, principalmente, à Justiça, sendo os reflexos de sua função na segurança pública uma consequência natural, mas secundária. Dentro desse espírito, as autoridades de polícia judiciária não podem mais ser encaradas apenas como agentes de segurança pública, mas como agentes da Justiça, responsáveis por sua promoção e efetivação.

Subsidiando esse entendimento, salientamos que a Constituição Paulista reconhece a carreira jurídica do delegado de polícia em seu artigo 140 e parágrafos, exigindo, inclusive, experiência de no mínimo dois anos em atividades do gênero. Por tudo isso, entendemos que este artigo 3º do projeto de lei indica uma tendência no tratamento do delegado de polícia, colocando-o como um agente essencial à Justiça, sugerindo, outrossim, que lhe sejam conferidas as mesmas prerrogativas dos juízes, promotores e defensores públicos.

Concluindo, vemos com bons olhos o advento da nova lei, pois, conforme destacado ao longo desse ponto, não são só os delegados de polícia que ganharam com ela, mas a própria sociedade, que terá uma polícia judiciária mais forte e preparada para o combate ao crime.

3. Investigação preliminar no sistema brasileiro: Inquérito policial

3.1. Considerações gerais

Conforme mencionado na introdução, o sistema de investigação preliminar é essencial à posterior fase processual, possibilitando a produção de provas e elementos de informações que subsidiam todas as partes envolvidas nesta fase da persecução penal. Vale lembrar que, com relação às infrações penais, o Brasil adotou o inquérito policial como meio para se formalizar tais investigações preliminares.

Fernando da Costa Tourinho Filho define inquérito policial como "um conjunto de diligências realizadas pela Polícia Civil ou Judiciária (como a denomina o CPP), visando a elucidar infrações penais e sua autoria".[3]

Adilson José Vieira Pinto, por sua vez, assevera que o inquérito policial

> pode ser definido como sendo o procedimento administrativo de polícia judiciária que, por intermédio de investigação, visa a confirmação da existência ou não de uma determinada infração penal, suas circunstâncias e o estabelecimento da correspondente autoria.[4]

Já o professor Aury Lopes Jr. vai um pouco além, ao definir como investigações preliminares

> o conjunto de atividades desenvolvidas concatenadamente por órgãos do Estado, a partir de uma notícia crime, com caráter prévio e de natureza preparatória com relação ao processo penal, e que pretende averiguar a autoria e as circunstâncias de um fato aparentemente delituoso, com o fim de justificar o processo ou o não processo.[5]

---
[3] Filho, Fernando da Costa Tourinho. *Manual de Processo Penal.* 10 ed. São Paulo: Editora Saraiva, 2008, p. 64.
[4] Pinto, Adilson José Vieira. *O inquérito policial à luz dos direitos e garantias individuais da Constituição Federal de 1988.* São Paulo: Revista Brasileira de Ciências Criminais, n. 27, p. 251-264, jul./set., 1999.
[5] Lopes Jr., Aury. *Direito Processual Penal e sua Conformidade Constitucional. Op. cit.,* p. 212.

CAPÍTULO II INQUÉRITO POLICIAL

Desse modo, podemos afirmar que o inquérito policial não pode ser entendido apenas como um procedimento preparatório da ação penal, mas, sobretudo, como um obstáculo a ser superado antes que se possa dar início à fase processual.

É muito importante que tenhamos em mente que a função do inquérito policial não é apenas constatar a materialidade do crime e os indícios de sua autoria, mas também fornecer elementos para a defesa do sujeito passivo da investigação criminal.

Em consonância com esse entendimento, destacamos as lições de Eduardo Cabette ao afirmar que

> o inquérito policial não deve ser conceituado somente sob o ponto de vista que destaca sua função de fornecer elementos ao titular da ação penal (Ministério Público). Na realidade, o inquérito policial serve não somente para embasar a futura ação penal, como também, em certos casos, para demonstrar exatamente o inverso, ou seja, a desnecessidade ou não cabimento de uma eventual ação penal. O inquérito é um instrumento imparcial, não vinculado à futura acusação, podendo em seu bojo trazer elementos de interesse da defesa do suposto autor da infração. Reduzi-lo a fornecedor de elementos ao titular da ação penal é manietar sua verdadeira função, muito mais ampla e relevante à consecução da Justiça.[6]

O grande problema envolvendo essa questão reside no fato de que, quando pensamos em inquérito policial, logo nos vem à cabeça um procedimento inquisitivo, que tem unicamente como objetivo encontrar um culpado pela prática de uma infração penal. Todavia, esse entendimento não está correto. A investigação preliminar tem o objetivo de fornecer elementos informativos tanto para a acusação, como para a defesa.

Por isso, pode-se dizer que o inquérito policial funciona como um filtro processual, evitando que acusações infundadas desemboquem em um pro-

---

[6] CABETTE, Eduardo Luiz Santos. *O papel do inquérito policial no sistema acusatório*. O modelo brasileiro. Disponível em: <http://jus.com.br/revista/texto/13037>. Acesso em 31.08.2013.

cesso. Sem embargo, é cediço que o processo configura-se como uma pena em si mesmo, uma vez que causa ao réu inocente um grande descrédito social e uma profunda humilhação, ainda que seja absolvido a seu final.

Em Criminologia, fala-se na teoria do *labeling approach* ou teoria do etiquetamento, em que a pessoa processada acaba sendo estigmatizada pela sociedade como uma pessoa criminosa, deixando-se absolutamente de lado o princípio constitucional da presunção de inocência. É incontestável o fato de que o processo gera consequências extremamente deletérias ao acusado. Daí a importância de um procedimento investigativo coordenado pelo Estado para se evitar processos infundados.

Outro ponto que merece destaque se refere à certeza da ocorrência da infração penal. Para que se instaure um inquérito policial, basta que se vislumbre a possibilidade de ter havido um fato punível, independentemente do conhecimento de sua autoria, já que uma das funções da investigação preliminar é, justamente, descobrir o autor do crime.

Por outro lado, para que se possa exercer o direito constitucional de ação (pretensão acusatória) e para que esta seja admitida, deve haver um maior grau de certeza com relação à autoria do crime. Assim, exige-se a probabilidade de que o acusado seja o autor. Nesse sentido, Aury Lopes Jr. ensina que "o inquérito policial nasce da mera possibilidade, mas almeja a probabilidade".[7]

Ainda nessa esteira de raciocínio, pode-se concluir que, para se instaurar o inquérito policial, é necessário que haja a possibilidade de ter ocorrido um fato punível. Os atos de investigação objetivam formar um juízo de probabilidade sobre a acusação e, sendo assim, não estão direcionados à sentença, até porque nesta fase da persecução penal deve prevalecer o princípio do *in dúbio pro societates*.

Por tudo isso, o escólio do professor Aury Lopes Jr. é no sentido de que a investigação preliminar tem função *"endoprocedimental"*, pois que seus atos têm funções internas, servindo para amparar as decisões interlocutórias (prisão temporária, busca e apreensão etc.) e também a decisão sobre

---

[7] LOPES JR., Aury. *Direito Processual Penal e sua Conformidade Constitucional. Op. cit.*, p. 250.

CAPÍTULO II   INQUÉRITO POLICIAL

a admissibilidade ou não da acusação. Contudo, advertimos que não são raras as vezes em que os elementos produzidos durante o inquérito policial subsidiam a própria sentença final, conforme veremos adiante.

3.2. Polícia judiciária e a devida investigação criminal constitucional

Depois de analisarmos a importância e os objetivos do inquérito policial dentro de um Estado Democrático de Direito, agora passamos a analisar o órgão responsável por sua realização.

Tendo em vista que a investigação de infrações penais é essencial ao correto exercício do direito de punir pertencente ao Estado, o objetivo desta obra é defender o inquérito policial como um instrumento indispensável à consecução da Justiça. Mais que isso, demonstraremos que, em regra, a apuração dos delitos é de atribuição exclusiva das polícias judiciárias[8] (civil e federal), sendo que a investigação efetivada por outros órgãos fere a Constituição da República e coloca em risco os direitos e garantias do investigado.

Mister destacar já no início deste ponto que a persecução penal deve desenvolver-se sempre com a observância dos princípios e valores constitucionais, seja na fase pré-processual (inquérito policial), seja na fase processual. Dentro dessa visão constitucional da *persecutio criminis*, o investigado não pode mais ser visto pelo Estado como um mero objeto de direito, mas sim como um sujeito de direitos.

Por tudo isso, defendemos um modelo de investigação que seja de atribuição de um órgão oficial do Estado, que tenha previsão legal e constitucional, que seja imparcial e desvinculado do processo posterior, pois só assim estarão assegurados os direitos e garantias do investigado. Nesse diapasão, parece-nos inviável – para dizer o mínimo –, do ponto de vista de

---

[8] Nos crimes militares é possível a realização do inquérito policial militar.

um modelo processual penal garantista, a investigação efetivada por particulares ou por instituições estatais que não tenham atribuições para tanto, como o Ministério Público, por exemplo.

Certo de que a fase processual acarreta inúmeras consequências ao acusado, o inquérito policial destaca-se como uma garantia, impedindo que acusações infundadas desemboquem em um processo. É por meio do procedimento investigativo de polícia judiciária que o Estado consegue reunir elementos que justifiquem a propositura da ação penal.

Assim, defendemos que o inquérito policial deveria, inclusive, constar em um dos incisos do artigo 5º, da Constituição da República, como uma garantia fundamental do indivíduo. É o que chamamos de *devida investigação criminal constitucional*. Apenas por meio desse modelo investigativo, o Estado consegue deixar a fase pré-processual e ingressar na fase processual, buscando, ao final, exercer legitimamente seu direito de punir.

Feitas essas breves considerações, passamos a analisar a instituição responsável pela realização das investigações preliminares. Hodiernamente, tem-se defendido muito a possibilidade de o Ministério Público realizar essas investigações. Entretanto, tal discussão não pode prosperar, uma vez que a Constituição é clara no sentido de que cabe à Polícia Judiciária a realização desse mister.

De acordo com as lições de Fauzi Hassan Choukr,

> o modelo de investigação "inquérito policial" implica não apenas o domínio fático da investigação pela polícia, como, também, a autonomia plena dos atos investigativos, sem que, necessariamente, o Ministério Público *a priori* se manifeste sobre esses atos. Da mesma maneira, para os atos que não impliquem necessária invasão em direitos fundamentais, também não se cogita de qualquer interferência judicial.[9]

Antes de qualquer coisa, devemos lembrar que a segurança pública é dever do Estado, direito e responsabilidade de todos, nos termos do artigo 144 da Constituição da República.

---

[9] CHOUKR, Fauzi Hassan. *Op. cit.*, p. 78.

CAPÍTULO II INQUÉRITO POLICIAL

É por meio das instituições policiais que o Estado efetiva e promove a segurança dos cidadãos. Ou seja, é por intermédio dessas instituições que o Estado manifesta seu poder de polícia. Da leitura do artigo 144, percebemos nitidamente a existência de dois tipos de polícia: polícia administrativa e polícia judiciária.

A primeira tem função preventiva, atuando antes da ocorrência do crime (polícia militar). Já a segunda tem função repressivo-investigativa, atuando após a prática de uma infração penal (polícia civil e federal).

Nesta seara, é preciosa a lição de José Frederico Marques:

> O Estado quando pratica atos de investigação, após a prática de um fato delituoso, está exercendo o seu poder de polícia. A investigação não passa do exercício do poder cautelar que o Estado exerce, através da polícia, na luta contra o crime, para preparar a ação penal e impedir que se percam os elementos de convicção sobre o delito cometido.[10]

Sem embargo, a Constituição também previu a possibilidade de outros órgãos realizarem atos de investigação, tal como ocorre com o Ministério Público nos inquéritos civis ou com as Comissões Parlamentares de Inquérito. Todavia, percebe-se no caso uma nítida divergência com relação ao sujeito e à finalidade de tais atos.

Nesse sentido, podemos afirmar que cabe exclusivamente à polícia judiciária a apuração de fatos criminosos, objetivando a colheita de provas e elementos informativos que irão demonstrar a necessidade de um processo posterior, meio instrumentalizador do direito de punir do Estado.

Assim, esta fase inicial da persecução penal deve ser realizada por um ente absolutamente imparcial, que não possui ligação direta com o processo, separando-se perfeitamente as funções do Estado-investigador, Estado-acusador, Estado-defensor e Estado-julgador, preservando-se, destarte, o sistema acusatório.

---

[10] MARQUES, José Frederico. *Apontamentos sobre Processo Criminal Brasileiro*. Revista dos Tribunais, p. 76.

Ora, do ponto de vista prático, parece-nos absolutamente lógico que a função de investigar infrações penais seja exclusiva das polícias judiciárias. Tal afirmação é subsidiada por diversos fatores, quais sejam: trata-se de um órgão especializado na investigação criminal; a polícia, por sua essência, está muito mais próxima da atividade criminosa; por fim, a polícia é o único órgão estatal que se faz presente em todas as cidades do território brasileiro, o que possibilita uma maior interação com os problemas de uma comunidade.

Ratificando essas conclusões, Eduardo Cabette salienta que

> é possível encontrar sistemas que não conhecem a figura do Ministério Público ou de um Acusador Público (v.g. Inglaterra), mas não se encontra a inexistência de uma polícia investigativa, fato este a demonstrar a real importância dessa atividade para a consecução da Justiça Criminal, não sendo exagero fazer coro àqueles que apregoam ser a polícia judiciária uma das funções essenciais à justiça.[11]

Não bastassem esses argumentos, devemos lembrar que a Constituição da República foi clara ao estabelecer as funções da polícia, seja ela civil ou federal, para investigar e servir de órgão auxiliar do poder judiciário (daí o nome polícia judiciária) na atribuição de investigar *infrações penais* e sua autoria (art. 144 da CF). Dessa forma, não é possível que qualquer legislação infraconstitucional disponha de maneira diversa, pois, caso contrário, configurar-se-á uma violação ao princípio da supremacia da Constituição.

Ao atribuir poderes investigatórios ao Ministério Público e às Comissões Parlamentares de Inquérito, a Constituição o fez com atribuições diferentes, uma vez que tais procedimentos não objetivam apurar infrações penais.

Explicamos: no caso das CPIs, a Constituição lhes conferiu poderes investigatórios similares ao da autoridade judicial (decretar quebra de sigilo

---

[11] CABETTE, Eduardo Luiz Santos. *O papel do inquérito policial no sistema acusatório. O modelo brasileiro.* Disponível em: <http://jus.com.br/revista/texto/13037>. Acesso em 31.08.2013.

CAPÍTULO II   INQUÉRITO POLICIAL

bancário, fiscal etc.). Todavia, essa investigação não objetiva diretamente a apuração de infrações penais, mas sim a comprovação de quebra do decoro parlamentar e a constatação de atos de improbidade administrativa, o que acarreta a aplicação de sanções disciplinares-administrativas. Prova disso é o fato de que se, porventura, a CPI constatar a ocorrência de qualquer crime, os relatórios deverão ser enviados à polícia federal para que se instaure o devido inquérito policial.

Da mesma forma, o inquérito civil promovido pelo Ministério Público tem por objetivo a elaboração do termo de ajustamento de conduta, que possui nítida natureza civil e não criminal, tanto que este procedimento não permite que se tomem medidas de cunho investigativo-penal, como prisões cautelares, por exemplo.

Em síntese, podemos afirmar que, quando se tratar de infrações penais, cabe exclusivamente às policias judiciárias, dirigidas por delegados de polícia de carreira, a realização das investigações preliminares, haja vista que este é um órgão especializado nessa função, que possui contato direto com o evento criminoso e que é absolutamente imparcial, pois está desvinculado do processo posterior.

Com argumentação semelhante, Cezar Roberto Bitencourt explica que

> A leitura do **art. 129 da Constituição Federal** permite constatar, de plano, que não foi previsto o **poder de investigar infrações penais,** diretamente, entre as atribuições conferidas ao Ministério Público. Extrair interpretação em sentido contrário do rol contido no dispositivo constitucional referido seria **"legislar"** sobre matéria que o constituinte *deliberadamente* não o fez. Aliás, a um órgão público não é assegurado fazer o que não está proibido (princípio da compatibilidade), mas tão somente lhe é autorizado realizar o que está expressamente permitido (princípio da legalidade); e a tanto não se pode chegar pela via da interpretação, usando-se argumento *a fortiori,* especialmente quando há previsão expressa da atribuição a outro órgão estatal, como ocorre na hipótese, em que essa atividade está destinada à Polícia Judiciária.

> Não se poderia conceber que o legislador constituinte assegurasse expressamente o poder de o Ministério Público **requisitar diligências investigatórias** e **instauração de inquérito policial** e, *inadvertidamente*, deixasse de constar o poder de investigar diretamente as infrações penais. À evidência, trata-se de decisão consciente do constituinte, que não desejou contemplar o *Parquet* com essa atribuição, preferindo conferi-la à Polícia Judiciária, minuciosamente, como fez no art. 144 da CF.[12]

Não podemos olvidar, nesse ponto, que o Ministério Público é parte do processo. É preciso que se acabe com esse mito de que o Ministério Público é um sujeito imparcial, que só objetiva a justiça etc. Os próprios promotores denominam-se como "promotores de justiça" e não como "promotores de acusação". Ora, a verdade é que, ao atuar no processo penal, o membro do *Parquet* exerce uma função de acusação, necessária e indispensável ao sistema acusatório. Se, por acaso, o Ministério Público manifestar-se pela absolvição de um acusado, ele não o faz por ser um sujeito imparcial, mas sim por dever de obediência ao princípio da legalidade. Se não há prova da materialidade do crime e da respectiva autoria, como pugnar pela condenação do imputado?!

Sobre o tema, Guilherme de Souza Nucci manifesta-se no seguinte sentido:

> O sistema processual penal foi elaborado para apresentar-se equilibrado e harmônico, não devendo existir qualquer instituição superpoderosa. Note-se que, quando a polícia judiciária elabora e conduz a investigação criminal, é supervisionada pelo Ministério Público e pelo Juiz de Direito. Este, ao conduzir a instrução criminal, tem a supervisão das partes – Ministério Público e advogados. Logo, a permitir-se que o Ministério Público, por mais bem intencionado que esteja, produza de per si investigação criminal, isolado de qualquer

---

[12] BITENCOURT, Cezar Roberto. *Participação de policial em crimes relativos à organização criminosa*. Disponível: <http://atualidadesdodireito.com.br/cezarbitencourt/2013/11/12/participacao-de-policial-em-crimes--relativos-a-organizacao-criminosa/>. Acesso em 12.11.2013.

CAPÍTULO II INQUÉRITO POLICIAL

fiscalização, sem a participação do indiciado, que nem ouvido precisaria ser, significaria quebrar a harmônica e garantista investigação de uma infração penal.[13]

Como bem destacou o autor, por mais bem intencionado que esteja, é impossível negar a parcialidade do Ministério Público no momento da investigação criminal, uma vez que este órgão está diretamente vinculado ao processo posterior, o que fere o sistema acusatório e o princípio da igualdade (paridade de armas). Como poderia o Ministério Público agir em prol do investigado, se ele já tem em mente uma futura batalha judicial a ser travada?

Outro argumento utilizado por aqueles que defendem o poder investigatório do Ministério Público relaciona-se com a *teoria dos poderes implícitos*.[14] Esta teoria tem sua origem na Suprema Corte dos EUA, no ano de 1819, no precedente *Mc CulloCh vs. Maryland*. De acordo com a teoria, a Constituição, ao conceder uma função a determinado órgão ou instituição, também lhe confere, implicitamente, os meios necessários para a consecução dessa atividade.

Nesse contexto, os defensores da investigação ministerial argumentam que, ainda que a Constituição da República não tenha conferido expressamente ao *Parquet* a possibilidade de investigar infrações penais, tal prerrogativa estaria inserida de maneira implícita no dispositivo que confere ao Ministério Público a titularidade da ação penal (art. 129, I). Em outras palavras, se a *opinio delicti* fica a cargo do Promotor Público, deve-se outorgar a ele os meios necessários para melhor exercer sua função, o que, segundo os defensores da tese, incluiria a possibilidade de realizar as investigações.

A teoria em estudo também poderia ser explicada pelo famoso adágio "quem pode o mais, pode o menos". Assim, se o Ministério Público pode o mais (propor a ação penal), também pode o menos (realizar investigações preliminares).

---

[13] Nucci, Guilherme de Souza. *Op. cit.*, p. 139.
[14] Os argumentos expostos nesse ponto foram retirados do artigo "Teoria dos Poderes Implícitos e seu Desvirtuamento em Favor do Poder Investigatório do Ministério Público", realizado em coautoria com Eduardo Cabette, disponível em: <http://atualidadesdodireito.com.br/eduardocabette/2013/04/08/teoria-dos-poderes-implicitos-e--seu-desvirtuamento-em-favor-do-poder-investigatorio-do-ministerio-publico/>. Acesso em 31.08.2013.

Com todo respeito aos posicionamentos nesse sentido, mas não podemos concordar com tais conclusões, senão vejamos.

Primeiramente, devemos destacar que a teoria dos poderes implícitos não pode ser aplicada quando tratarmos de matéria em que sejam atribuídos poderes explícitos. Ora, o artigo 144, § 1º, inciso IV, e § 4º, da Constituição da República, confere às polícias judiciárias (federal e civil) atribuição para realizar as investigações criminais. Isso significa que o legislador constitucional reservou às polícias civil e federal um campo de atividade exclusiva que não pode ser desrespeitado por normas infraconstitucionais ou, pior, por atos administrativos (v.g. Resoluções do Ministério Público).

Desse modo, podemos afirmar que a explicitude do texto constitucional exclui em absoluto a implicitude, não sobrando espaço para qualquer interpretação em sentido contrário.

Outra questão que merece ser colocada diz respeito à suposta relação de meio e fim existente entre a investigação criminal e a ação penal. De acordo com José Afonso da Silva, que proferiu parecer sobre o tema,[15] o meio para o exercício da ação penal consiste no aparato institucional com habilitação, competência adequada e condições materiais para fazê-lo.

Por outro lado, o objetivo da investigação criminal não é servir o titular da ação penal, mas a própria justiça. A finalidade da investigação preliminar é a perfeita elucidação do crime e de todas as suas circunstâncias, fundamentando, assim, a necessidade ou não do processo. Tanto isso é verdade que o inquérito policial em muitas ocasiões reúne elementos que são favoráveis ao próprio investigado.

É preciso que fique claro que a instrução preliminar (investigação) não está vinculada à acusação e nem à defesa, mas sim à justiça, buscando a verdade dos fatos. Mais que isso, uma investigação oficial e imparcial caracteriza-se como uma garantia ao investigado, que não será submetido ao processo de maneira desnecessária. Nesse sentido, considerando que a investigação criminal subsidia tanto a acusação, como o investigado, como estabelecer uma relação de meio e fim com a ação penal?

---

[15] Juristas dizem que o Ministério Público não pode fazer investigação. Disponível em: <http://www.conjur.com.br/2013-mar-30/juristas-afirmam-investigacao-criminal-exclusividade-policia?utm_source=twitterfeed&utm_medium=twitter>. Acesso em 05/04/2012.

CAPÍTULO II   INQUÉRITO POLICIAL

Na verdade, uma coisa não tem nada a ver com a outra, tratando-se de institutos distintos, ainda que complementares, tanto que a própria Constituição conferiu tais atribuições a órgãos diferentes. A investigação é um procedimento de instrução preliminar que, dentro de um sistema escalonado de formação da culpabilidade,[16] justifica ou não o início do processo. A ação penal, por outro lado, embora subsidiada pela investigação preliminar, nada mais é que uma pretensão acusatória que objetiva provocar o Estado-Juiz a exercer seu direito de punir por meio do devido processo legal.

Desmistificado esse primeiro ponto de vista, passemos agora a análise do adágio "quem pode o mais, pode o menos". Conforme salientado acima, para os defensores do poder investigatório do Ministério Público, se ele pode o mais (propor a ação penal), também pode o menos (investigar).

Em contraponto a esse entendimento, nós nos socorremos mais uma vez das lições de José Afonso da Silva. De acordo com autor, esse argumento não pode se sustentar no campo do direito público, especialmente no Direito Constitucional. Isto, pois, questiona o autor, o que é mais e o que é menos no campo de distribuição de competências constitucionais? A Constituição da República outorga competência e atribuição aos diversos poderes, instituições e órgãos, sendo que nenhum é mais ou menos. São o que são devido a determinações constitucionais, que, como tais, devem ser acatadas. Eventualmente, podem existir regras subentendidas às regras enumeradas (e não poderes implícitos), o que não ocorre no caso em questão, uma vez que as regras de investigação na esfera penal são expressas e conferem atribuições diretamente às Polícias Judiciárias.[17]

Para aqueles que não se contentarem com esse argumento, nós trazemos a seguinte questão: como ficaria essa premissa (do quem pode o mais, pode o menos) nos crimes de ação penal de iniciativa privada? Persistindo esse entendimento, nós podemos concluir que, nessas situações, o poder investigatório também deveria ser estendido à vítima, que é titular da ação penal

---

[16] Aqui a expressão "culpabilidade" é empregada em seu sentido amplo.
[17] Juristas dizem que o Ministério Público não pode fazer investigação. Disponível em: <http://www.conjur.com.br/2013-mar-30/juristas-afirmam-investigacao-criminal-exclusividade-policia?utm_source=twitterfeed&utm_medium=twitter>. Acesso em 04/04/2013.

de iniciativa privada. Ora, se a vítima pode o mais (oferecer queixa-crime), ela também pode o menos (investigar).

Assim como na ação penal pública, também haveria uma relação de meio e fim entre a investigação criminal e a vítima nos delitos que se procedem mediante queixa.

Vejam, caros leitores, a que ponto nós chegaríamos prevalecendo esse entendimento. Seria surreal imaginar a Defensoria Pública (como representante da vítima desprovida de recursos) realizando atos de investigação nos crimes de ação penal de iniciativa privada! Uma vítima e/ou seu advogado constituído expedindo notificações de comparecimento a sua casa ou escritório sob pena de desobediência e condução coercitiva com relação a testemunhas!

Na mesma linha de raciocínio, ainda poderíamos destacar outro aspecto ligado à lavratura do auto de prisão em flagrante. Como é cediço, essa modalidade prisional caracteriza-se como uma das formas de instauração de inquérito policial. Em outras palavras, a prisão em flagrante dá início à investigação criminal. Nesse sentido, se o Ministério Púbico pode realizar a investigação – já que pode propor ação penal, que é o mais –, ele também poderia lavrar o auto de prisão em flagrante, que nada mais é que uma forma de instauração do procedimento investigativo.

Contudo, ninguém – ao menos por enquanto – defende a possibilidade de o Promotor de Justiça lavrar autos de prisão em flagrante. Isto, pois, assim como no exemplo acima, nós estamos no campo de divisão de atribuições, sendo que as únicas autoridades com atribuição legal para a lavratura do auto de prisão em flagrante são os juízes (excepcionalmente)[18] e os delegados de polícia (regra). Imagine-se então o absurdo que seria a lavratura de um auto de prisão em flagrante pela própria vítima por seu advogado constituído ou um defensor público em casos de ação penal privada! Não se

---

[18] E observe-se que se o juiz lavra o auto de prisão em flagrante fica impedido de instruir e julgar o processo respectivo (inteligência do artigo 307 c/c 252, I, CPP). Por que o Promotor de Justiça poderia prender em flagrante, formar convicção sobre a legalidade da prisão, quando instado a manifestar-se sobre sua própria prisão, firmar convencimento sobre autoria e materialidade, acusar e seguir no processo? A nomeação para promotor traria alguma aura de santidade imparcial às pessoas que as coloca acima de outros mortais como advogados, delegados e juízes?

CAPÍTULO II INQUÉRITO POLICIAL

está falando em prender (ato físico) alguém em flagrante (flagrante facultativo passível de realizar-se por qualquer do povo nos termos do artigo 301, CPP), mas de *lavrar e presidir* um "auto de prisão em flagrante"!

Outro aspecto relevante. Se levarmos a ferro e fogo a expansão descontrolada dos chamados "poderes implícitos", então por que será que o STF declarou inconstitucional a Lei do Crime Organizado quando permitia aos juízes exercer investigação (Adin 1570-2, de 12.02.2004)? Ora, se o juiz pode o mais, que é presidir o processo e julgar (muito mais que o MP ou a Polícia), por que então não poderia investigar? A investigação não seria um meio para a busca de sua convicção de julgador? Note-se o absurdo a que se chega quando se pretende distorcer e agigantar indevidamente uma teoria como essa.

Tem também passado ao largo dessa discussão um fato importante. Dispõe o Código de Processo Penal que se uma pessoa houver funcionado num dado caso como autoridade policial, não poderá atuar como juiz no mesmo caso (artigo 252, I, CPP). Em seguida o artigo 258 do mesmo Codex estende aos membros do Ministério Público os mesmos impedimentos dos juízes, o que leva à conclusão de que se uma pessoa atuou como delegado de polícia num caso, não pode ser o promotor do mesmo caso. Tudo isso, seja com relação ao juiz ou ao promotor, está ligado ao princípio da imparcialidade e ao princípio acusatório pleno com divisão bem determinada de funções. Então, por que um promotor poderia investigar e acusar ao mesmo tempo se quando ele investiga como delegado não o pode de acordo com a lei?

Nem mesmo a Súmula 234 STJ pode salvar a absurdidade da situação, pois ela somente afirma não haver impedimento a que o promotor que "participou" da investigação atue no processo. "Participar" é bem diferente de atuar diretamente e especialmente de *presidir*. "Participar", o promotor sempre participa, até nos casos de ação penal privada, ao menos como "custos legis"; em todos os casos na atuação em *"controle externo" (grifo em "externo")* da Polícia Judiciária; exarando e requerendo cotas; eventualmente *acompanhando* alguma diligência (como, por exemplo, se prevê na Lei de Interceptação Telefônica – Lei 9.296/1996). Agora, se o Promotor atua como se delegado fosse, por óbvio que fica impedido de atuar de acordo com a simples inteligência dos artigos 252, I c/c 258, CPP. Não há dúvida de que o Código de Processo Penal de 1941 já vislumbrava uma indesejável relação incestuosa entre investigador e acusador potencial. Ora, mas esse Código é considerado por quase todos, senão por todos, uma legislação forjada na mais obscura fórmula autoritária, tendo como modelo o Código Rocco italiano. Será possível que a chamada "Constituição Cidadã" é que pretende misturar acusador potencial com investigador e desequilibrar, tornar parcial, tudo quando se pretende preservar de um sistema cusatório no bojo de um Código de Processo Penal considerado autoritário? Não seria isso um retrocesso bárbaro? Não haveria aí algo de distorcido no raciocínio?

Sobre esse assunto, destacamos que o poder investigatório do Ministério Público está sendo discutido no Supremo Tribunal Federal em virtude do RE-5593727/MG, da relatoria do Ministro Cezar Peluso. Ao proferir seu voto, o relator deu provimento ao recurso para decretar, *ab initio*, a nulidade do processo, que teve sua origem em uma investigação feita pelo *Parquet*.[19]

O Ministro lembrou que o artigo 4º do CPP dispõe que a apuração de infrações penais e sua autoria seriam de atribuição da Polícia Judiciária, destacando que na realização do inquérito policial a polícia exerce função judiciária, pois, se organicamente ligada à máquina administrativa, funcionalmente ela estaria ligada ao aparelho judiciário. Caberia, portanto, à autoridade policial, civil ou federal, a condução das investigações.

Ele destacou, outrossim, que as funções do Ministério Público estariam discriminadas nos artigos 127, inciso I, e 129, ambos das Constituição da República, sendo que nenhum desses dispositivos permite a essa instituição a realização de investigação ou instrução criminal preliminar de ação penal. Além disso, ele frisou que, quando a Constituição pretendeu atribuir função investigativa ao Ministério Público, fizera-o em termos expressos (art. 129, inciso III, da CF).

O relator também consignou que a conversão da competência em atos sempre se daria em procedimento juridicamente regulado, ou seja, o exercício das funções públicas estaria sujeito a um *iter* procedimental juridicamente

---

[19] Informativo n. 671 do STF.

CAPÍTULO II INQUÉRITO POLICIAL

adequado à garantia dos direitos fundamentais e à defesa dos princípios básicos do Estado de direito democrático. Assim, se houvesse a suposta competência do Ministério Público para apurar a prática de infrações penais, ela só poderia ser exercida nos termos da lei, à vista do devido processo legal e da competência privativa da União para legislar em matéria processual (CF, art. 22, I). Daí, seriam írritas as tentativas de regulamentação da matéria por via de resoluções. Ademais, ele estatuiu que o membro do Ministério Público, na condição de parte acusadora, nem sempre poderia conduzir com objetividade e isenção suficientes a primeira fase da *persecutio criminis*. Acabaria, nesse papel, por causar prejuízos ao acusado e à defesa.

Por fim, o Ministro Cezar Peluso asseverou que, à luz da ordem jurídica, o Ministério Público poderia realizar atividades de investigação apenas em hipóteses excepcionais e taxativas, desde que observadas as seguintes condições: a) mediante procedimento regulado, por analogia, pelas normas concernentes ao inquérito policial; b) por consequência, o procedimento deveria ser, de regra, público e sempre supervisionado pelo judiciário; c) deveria ter por objeto fatos teoricamente criminosos, praticados por membros ou servidores da própria instituição, por autoridades ou agentes policiais, ou por outrem se, a respeito, a autoridade policial cientificada não houvesse instaurado inquérito.

Como outro argumento contrário à investigação ministerial, destacamos o fato de que, ao investigar, os promotores acabam selecionando as condutas a serem investigadas, especialmente porque não há qualquer regulamentação sobre o assunto. Assim, na medida em que escolhem o que investigar, naturalmente já comprometem sua imparcialidade, uma vez que já realizam um preconceito sobre a pessoa investigada a partir do momento em que decidem investigá-la.

Consignamos, outrossim, que esse tipo de discricionariedade (investigação seletiva) é extremamente temerária e inconcebível no campo do Direito Público. Por não contar com um respaldo legal, consideramos um absurdo jurídico as investigações realizadas pelo Ministério Público. Causa-nos espécie o fato de uma instituição que deve atuar como fiscal da lei acabe atuando a suas margens. Com base no princípio da legalidade pública, os agentes públicos só podem fazer aquilo que está previsto na lei. Na legalidade privada, por outro lado, a pessoa comum pode fazer tudo aquilo que não for proibido por lei, prevalecendo, assim, a autonomia da vontade.

Tendo em vista que os agentes estatais não têm vontade autônoma, eles devem restringir-se à lei, que, por sua vez, representa a "vontade geral", manifestada por meio dos representantes do povo, que é o legítimo titular da coisa pública. Nesse contexto, o princípio da legalidade pública tem estrita ligação com o postulado da indisponibilidade do interesse público, que deve pautar a conduta do Estado e de todos os seus agentes. Assim, considerando que o interesse público é determinado pela lei e pela própria Constituição da República, não é suficiente a ausência de proibição em lei para que o servidor público possa agir, é necessária a existência de uma lei que autorize ou determine certa conduta.

Subsidiando o exposto até aqui, a nova Lei 12.850/2013, que trata das organizações criminosas e dos meios investigativos para combater essa espécie de crime, estabelece em seu artigo 2º, §7º, que "se houver indícios de participação de policial nos crimes de que trata esta Lei, a Corregedoria de Polícia instaurará inquérito policial e comunicará ao Ministério Público, que designará membro para acompanhar o feito até a sua conclusão".

Conforme se depreende de uma análise perfunctória do dispositivo, o legislador deixa claro que é atribuição da própria polícia judiciária (estadual ou federal), por meio de suas corregedorias, a investigação de "participação de policial" nos crimes de que trata a lei, cabendo ao Ministério Público limitar-se a sua atribuição constitucional de exercer o controle externo da atividade policial, nos termos do artigo 129, inciso VII, da Constituição da República.

No mesmo sentido manifesta-se Cezar Roberto Bitencourt, que pela importância de seu magistério merece transcrição integral:

> Não desconhecemos, logicamente, a aspiração do Ministério Público de transformar-se em polícia, uma polícia privilegiada, é verdade, ou seja, com o direito de escolher os fatos de grande repercussão midiática, mas polícia. Não ignoramos, igualmente, que esse tema, há longa data, é objeto de demanda perante o Supremo Tribunal Federal, cuja solução alonga-se no tempo, sem prazo para ser concluída.

CAPÍTULO II   INQUÉRITO POLICIAL

No entanto, a previsão desse tão importante diploma legal, que, finalmente, define, dentre outros tópicos, o que é uma *organização criminosa*, bem como estabelece os meios investigatórios, além de outras providências. Esse texto legal poderia ter sido omisso, deixando sua definição ao Supremo Tribunal Federal, ou, então, poderia ter optado por atender aos reclamos do *Parquet*. Contudo, não fez nenhuma coisa nem outra, e, corajosamente, enfrentou a questão e determinou que *quem investiga policial envolvido em organização criminosa é a própria polícia*, por meio de sua corregedoria, independentemente do cargo ou escalão que referido policial ostente. Mais que isso, destacou, igualmente, que a função do Ministério Público será exercer o controle externo, determinando que: "a Corregedoria de Polícia instaurará inquérito policial e comunicará ao Ministério Público, que designará membro para acompanhar o feito até a sua conclusão".

Ora, essa previsão legal atende textualmente a determinação constitucional, qual seja, que cabe ao Ministério Público exercer o controle externo da atividade policial (art. 129, VII). Logo, é absolutamente impossível dar-se a interpretação assumida por Rogério Sanches e Ronaldo Batista Pinto, posto que absolutamente contrário a texto expresso de lei. Ou seja, ao Ministério Público caberá "acompanhar o feito até a sua conclusão". Acompanhar a investigação não se confunde com *assumir a investigação* e muito menos comandá-la. Na verdade, o Ministério Público tem o dever de acompanhar e exercer efetivamente o controle externo da atividade policial, mas jamais querer assumir seu papel, substituí-la em sua função, em verdadeira crise de identidade. O Ministério Público é o titular da ação penal, que não se confunde com investigação preliminar, que é constitucionalmente atribuída à polícia judiciária.[20]

---

[20] BITENCOURT, Cezar Roberto. *Participação de policial em crimes relativos à organização criminosa*. Disponível: <http://atualidadesdodireito.com.br/cezarbitencourt/2013/11/12/participacao-de-policial-em-crimes--relativos-a-organizacao-criminosa/>. Acesso em 12.11.2013.

Feitas todas as observações sobre o poder investigatório do Ministério Público, não podemos olvidar, ainda, algumas críticas ao trabalho de investigação efetuado pela Polícia Judiciária. Entre tantas críticas, destacamos as seguintes: a polícia possui muita discricionariedade para selecionar as condutas a serem perseguidas, daí porque (segundo os críticos) seus atos devem ser fiscalizados pelo Ministério Público e pelo Judiciário; a polícia está muito mais suscetível a influências políticas.

Destacadas essas críticas, passamos agora a desmistificá-las. Primeiramente, o argumento de que a polícia possui uma demasiada discricionariedade em sua atuação não prospera. Ora, uma polícia séria se pauta pelo princípio da legalidade e, dessa forma, sempre que se verificar a ocorrência de uma infração que esteja sujeita à ação penal pública incondicionada, cabe ao delegado de polícia instaurar o procedimento cabível.

Claro que na condução das investigações a autoridade policial possui certa discricionariedade, mas sempre pautada pela lei, agindo de modo impessoal e preservando o interesse público, sendo que tanto a Corregedoria da Polícia, quanto o próprio Ministério Público devem fiscalizar o trabalho desenvolvido, o que, convenhamos, dá mais legitimidade à investigação.

Já com relação à ingerência política sofrida pela polícia, nós somos obrigados a concordar. Todavia, esse fato foi consideravelmente mitigado com o advento da Lei 12.830/2013, que confere ao delegado de polícia uma "inamovibilidade relativa", dificultando, destarte, qualquer tipo de influência sobre seu trabalho.

Sintetizando com perfeição o todo exposto até aqui, transcrevemos a advertência feita por Frederico Marques:

> De tudo se conclui que a polícia judiciária precisa ser aparelhada para tão alta missão, tanto mais que o Código de Processo Penal a prevê expressamente no artigo 6º, item IX. Para tanto seria necessário uma reforma de base, tal como preconizaram Sebastián Soler e Vélez Mariconde na Exposição de Motivos do Código de Processo Penal de Córdoba, em que se estruturasse a polícia judiciária em quadros próprios, separando-a da polícia de segurança e da polícia política. Reorgani-

zada em bases científicas e cercada de garantias que a afastem das influências e injunções de ordem partidária, a polícia judiciária, que é das peças mais importantes e fundamentais da justiça penal, estará apta para tão alta e difícil tarefa.[21]

Diante do exposto neste ponto e objetivando o melhor desenvolvimento possível da investigação criminal, ousamos propor uma proposta de emenda à Constituição da República que desvincule as polícias judiciárias do Poder Executivo e as vincule ao Poder Judiciário, que é instituição a qual elas devem pertencer para realizar com perfeição sua missão constitucional.

Concluindo, consignamos ser preciso que nós não nos prendamos em discussões e rivalidades inúteis. O sistema penal pátrio funciona de modo interligado, e as funções exercidas pelos órgãos que compõem a persecução penal são todas de crucial importância para seu resultado final. Mais importante que brigar para ver qual instituição é a mais relevante e a que possui mais atribuições, é ver todo aparato do Estado funcionando de maneira integrada e eficiente, garantindo-se, assim, uma melhor prestação do serviço público em prol da sociedade.

4. O investigado como sujeito de direitos

4.1. Delegado de polícia e os direitos fundamentais

Considerando que os tipos penais buscam proteger aqueles bens jurídicos tidos como os mais importantes dentro de nosso ordenamento jurídico, a partir do momento em que um crime é cometido, seu autor deve ser punido exemplarmente pelo Estado, evitando a reiteração de condutas delituosas.

---

[21] MARQUES, José Frederico. *Elementos de Direito Processual Penal*. Vol. I e IV. 3 ed. atualizada. Campinas: Editora Millennium, 2009, p. 158.

Nesse sentido, ressaltamos que uma norma penal incriminadora deve retirar seu fundamento de validade da própria Constituição, uma vez que busca resguardar seus valores e princípios. Marcelo Cardozo da Silva nos ensina que

> se não se der essa inequívoca demonstração da relação de precisão protetiva direta da norma penal incriminadora com o bem coletivo constitucional, cabe o correlato decreto de inconstitucionalidade. Sem uma inequívoca demonstração de tudo isso, deve-se afastar a incriminação, operando-se nos quadrantes do *favor libertatis*. É da Constituição que deriva a possibilidade de incriminação, não se havendo de realizar o caminho inverso.[22]

Em outras palavras, os tipos penais têm o objetivo de proteger os diversos direitos fundamentais espalhados por toda a Constituição da República. Sendo assim, tendo em vista que o delegado de polícia está no comando das investigações preliminares, podemos afirmar que ele atua como o garantidor desses direitos durante a fase pré-processual.

De um modo geral, é preciso reformular a visão sobre a carreira do delegado de polícia. Por que adotarmos a figura do juiz-garantidor[23] ou do promotor-investigador se nós, diferentemente de outros países que adotam esses sistemas, contamos com a figura do delegado de polícia?

Vale lembrar que no Brasil o cargo de delegado de polícia é composto por pessoas com excelente formação jurídica (bacharéis em direito) e que se submeteram a concursos públicos extremamente qualificados, assim como promotores de justiça, juízes de direito, defensores públicos, procuradores do Estado etc.

O delegado de polícia é aquele que tem o primeiro contato com o crime e que, portanto, apresenta as melhores condições para efetivar a investigação. Temos de enxergar a figura da autoridade policial como a de

---

[22] SILVA, Marcelo Cardozo da. *A prisão em flagrante na Constituição*. Editora Verbo Jurídico, 2007, p. 57.
[23] Nesse ponto, é importante mencionar o fato de estar tramitando no Congresso Nacional um projeto de lei que reforma o Código de Processo Penal, sendo que um de seus pontos mais polêmicos é, justamente, a criação da figura do juiz garantidor. Segundo o projeto, haverá um juiz que atuará especificamente na fase de investigação (inquérito policial), mas este não poderá julgar o processo, que será da competência de outro magistrado.

CAPÍTULO II INQUÉRITO POLICIAL

um juiz da fase pré-processual. O delegado é um sujeito imparcial e que deve atuar como um garantidor dos direitos fundamentais dos sujeitos da investigação.

Não podemos mais olhar a autoridade policial como um inquisidor, que objetiva exclusivamente a condenação do suspeito. Seu papel é outro. Cabe a ele a função de fornecer elementos informativos tanto para a acusação, como para a defesa, atuando de maneira imparcial e preservando os direitos envolvidos na investigação criminal. Na verdade, é essa a função do próprio inquérito policial, essencial para o correto exercício do *ius puniendi* estatal.

Como exemplo, citamos a realização do exame grafotécnico de um suspeito cujo resultado é negativo. Nesse caso, o inquérito policial demonstra que aquela suspeita inicial não deve subsistir, assegurando, assim, que o investigado não se submeta a um processo infundado. Salta aos olhos, portanto, a função garantista da Polícia Judiciária.

No mesmo sentido, destacamos mais uma vez as lições de Eduardo Cabette ao afirmar que

> a figura do delegado de polícia como bacharel em Direito, constituindo-se em uma vantagem qualitativa da polícia brasileira em relação às alienígenas. O delegado de polícia com formação jurídica, além de possibilitar uma competente investigação no aspecto jurídico, pode funcionar como uma autoridade capaz de possibilitar uma "paridade de armas" entre acusação e defesa, pois que não será necessária a intervenção do órgão estatal acusador nessa fase, ao contrário de outros sistemas de direito comparado.[24]

A própria jurisprudência do Supremo Tribunal Federal assevera que a unilateralidade das investigações preparatórias da ação penal não autoriza a polícia judiciária a desrespeitar as garantias jurídicas que assistem ao indiciado, que não mais pode ser considerado mero objeto de investigações.

---

[24] CABETTE, Eduardo Luiz Santos. *O papel do inquérito policial no sistema acusatório. O modelo brasileiro.* Disponível em: <http://jus.com.br/revista/texto/13037>. Acesso em 31.08.2013.

O indiciado é sujeito de direitos e dispõe de garantias, legais e constitucionais, cuja inobservância, pelos agentes do Estado, além de eventualmente lhes induzir a responsabilidade penal por abuso de poder, pode gerar a absoluta desvalia das provas ilicitamente obtidas no curso da investigação (RTJ 168/896, Rel. Min. Celso de Mello).

Cabe ao delegado de polícia, portanto, zelar pela observância de todos os direitos e garantias previstos na Constituição da República durante a fase pré-processual, o que destaca a importância dessa autoridade dentro da persecução penal.

4.2. Princípios constitucionais do contraditório e da ampla defesa

Infelizmente, o inquérito policial nunca recebeu o devido valor por parte dos estudiosos do Direito Processual Penal, sendo que, de um modo geral, sua importância dentro de um Estado Democrático de Direito nunca foi devidamente destacada. Muitos, aliás, fazem questão de reduzir seu valor ao tratá-lo como uma peça "meramente informativa", sem qualquer valor probatório.

Tais conclusões, ao que nos parece, devem-se ao fato de que a maioria da doutrina processual penal é composta por juízes, promotores e advogados, que, inegavelmente, não mantêm uma relação tão estreita com o inquérito policial como os delegados de polícia.

Destaque-se que tanto a história como a ciência já nos mostraram a importância da junção entre os aspectos práticos e teóricos para a obtenção de um resultado final mais consistente sobre determinado assunto. Ninguém questiona o fato de que a prática, em muitas situações, leva-nos a perceber questões que influenciam, e muito, a teoria. Por tudo isso, concluímos que o delegado de polícia, como presidente do inquérito policial, possui a melhor condição para avaliar os aspectos positivos e negativos desse procedimento investigativo, que subsidia cerca de 99% das ações penais interpostas em nosso ordenamento jurídico.

CAPÍTULO II   INQUÉRITO POLICIAL

Nesse contexto, logo na introdução desse ponto nós já fazemos questão de repudiar os entendimentos que colocam o inquérito policial como uma peça "meramente informativa", reduzindo, assim, sua importância dentro de uma persecução penal constitucional. Como pode uma "peça meramente informativa" ser responsável por subsidiar quase todas as ações penais? Como pode uma "mera peça" servir de base, ainda que não exclusivamente, para uma sentença condenatória final, nos termos do artigo 155 do Código de Processo Penal?

Outra questão relevante. A doutrina, de um modo geral, atribui ao inquérito policial a característica da dispensabilidade, afirmando que esse procedimento investigativo de polícia judiciária não seria necessário à propositura da ação penal. Mais uma vez somos obrigados a discordar desse posicionamento, ao menos da forma pela qual ele é colocado. Explicamos.

De fato, o inquérito policial é dispensável, mas apenas excepcionalmente, quando outros procedimentos públicos e regulamentados por lei servirem de base para a propositura da ação penal. Instituições como o Ministério Público, a Receita Federal, o COAF etc. podem, no exercício de suas atividades-fim, reunir elementos que justifiquem o início do processo penal. Vejam bem, caros leitores, tais instituições não têm atribuição legal ou constitucional para dar início a um procedimento cujo fim específico seja a investigação de infrações penais. Eventualmente, contudo, no exercício de seu poder de fiscalização, essas instituições podem reunir elementos que, por si só, sirvam para demonstrar a autoria e a materialidade de um crime, dispensando-se, assim, a instauração do inquérito policial. É nesse sentido que o inquérito policial seria dispensável, uma vez que não haveria razão para apurar um fato já devidamente comprovado por outro meio legal.

Do mesmo modo que repudiamos adjetivações superficiais e desprendidas da realidade, como acima consignado, também somos contra os entendimentos que colocam o inquérito policial como um procedimento inquisitivo, ausente de qualquer contraditório ou ampla defesa. Lembramos que a Inquisição nos remete a um período da história que deve ser esquecido, no qual atrocidades foram cometidas baseadas em falsas premissas, sendo que, nessa época, não havia qualquer respeito aos direitos fundamentais.

Com a devida vênia, não é essa a visão que temos sobre o inquérito policial, instrumento praticamente indispensável para uma persecução penal que deve ser inteiramente pautada pelos valores inseridos na Constituição da República, não podendo mais o investigado ser tratado como objeto de direito, mas sim como sujeito de direitos, o que apenas reforça a aplicação dos princípios do contraditório e da ampla defesa nesta fase, sempre que possível e que não for prejudicial às investigações.

4.2.1. Persecução penal e neoconstitucionalismo

Com a Revolução Francesa de 1789, muito influenciada pelo Iluminismo, ganhou força o movimento constitucionalista, que objetivava fornecer constituições escritas às sociedades, limitando, assim, o poder do Estado. A Declaração dos Direitos do Homem e do Cidadão foi um marco histórico que influenciou sobremaneira o conceito das constituições modernas, que, a partir desse ponto, se pautaram em duas premissas essenciais: a separação de poderes e os direitos fundamentais.

Em nosso ordenamento jurídico, a Constituição da República de 1988 inaugurou uma nova fase da democracia brasileira, na qual nunca havia sido dada tanta importância aos direitos fundamentais como no atual modelo constitucional. Nesse cenário, ganhou destaque o princípio da força normativa da Constituição, que, por sua vez, determina que seu conteúdo seja observado por todos – Estado e indivíduo –, não podendo mais a Constituição ser encarada como uma mera recomendação aos poderes constituídos.

Assim, a Constituição foi jogada ao centro de nosso ordenamento jurídico, irradiando seus efeitos sobre todos os ramos do Direito. Por tudo isso, Eduardo Cambi nos ensina que:

> O moderno Estado de Direito democrático e constitucional deve ser denominado de Estado de Direitos Fundamentais. O Estado de Direito é uma categoria independente dos direitos fundamentais, porque somente são soberanas as

leis que constituam manifestação externa das exigências de racionalidade e de liberdade, não da vontade arbitrária daqueles que detêm o poder.[25]

É dentro dessa perspectiva que surgiu o chamado movimento neoconstitucionalista, após o fracasso do positivismo, que pregava uma excessiva obediência às leis, sendo estas totalmente despidas de valores éticos e morais que transcendem a ordem positivada. Lembramos que a teoria positivista perdeu força, principalmente, devido aos absurdos praticados em nome e sob o amparo da lei. Essa época está emblematicamente ligada à derrota do fascismo na Itália e do nazismo na Alemanha, movimentos que promoveram a barbárie baseados na lei.

Nas lições de Luís Roberto Barroso, o pós-positivismo ou neoconstitucionalismo "não surge com ímpeto da desconstrução, mas como uma superação do conhecimento convencional. Ele inicia sua trajetória guardando deferência relativa ao ordenamento positivo, mas nele reintroduzindo as ideias de justiça e legitimidade".[26]

Na mesma linha, Eduardo Cambi assevera o seguinte:

> O neoconstitucionalismo se propõe a superar o paradigma da validade meramente formal do direito, no qual bastava ao Estado cumprir o processo legislativo para que a lei viesse a ser expressão jurídica. Com isto, o direito deve ser entendido dentro das respectivas *relações de poder*, sendo intolerável que, em nome da "vontade do legislador", tudo que o Estado faça seja considerado legítimo. Estreitam-se, pois, os vínculos entre Direito e Política, na medida que conceitos como os de razoabilidade, senso comum, interesse público etc. são informados por relações de poder.[27]

---

[25] CAMBI, Eduardo. *Neoconstitucionalismo e Neoprocessualismo*. 2 ed. São Paulo: Revista dos Tribunais, 2011, p. 26.
[26] BARROSO, Luís Roberto. *Interpretação e Aplicação da Constituição*. 4 ed. São Paulo: Editora Saraiva, 2001, p. 328.
[27] CAMBI, Eduardo. *Op. cit.*, p. 37.

Desse modo, considerando a importância dada aos direitos fundamentais e o fato de que os valores inseridos na Constituição devem influenciar todos os ramos do Direito, defendemos, nesta obra, a observância de uma "persecução penal constitucional". Em outras palavras, isso significa que os princípios constitucionais têm aplicação imediata e independente de qualquer ato normativo durante toda a *persecutio criminis*, desde sua fase preliminar de investigação, até o final do processo.

Tal entendimento, aliás, vai ao encontro do garantismo penal defendido por Ferrajolli,[28] que traz a visão neoconstitucionalista para o âmbito criminal, limitando o direito de punir pertencente ao Estado e oferecendo garantias essenciais aos indivíduos submetidos a esse poder. Nesse sentido, podemos afirmar que tanto a investigação criminal como o processo constituem instrumentos que, ao mesmo tempo em que servem o poder punitivo estatal, também garantem e asseguram direitos individuais.

Não é por outra razão que o professor Aury Lopes Jr. nos ensina que "existe uma íntima e imprescindível relação entre delito, pena e processo, de modo que são complementares. Não existe delito sem pena, nem pena sem delito e processo, nem processo penal senão para determinar o delito e impor uma pena".[29]

Resumindo esse ponto, entendemos que, dentro de uma visão constitucional do Direito, influenciada, especialmente, pela importância dada aos direitos fundamentais, todo ato normativo deve ser interpretado de maneira ampliativa e favorável a consecução desses direitos (princípio do *pro homine*). Consequentemente, a investigação criminal, que constitui a primeira fase da persecução penal, também deve observar – dentro de suas possibilidades – os direitos e as garantias previstos na Constituição da República.

Em consonância com esse entendimento, Fredie Didier Jr. assevera que os princípios constitucionais processuais devem ser encarados como garantidores de direitos fundamentais processuais, e, tendo em vista a dimensão objetiva desses direitos, tiram-se as seguintes consequências:

---

[28] FERRAJOLI, Luigi. *Direito e Razão*. Trad. Ana Paula Zomer "et al.". 3 ed. São Paulo: Revista dos Tribunais, 2010, p. 787.
[29] LOPES JR., Aury. *Investigação Preliminar no Processo Penal*. São Paulo: Editora Saraiva, 2013, p. 32.

CAPÍTULO II INQUÉRITO POLICIAL

a) os princípios processuais devem ser interpretados como se interpretam os direitos fundamentais, ou seja, de modo a dar-lhes o máximo de eficácia;
b) o magistrado poderá afastar, aplicado o princípio da proporcionalidade, qualquer regra que se coloque como obstáculo irrazoável/desproporcional à efetivação de todo direito fundamental;
c) o magistrado deve levar em consideração, na realização de direito fundamental, eventuais restrições a este impostas pelo respeito a outros direitos fundamentais.[30]

Nessa concepção, fica afastado qualquer sentido inquisitivo atribuído pela maioria da doutrina ao inquérito policial. Como é cediço, o sistema inquisitivo tem como característica a concentração de poder nas mãos de uma única pessoa (juiz inquisidor), dotada de ampla iniciativa probatória, sendo que na busca pela verdade é admitida a tortura para que se obtenha uma confissão do acusado.

Data máxima vênia, caros leitores, mas o inquérito policial não possui as mencionadas características, devendo ser inteiramente pautado pelos valores constitucionais, sendo sigiloso apenas na medida e na proporção de suas necessidades/finalidades. Além disso, todas as provas e elementos de informações colhidas no interior do procedimento investigativo devem estar em conformidade com os ditames constitucionais e infraconstitucionais, sob pena de invalidade e responsabilidade penal de seu executor. Assim, a tortura é absolutamente vedada durante a fase pré-processual, sendo que uma confissão desconectada dos demais elementos probatórios não possui grande valor.

É dentro desse contexto que se desenvolve uma investigação criminal constitucional e garantista, sendo esta a única linha a ser seguida pelo Estado com o intuito de exercer, legitimamente, seu direito de punir.

---

[30] DIDIER JR., Fredie. *Curso de Direito Processual Civil – Teoria Geral do Processo e Processo de Conhecimento*. 7 ed. Bahia: JusPodivm, 2007, p. 26.

4.2.2. Aplicação dos princípios constitucionais do contraditório e da ampla defesa na investigação criminal

A doutrina, de um modo geral, repele com veemência a possibilidade da aplicação dos princípios do contraditório e da ampla defesa em sede de inquérito policial, argumentando, para tanto, que tais princípios seriam incompatíveis com as finalidades desse procedimento investigativo. Como já deixamos antever ao longo desta obra, não podemos concordar com essas afirmações.

No que se refere ao princípio da ampla defesa, não vemos campo para grandes discussões, sendo esse princípio perfeitamente adequado à fase de investigação preliminar. Nas lições de Renato Brasileiro de Lima, a defesa garante o contraditório e por ele se manifesta; afinal, a ampla defesa só é possível em virtude de um dos elementos do contraditório, qual seja: o direito à informação.[31]

Dito isso, podemos afirmar que o investigado tem direito à ampla defesa em seus dois aspectos:

a) positivo – pode se utilizar de todos os meios que lhe permitam confrontar os elementos de prova que digam respeito à autoria ou materialidade da infração;
b) negativo – consiste na não produção de elementos de prova que possam lhe ser prejudiciais (v.g. não fornecimento de material gráfico para a realização do exame grafotécnico, não submissão ao exame do etilômetro etc.).

Ainda de acordo com a doutrina, a ampla defesa subdivide-se em *direito de defesa técnica* e *direito de autodefesa*. Nesse sentido, o investigado pode perfeitamente contar com o auxílio de um advogado de sua escolha para acompanhá-lo durante todo o inquérito policial. Lembramos que é direito do advogado ter acesso a todas as peças constantes neste procedimento investigativo, podendo tirar cópias e fazer apontamentos, tudo com o objetivo de melhor proceder à defesa de seu cliente.[32]

---
[31] Brasileiro de Lima, Renato. *Manual de Processo Penal*. Vol. II. 2 ed. Niterói: Impetus, 2012, p. 23.
[32] A Súmula Vinculante 14, do Supremo Tribunal Federal, veda o sigilo para o advogado no inquérito policial.

CAPÍTULO II INQUÉRITO POLICIAL

Com relação ao direito de autodefesa, destacamos que o investigado pode exercê-lo tanto positivamente, no momento de seu interrogatório, dando sua versão sobre os fatos e contradizendo as versões que lhe forem prejudiciais, como também pode optar pela utilização de sua autodefesa negativa, permanecendo calado durante seu interrogatório sem que isso possa acarretar-lhe qualquer prejuízo (*nemo tenetur se detegere*).

Demais disso, não podemos olvidar que o investigado pode, a todo o momento, impetrar *habeas corpus* contra atos realizados no inquérito policial e que possam colocar em risco seu direito à liberdade de locomoção. Como exemplo, é possível que o indiciado faça uso desse remédio constitucional para anular seu indiciamento, desde que comprove que este ato foi efetivado sem qualquer respaldo legal. Do mesmo modo, o investigado também poderá requerer diligências que possam produzir elementos probatórios que lhes sejam favoráveis. Tudo isso, repetimos, com base no princípio da ampla defesa.

Já no que diz respeito ao princípio do contraditório, concordamos que o assunto abre espaço para enormes polêmicas. Antes de nos aprofundarmos nesse tema, porém, é conveniente trazer à baila a definição desse princípio em consonância com a doutrina mais moderna.

Primeiramente, consignamos que o núcleo fundamental do contraditório estaria ligado à discussão dialética dos fatos, podendo este princípio ser separado em dois elementos: direito à informação e direito de participação. O contraditório seria, assim, a necessária informação às partes e a possível reação a atos que possam lhes causar prejuízo.[33]

Para Nestor Távora e Rosmar Rodriguez Alencar, o princípio do contraditório é traduzido pelo binômio ciência e participação, impondo que "às partes deve ser dada a possibilidade de influir no convencimento do magistrado, oportunizando-se a participação e manifestação sobre atos que constituem a evolução do processo".[34]

---

[33] BRASILEIRO DE LIMA, Renato. *Manual de Processo Penal*. Op. cit., p. 18.
[34] TÁVORA, Nestor; RODRIGUES ALENCAR, Rosmar. *Curso de Direito Processual Penal*. 6 ed. Bahia: JusPodivm, 2011, p. 58.

Mais que uma oportunidade de ação e reação, o contraditório garante que toda a persecução penal seja desenvolvida com a observância da igualdade entre as partes, no sentido de que os contendores tenham a mesma força (paridade de armas). Em tempo, vale destacar que, enquanto o princípio do contraditório está vinculado às duas partes de uma contenda jurídica, a ampla defesa refere-se exclusivamente ao acusado.

Feitas essas breves considerações, salientamos que, de acordo com a maioria da doutrina, o contraditório não seria aplicado ao inquérito policial, pois o dispositivo constitucional que lhe serve de suporte é expresso ao afirmar que "aos litigantes, em processo judicial ou administrativo, e aos acusados em geral são assegurados o contraditório e a ampla defesa, com os meios e recursos a ela inerentes" (art. 5º, inc. IV, da CF).

Nesse sentido, como o dispositivo faz menção a *processo judicial ou administrativo*, o contraditório não se aplicaria ao inquérito policial, que é um *procedimento* administrativo. Ademais, os opositores da tese aqui defendida também argumentam que o artigo se refere aos *litigantes* e aos *acusados*, o que afastaria a figura do *investigado*.

Entretanto, tais argumentos não se sustentam diante de uma análise mais detida sobre o assunto. Primeiramente, salientamos que o legislador em diversas ocasiões se confunde ao empregar termos técnicos, como fez ao tratar "Do Processo Comum", "Do Processo Sumário", quando, na verdade, se referia aos "procedimentos".

Sobre o termo "acusados", Lopes Jr. nos ensina que ele não pode limitar a aplicação do contraditório no inquérito, senão vejamos: "Sucede que a expressão empregada não foi só *acusados*, mas sim *acusados em geral*, devendo nela ser compreendidos também o indiciamento e qualquer imputação determinada, pois não deixam de ser *imputação em sentido amplo*".[35]

Vale lembrar ainda que, com relação aos direitos fundamentais, a interpretação da norma deve ser sempre ampliativa e não restritiva, o que ratifica a aplicação do contraditório no procedimento em questão, desde que, é claro, não inviabilize as investigações.

---

[35] LOPES JR., Aury. *Investigação Preliminar no Processo Penal. Op. cit.*, p. 470.

Nesse contexto, Rogério Lauria Tucci assevera que

> a contraditoriedade da investigação criminal consiste num direito fundamental do imputado, direito esse que, por ser "um elemento decisivo do processo penal", não pode ser transformado, em nenhuma hipótese, em "mero requisito formal".[36]

Nestor Távora e Rosmar Rodrigues Alencar explicam que a ideia de que contraditório exige partes é falsa, senão vejamos:

> Contraditório é o direito de participar de um procedimento que lhe possa trazer alguma espécie de repercussão jurídica; não tem como pressuposto a existência de partes adversárias. Se há possibilidade de defesa, é porque há exercício do contraditório; se eu me defendo, estou participando do procedimento; estou, portanto, exercitando o meu direito de participação.[37]

Devemos ressaltar, todavia, que quando falamos em contraditório no inquérito policial, referimo-nos, principalmente, a seu primeiro momento, qual seja: a informação. Isto porque não se pode vislumbrar a plenitude do contraditório numa fase pré-processual.

A própria Lei 12.403/2011, que alterou o Código de Processo Penal na parte que trata das prisões e medidas cautelares diversas, estipulou em seu artigo 282, §3º, o contraditório antes do deferimento da medida, desde que não haja risco para sua eficácia ou se trate de uma situação de urgência.

Diante dessa determinação legal, considerando que diversas medidas cautelares são decretadas durante a fase pré-processual, concluímos que a intenção do legislador foi nortear a condução de toda a persecução penal, inserindo o princípio do contraditório no inquérito policial sempre que não houver risco à eficácia das investigações.

---

[36] TUCCI, Rogério Lauria. *Direitos e garantias individuais no processo penal brasileiro*. 2 ed. São Paulo: Revista dos Tribunais, 2004, p. 357-360.
[37] TÁVORA, Nestor; RODRIGUES ALENCAR, Rosmar. *Op. cit.*, p. 98.

No mesmo sentido, a Lei 12.760/2012, que alterou o artigo 306 do Código de Trânsito Brasileiro, no qual está tipificado o crime de embriaguez ao volante, estipulou em seu conteúdo que o motorista terá direito à contraprova. Em nosso entendimento, trata-se de mais um exemplo de aplicação do princípio do contraditório na fase preliminar de investigação.

Com o objetivo de ilustrar essa conclusão, imaginemos o caso de um motorista que é conduzido à Delegacia de Polícia sob a suspeita de estar conduzindo seu veículo com a capacidade psicomotora alterada, sendo essa condição comprovada apenas com base no testemunho dos policiais. Nesse contexto, o suspeito poderá submeter-se ao teste do etilômetro ou ao exame de sangue visando contradizer a prova testemunhal, provando, em última análise, sua inocência.

Outro momento do inquérito policial em que vislumbramos a aplicação do contraditório diz respeito ao indiciamento do investigado. Destaque-se, primeiramente, que este ato constitui uma formalidade que fundamenta as conclusões do delegado de polícia acerca da autoria criminosa, devendo, portanto, ser precedido de um despacho fundamentado. Além disso, o indiciamento caracteriza-se como uma garantia para ampla defesa do investigado, que a partir de então passa a ter ciência de seu *status* dentro da persecução penal. Fazendo uma analogia com o auto de prisão em flagrante, podemos afirmar que o indiciamento funciona como uma espécie de nota de culpa.

Ante o exposto, entendemos que, em observância aos princípios do contraditório e da ampla defesa, uma vez efetivado o formal indiciamento de um suspeito, cabe ao delegado de polícia lhe fornecer uma nota de culpa, na qual constará o crime e os motivos pelo qual ele está sendo indiciado, além do nome da autoridade responsável por essa decisão.

Com base nessas conclusões, entendemos que, naqueles casos mais complicados, em que a autoridade policial tiver dúvidas acerca da autoria do crime, antes de efetivar o formal indiciamento do suspeito e com o objetivo de melhor formar seu convencimento, ele pode franquear-lhe a oportunidade de se manifestar nos autos do inquérito policial por meio de uma defesa escrita.

CAPÍTULO II   INQUÉRITO POLICIAL

Agindo dessa forma a autoridade policial não prejudica em nada as investigações e apenas fortalece o material colhido nessa fase. Por meio de uma defesa escrita, o suspeito pode chamar a atenção do titular do inquérito policial para um fato que, até então, ele não tinha se atentado e que pode ser essencial para sua decisão final.

Da mesma forma e em obediência ao princípio da igualdade (paridade de armas), a autoridade de polícia judiciária deve permitir a manifestação da vítima e do Ministério Público nos autos do inquérito policial. Tudo isso no intuito de melhor formar seu convencimento.

Analisados alguns aspectos práticos de aplicação do contraditório no inquérito policial, é mister focar nossa atenção novamente a seu conceito, mas, desta vez, sob o ponto de vista de Fredie Didier Jr.

Primeiramente, o renomado processualista destaca que o princípio do contraditório deve ser aplicado nos âmbitos jurisdicional, administrativo e negocial. Em um segundo momento, Didier Jr. consigna que o contraditório é uma garantia que se desdobra em duas facetas. A mais básica, que o autor reputa como formal, é a da participação, a garantia de ser ouvido, de ser comunicado, de poder falar no processo. Isso seria o mínimo, constituindo, no entanto, o que a maioria da doutrina entende por contraditório. Mas não é só isso, senão vejamos:

> Há o elemento substancial dessa garantia. Há um aspecto, que eu reputo essencial, denominado, de acordo com a doutrina alemã, de "poder de influência". Não adianta permitir que a parte, simplesmente, participe do processo; que ela seja ouvida. Apenas isso não é o suficiente para que se efetive o princípio do contraditório. É necessário que se permita que ela seja ouvida, é claro, mas em condições de poder influenciar a decisão do magistrado.[38]

Voltando aos exemplos práticos, concluímos que, ao oferecer ao investigado e à vítima a oportunidade de se manifestarem nos autos do inquérito antes do

---
[38] DIDIER JR., Fredie. *Op. cit.*, p. 43.

indiciamento, a autoridade policial estará dando-lhes a chance de influenciar em sua decisão final, interferindo com ideias, com fatos novos, com argumentos jurídicos etc., sendo esta, como vimos, a principal faceta do contraditório. O mesmo acontece quando as partes sugerem requisitos para a perícia.

Outra situação em que o contraditório pode ganhar força dentro do inquérito refere-se às oitivas das partes. O delegado de polícia não só pode, como deve, permitir que o advogado do investigado formule perguntas às testemunhas ou à própria vítima, garantindo seu direito de influenciar em sua decisão final. Nesse caso, alguns poderiam alegar que o contraditório não estaria completo devido à ausência do Ministério Público. Repudiando essa conclusão, lembramos que a autoridade policial, como condutora da investigação, deve sempre buscar a verdade possível acerca do fato criminoso, assim como o magistrado durante o processo.

Sendo assim, o próprio delegado de polícia poderá formular perguntas que interessam ao correto exercício do direito de punir pertencente ao Estado, sem que, com isso, perca sua imparcialidade. O mesmo acontece com o poder de instrução concedido aos juízes após o início do processo, em que eles poderão ouvir testemunhas ou requisitar perícias por conta própria, tudo sob o amparo do princípio da busca pela verdade. Para os que não se contentarem com esses argumentos, lembramos que o Ministério Público possui contato direto com os autos do inquérito, podendo requisitar diligências a qualquer tempo, o que, em última análise, restabeleceria a igualdade supostamente quebrada pela intervenção do investigado.

Por tudo isso, destaca-se uma vez mais a importância do delegado de polícia e do inquérito policial para um Estado Democrático de Direito. Cabe à autoridade de polícia judiciária, sempre que possível, garantir o contraditório e a ampla defesa aos envolvidos na investigação criminal, o que legitima ainda mais os elementos colhidos nesta fase da persecução penal.

Uma vez mais, transcrevemos as lições de Fauzi Hassan Choukr:

> a inserção das garantias constitucionais desde logo na investigação criminal, naquilo que for possível e adequado à sua natureza e finalidade, aparece como um "passo adiante" na construção de um processo penal garantidor, entendida esta

CAPÍTULO II   INQUÉRITO POLICIAL

expressão como sendo o arcabouço instrumental penal uma forma básica de proteção da liberdade individual contra o arbítrio do Estado. Mais ainda, preconiza uma nova postura ética do Estado para com o indivíduo submetido à constrição da liberdade, elevando sua condição de pessoa humana independentemente do feito cometido e colocando pautas mínimas de materialização dessa nova "condição humana" no processo.[39]

Ratificando a posição defendida neste artigo, conforme já salientado, veio a reforma processual que alterou o artigo 155 do Código de Processo Penal. Segundo esse dispositivo, "o juiz formará sua convicção pela livre apreciação da prova produzida em contraditório judicial, não podendo fundamentar sua decisão *exclusivamente* nos elementos informativos colhidos na investigação, ressalvada as provas cautelares, não repetíveis e antecipadas" (grifo nosso).

Assim sendo, legalizou-se a possibilidade de o Juiz se influenciar pelas provas produzidas durante as investigações preliminares. Nesse contexto, valoriza-se ainda mais a figura do inquérito policial, já que ele constitui elemento essencial para a sentença posterior. Cabe à autoridade policial agir de maneira absolutamente transparente e imparcial (atuando como juiz da fase pré-processual), fornecendo, sempre que possível, a possibilidade do contraditório e da ampla defesa, principalmente quando se tratar de provas não repetíveis, que não se sujeitarão ao contraditório judicial.

Em conclusão, reiteramos que os princípios do contraditório e da ampla defesa devem ser observados durante o inquérito policial sempre que não forem prejudiciais ao sucesso das investigações, haja vista que, em certos momentos da persecução penal, o Estado deve valer-se de ações sigilosas no intuito de chegar à verdade dos fatos.

---

[39] CHOUKR, Fauzi Hassan. *Op. cit.*, p. 11.

Não é outra a orientação de Scarance Fernandes ao afirmar que

> na fase indiciária justifica-se alguma desigualdade em favor do Estado, a fim de realizar melhor colheita de indícios a respeito do fato criminoso. É o que diz Jimenez Asenjo, em trecho citado por Tourinho Filho: "É difícil estabelecer igualdade absoluta de condições jurídicas entre o indivíduo e o Estado no início do procedimento, pela desigualdade real que em momento tão crítico existe entre um e outro. Desigualdade provocada pelo próprio criminoso. Desde que surge em sua mente a ideia do crime, estuda cauteloso um conjunto de precauções para subtrair-se à ação da Justiça e coloca o Poder Público em posição análoga à da vítima, a qual sofre o golpe de surpresa, indefesa e desprevenida. Para estabelecer, pois, a igualdade nas condições de luta, já que se pretende que o procedimento criminal não deve ser senão um duelo nobremente sustentado por ambos os contendores, é preciso que o Estado tenha alguma vantagem nos primeiros momentos, apenas para recolher os vestígios do crime e os indícios de culpabilidade do seu autor.[40]

Diante do exposto, dentro de uma visão constitucional do Direito, parece-nos que toda a persecução penal deve pautar-se pelos valores e princípios previstos na Constituição da República, o que acaba por legitimar a aplicação do contraditório e da ampla defesa durante o inquérito policial, desde que, por óbvio, não haja qualquer prejuízo a eficácia das investigações. Apenas nesse último caso, o contraditório será diferido ou postergado. De resto, cabe ao Estado zelar por sua observância, pois só assim seu direito de punir será exercido de maneira legítima.

5. Indiciamento: Momento e consequências jurídicas

O objetivo deste ponto é abordar todos os aspectos ligados ao ato formal de indiciamento. Antes, porém, devemos advertir que se trata de um as-

---

[40] FERNANDES, Antonio Scarance. *Processo Penal Constitucional*. São Paulo: RT, 1999, p. 51.

sunto extremamente tormentoso, devido ao fato de que esse ato não conta com uma perfeita regulamentação legal,[41] ficando seu conceito a cargo da doutrina especializada.

Não obstante o indiciamento tenha sido regulamentado pela Lei 12.830/2013, em seu artigo 2º, § 6º, o dispositivo ainda foi muito modesto ao tratar da matéria, senão vejamos:

> Art. 2º, § 6º – O indiciamento, privativo do delegado de polícia, dar-se-á por ato fundamentado, mediante análise técnico-jurídica do fato, que deverá indicar a autoria, materialidade e suas circunstâncias.

Nos termos do artigo, podemos fazer as seguintes conclusões sobre o indiciamento: a) trata-se de ato privativo do delegado de polícia; b) deve ser, necessariamente, precedido de um despacho fundamentado; c) deverão ser apontadas as razões jurídicas do convencimento da autoridade policial, indicando-se a autoria, a materialidade e suas circunstâncias.

Conforme salientado alhures, com a prática de uma infração penal, tem início a persecução penal por parte do Estado, que em sua primeira fase é materializada por meio do inquérito policial, com a função de colher elementos suficientes em relação à autoria e materialidade do crime.

A instauração de um inquérito policial depende da possibilidade de ter ocorrido um fato punível. Os atos de investigação objetivam, justamente, formar um juízo de probabilidade sobre a acusação. Dentro da *persecutio criminis extra juditio*, o indiciamento destaca-se como um dos momentos mais importantes, pois tão logo a polícia judiciária consiga reunir indícios suficientes de autoria e provar a materialidade de um crime, ele deve ser formalizado.

---

[41] No Estado de São Paulo o tema é tratado pela Portaria DGP-18/1998, senão vejamos: Art. 5º – Logo que reúna, no curso das investigações, elementos suficientes acerca da autoria da infração penal, a autoridade policial procederá ao formal indiciamento do suspeito, decidindo, outrossim, em sendo o caso, pela realização da sua identificação pelo processo datiloscópico. Parágrafo Único – O ato aludido neste artigo deverá ser precedido de despacho fundamentado, no qual a autoridade policial pormenorizará, com base nos elementos probatórios objetivos e subjetivos coligidos na investigação, os motivos de sua convicção quanto à autoria delitiva e a classificação infracional atribuída ao fato, bem assim, com relação à identificação referida, acerca da indispensabilidade da sua promoção (...).

De acordo com os ensinamentos de Eduardo Cabette,

> o indiciamento é o ato pelo qual a autoridade policial, no curso do inquérito policial, aponta determinado suspeito como autor de uma infração penal. Portanto, para que haja indiciamento, mister se faz a comprovação da materialidade da infração e indícios convincentes de que o investigado é seu autor. Como logo se percebe, trata-se de "ato privativo da autoridade policial.[42]

Já para Nestor Távora e Rosmar Rodrigues Alencar, o indiciamento

> é a informação ao suposto autor a respeito de um fato objeto das investigações. É a cientificação ao suspeito de que ele passa a ser o principal foco do inquérito. Saímos do juízo de possibilidade para o de probabilidade e as investigações são centradas em pessoa determinada. Logo, só cabe falar em indiciamento se houver um lastro mínimo de prova vinculando o suspeito à prática delitiva. Deve a autoridade policial deixar clara a situação do indivíduo, informando-lhe a condição de indiciado sempre que existam elementos para tanto.[43]

Em nosso entendimento, o indiciamento é um ato formal, de atribuição exclusiva da autoridade de polícia judiciária, que ao longo da investigação forma seu livre convencimento no sentido de que há indícios mínimos de que um suspeito tenha praticado determinado crime. A partir desse ato, o indiciado passa a ser o foco principal das investigações.

Trata-se, na verdade, de uma formalidade que fundamenta as conclusões do delegado de polícia acerca da autoria criminosa e, por isso, deve ser precedido de um despacho. Demais disso, o indiciamento constitui uma garantia para ampla defesa do investigado, que a partir de então passa a

---

[42] CABETTE, Eduardo Luiz Santos. *Uma análise sobre a coerência da jurisprudência do STJ quanto ao tema do indiciamento intempestivo*. Jus Navigandi, Teresina, ano 12, n. 1367, 30 mar. 2007. Disponível em: <http://jus.com.br/revista/texto/9667>. Acesso em 31.08.2013.
[43] TÁVORA, Nestor; RODRIGUES ALENCAR, Rosmar. *Op. cit.*, p. 118.

CAPÍTULO II INQUÉRITO POLICIAL

ter ciência de seu *status* dentro da persecução penal. Fazendo uma analogia com o auto de prisão em flagrante, podemos afirmar que o indiciamento funciona como uma espécie de nota de culpa.

Sem embargo, entendemos que, em observância aos princípios do contraditório e da ampla defesa, uma vez efetivado o formal indiciamento de um suspeito, cabe ao delegado de polícia lhe fornecer uma nota de culpa, na qual constará o crime e os motivos pelos quais ele está sendo indiciado, além do nome da autoridade responsável por essa decisão.

Parece-nos que a adoção desse procedimento serve como mais uma garantia ao sujeito passivo da investigação criminal, ampliando sua possibilidade de defesa e demonstrando uma total transparência nos atos de polícia judiciária.

Antes de avançarmos, devemos salientar que, durante a persecução penal, a certeza sobre a autoria de um crime varia de acordo com suas fases. Para que seja instaurado o inquérito policial, basta que se vislumbre a possibilidade de ter havido um fato punível, independentemente do conhecimento de sua autoria, já que uma das funções da investigação preliminar é descobrir seu autor.

O inquérito policial, portanto, nasce da possibilidade de autoria, mas busca a probabilidade. Constatada essa probabilidade, deve ser efetivado o formal indiciamento. A partir desse momento, o *status* do sujeito passivo da investigação criminal passa de *suspeito/investigado* para *indiciado*. Notem que nesse instante a certeza em relação à autoria já é maior que no início da persecução penal.

Mais adiante, convencido do *fumus comissi delicti*, o representante do Ministério Público oferece a denúncia, o que denota uma certeza ainda maior sobre a autoria. Com a decisão de pronúncia, por exemplo, essa certeza torna-se mais robusta e assim sucessivamente.

Por hora, é interessante consignar que todos esses atos (ou fases), embora conectados, não estão vinculados, sendo que em cada instância há uma autoridade "competente" para decidir de maneira fundamentada. Em outras palavras, o delegado de polícia pode indiciar um suspeito e o Ministério Público pode pedir o arquivamento do caso. Da mesma forma, o Ministério Público pode oferecer a denúncia e o juiz pode não aceitá-la. Há, nessas situações, uma independência funcional entre os órgãos responsáveis pela persecução penal.

Vale consignar que nenhum desses atos viola o princípio da presunção de inocência, haja vista que nessas fases prevalece o princípio do *indubio pro societates*.

Após estudarmos o conceito de indiciamento, passaremos a analisar seus consectários. Justamente por acarretar inúmeros transtornos à pessoa do indiciado, este ato deve cercar-se de todos os cuidados possíveis. Daí a necessidade da autoridade policial fundamentar sua decisão por meio de um despacho, no qual devem constar as razões de seu convencimento e o tipo penal aparentemente violado.

Para que possamos entender no que consiste o indiciamento, nós nos socorremos mais uma vez das lições de Eduardo Cabette, senão vejamos:

> Sob o aspecto formal e prático integram o indiciamento, o interrogatório policial e a qualificação do investigado; a coleta de informes sobre sua vida pregressa e a elaboração do chamado Boletim de Identificação Criminal, que se compõe de informações de qualificação do indiciado, sinais característicos, infração penal atribuída, dados sobre o inquérito policial e outras informações necessárias ao cadastro no sistema informatizado de antecedentes criminais, além da identificação datiloscópica, acaso o suspeito não seja civilmente identificado (art. 5º, LVIII, CF).[44]

Assim, a primeira consequência prática do indiciamento é o fato de que o nome do indiciado passará a constar nos sistemas policiais. Isso significa que se ele por acaso for abordado por algum policial nas ruas, ao efetuar pesquisa com seu nome, o policial verificará que ele foi o alvo principal de uma investigação criminal. Convenhamos que essa nódoa não é conveniente para o currículo de ninguém!

---

[44] Cabette, Eduardo Luiz Santos. *Uma análise sobre a coerência da jurisprudência do STJ quanto ao tema do indiciamento intempestivo. Op. cit.* Acesso em 31.08.2013.

CAPÍTULO II INQUÉRITO POLICIAL

Sob o aspecto jurídico, considerando que medidas cautelares pessoais dependem, entre outros requisitos, da prova da materialidade do crime e de indícios mínimos de autoria, o indiciado estará sujeito a ter uma medida dessa natureza decretada em seu desfavor, haja vista que os fundamentos do indiciamento são compatíveis com sua adoção. Além disso, o indiciamento também indica que o indiciado provavelmente será submetido à fase processual da persecução penal, correndo o risco de ser condenado e preso.

Por outro lado, sob o aspecto social, o indiciamento coloca uma marca na pessoa do indiciado, que o desabona perante a sociedade, podendo causar reflexos, inclusive, em sua vida profissional, familiar e social.

Devido a todas essas consequências extremamente deletérias, advertimos que, caso o indiciado não seja condenado ou seja determinado o arquivamento do inquérito policial em virtude da negativa de autoria ou inexistência do fato criminoso, seu formal indiciamento deve ser cancelado, preservando-se, assim, os princípios da dignidade da pessoa humana e da presunção de inocência.

5.1. Ato privativo do delegado de polícia

Conforme exposto no início deste livro, constatada a ocorrência de um crime, o Estado deve valer-se de investigações preliminares, com o objetivo de subsidiar uma eventual fase processual. É por meio dessas investigações que o titular da ação penal obtém os elementos necessários para justificar sua pretensão em ver uma pessoa condenada.

Dentro de nosso ordenamento jurídico, tais investigações preliminares são materializadas, em regra, por meio do inquérito policial. Como é cediço, esse procedimento investigativo é de atribuição das polícias judiciárias, dirigidas por delegados de polícia de carreira. Esta é a autoridade competente para, de maneira discricionária, conduzir as investigações. Claro que essa discricionariedade deve pautar-se pelo princípio da legalidade, mas seu convencimento e suas decisões devem ser respeitados.

Para exercer seu direito de punir, o Estado deve observar inúmeras regras e princípios. Nesse contexto e com base no sistema acusatório, o Estado divide-se em Estado-Investigador (Polícia Judiciária), Estado-Acusador (Ministério Público), Estado-Defensor (Defensoria Pública) e Estado-Julgador (Magistrados). Cada instituição é responsável por desempenhar um determinado mister, sendo essa divisão de tarefas essencial para o Estado Democrático de Direito.

Sendo assim, certo de que o delegado de polícia é o titular do inquérito policial, concluímos que também é ele o responsável por determinar ou não o indiciamento de um suspeito. Trata-se de ato privativo da autoridade policial, devendo ser efetivado com base em sua convicção jurídica sobre o caso e embasado em critérios legais. "O indiciamento ou sua abstenção refletem nos autos do inquérito policial a manifestação da polícia judiciária acerca das conclusões a que chegou por meio de suas investigações."[45]

Nesse ponto é interessante consignar que no Estado de São Paulo o convencimento jurídico dos delegados de polícia agora conta com uma previsão constitucional expressa, nos termos do dispositivo abaixo transcrito:

> Art. 140, § 3º – *Aos Delegados de Polícia é assegurada independência funcional pela livre convicção nos atos de polícia judiciária.*

Por tudo isso, não admitimos a possibilidade de o indiciamento ser determinado pelo juiz ou pelo Ministério Público. Com relação aos magistrados, tal determinação fere, além do sistema acusatório, o princípio da imparcialidade, pois ele estaria se antecipando na decisão de mérito.

No que se refere ao Ministério Público, sem embargo dos argumentos acima expostos, lembramos que o artigo 16 do Código de Processo Penal dispõe que o membro do *Parquet* só poderá requerer a devolução dos autos do inquérito à autoridade policial quando se tratar de diligências imprescindíveis ao oferecimento da denúncia. Ora, se o próprio inquérito policial

---

[45] CABETTE, Eduardo Luiz Santos. *Uma análise sobre a coerência da jurisprudência do STJ quanto ao tema do indiciamento intempestivo. Op. cit.* Acesso em 31.08.2013.

é "dispensável",⁴⁶ o indiciamento também o é. Logo, onde está a imprescindibilidade desse ato?

Destacamos, outrossim, que a palavra "processo" significa "seguir adiante". Dessa forma, não teria sentido que, superada a fase investigatória com a respectiva manifestação do delegado de polícia, se retroceda para determinar o formal indiciamento de uma pessoa.⁴⁷ O próprio Superior Tribunal de Justiça já decidiu que tal determinação configura coação desnecessária e ilegal.⁴⁸

No mesmo diapasão, Nestor Távora e Rosmar Rodrigues Alencar defendem que

> não é adequado que o ato de indiciar seja requisitado pelo juiz ou pelo Ministério Público. Tais autoridades podem determinar a instauração da investigação. Todavia, a definição subjetiva do foco investigativo é de atribuição do titular do inquérito (...). Deflagrado o processo, não há mais de se falar em indiciado, já que o suspeito passa ao *status* de imputado (réu).⁴⁹

Por fim, vale dizer que se ao longo do inquérito policial o delegado de polícia perceber que a pessoa indiciada não tem qualquer ligação com o crime (v.g. a vítima se enganou no reconhecimento do criminoso ou foram descobertas novas provas que apontam para uma outra pessoa), é perfeitamente possível o cancelamento do indiciamento por meio de um novo despacho fundamentado. Da mesma forma, caso seja comprovado um outro crime durante a investigação, este também deve ser objeto de outro indiciamento dentro do mesmo inquérito.

---

⁴⁶ Consignamos que essa tão falada dispensabilidade do inquérito policial não nos convence, pois, na prática, a existência desse procedimento investigativo se mostra essencial e praticamente indispensável na apuração de infrações penais.
⁴⁷ Cabette, Eduardo Luiz Santos. *Uma análise sobre a coerência da jurisprudência do STJ quanto ao tema do indiciamento intempestivo. Op. cit.* Acesso em 31.08.2013.
⁴⁸ STJ. HC 69.428/SP, 5ª Turma, Relator Ministro Gilson Dipp, DJ 05.02.2007, p. 320.
⁴⁹ Távora, Nestor; Rodrigues Alencar, Rosmar. *Op. cit.*, p. 118.

5.2. Sujeito passivo do indiciamento

Ao longo desta obra foi destacado em diversas passagens que o objetivo da investigação criminal é reunir provas da materialidade do crime e os elementos necessários relacionados a sua autoria, justificando-se, assim, a necessidade ou não de um processo.

Asseveramos, outrossim, que, tão logo sejam reunidos elementos suficientes que apontem a autoria da infração penal, a autoridade de polícia judiciária responsável pela condução das investigações deve determinar o formal indiciamento do suspeito.

Em regra, qualquer pessoa pode ser indiciada. Excepcionalmente, contudo, a formalização desse procedimento restará prejudicada em alguns casos em que o investigado goze do foro por prerrogativa de função.

No caso dos representantes do Ministério Público, por exemplo, em consonância com o artigo 41, inciso II e Parágrafo Único da Lei 8.625/1993, sempre que houver indícios de infração penal praticada por promotor ou procurador de justiça, os autos do inquérito policial deverão ser encaminhados ao procurador geral de justiça, a quem competirá dar sequência à apuração dos fatos.

No mesmo sentido, sempre que houver indícios de infração praticada por magistrado, os autos também deverão ser remetidos ao Tribunal de Justiça competente (art. 33, Parágrafo Único da Lei Complementar 35/1979).

Já no que se refere aos senadores da República e deputados federais, podemos afirmar que não há qualquer dispositivo legal que impeça o indiciamento dessas autoridades. Não obstante, Renato Brasileiro adverte que na questão de ordem suscitada no inquérito 2.411, o Supremo Tribunal Federal firmou entendimento no sentido de que o delegado de polícia não poder determinar o indiciamento de parlamentares sem a prévia autorização do Ministro-Relator do inquérito, ficando a abertura do próprio procedimento investigatório condicionada a sua autorização.[50]

---

[50] Brasileiro de Lima, Renato. *Manual de Processo Penal. Op. cit.*, p. 112.

5.3. Indiciamento e o artigo 17-D da Lei de Lavagem de Capitais

Dispõe o artigo 17-D da Lei de Lavagens de Capitais (Lei 9.613/1998), acrescido pela Lei 12.683/2012: "Em caso de indiciamento de servidor público, este será afastado, sem prejuízo de remuneração e demais direitos previstos em lei, até que o juiz competente autorize, em decisão fundamentada, o seu retorno".

Conforme se depreende de uma análise perfunctória do dispositivo, em se tratando de crimes de lavagem de dinheiro, o afastamento do servidor público de suas funções se impõe de maneira automática, como consequência de seu indiciamento, sendo possível o retorno a suas atividades funcionais apenas mediante uma decisão judicial fundamentada.

Diante dessa previsão, podemos concluir que o delegado de polícia, ainda que de maneira indireta, fica responsável pela determinação do afastamento cautelar do funcionário público suspeito de envolvimento em crimes de lavagem de capitais. Sendo assim, é imprescindível que a autoridade policial tenha o máximo cuidado no momento de efetuar o formal indiciamento do suspeito. Deveras, este ato acarreta consequências extremamente deletérias ao indiciado, que, além de tudo, passa a ter seu nome petrificado nos registros policiais.

Não podemos olvidar, todavia, que o artigo 17-D da Lei de Lavagem de Capitais vem recebendo severas críticas da doutrina, com as quais, diga-se de passagem, concordamos. Em estreita síntese, podemos afirmar que o artigo em destaque fere o princípio da presunção de inocência e retira do Ministério Público, titular da ação penal, o direito de se manifestar sobre a necessidade da medida, pois, conforme destacado, ela decorre automaticamente do indiciamento.

Eduardo Cabette lembra, ainda, que o dispositivo em questão viola a figura do próprio delegado de polícia, que terá sua convicção jurídica comprometida, uma vez que, em muitas situações, ele pode convencer-se da materialidade do crime e dos indícios suficientes de autoria, mas não da necessidade do afastamento cautelar do servidor público. Nesse contexto, a autoridade policial ficaria "em um beco sem saída. Ou indicia e provoca, por força da lei que lhe impõe, o afastamento imediato e automático do funcionário. Ou se abstém de indiciar, sendo que em qualquer caso é obrigado a violar ao menos parcialmente sua consciência. Afinal, em sua convicção estava apenas a necessidade do indiciamento e não do afastamento cautelar pelo qual jamais representaria".[51]

De todo modo, enquanto não declarada a inconstitucionalidade do referido artigo, podemos defender o entendimento de que, nesse caso, o delegado de polícia é responsável, ainda que de maneira oblíqua, pela decretação de uma medida cautelar, qual seja, o afastamento do servidor público suspeito.

5.4. Indiciamento e infrações de menor potencial ofensivo

Dentro de uma visão constitucional do processo penal, defendemos que a *persecutio criminis* seja realizada sempre com a observância do disposto na Constituição da República. Mesmo durante a fase investigativa, todos os procedimentos de polícia judiciária devem pautar-se pelos princípios constitucionais.

Assim, certo de que o indiciamento acarreta inúmeros transtornos ao indiciado, sua formalização deve estar em consonância com todo o ordenamento jurídico. Por isso, entendemos que as consequências deletérias desse ato são incompatíveis com as infrações de menor potencial ofensivo.

Ora, nesses casos a Lei 9.099/1995 criou diversos institutos despenalizadores, tais como a suspensão condicional do processo e a transação penal. O objetivo da inovação legislativa foi, justamente, o de fomentar a conciliação entre autor e vítima, evitando o desgaste de um longo processo quando se tratar de crimes menos graves.

No caso da transação penal, por exemplo, se o autor aceitar a proposta do Ministério Público, este ato não acarretará na admissão de culpa, tanto que

---

[51] CABETTE, Eduardo Luiz Santos. *Inconstitucionalidade do artigo 17-D da Lei de Lavagem de Capitais*. Disponível em http://jus.com.br/revista/texto/23815/. Acesso em 05/09/2013.

nem constará em seus antecedentes criminais, nos termos do artigo 76, § 6º, da Lei 9.099/1995. O indiciamento nos crimes de menor potencial ofensivo configura um contrassenso, pois o indiciado terá seu nome lançado nos sistemas policiais sem nem sequer ser condenado. Tal ato está absolutamente em confronto com o espírito conciliador e despenalizador da mencionada lei.

Ademais, vale ressaltar que nessas infrações penais o fato é apurado por meio de um termo circunstanciado (TC) e não por inquérito policial. Excepcionalmente, contudo, tais infrações podem ser objeto de inquérito, mas nessas situações o formal indiciamento não deve ser efetivado. Subsidiando esse entendimento, lembramos que nas infrações dessa natureza apuradas por TC, não se procede ao indiciamento do suspeito.

Diante desse quadro chegamos à seguinte conclusão: ou todas as infrações apuradas por TC são enviadas novamente à autoridade policial para que se efetive o indiciamento; ou nas infrações apuradas por inquérito policial esse ato não é formalizado. Caso contrário, seriam dois pesos e duas medidas, o que fere o princípio constitucional da igualdade.

Ante o exposto, concluímos que, por acarretar inúmeras consequências prejudiciais ao suspeito, o indiciamento não deve ser efetivado quando se tratar de infrações de menor potencial ofensivo, uma vez que sua formalização é absolutamente incompatível com a gravidade do fato e com o caráter despenalizador da Lei 9.099/1995, violando, destarte, o postulado da proporcionalidade.

6. Poder discricionário do delegado de polícia: Boletim de ocorrência, termo circunstanciado e auto de prisão em flagrante

6.1. Considerações gerais

A Constituição da República de 1988 estabeleceu em seu artigo 144 que a segurança pública é dever do Estado, direito e responsabilidade de todos. Partindo dessa premissa e com o objetivo de dar cumprimento a esse mandado constitucional, o Estado muniu-se de instituições e ferramentas capazes de atingir esse desiderato.

É por meio da persecução penal, dividida em duas fases distintas e complementares, que o Estado exerce legitimamente seu direito de punir, garantindo, assim, a segurança da sociedade contra aqueles indivíduos que não se comportarem de acordo com as leis.

Conforme já tivemos a oportunidade de estudar, a primeira fase da *persecutio criminis* é composta por investigações preliminares que justifiquem e subsidiem a ação penal. Em nosso ordenamento jurídico, tais investigações são materializadas, em regra, pelo inquérito policial, daí sua importância dentro de um Estado Democrático de Direito.

Tendo em vista que a persecução penal envolve diversas instituições, todas elas devem atuar em sintonia para que o resultado final seja alcançado. Nesse sentido, com o objetivo de otimizar os trabalhos e garantir a imparcialidade na busca pela verdade dos fatos, cada instituição é dotada de uma atribuição específica na consecução desse mister.

A função do juiz é julgar. O Ministério Público é o órgão encarregado da acusação. A defesa do indiciado/acusado fica a cargo da Defensoria Pública. Por fim, cabe a polícia judiciária o papel de realizar as investigações.

Diante do exposto, chegamos à seguinte conclusão. Assim como o Ministério Público é o titular da ação penal, o delegado de polícia é o presidente do inquérito policial. Nesta fase da persecução penal, quem está no comando é a autoridade policial, que possui discricionariedade na condução das investigações e na formação de seus convencimentos jurídicos.

Trata-se, na verdade, de uma discricionariedade motivada e pautada pelo princípio da legalidade. Diante da constatação de uma infração penal, o delegado de polícia não tem a opção de instaurar ou não o inquérito policial, ele é obrigado a fazê-lo (princípio da obrigatoriedade ou da indisponibilidade da investigação criminal).

Quando falamos em discricionariedade, nós nos referimos ao fato de que a autoridade policial pode optar, entre tantos meios investigativos, por aquele que entender o mais eficaz. Poderá, por exemplo, entender que determinado crime só possa ser apurado por meio de uma interceptação tele-

CAPÍTULO II INQUÉRITO POLICIAL

fônica e proceder nesse sentido. Da mesma forma, ele poderá concluir que a oitiva de uma pessoa seja dispensável para o sucesso das investigações.

Destacamos, outrossim, que o delegado de polícia também possui discricionariedade na formação de seu livre convencimento motivado, conforme já analisado no ponto em que tratamos do indiciamento. Como operador do Direito, a autoridade de polícia judiciária não está vinculada à opinião ou manifestação de outros órgãos ou instituições. Ele tem a liberdade para se manifestar nos autos do inquérito policial de acordo com seu convencimento jurídico.

Ante o exposto, afirmamos que as decisões da autoridade policial nos procedimentos de polícia judiciária não podem ser contestadas. Isso significa que ele tem liberdade para optar, sempre motivadamente, entre a lavratura de um boletim de ocorrência ou de um auto de prisão em flagrante.

Ao analisar os fatos que lhes são apresentados, caso o delegado de polícia entenda que se trata de uma infração de menor potencial ofensivo, por exemplo, ele deve determinar a lavratura de um termo circunstanciado da ocorrência, nos termos da Lei 9.099/1995. Da mesma forma, a autoridade de polícia judiciária pode determinar a apreensão de um menor de idade em casos de tráfico de drogas, fundamentando sua decisão no artigo 174 do Estatuto da Criança e do Adolescente.

Com o objetivo de ilustrar ainda mais o exposto até aqui, nós nos valemos do exemplo de um indivíduo que foi surpreendido pela polícia na posse de um rádio, produto de furto anterior. Ao ser conduzido à delegacia de polícia, o suspeito afirmou ter comprado o aparelho de um amigo sem ter ideia de sua origem ilícita. Analisando todos os aspectos da ocorrência, a autoridade policial tem liberdade para optar entre uma receptação dolosa ou culposa, de acordo com seu convencimento jurídico.

Caso o Ministério Público, ao ter contato com os procedimentos de polícia judiciária realizados, entenda de modo diverso, basta que ele atue nesse sentido, garantindo, assim, a convicção de cada autoridade responsável pela persecução penal.

No próximo tópico desta obra, nós analisaremos melhor essa discricionariedade do delegado de polícia no exercício de sua função.

6.2. Delegado de polícia e causas excludentes da ilicitude

Ao longo de toda esta obra, procuramos demonstrar que o delegado de polícia é um operador do Direito e, como tal, ele deve fazer uso de todo o seu conhecimento jurídico no momento de analisar os fatos que lhe são apresentados durante a fase pré-processual.

Como é cediço, estão espalhados por todo o texto constitucional diversos direitos e garantias essenciais aos indivíduos. Alguns desses direitos (direitos de defesa) têm a função específica de proteger o indivíduo dos arbítrios estatais.

O direito de liberdade de locomoção, por exemplo, proíbe que uma pessoa seja presa fora das hipóteses previstas na própria Constituição. Isto, pois, a liberdade individual é um dos principais direitos fundamentais, só podendo ser suprimida em casos extremos, de acordo com as previsões constitucionais e legais.

Assim, a prisão de uma pessoa é justificada apenas quando restar constatado que ela cometeu um crime. É com o cometimento de um crime que nasce o direito de punir pertencente ao Estado.

Partindo dessa premissa, somos obrigados a nos socorrer da doutrina para chegar ao conceito de crime. Entretanto, este conceito pode variar de acordo com a corrente doutrinária adotada.

Para alguns, crime é um fato típico, ilícito e culpável. Para outros, o crime é um fato típico e ilícito. Há ainda aqueles que adotam a teoria da tipicidade conglobante no momento da análise do crime.

Dessa forma, cabe aos operadores do Direito (juízes, promotores, delegados de polícia, defensores públicos, advogados, procuradores etc.) analisar o caso concreto e optar pelo entendimento que lhes convier. A ciência do Direito é tão fascinante, justamente pelo fato de não ser exata, permitindo diversos entendimentos distintos para uma mesma questão.

Por tudo isso, entendemos que o delegado de polícia *deve* analisar as causas excludentes de ilicitude durante a fase pré-processual. Como operador do Direito e garantidor dos direitos fundamentais, a autoridade policial deve formar seu convencimento e decidir de maneira fundamentada e discricionária, de acordo com o caso concreto.

Não podemos diminuir a importância do delegado de polícia afirmando que ele deve fazer apenas um juízo de tipicidade ou de subsunção entre os fatos e o tipo penal. Cabe à autoridade de polícia judiciária analisar o fato como um todo, com todas as suas peculiaridades e decidir fundamentadamente.

O próprio artigo 23 do Código Penal estabelece que não há crime quando constatada a presença das causas excludentes de ilicitude. Ora, se não há crime, como poderá ser efetuada a prisão em flagrante de alguém ou mesmo seu formal indiciamento.

Da mesma forma, o artigo 314 do Código de Processo Penal, com a redação dada pela nova Lei 12.403/2011, determina que não será decretada a prisão preventiva daquele que praticar o fato amparado pelas causas excludentes de ilicitude.

Em consonância com esse entendimento, Fernando Capez nos ensina que:

> A autoridade policial, sendo autoridade administrativa, possui discricionariedade para decidir acerca da lavratura ou não do auto de prisão em flagrante. Sempre considerando que, nessa fase, vigora o princípio *in dubio pro societate*, e que qualquer juízo exculpatório se reveste de arrematada excepcionalidade, o delegado de polícia pode recusar-se a ratificar a voz de prisão emitida anteriormente pelo condutor, deixando de proceder à formalização do flagrante e, com isso, liberando imediatamente o apresentado. Não se trata aqui, a nosso ver, de relaxamento de prisão, uma vez que ela não chegou sequer a ser efetivada, tampouco formalizada. Melhor definir tal hipótese como recusa em iniciar a prisão, ante a ausência de requisitos indiciários mínimos da existência de tipicidade ou antijuridicidade. Evidentemente, a autoridade policial não precisa prender em flagrante, vítima de estupro ou roubo que, claramente em situação de legítima defesa, matou seu agressor. O juízo sumário de cunho administra-

tivo pode ser efetuado, ainda que isso só possa ocorrer em situações absolutamente óbvias e claras de ausência de infração penal.[52]

No mesmo diapasão, Silvio Maciel entende que:

> A verdade é que o delegado de polícia – autoridade com poder discricionário de decisões processuais – analisa se houve crime ou não quando decide pela lavratura do auto de prisão. E ele não analisa apenas a tipicidade, mas também a ilicitude do fato. Se o fato não viola a lei, mas ao contrário é permitido por ela (art. 23 do CP) não há crime e, portanto, não há situação de flagrante. Não pode haver situação de flagrante de um crime que não existe (considerando-se os elementos de informação existentes no momento da decisão da autoridade policial). O delegado de polícia analisa o fato por inteiro. A divisão analítica do crime em fato típico, ilicitude e culpabilidade existe apenas por questões didáticas. Ao delegado de polícia cabe decidir se houve ou não crime. E o art. 23, I a III, em letras garrafais, diz que não há crime em situações excludentes de ilicitude.[53]

Eduardo Cabette, por sua vez, tem o seguinte entendimento sobre o tema:

> Malgrado a insensibilidade legislativa para um problema tão importante, pode-se solucionar o caso lançando mão do Direito Material. Ora, a autoridade policial somente pode lavrar um flagrante legalmente se há uma infração penal a ser apurada. Ocorre que o conceito de crime abrange os elementos da tipicidade e da antijuridicidade. Faltando um deles não há crime e assim sendo como poderia a autoridade policial prender alguém em flagrante, estando convencida de uma excludente de criminalidade? Não convence o argumento de

---
[52] CAPEZ, Fernando. *Curso de Processo Penal.* 10ª edição. Editora Saraiva, 2003, p. 261.
[53] BIANCHINIM, Alice; MARQUES, Ivan Luís; GOMES, Luiz Flávio; CUNHA, Rogério Sanches; MACIEL, Silvio. *Prisão e Medidas Cautelares.* 2 ed. São Paulo: Revista dos Tribunais, 2011, p. 139.

CAPÍTULO II INQUÉRITO POLICIAL

que a análise da autoridade policial deve ser superficial, atendo-se tão somente à aparência da tipicidade formal, isso sob pena da admissão de que o sistema processual penal é erigido tendo um ator que não somente é autorizado, mas obrigado a agir violando sua consciência jurídica, bem como, o que é pior, lesionando os direitos fundamentais de alguém por mera formalidade. Seria o império de uma burocracia (ou *"burrocracia"*) autoritária. A lei determinaria e obrigaria uma autoridade constituída a violar a própria lei para que depois outra autoridade consertasse essa violação, mas obviamente sem ter o poder de obliterar a desonra do recolhimento de um inocente ao cárcere.[54]

Consubstanciando esse entendimento, imaginemos o caso em que uma mulher vítima de uma tentativa de estupro, após sofrer diversas lesões graves, consegue livrar-se de seu algoz e o mata em legítima defesa. Seria justo que essa mulher fosse presa em flagrante pelo delegado de polícia? Entendemos que não.

Nesse caso, com base no artigo 304, §1º, do Código de Processo Penal, a autoridade policial deve ouvir todos os envolvidos na ocorrência e, constatada a presença da excludente de ilicitude e, portanto, não restar comprovada a *fundada suspeita* exigida pelo dispositivo legal, deixar de prender em flagrante a pessoa conduzida.

Sintetizando o todo exposto neste ponto, defendemos que o delegado de polícia, como operador do Direito e garantidor dos direitos individuais da fase pré-processual, tem o dever de analisar as causas excludentes de ilicitude, não podendo prender em flagrante ou indiciar alguém que aja amparado por uma causa justificante.

---

[54] Cabette, Eduardo Luiz Santos. *O Delegado de Polícia e a análise de excludentes na prisão em flagrante*. Conteúdo Jurídico, Brasília-DF: 8 nov. 2011. Disponível em: <http://www.conteudojuridico.com.br/?colunas&colunista=371_Eduardo_Cabette&ver=1089>. Acesso em: 5 dez. 2011.

7. Das provas produzidas no inquérito policial e suas consequências

7.1. Considerações gerais

Constatada a ocorrência de um crime, nasce para o Estado o seu direito de punir. O crime, por si só, constitui uma negação ao Direito. O criminoso, ao agir de maneira contrária às regras preestabelecidas, se opõe ao Estado e a toda sociedade que, por meio de seus representantes, estabeleceu uma lei que deve ser respeitada. Como consequência, o infrator será submetido a uma punição.

Cezar Roberto Bitencourt explica o seguinte:

> A pena serve para destacar com seriedade, e de forma 'cara' para o infrator, que a sua conduta não impede a manutenção da norma. Assim, enquanto o delito é negativo, na medida em que infringe a norma, fraudando suas expectativas, a pena, por sua vez, é positiva na medida em que afirma a vigência da norma ao negar sua infração.[55]

A pena, portanto, é a materialização do *ius puniendi* estatal. Contudo, o exercício desse direito é condicionado a uma prévia comprovação da existência do delito. Esta conclusão, por seu turno, depende de um processo que delimite o crime cometido e legitime a aplicação de uma pena. "Não existe delito sem pena, nem pena sem delito e processo, nem processo senão para determinar o delito e impor uma pena".[56] Em outras palavras, é por meio do processo que o Estado exerce o seu direito de punir.

Sendo assim, podemos afirmar que o objetivo do processo penal é a reconstituição do fato criminoso. Trata-se, em última análise, de um instrumento que limita o poder punitivo estatal, impedindo que o direito fundamental a liberdade de locomoção seja suprimido de maneira arbitrária. Através do

---

[55] BITENCOURT, Cezar Roberto. *Tratado de Direito Penal – Parte Geral.* p. 150.
[56] LOPES JÚNIOR, Aury. *Direito Processual Penal.* p. 76.

processo o Estado justifica a imposição de uma pena no momento em que o juiz profere sua sentença. Mas não é só isso. Não podemos olvidar que o processo penal é um instrumento neutro, sendo que, muitas vezes, o seu conteúdo serve para demonstrar ou restabelecer o direito de liberdade do acusado.

Por tudo isso, o papel do juiz é de extrema importância dentro do processo penal, haja vista que todo o conjunto probatório é direcionado a sua apreciação. Entretanto, a formação do convencimento do magistrado não se restringirá apenas ao conteúdo do processo, sendo ele influenciado por diversos outros fatores que, de alguma maneira, se relacionam com o seu objeto.

Nessa linha de raciocínio, o intuito desse estudo é demonstrar, entre outras coisas, que a confissão realizada na fase policial pode perfeitamente servir para a formação do convencimento do juiz, pois, conforme destacado, são vários os fatores que influenciam na sua decisão final. Negar o valor probatório da confissão extraprocessual é negar o aspecto humano da figura do juiz, é colocá-lo como uma máquina, como um computador, que não possui sentimentos ou história de vida.

Não é outra a lição de Eduardo Cambi:

> "Os juízes contemporâneos, ao sentenciarem, não podem ser equiparados às máquinas automáticas, capazes de resolverem mecânica e matematicamente os conflitos de interesses, porque, sem sensibilidade, humanidade e solidariedade, haverá apenas barbárie, não *justiça constitucional*". [57]

7.2. Valor probatório do inquérito policial

Muito se discute na doutrina sobre o valor probatório do inquérito policial, sendo que alguns autores se referem a esse procedimento investigativo de polícia judiciária como uma "peça meramente informativa", "dispensável", sem praticamente nenhum valor probatório. Data vênia, não é essa nossa opinião.

---

[57] Cambi, Eduardo. *Op. cit.*, p. 124.

Primeiramente, vale destacar a diferenciação feita por Aury Lopes Júnior entre *atos de prova* e *atos de investigação*. Em estreita síntese, o autor defende que atos de prova são aqueles dirigidos a convencer o juiz da verdade de uma afirmação (servem à sentença), sendo produzidos durante o processo, na presença do Magistrado e sob o império dos princípios do contraditório e da ampla defesa.[58]

Por outro lado, atos de investigação seriam aqueles produzidos durante a fase pré-processual, com o objetivo de formar um juízo de probabilidade, e não de certeza, servindo de fundamento para decisões interlocutórias, tais como indiciamento, adoção de medidas cautelares etc.

Em conclusão, Lopes Jr. ensina que:

> O valor dos elementos coligidos no curso do inquérito policial somente servem para fundamentar medidas de natureza endoprocedimental (cautelares etc.) e, no momento da administração da acusação, para justificar o processo ou o não processo (arquivamento).[59]

Deveras, não podemos negar que existe uma diferenciação entre *provas* e *elementos de informação*, tanto que o próprio legislador assumiu essa posição no artigo 155 do Código de Processo Penal, deixando claro que as provas são apenas aquelas produzidas em contraditório judicial. Esta é, portanto, a regra dentro da persecução penal. Contudo, ao longo desta obra nós veremos que há exceções.

Antes de nos aprofundarmos neste tema, lembramos que o processo penal tem por objetivo a reconstituição de um fato criminoso. O juiz, na sentença, constrói sua história do crime, nos termos de seu convencimento. Em outras palavras, o processo deve buscar chegar o mais próximo possível da verdade dos fatos.

Em um passado não muito distante, a doutrina, de um modo geral, defendia a ideia de que o processo penal objetivava, sempre, uma verdade real ou material. Hodiernamente, todavia, admite-se que é impossível atingir uma verdade absoluta. Nesse diapasão, Renato Brasileiro defende que:

---

[58] LOPES JR., Aury. *Investigação Preliminar no Processo Penal. Op. cit.*, p. p.322.
[59] LOPES JR. Aury. *Investigação Preliminar no Processo Penal. Op. cit.*, p. 323.

CAPÍTULO II   INQUÉRITO POLICIAL

A prova produzida em juízo, por mais robusta e contundente que seja, é incapaz de dar ao magistrado um juízo de certeza absoluta. O que vai haver é uma aproximação, maior ou menor, da certeza dos fatos.[60]

Como se percebe, a persecução penal tem por desiderato reunir elementos que possam fornecer ao Estado-Juiz a melhor visão possível acerca do fato delituoso, subsidiando, assim, uma sentença final justa, bem fundamentada e que se aproxime da realidade dos fatos. Afinal, a verdade absoluta, coincidente com os fatos ocorridos, é um ideal, porém, impossível de ser atingido.[61]

Ainda nessa mesma linha de raciocínio, é interessante analisar as situações envolvendo as prisões em flagrante delito que se enquadram nos incisos I e II, do artigo 302 do CPP. Como é cediço, essas hipóteses flagranciais se caracterizam no momento em que o agente está cometendo o crime ou acaba de cometê-lo (flagrante próprio).

Sendo assim, pergunta-se: diante de uma situação como essa, em que o sujeito é surpreendido cometendo o crime, qual seria a necessidade de um processo? Será que nos casos flagranciais há espaço para dúvidas? Seria o processo indispensável diante de uma situação de tamanha certeza sobre a autoria?

Dentro de uma visão constitucional e garantista da persecução penal, a resposta só pode ser pela necessidade, não só do processo, como da investigação preliminar. É através do inquérito policial que o Estado formaliza a prisão em flagrante e reúne os elementos que justificam o início da fase processual. Da mesma forma, é por meio do processo que o Estado comprova seu direito de punir. Isto, pois, mesmo em situações de flagrante delito, é necessário que o Estado delineie todo o contorno jurídico dos fatos, uma vez que o sujeito pode, por exemplo, ter praticado o crime movido por um motivo de relevante valor social que, se caracterizado, pode atenuar sua pena. Mais que isso, o agente pode ter praticado a infração amparado por uma causa excludente de ilicitude. Por tudo isso, uma pena só pode ser aplicada por meio de um processo.

---

[60] BRASILEIRO DE LIMA, Renato. *Manual de Processo Penal. Op. cit.*, p. 48.
[61] BRASILEIRO DE LIMA, Renato. *Manual de Processo Penal. Op. cit.*, p. 48.

Percebam, caros leitores, que todas essas colocações foram feitas com o intuito de reforçar a importância do inquérito policial na reconstituição do fato criminoso. Afirmar que esse procedimento investigativo não serve à sentença final é manietar em absoluto a sua verdadeira função, haja vista que em muitos casos o juiz forma seu convencimento com base nesse instrumento, o que é permitido, inclusive, pelo próprio Código de Processo Penal (art. 155).

Não é outra a lição de Renato Brasileiro:

> Destarte, pode-se dizer que, isoladamente considerados, elementos informativos não são idôneos para fundamentar uma condenação. Todavia, não devem ser completamente desprezados, podendo somar-se à prova produzida em juízo e, assim, servir como mais um elemento na formação da convicção do órgão julgador.[62]

7.3. Provas e elementos de informações

Da leitura do artigo 155, *caput*, do Código de Processo Penal, percebemos que o legislador fez uma clara distinção entre provas e elementos de informações, senão vejamos:

> **Art. 155** – O juiz formará sua convicção pela livre apreciação da prova produzida em contraditório judicial, não podendo fundamentar sua decisão exclusivamente nos elementos informativos colhidos na investigação, ressalvadas as provas cautelares, não repetíveis e antecipadas.

Assim, no sentido técnico da palavra, considera-se "prova" apenas aquela obtida durante a fase processual, na qual há plena observância ao princípio do contraditório e da ampla defesa. O material colhido durante a fase pré-processual (inquérito policial), justamente por não observar na totalidade os mencionados princípios, é considerado como "elemento informativo".

---

[62] BRASILEIRO DE LIMA, Renato. *Manual de Processo Penal. Op. cit.*, p. 115.

CAPÍTULO II   INQUÉRITO POLICIAL

Para Denílson Feitoza[63] a terminologia mais adequada seria "prova processual" (produzida em juízo, sob contraditório e ampla defesa) e "prova inquisitorial" (coletada na persecução criminal *extra judicio*).

Independentemente do termo utilizado, fica claro que da interpretação do artigo 155, *caput*, do Código de Processo Penal, podemos concluir que os elementos colhidos durante o inquérito policial podem, sim, ser utilizados para a formação do convencimento do juiz. O dispositivo legal veda, apenas, que a decisão seja fundamentada *exclusivamente* em elementos informativos produzidos durante a investigação.

Nesse contexto, mais uma vez somos obrigados a destacar a importância do inquérito policial dentro da persecução penal. Justamente por isso, é imprescindível a observância de todas as garantias constitucionais durante as investigações.

Tal afirmação ganha ainda mais força quando falamos de provas antecipadas, cautelares e não repetíveis.

De acordo com a doutrina,[64] "prova antecipada" é aquela produzida em juízo, com a observância do contraditório e da ampla defesa, antes do momento da instrução criminal, sempre que determinadas razões cautelares ocorrerem, podendo se dar, inclusive, durante a fase pré-processual. Como exemplo, temos o caso de uma testemunha que se encontra extremamente debilitada por motivos de saúde, correndo o risco de não aguentar até a fase de instrução criminal. Destacamos que esse tipo de prova deve ser produzida com a observância do contraditório, sendo considerada como prova processual penal *stricto sensu*.

A "prova cautelar", por outro lado, pode não ser produzida em juízo, sob o império do princípio do contraditório. Um exemplo é a busca e apreensão não domiciliar de coisa, na fase de investigações, para preservá-la, possibilitando, assim, futuros exames ou perícias.

Por fim, prova não repetível é aquela que não tem como ser novamente coletada ou produzida, seja por desaparecimento, destruição ou perecimen-

---

[63] FEITOZA PACHECO, Denílson. *Direito Processual Penal – Teoria, Crítica e Práxis*. 6 ed. Niterói: Impetus, 2009, p. 690.
[64] FEITOZA PACHECO, Denílson. *Direito Processual Penal. Op. cit.*, p. 690.

to da fonte probatória. Como exemplo, podemos citar o exame de embriaguez (que deve ser colhido enquanto durar o estado etílico); o exame de corpo de delito para constatar lesões corporais, que, mais tarde, irão desaparecer; o reconhecimento feito por uma testemunha durante fase de inquérito policial, mas que depois veio a falecer etc.

Desse modo, tendo em vista que todas essas provas poderão exercer um papel de fundamental importância no convencimento do juiz, é imprescindível que a autoridade de polícia judiciária zele pela observância de todas as garantias legais e constitucionais durante a fase de investigação, fortalecendo, assim, o Estado Democrático de Direito e o princípio da dignidade da pessoa humana.

Em conclusão e com base no todo exposto neste ponto, defendemos o entendimento de que no inquérito policial poderão ser produzidos não só elementos de informações, mas também algumas provas, especialmente quando se tratar de exames periciais. Nesse sentido, é salutar que o delegado de polícia dê ao investigado a possibilidade de se manifestar sobre o resultado do laudo pericial, inclusive solicitando exame complementar.

Agindo dessa forma a autoridade policial não prejudica em nada as investigações e apenas fortalece todo o material colhido durante essa fase da persecução penal.

7.4. Confissão extraprocessual e seu valor probatório

Conforme destacado alhures, a verdade que se busca no processo é aquela capaz de convencer o julgador, sendo que essa convicção é, invariavelmente, íntima, ainda que fundamentada. O que se exige dos magistrados é a imparcialidade. A neutralidade, contudo, é impossível de ser alcançada, pois o juiz será sempre influenciado por alguma circunstância (social, pessoal, factual, filosófica etc.). Assim, é incontestável o fato de que o inquérito policial pode, sim, influenciar a decisão do julgador, sendo muito difícil mensurar o grau de influência que seus elementos tiveram na formação de seu convencimento.

CAPÍTULO II INQUÉRITO POLICIAL

Demais disso, as próprias percepções do delegado de polícia, primeiro agente estatal a ter contato com o crime, podem ser levadas em consideração pelo juiz no momento da sentença. Não podemos olvidar que na condição de funcionário público as conclusões da autoridade policial gozam de relativa presunção de veracidade e legitimidade, não podendo, isto, ser desprezado pelo julgador.

Muitas vezes, no calor dos fatos, logo após a constatação de um crime, o delegado de polícia pode ouvir ou presenciar alguma coisa que, ainda que não formalizada nos autos do inquérito, possa servir ao processo. Por ter contato direto com as partes no momento subsequente à infração, a autoridade policial pode perceber algumas situações que, muitas vezes, fogem da esfera procedimental, podendo seu próprio depoimento ser valorado em uma sentença final.

É preciso que se acabe com esse ranço por parte de alguns doutrinadores que insistem em afirmar que a fase pré-processual é composta de abusos e desrespeitos às garantias individuais. Não vivemos mais na época da ditadura, mas sim em um Estado democrático, social e humanitário de Direito, sendo dever da polícia judiciária se enquadrar nesse padrão. É justamente nesse ponto que levantamos a discussão sobre o valor probatório da confissão obtida na fase de investigação.

Não podemos mais admitir suposições no sentido de que uma eventual confissão no bojo do inquérito tenha sido obtida por meio de tortura. Muito pelo contrário, ressaltamos que os atos praticados pela polícia judiciária gozam de relativa presunção de veracidade e legitimidade. Portanto, se um investigado confessa a prática delituosa, a única suposição que podemos fazer é no sentido de que tal fato se deu de maneira legítima e nos termos legais, sem qualquer tipo coação. Nesse sentido, entendemos que tal confissão pode, perfeitamente, ser valorada pelo juiz no momento da sentença, ainda que o acusado volte atrás na fase processual. Para que esta prova seja desconstituída, deve ficar comprovado que ela foi obtida de maneira ilegal, caso contrário, poderá ser livremente apreciada pelo julgador.[65]

---

[65] Nesse ponto, vale lembrar que, em tese, o acusado ou seu defensor ainda poderão responder pelo crime de denunciação caluniosa.

Ora, a confissão colhida na fase de investigação é um elemento de informação produzido sob o comando do delegado de polícia, que é um agente do Estado com formação jurídica e que deve zelar sempre pela observância dos valores legais e constitucionais no desempenho de seu mister, o que apenas reforça nossas conclusões.

Quantas condenações já foram efetuadas com base nos depoimentos de policiais militares ou até nas declarações da própria vítima? Nunca se questionou o valor desses elementos. Agora, a confissão obtida pelo delegado de polícia é constantemente questionada! Os advogados de defesa sempre alegam coações na fase policial, torturas etc. Voltamos a ressaltar, se não restar comprovada a ilegalidade da obtenção da confissão na fase de investigação, ela pode e deve ser apreciada pelo juiz no momento da sentença.

Não podemos ser hipócritas a ponto de afirmar a neutralidade do magistrado na análise do conteúdo do processo. O juiz, muitas vezes, forma seu convencimento baseado em circunstâncias alheias ao fato discutido. O histórico de vida do acusado, a empatia ou antipatia que ele cause no julgador, sua postura nas audiências, os posicionamentos do advogado de defesa ou do promotor de justiça, a repercussão social do fato, as experiências pregressas do magistrado e até sua empatia por uma testemunha, tudo isso pode influenciar na decisão final.

Na verdade, uma decisão judicial sempre irá refletir ou demonstrar um pouco das características pessoais do julgador, suas experiências pessoais, suas frustrações, seu temperamento etc. Nas lições de Eduardo Cambi,

> Ao se evidenciar o caráter subjetivo das decisões, não se está pregando a possibilidade de os juízes serem *super* ou *sobre-humanos*. Quer-se apenas salientar que, no exercício do poder jurisdicional, há de se ter a maior consciência possível de como a sua personalidade, a sua forma de percepção ou de raciocínio podem influenciar na decisão judicial e, na medida do razoável, evitar que estes fatores causem efeitos deletérios.[66]

---

[66] CAMBI, Eduardo. *Neoconstitucionalismo e Neoprocessualismo*. Op. cit., p. 126.

Conforme se depreende do exposto, os fatores subjetivos inevitavelmente ligados às decisões judiciais demonstram que é impossível defender a neutralidade dos magistrados. O que se espera do julgador é sua imparcialidade, sendo a neutralidade um objetivo impossível de ser alcançado.

Em conclusão, defendemos o entendimento de que a confissão obtida na fase de investigação não só pode, como deve, ser apreciada pelo julgador no momento da sentença. Esta afirmação é sustentada legal e juridicamente, uma vez que, conforme salientado, tal confissão decorre de uma atividade dirigida por um agente estatal (delegado de polícia) e que, portanto, goza de relativa presunção de veracidade e legitimidade. Ademais, o próprio Código de Processo Penal admite que os elementos produzidos no inquérito policial possam ser utilizados para fundamentar a decisão final. Lembramos, ainda, que toda essa discussão ganha maior relevo no procedimento do Tribunal do Júri, onde os jurados nem sequer precisam fundamentar suas conclusões. Por fim, não podemos olvidar que aspectos estranhos ao conteúdo do processo também têm o condão de influenciar a decisão do julgador, sendo a confissão extraprocessual um fator relevante na solução da causa, podendo ser valorada, ainda que de maneira indireta ou subliminar. Negar o valor probatório de tal confissão é fechar os olhos para a realidade dos fatos. É afirmar que o Direito é uma ciência exata, absolutamente despida de interpretações subjetivas e humanizadas.

8. Inquérito policial e medidas cautelares decorrentes

Quando falamos de inquérito policial e medidas cautelares decorrentes, devemos analisar a questão sob dois diferentes pontos de vista: a) o do investigado; e b) o da investigação. Primeiramente, focaremos nossa atenção na perspectiva do investigado.

Em outro ponto desta obra, defendemos que o inquérito policial funciona como um filtro, impedindo que acusações infundadas cheguem até a fase processual. É com base neste procedimento investigativo que se justifica ou não o início do processo.

Nenhuma pessoa de bem gostaria de se ver processada pelo cometimento de um crime. Em Criminologia nós estudamos a teoria do etiquetamento, na qual a pessoa processada fica estigmatizada pela sociedade, que, em muitos casos, exerce um juízo condenatório sem sequer saber ao certo o que aconteceu.

Em uma menor escala, a pessoa investigada no inquérito policial também traz consigo essa nódoa. Justamente por isso entendemos que o indiciamento de um suspeito deve cercar-se de todos os cuidados possíveis, evitando injustiças.

Ainda nesse sentido, destacamos que a pessoa investigada está sujeita a inúmeras consequências que podem acarretar limitações a seus direitos e garantias constitucionais. Ora, o sujeito passivo de uma investigação criminal corre o risco de ser indiciado. A partir desse momento, o suspeito passa a ser o foco principal das investigações. Se não bastassem as consequências deletérias desse ato, que já foram estudadas alhures, o indiciado também fica na iminência de ter decretada em seu prejuízo alguma medida cautelar.

Como é cediço, o Código de Processo Penal traz em seu bojo medidas cautelares pessoais e reais que limitam direitos e garantias do investigado. Como exemplo de cautelares reais, citamos a hipoteca legal, o arresto, a busca e apreensão etc. No que se refere às medidas cautelares pessoais, destacamos as prisões preventiva e temporária. Não podemos olvidar, outrossim, que a pessoa indiciada provavelmente será submetida à fase processual, correndo o sério risco de ser condenada e presa definitivamente.

Desse modo, sob a perspectiva do investigado, o inquérito policial apresenta diversos consectários que podem afetar alguns de seus direitos fundamentais, tais como a inviolabilidade domiciliar (no caso de mandados de busca), o direito de propriedade (no caso de arresto ou sequestro) e, acima de tudo, o direito de liberdade de locomoção (no caso de prisão preventiva ou temporária).

Por outro lado, ao analisarmos essa questão sob o ponto de vista das investigações, percebemos que a adoção de medidas cautelares (reais ou pessoais) são extremamente úteis para o resultado final do inquérito policial e para o correto exercício do *ius puniendi* estatal.

CAPÍTULO II INQUÉRITO POLICIAL

Ao longo da investigação criminal, considerando que estão em jogo os bens jurídicos mais relevantes para a sociedade, é justificável que o Estado limite alguns direitos fundamentais de uma pessoa com base em elementos mínimos que a coloquem como suspeita de um crime. Lembramos que a adoção de uma medida cautelar irá variar de acordo com a necessidade do caso e com o grau de certeza sobre a autoria.[67]

É por meio da utilização de medidas cautelares diversas que o Estado muitas vezes consegue evoluir nas investigações de um crime, não obstante elas afetem alguns direitos fundamentais do investigado. Trata-se, na verdade, de um mal necessário e justificável pelo direito de segurança garantido a todos.

Denílson Feitoza ensina que

> a contrariedade fundamental (ou colisão fundamental) entre um princípio instrumental punitivo e um princípio instrumental garantista é da essência de uma persecução penal constitucionalizada. Quanto mais intensamente se procura demonstrar a existência do fato delituoso e sua autoria (princípio instrumental punitivo), mais se distancia da garantia dos direitos fundamentais, quando mais intensamente se garantem os direitos fundamentais (princípio instrumental garantista), mais difícil se torna a coleta e produção de provas que poderão demonstrar a existência do fato delituoso e sua autoria.[68]

É sob esse conflito ou confronto de interesses que se desenvolve a persecução penal.

Nesse diapasão, devemos destacar que em julho de 2011 entrou em vigor a Lei 12.403/2011, que alterou o Código de Processo Penal, instituindo um rol de medidas cautelares diversas da prisão. A inovação legislativa objetivou, justamente, adequar a utilização de medidas cautelares pessoais ao princípio da proporcionalidade e ao princípio da presunção de inocência.

---

[67] A decretação da prisão preventiva de um suspeito, por exemplo, exige uma certeza sobre a autoria muito maior que a exigida para a concessão de um mandado de busca e apreensão em sua residência.
[68] Feitoza Pacheco, Denílson. *O princípio da proporcionalidade no direito processual penal brasileiro*. Rio de Janeiro: Lumen Juris, 2007, p. 165.

A partir da nova lei, a prisão preventiva deve ser decretada apenas em último caso, quando as demais medidas cautelares se mostrarem insuficientes ou inadequadas para a proteção dos bens jurídicos constantes no inciso I do artigo 282. Tal dispositivo funciona como uma espécie de cláusula geral das medidas cautelares, devendo ser sempre observado pelo juiz no momento da análise do caso concreto, seja para a concessão de um mandado de busca e apreensão, seja para a decretação de uma prisão cautelar.

Assim, sob as premissas da nova Lei 12.403/2011, especialmente de seu artigo 282, concluímos que a adoção de medidas cautelares diversas são imprescindíveis para o sucesso da fase processual, garantindo a aplicação da lei penal, acautelando meios probatórios, preservando a instrução criminal e, inclusive, evitando a prática de novas infrações penais. É por meio dessas medidas que se desenvolve a persecução penal, abrindo caminho para a aplicação da pena mais justa ao autor de um crime.

8.1. Medidas cautelares podem ser concedidas pelo delegado de polícia?

Como é cediço, a Lei 12.403/2011 provocou mudanças significativas em nosso Código de Processo Penal, alterando as partes que tratam das prisões e medidas cautelares diversas. A partir da nova lei, ganhou força o princípio da presunção de inocência, sendo a prisão preventiva decretada apenas em último caso, quando as demais medidas cautelares se mostrarem insuficientes ou inadequadas à proteção dos bens jurídicos constantes no artigo 282, inciso I, do CPP.

Outra mudança importante ocasionada pela nova lei foi a "ressurreição" do instituto da fiança, que, nos termos do artigo 322, do Código de Processo Penal, pode ser concedida pelo próprio delegado de polícia sempre que se tratar de infrações cujas penas máximas cominadas não ultrapassem o prazo de quatro anos de prisão.

CAPÍTULO II INQUÉRITO POLICIAL

Antes de discorrermos especificamente sobre o tema objeto deste estudo, vale lembrar que as medidas cautelares possuem as seguintes características: acessoriedade, preventividade, instrumentalidade, provisoriedade, revogabilidade, não definitividade, sumariedade e jurisdicionalidade.

Resumindo todas essas características, podemos afirmar que as medidas cautelares são acessórias ao processo principal, servindo como instrumento para garantia de seu sucesso, destinando-se a prevenir a ocorrência de danos de difícil reparação, sendo decretadas sempre de maneira provisória. Mais que isso, as medidas cautelares podem ser revogadas ou substituídas a qualquer momento, de acordo com o caso concreto, e seu conteúdo é analisado de maneira sumária (superficial), não se exigindo um juízo de certeza sobre os fatos. Por fim, não podemos olvidar que, em regra, as medidas cautelares só podem ser decretadas pelo juiz.

Feitas essas breves considerações, passamos a demonstrar que, além da autoridade judiciária, apenas o delegado de polícia pode conceder uma medida cautelar, ainda que de maneira excepcional.

8.2. Poder cautelar do delegado de polícia

Como deixamos entrever no início deste ponto, com o advento da Lei 12.403/2011, a autoridade policial ganhou força dentro da persecução penal, podendo representar diretamente ao juiz pela decretação de medidas cautelares (prisão preventiva, mandados de busca domiciliar, interceptações telefônicas etc.) ou conceder medidas cautelares de ofício, independentemente do Poder Judiciário.

Tal fato pode se dar de maneira excepcional, quando se tratar de uma medida cautelar liberatória, como a fiança. De acordo com o artigo 322 do Código de Processo Penal, a autoridade policial poderá conceder liberdade provisória mediante fiança sempre que se tratar de infrações cujas penas máximas cominadas não ultrapassem o prazo de quatro anos de prisão.

Percebe-se que, nessas situações, é o próprio delegado de polícia que irá restituir o *status libertatis* do preso, o que está absolutamente de acordo com os princípios da presunção de inocência e da dignidade da pessoa humana. Como se trata de infrações de média gravidade, em que o preso, muitas vezes, nem sequer será condenado a uma pena privativa de liberdade, nada mais justo que ele aguarde o processo em liberdade, sem precisar ser recolhido ao cárcere.

A garantia da jurisdicionalidade, característica das medidas cautelares, justifica-se quando tratamos de cautelares que restrinjam direitos fundamentais do indivíduo, como ocorre na prisão preventiva, em que sua liberdade de locomoção é suprimida, ou na interceptação telefônica, em que seu direito à privacidade é limitado.

Em se tratando de uma medida cautelar liberatória, como a liberdade provisória mediante fiança, é extremamente positiva a previsão legal que possibilite sua concessão pelo próprio delegado de polícia, que é o primeiro agente estatal a participar da persecução penal. Aliás, é justamente por esse motivo que o legislador atribuiu às autoridades policiais tão importante missão, pois, só assim, o indivíduo teria sua liberdade restituída imediatamente.

Advertimos, entretanto, que a concessão de liberdade provisória pelo delegado de polícia está vinculada às hipóteses flagranciais previstas no artigo 302 do Código de Processo Penal. Somente diante de uma prisão em flagrante, a autoridade policial poderá conceder esse benefício ao preso. Caso contrário, esta cautelar só poderá ser decretada pela autoridade judiciária.

Sendo assim, encerrado o auto de prisão em flagrante e feita sua comunicação ao juiz competente, apenas ele poderá conceder a fiança, ainda que ela tenha sido fixada pelo delegado de polícia no momento da prisão. Isto, pois, com a comunicação da prisão, o juiz pode analisar o caso de maneira diferente, aumentando o valor da fiança ou até decretando a prisão preventiva do indiciado. Por tudo isso, não recomendamos que as autoridades policiais recebam o valor da fiança após a comunicação da prisão.

Outra situação em que o delegado de polícia pode impor uma medida cautelar está prevista no artigo 17-D da Lei de Lavagens de Capitais (Lei 9.613/1998). Destaque-se que esse dispositivo foi inserido pela Lei 12.683/2012 e dispõe o seguinte: "Em caso de indiciamento de servidor público, este será afastado, sem prejuízo de remuneração e demais direitos previstos em lei, até que o juiz competente autorize, em decisão fundamentada, seu retorno".

Conforme se depreende de uma análise perfunctória do dispositivo, em se tratando de crimes de lavagem de dinheiro, o afastamento do servidor público de suas funções se impõe de maneira automática, como consequência de seu indiciamento, sendo possível o retorno a suas atividades funcionais apenas mediante uma decisão judicial fundamentada.

Diante desse dispositivo, podemos concluir que o delegado de polícia, ainda que de maneira indireta, determina o afastamento cautelar do funcionário público suspeito de envolvimento em crimes de lavagem de capitais. Sendo assim, é imprescindível que a autoridade policial tenha o máximo cuidado no momento de efetuar o formal indiciamento do suspeito. Deveras, este ato acarreta consequências extremamente deletérias ao indiciado, que, além de tudo, passa a ter seu nome petrificado nos registros policiais.

Nesse ponto, não podemos olvidar que o artigo 17-D da Lei de Lavagem de Capitais vem recebendo severas críticas da doutrina, com as quais, diga-se de passagem, concordamos. Em estreita síntese, podemos afirmar que o artigo em destaque fere o princípio da presunção de inocência e retira do Ministério Público, titular da ação penal, o direito de se manifestar sobre a necessidade da medida, pois, conforme destacado, ela decorre automaticamente do indiciamento.

Eduardo Cabette lembra, ainda, que o dispositivo em questão viola a figura do próprio delegado de polícia, que terá sua convicção jurídica comprometida, uma vez que, em muitas situações, ele pode convencer-se da materialidade do crime e dos indícios suficientes de autoria, mas não da necessidade do afastamento cautelar do servidor público. Nesse contexto, a autoridade policial ficaria "em um beco sem saída. Ou indicia e provoca, por força da lei que lhe impõe, o afastamento imediato e automático do funcionário. Ou se abstém de indiciar, sendo que em qualquer caso é obrigado a violar ao menos parcialmente sua consciência. Afinal, em sua convicção estava apenas a necessidade do indiciamento e não do afastamento cautelar pelo qual jamais representaria".[69]

---

[69] Cabette, Eduardo Luiz Santos. *Inconstitucionalidade do artigo 17-D da Lei de Lavagem de Capitais*. Disponível em http://jus.com.br/revista/texto/23815/. Acesso em 05/09/2013.

De todo modo, enquanto não declarada a inconstitucionalidade do referido artigo, ainda podemos defender o entendimento de que a autoridade de polícia judiciária pode, sim, determinar o afastamento cautelar do funcionário público indiciado.

Superada essa discussão, asseveramos que o delegado de polícia também pode determinar a medida cautelar de busca e apreensão decorrente de prisão em flagrante (art. 244, CPP), busca pessoal, em veículo ou qualquer outro local não protegido pela inviolabilidade domiciliar.

Para aqueles que enxergam a prisão em flagrante como uma medida de natureza cautelar, teríamos mais um exemplo de cautelar decretada pelo delegado de polícia. Entretanto, defendemos que essa prisão possui natureza pré-cautelar, servindo de instrumento para a adoção de uma medida cautelar propriamente dita.

Já caminhando para o final deste estudo, lembramos que, conforme destacado alhures, a jurisdicionalidade é uma das características das medidas cautelares. Nesse sentido, entendemos que as medidas cautelares concedidas diretamente pelos delegados de polícia ou provenientes de atos de sua exclusiva atribuição se caracterizam como medidas cautelares *sui generis*, justamente por não serem decretadas pelo Poder Judiciário. Contudo, tais medidas não perdem sua essência cautelar, restando preservadas todas as suas demais características.

Concluindo, reiteramos que, em regra, apenas as autoridades judiciais poderão decretar medidas cautelares na esfera penal. Excepcionalmente, contudo, os delegados de polícia também poderão exercer tão relevante mister, ora em benefício do imputado (liberdade provisória mediante fiança), ora em benefício da sociedade (afastamento de servidor público suspeito de envolvimento nos crimes de lavagem de capitais, buscas pessoais etc.).

CAPÍTULO II   INQUÉRITO POLICIAL

9. Polícia militar e as atividades de polícia investigativa e judiciária: Constitucionalidade?

A Constituição Federal de 1988 dispõe sobre segurança pública a partir de seu artigo 144, estabelecendo que se trata de um direito e responsabilidade de todos, mas um dever para o Estado. Em outras palavras, todo indivíduo tem o direito fundamental à segurança e, sem embargo, também tem o dever de auxiliar em sua promoção. Já no que se refere ao Estado, não estamos diante de um direito, mas de uma obrigação, emanada do próprio texto constitucional.

Assim, com o objetivo de dar cumprimento a esse mandado constitucional, o Estado se vale dos seguintes órgãos: polícia federal, polícia rodoviária federal, polícia ferroviária federal, polícias civis e polícias militares e corpos de bombeiro. Destaque-se, todavia, que cada uma dessas instituições possui uma atribuição constitucional específica, o que deve ser observado sob pena de caracterizar-se uma ofensa à Constituição.

O objetivo desse estudo é discutir as atividades de polícia investigativa e judiciária realizadas pela polícia militar, instituição de grande relevância dentro do capítulo da segurança pública, mas que não tem atribuição para a prática desses atos, salvo em se tratando de infração militar.

Com isso, reforçamos a necessidade de respeito e observância às regras legais e às instituições, sendo a distribuição constitucional de funções extremamente importante dentro de um Estado Democrático de Direito.

9.1. Polícia federal, polícia civil e polícia militar

Conforme destacado acima, as atribuições constitucionais das polícias estão previstas no artigo 144, da Constituição da República, mais especificamente nos §§ 1º, 4º e 5º, senão vejamos:

§ 1º – A polícia federal, instituída por lei como órgão permanente, organizado e mantido pela União e estruturado em carreira, destina-se a:

I – *apurar infrações penais* contra a ordem política e social ou em detrimento de bens, serviços e interesses da União ou de suas entidades autárquicas e empresas públicas, assim como outras infrações cuja prática tenha repercussão interestadual ou internacional e exija repressão uniforme, segundo se dispuser em lei;

II – prevenir e reprimir o tráfico ilícito de entorpecentes e drogas afins, o contrabando e o descaminho, sem prejuízo da ação fazendária e de outros órgãos públicos nas respectivas áreas de competência;

III – exercer as funções de polícia marítima, aeroportuária e de fronteiras;

V – exercer, com exclusividade, *as funções de polícia judiciária da União*. (Grifamos.)

§ 4º – às polícias civis, dirigidas por delegados de polícia de carreira, incumbem, ressalvada a competência da União, as funções de polícia judiciária e a apuração de infrações penais, *exceto as militares*. (Grifamos.)

§ 5º – às polícias militares cabem a *polícia ostensiva e a preservação da ordem pública*; aos corpos de bombeiros militares, além das atribuições definidas em lei, incumbe a execução de atividades de defesa civil. (Grifamos.)

Ante o exposto, percebemos que cabe à polícia militar a realização do patrulhamento ostensivo, cujo objetivo é a preservação da ordem pública por meio de ações preventivas, ou seja, aquelas praticadas antes da ocorrência do evento criminoso. Às polícias civil e federal, por outro lado, cabem as funções de polícia judiciária e a apuração de infrações penais.

Nesse ponto é importante que façamos uma distinção entre as atividades de *polícia investigativa* e *judiciária*. Por *polícia investigativa* devemos compreender aquelas ações diretamente ligadas à colheita de provas e elementos de informação quanto à autoria e materialidade criminosa. A ex-

CAPÍTULO II INQUÉRITO POLICIAL

pressão *polícia judiciária*, por seu turno, relaciona-se com as atividades de auxílio ao poder judiciário (daí a razão do nome), que se materializa no cumprimento de suas ordens relativas à execução de mandados de busca e apreensão, mandados de prisão, condução de testemunhas etc.

Percebe-se, portanto, que todas as atividades ligadas ao descobrimento de um crime e todas as ordens emanadas do Poder Judiciário devem ser de responsabilidade das polícias civil (em âmbito estadual) e federal (quando se tratar de crime federal). A polícia militar só tem atribuição para realizar tais atividades de maneira excepcional, quando se tratar de crime militar.

Não podemos olvidar que, com base no princípio da legalidade pública, os agentes públicos só podem fazer aquilo que está previsto na lei. Na legalidade privada, por outro lado, o particular pode fazer tudo aquilo que não estiver proibido por lei, prevalecendo, assim, a autonomia da vontade.

Tendo em vista que os agentes estatais não têm vontade autônoma, eles devem restringir-se à lei, que, por sua vez, representa a "vontade geral", manifestada por meio dos representantes do povo, que é o legítimo titular da coisa pública. Nesse contexto, o princípio da legalidade pública tem estrita ligação com o postulado da indisponibilidade do interesse público, que deve pautar a conduta do Estado e de todos os seus agentes. Assim, considerando que o interesse público é determinado pela lei e pela própria Constituição da República, não é suficiente a ausência de proibição em lei para que o servidor público possa agir, é necessária a existência de uma lei que autorize ou determine certa conduta.

Com base nessas premissas, podemos afirmar que qualquer atividade realizada pela polícia militar que extrapole seu âmbito constitucional de atuação, especialmente no que se refere às atividades de polícia investigativa/judiciária, deve ser considerada inconstitucional.

9.2. Da ilegalidade do cumprimento de mandado de busca e apreensão pela polícia militar

Não é incomum a detenção de criminosos em situação de flagrante delito oriunda do cumprimento de mandados de busca e apreensão realizados pela polícia militar sem a ciência do delegado de polícia, que é a autoridade responsável pelo comando das atividades de polícia investigativa e judiciária. Pior que isso, já ouvimos relatos de situações em que oficiais da polícia militar, em acintosa ilegalidade e – por que não? – em manifesto ato de usurpação de função pública, ofereceram, pasmem, representação ao poder judiciário solicitando a decretação de um mandado de busca e apreensão domiciliar.

Com todo respeito às opiniões em sentido contrário, mas a situação narrada acima é tão teratológica que merece uma análise mais detida de nossa parte.

Primeiramente, conforme já destacado alhures, a polícia militar não tem qualquer atribuição constitucional para realizar atos de polícia investigativa ou judiciária, salvo nos casos de infração militar. Sendo assim, nós nos fazemos a seguinte pergunta: qual seria o fundamento ou justificativa para uma representação efetivada por um miliciano? Ora, como é cediço, a concessão de um mandado judicial de busca e apreensão domiciliar implica em uma série de restrições a direitos fundamentais, como, por exemplo, o direito à inviolabilidade domiciliar, direito à privacidade, direito à intimidade etc. Nesse sentido, para que esta medida seja adotada, é necessário que a representação venha respaldada por elementos probatórios suficientes a justificar a restrição de tais direitos.

É justamente por isso que um decreto cautelar é precedido por investigações preliminares que lhe dão suporte e justificam a necessidade e adequação da medida a ser adotada, nos termos dos artigos 240 e 282 do Código de Processo Penal. Diante dessas considerações, nós nos fazemos outra pergunta: como pode a polícia militar reunir elementos probatórios que justifiquem o decreto cautelar, se essa instituição não tem atribuição constitucional para realizar atos de investigação?!

Parece-nos que, ao assinar uma representação pela decretação de mandado de busca e apreensão, o policial militar está confessando, ainda que de maneira intrínseca, a usurpação de uma função que não lhe compete, agindo, destarte, em claro desrespeito ao artigo 144, da Constituição da República.

E nem se fale que situações como essas poderiam estar embasadas por uma denúncia anônima. Como é cediço, a Constituição Federal veda o anonimato em seu artigo 5º, inciso IV. Desse modo, ao tomarem ciência de uma denúncia anônima, tecnicamente chamada de *notitia criminis* inqua-

CAPÍTULO II   INQUÉRITO POLICIAL

lificada, as autoridades públicas deverão notificar o fato às polícias civil ou federal, para que essas instituições verifiquem a procedência de tais informações. Somente após serem submetidas a um procedimento preliminar de apuração, essas denúncias passam a ter algum valor legal.

Não é outra a lição de Brasileiro de Lima, senão vejamos:

> Diante de uma notícia anônima, deve a autoridade policial, antes de instaurar o inquérito policial, verificar a procedência e veracidade das informações por ela veiculadas. Recomenda-se, pois, que a autoridade policial, antes de proceder à instauração formal do inquérito policial, realize investigação preliminar a fim de constatar a plausibilidade da denúncia anônima. Afigura-se impossível a instauração de procedimento criminal baseado única e exclusivamente em denúncia anônima, haja vista a vedação constitucional do anonimato e a necessidade de haver parâmetros próprios à responsabilidade, nos campos civil e penal.[70]

Salta aos olhos, destarte, que nem sequer o inquérito policial pode ser instaurado com base em denúncia anônima, quanto mais a decretação de uma medida cautelar de busca e apreensão, muito mais incisiva aos direitos fundamentais do suspeito. Vale consignar que a persecução penal possui um sistema escalonado de formação de culpabilidade, sendo que as medidas a serem adotadas durante esse caminho devem estar diretamente ligadas a sua evolução. Em outras palavras, para que seja instaurado o inquérito policial, deve haver elementos que demonstrem a possibilidade de uma autoria determinada. Já no momento em que o suspeito inicial é indiciado, essa "possibilidade" se transforma em "probabilidade", justificando, assim, a necessidade do processo.

Para que seja adotada uma medida cautelar, o critério é o mesmo, cabendo ao juiz estabelecer a medida adequada de acordo com a necessidade do caso concreto e sempre com base nos elementos colhidos durante a investigação. Assim, não tem sentido a concessão de um mandado de busca

---

[70] BRASILEIRO DE LIMA, Renato. *Manual de Processo Penal. Op. cit.*, p. 93.

e apreensão sem a prévia existência de um inquérito policial que lhe dê suporte ou, ao menos, um procedimento investigativo formalizado, afinal, somente essas diligências justificariam a restrição de direitos fundamentais.

Alguns poderiam alegar, ainda, que em situações como essas a polícia militar poderia apenas comunicar as denúncias anônimas diretamente ao Ministério Público, que com base nas informações que lhe forem passadas requer o devido mandado de busca e apreensão e, após, determina seu cumprimento pela própria polícia fardada. Diante desse quadro nós vislumbramos apenas duas variáveis possíveis:

a) o Ministério Público, ao tomar ciência das informações fornecidas pela polícia militar, realiza diligências por meios próprios a fim de verificar a procedência do que lhe foi passado, fundamentando, assim, a necessidade e adequação da medida;[71]

b) o Ministério Público, ao tomar ciência dos fatos, comunica a polícia civil para que sejam tomadas as medidas cabíveis.

Ao que nos parece, essa última opção seria a ideal, especialmente para que não corramos o risco de nos depararmos com duas investigações paralelas e conflitantes. Explico. Imaginem o caso em que o representante do Ministério Público atue nos termos da primeira opção ilustrada por nós. Em situações como essas, poderia ser cumprido um mandado de busca na casa de um suspeito que já estava sendo investigado pela polícia civil ou federal, sendo que a execução dessa medida acabe prejudicando as diligências que já estavam em andamento. Nesse contexto, podem-se perder meses de um trabalho desenvolvido pelo Estado por mero preciosismo, haja vista que tal fato poderia ter sido comunicado ao próprio delegado de polícia, que é a autoridade com atribuição legal e constitucional para a realização dos atos de polícia judiciária e investigativa.

---

[71] Destaque-se, nesse ponto, a questionável legalidade das diligências investigatórias perpetradas pelo Ministério Público, que também não dispõe de previsão constitucional ou legal para exercer essa função.

CAPÍTULO II INQUÉRITO POLICIAL

Ante o exposto, concluímos que os mandados de busca e apreensão decorrentes de diligências realizadas pela polícia militar são absolutamente inconstitucionais, não podendo ser admitidos dentro de nosso ordenamento jurídico. Esse é o preço que pagamos por vivermos em um Estado Democrático de Direito, onde todos devem obediência às leis e à Constituição. Não podemos admitir que a justiça seja alcançada a qualquer preço. Precisamos respeitar as instituições, as regras vigentes e, principalmente, os direitos fundamentais. Do contrário, voltaremos à época da ditadura e da barbárie.

9.3. Da ilicitude da prova oriunda de diligências investigatórias realizadas pela polícia militar

Tendo em vista que a polícia militar não tem atribuição constitucional para a realização de atos de polícia judiciária ou investigativa, salvo em se tratando de infração militar, conforme já estudado, qualquer atividade nesse sentido estará indo de encontro com o previsto no artigo 144 da Constituição da República. Há, no caso, uma clara ofensa a direito material, o que caracteriza a ilicitude das provas eventualmente obtidas por esse meio.

Consequentemente, ainda que o cumprimento do mandado de busca pela polícia militar resulte num estado de flagrante delito do suspeito, sua prisão nessa circunstância seria ilegal em virtude da origem ilícita do mandado. Seria um caso típico de prova ilícita por derivação. Assim, caberia ao delegado de polícia, como primeiro defensor dos direitos fundamentais, constatar essa ilegalidade e não ratificar a prisão em flagrante realizada pelos milicianos.

Fica claro, portanto, o risco que esse tipo de conduta por parte da polícia militar pode causar à Justiça, haja vista que tais atos podem resultar na invalidade das provas e, naturalmente, na impunidade de um criminoso. Uma vez mais, lembramos que os fins não podem, nunca, justificar os meios, sendo dever do Poder Judiciário zelar pelas observâncias das regras legais.

9.4. Do crime de usurpação de função pública

Diz o artigo 328 do Código Penal: *"Usurpar o exercício de função pública: Pena – detenção, de 3 (três) meses a 2 (dois) anos, e multa".*

Como podemos ver, o tipo penal em questão incrimina a conduta daquele que usurpa o exercício de função pública, ou seja, pune o agente que exerce, indevidamente, uma atividade que não lhe compete, praticando atos de ofício. Destaque-se, por oportuno, que o sujeito ativo do crime é, em regra, o particular, mas a doutrina majoritária admite que o funcionário público também possa ser agente do delito.[72]

Assim, considerando que o policial militar, ao "representar" pela concessão de um mandado de busca e apreensão ou realizar atividades de investigação, está exercendo uma função que constitucionalmente não lhe compete, entendemos que tais condutas encontrariam enquadramento típico perfeito no artigo 328 do Código Penal, até porque o miliciano age com a ciência (elemento subjetivo do tipo: dolo) de que está praticando uma atividade que não é de sua atribuição. Nesse caso, cabe ao delegado de polícia dar "voz de prisão" em flagrante ao policial militar e, *incontinenti*, lavrar um termo circunstanciado da ocorrência, uma vez que se trata de infração de menor potencial ofensivo.

10. Lei das Organizações Criminosas e os novos meios de investigação

No dia 2 de agosto de 2013 foi publicada a Lei 12.850/2013, que define o conceito de organização criminosa e dispõe sobre a investigação criminal das infrações penais correlatas. Logo no introito deste estudo é importante destacarmos o fato de que a inovação legislativa veio em muito boa

---

[72] Nesse sentido: DELMANTO, Celso; DELMANTO, Roberto; DELMANTO JUNIOR, Roberto; DELMANTO, Fabio M. de Almeida. *Código Penal Comentado*. São Paulo: Editora Saraiva, 2010, p. 932; MIRABETE, Julio Fabbrini. *Código Penal Interpretado*. 8 ed. São Paulo: Editora Atlas, 2013, p. 1854.

CAPÍTULO II INQUÉRITO POLICIAL

hora, trazendo em seu conteúdo mudanças significativas no que se refere aos meios de prova, alterando, outrossim, o Código Penal e revogando por completo a Lei 9.034/1995.

Tendo em vista que o crime organizado vem estruturando-se cada vez mais, a nova lei nos dá um alento e nos enche de esperança em dias melhores. A partir de agora o Estado terá a sua disposição novas ferramentas que, sem sombra de dúvida, serão muito eficazes no combate ao crime.

Entre as inovações trazidas pela lei, podemos destacar a criação do instituto da "colaboração premiada", que será mais bem estudado adiante, e a possibilidade de os membros do Ministério Público e os delegados de polícia terem acesso, independentemente de autorização judicial, aos dados cadastrais do investigado que informem, exclusivamente, sua qualificação pessoal, filiação e os endereços mantidos pela justiça eleitoral, empresas telefônicas, instituições financeiras, provedores de internet e administradoras de cartão de crédito.

Como podemos notar, a nova Lei consagra a figura do delegado de polícia, que não é mais tratado como "autoridade policial" e se destaca como protagonista no combate à criminalidade organizada. Ao longo deste, analisaremos as principais influências da lei no dia a dia das polícias judiciárias.

10.1. Conceito de organização criminosa

Muito embora o objetivo desta obra não seja a análise dos tipos penais criados pela nova lei, faremos algumas breves considerações a respeito do assunto. Diz o § 1º, do artigo 1º da Lei 12.850/2013: "*Considera-se organização criminosa a associação de 4 (quatro) ou mais pessoas estruturalmente ordenada e caracterizada pela divisão de tarefas, ainda que informalmente, com objetivo de obter, direta ou indiretamente, vantagem de qualquer natureza, mediante a prática de infrações penais cujas penas máximas sejam superiores a 4 (quatro) anos, ou que sejam de caráter transnacional*".

Primeiramente, lamentamos o fato de que o legislador restringiu o conceito de organização criminosa apenas àquelas pessoas que se associarem para a prática de infrações cujas penas sejam superiores a quatro anos de prisão. Dentro desse contexto, aqueles que se organizarem para praticar a contravenção penal do jogo do bicho, por exemplo, não estarão inseridos no conceito de organização criminosa. Pior que isso, uma quadrilha que se organize estruturalmente para fraudar licitações, mediante ajuste, combinação ou qualquer outro expediente, não sofrerá os consectários da nova lei, abrindo, destarte, um campo fértil para a corrupção. Em situações como essas, a lei poderá ser aplicada apenas de maneira excepcional, quando se tratar de infrações penais de caráter transnacional, o que, convenhamos, será muito raro na prática.

Feita essa crítica, entendemos que o dispositivo em questão nos apresenta um crime autônomo, exigindo a associação de pelo menos quatro pessoas para a prática de infrações penais graves (leia-se: com penais superiores a quatro anos de prisão). Trata-se de um crime formal, que se consuma com a mera associação de pessoas, independentemente da execução dos crimes que motivaram a organização. Demais disso, não podemos olvidar que a organização criminosa é um crime permanente, permitindo, assim, a prisão em flagrante de seus integrantes a qualquer tempo, sem prejuízo dos outros crimes porventura cometidos (caso típico de concurso de crimes)

Quanto ao sujeito ativo do tipo em questão, asseveramos que se trata de crime comum (pode ser praticado por qualquer pessoa), de concurso necessário (plurissubjetivo) e de condutas paralelas (uma auxiliando a outra). Com relação ao sujeito passivo, entendemos que a vítima é a sociedade.

Sobre o bem jurídico tutelado, parece-nos que, assim como no antigo crime de quadrilha ou bando, será a paz pública, permanentemente abalada por aqueles que se organizam para praticar crimes graves.

Questão interessante trazida pela nova lei relaciona-se com o delito previsto no artigo 35 da Lei de Drogas (associação para o tráfico). Imaginemos que quatro ou mais pessoas se associem para a prática do tráfico de drogas, será que essa associação estará inserida no contexto do artigo 35 da Lei de Drogas ou no art. 1º, § 1º, da lei em estudo? Notem que, caso a resposta seja pelo artigo 35, em virtude da especialidade, por exemplo, não poderão ser aplicados os institutos da Lei 12.850/2013 a essa associação.

Com a devida vênia, não é essa a melhor solução. Entendemos que, nessas situações, deverão ser analisados os aspectos estruturais da associação.

Se quatro ou mais pessoas se associarem para a prática do tráfico de drogas, mas sem a devida estrutura organizacional, não se podendo constatar a existência de distribuição de tarefas e graus de hierarquia, estaremos diante do crime de "associação para o tráfico", previsto na Lei de Drogas. Caso contrário, em se tratando de uma estrutura organizada, com divisão de tarefas etc., configurar-se-á o delito constante na lei em análise.

Outro ponto que nos chamou a atenção foi a influência da "teoria do domínio do fato" no conteúdo do tipo em questão. Ao fazer menção à "divisão de tarefas", o dispositivo deixa claro que serão autores desse crime todas as pessoas que fizerem parte da associação, independentemente de sua importância dentro da estrutura criminosa. De acordo com a mencionada teoria, haverá coautoria – e não participação – nas hipóteses em que houver uma exemplar divisão de trabalho, onde cada agente da estrutura criminosa contribui de maneira decisiva para o sucesso do crime.

Subsidiando o entendimento ora exposto, o § 3º, do artigo 2º da lei, dispõe que a pena do crime será agravada para quem exerça o comando, individual ou coletivo, da organização criminosa, ainda que não pratique pessoalmente atos de execução. Ora, está aí mais uma clara influência da teoria do domínio do fato, pois, em seus termos, autor é não só quem executa a ação típica (autoria imediata), como também aquele que tem o poder de decisão sobre a realização do fato. Aliás, o dispositivo em questão foi além, punindo de maneira mais severa a conduta daquele que exerce o comando da organização criminosa.

No mesmo artigo da lei nós encontramos algumas causas de aumento de pena, tais como para a organização criminosa que faça uso de arma de fogo, que conte com a participação de crianças, adolescentes ou funcionário público (desde que este se valha de seu cargo para a prática da infração penal), que o produto ou proveito da infração destine-se, no todo ou em parte, ao exterior, ou, ainda, nos casos em que a organização criminosa mantenha conexão com outras organizações criminosas independentes.

No § 1º, do artigo 2º da lei, nós temos outra importante determinação, senão vejamos: *"Nas mesmas penas incorre quem impede ou, de qualquer forma, embaraça a investigação de infração penal que envolva organização criminosa".*

Entendemos que esse dispositivo é de extrema utilidade prática, uma vez que permite a punição de qualquer pessoa que atrapalhe a investigação de organizações criminosas. Como exemplo podemos citar os casos em que advogados, embora não ligados ao crime organizado, realizem tarefas que extrapolem a função pela qual foram constituídos, servindo de "mensageiros" ou como "informantes" da atuação policial.

Por fim, é mister salientar que, nos casos em que houver indícios de envolvimento de policiais com o crime organizado, deverá ser instaurado inquérito policial pela Corregedoria de Polícia, que, por sua vez, comunicará o Ministério Público para acompanhar o feito até sua conclusão (art. 2º, § 7º).

10.2. Da colaboração premiada

Art. 4º – O juiz poderá, a requerimento das partes, conceder o perdão judicial, reduzir em até 2/3 (dois terços) a pena privativa de liberdade ou substituí-la por restritiva de direitos daquele que tenha colaborado efetiva e voluntariamente com a investigação e com o processo criminal, desde que dessa colaboração advenha um ou mais dos seguintes resultados:

I – a identificação dos demais coautores e partícipes da organização criminosa e das infrações penais por eles praticadas;

II – a revelação da estrutura hierárquica e da divisão de tarefas da organização criminosa;

III – a prevenção de infrações penais decorrentes das atividades da organização criminosa;

IV – a recuperação total ou parcial do produto ou do proveito das infrações penais praticadas pela organização criminosa;

V – a localização de eventual vítima com a sua integridade física preservada.

CAPÍTULO II INQUÉRITO POLICIAL

O instituto em questão constitui, em nossa modesta opinião, a maior evolução trazida pela lei em termos de investigação criminal.[73] A colaboração premiada nada mais é que um acordo realizado entre o delegado de polícia (ou membro do Ministério Público) e o investigado, que objetiva a consecução dos resultados constantes no artigo supramencionado. Dessa forma, caso o investigado colabore efetivamente com a investigação, poderá ser beneficiado com o perdão judicial (ou seja, terá declarada extinta sua punibilidade), ter sua pena reduzida em até dois terços ou substituída por outra pena restritiva de direitos.

Com o intuito de preservar a imparcialidade do juiz, o § 6º, do artigo 4º, determina que ele não poderá participar da formalização do acordo, sendo responsável apenas por sua homologação, desde que preenchidos os requisitos da lei.

Diante do exposto, deve ser lavrado pelo delegado de polícia ou pelo representante do Ministério Público um termo de colaboração que, conforme determina o artigo 6º, da lei, deve conter: um relato da colaboração e seus possíveis resultados; as condições da proposta do Ministério Público ou do delegado de polícia; a declaração de aceitação do colaborador e de seu defensor; as assinaturas do delegado de polícia ou do representante do Ministério Público, do colaborador e de seu defensor;[74] e, por fim, as medidas de proteção ao colaborador e a sua família, caso necessário.

Sobre a declaração de aceitação do colaborador e de seu defensor, parece-nos que a intenção da lei nesse dispositivo é determinar que a aceitação da colaboração deve ser acompanhada pelo advogado do colaborador, que terá a função de assessorá-lo. Contudo, não é necessária a aceitação por parte do defensor, o que, aliás, seria um absurdo. Imaginemos o caso em que o colaborador, ciente das consequências de seu ato, opte pela colaboração, mas seja contrariado por seu defensor. Será que a não aceitação do advogado seria suficiente para inviabilizar o acordo? Entendemos que não, devendo prevalecer a vontade do colaborador.

---

[73] Não olvidamos, todavia, as críticas feitas pela doutrina em relação à delação premiada, que estimula a traição entre os criminosos e promove uma "parceria" entre o criminoso e o Estado.
[74] Nesse caso a assinatura do defensor é indispensável para comprovar que o acordo foi realizado com a assessoria de um advogado.

Ante o exposto, salta aos olhos que a efetiva colaboração do investigado deve, necessariamente, ser precedida da assinatura do mencionado termo. É o que se depreende de uma análise do artigo 4º, § 9º, da lei, que estabelece o seguinte: *"Depois de homologado o acordo, o colaborador poderá, sempre acompanhado pelo seu defensor, ser ouvido pelo membro do Ministério Público ou pelo delegado de polícia responsável pelas investigações"*.

Em outras palavras, é a partir da homologação do acordo pelo juiz que o colaborador efetivamente começará a contribuir para a concretização de um dos resultados previstos no *caput* do artigo 4º (revelação da estrutura hierárquica da organização criminosa, identificação dos demais autores ou partícipes, recuperação do produto ou proveito das infrações penais praticadas etc.).

Destaque-se, por oportuno, que o juiz só decidirá sobre o quanto o colaborador será beneficiado ao final do processo, após a análise da eficácia da colaboração prestada, como não poderia deixar de ser, até porque, nos termos do § 10, as partes poderão retratar-se do acordo firmado, *caso em que as provas autoincriminatórias produzidas pelo colaborador não poderão ser utilizadas exclusivamente em seu desfavor*. Em uma interpretação *a contrario senso*, podemos concluir que as provas e os elementos de informação advindos da colaboração só não poderão ser utilizados em prejuízo do colaborador, servindo, entretanto, para a condenação dos demais integrantes da organização criminosa.

Como consequência lógica do exposto até aqui, o § 3º, do artigo 4º, determina que o prazo para o oferecimento de denúncia ou o processo, relativos ao colaborador, poderá ser suspenso por até seis meses, prorrogáveis por igual período até que sejam cumpridas as medidas de colaboração, suspendendo-se, outrossim, o respectivo prazo prescricional. No mesmo sentido, o § 4º permite que o Ministério Público nem sequer ofereça a denúncia caso o colaborador não seja o líder da organização criminosa e seja o primeiro a prestar a colaboração. Em nosso entendimento, trata-se de uma exigência cumulativa e não alternativa, dependendo também da constatação dos resultados previstos no *caput* do artigo. Como consequência dessa previsão, não podemos olvidar que a nova lei nos apresenta mais uma exceção ao princípio da obrigatoriedade da ação penal (antes já tínhamos a transação penal, prevista na Lei 9.099/1995).

CAPÍTULO II INQUÉRITO POLICIAL

Vale reiterar, nesse ponto, que todos os atos relativos à colaboração premiada devem ser assistidos por um advogado, sendo que, nos depoimentos que prestar, o colaborador renunciará seu direito ao silêncio e estará sujeito ao compromisso legal de dizer a verdade[75] (art. 4º, § 14).

Em nossa opinião, tal previsão constitui uma hipótese de disposição de um direito fundamental. Como é cediço, o direito ao silêncio está incluído na ampla defesa (esfera negativa) e no direito de não produzir provas contra si mesmo (*nemo tenetur se detegere*). Sem embargo, entendemos que esse direito não está entre aqueles que são indisponíveis. Com efeito, o colaborador não poderá mentir, sob pena de responder pelo delito de falso testemunho. Sobre o tema, muito se discute na doutrina se o acusado teria o direito de mentir amparado pelo princípio da não autoincriminação. Com a devida vênia, esse entendimento nos parece absurdo, pois o fato de o acusado não ser obrigado a dizer a verdade não significa que ele tem o direito de mentir.

Se a colaboração do investigado for prestada posteriormente à sentença, a pena poderá ser reduzida até a metade ou será admitida a progressão de regime, ainda que ausentes os requisitos objetivos (art. 4º, § 5º).

Feitas essas considerações, podemos concluir esse ponto focando nossa atenção nas atividades de polícia judiciária relacionadas ao tema. Em estreita síntese, sempre que o delegado de polícia estiver conduzindo uma investigação que envolva organização criminosa, poderá efetivar o acordo de colaboração premiada com um dos investigados. Assim, deve ser elaborado um termo de colaboração que deverá ser formalizado com a assessoria de um advogado, em que o delegado de polícia estabelecerá as condições de sua proposta e os resultados esperados com o acordo (sem prejuízo dos demais requisitos previstos no artigo 6º).

Após, o termo deverá ser encaminhado ao Poder Judiciário que abrirá vistas ao Ministério Público. Consigne-se que o pedido de homologação será distribuído de maneira sigilosa, não podendo conter informações que possam identificar o colaborador ou o objeto da colaboração, sendo que o juiz competente deverá decidir no prazo de 48 horas. Aqui cabe uma

---

[75] Temos a certeza de que o art. 4º, § 14, irá gerar grande polêmica na doutrina, que contestará sua constitucionalidade por ofensa ao princípio da não autoincriminação.

ressalva. Entendemos que se já houver inquérito policial distribuído, o juiz competente para sua fiscalização estará prevento para analisar o acordo de colaboração.

Homologado o acordo, o delegado de polícia poderá dar início aos procedimentos que objetivem os resultados constantes no *caput* do artigo 4º da lei, sendo a oitiva do colaborador indispensável à consecução desse fim. No desenrolar da investigação e até seu final, o delegado de polícia pode, a depender da eficácia da colaboração prestada, representar pela concessão de perdão judicial, ainda que esse benefício não tenha sido previsto na proposta inicial (art. 4º, § 2º). Para tanto, a autoridade de polícia judiciária deverá demonstrar os resultados obtidos por meio da colaboração, deixando clara a proporcionalidade existente entre os meios e os fins atingidos.

Como podemos ver, a capacidade postulatória do delegado de polícia foi, uma vez mais, ratificada por nosso ordenamento jurídico, haja vista que, a partir da Lei 12.850/2013, esta autoridade poderá representar, entre outras coisas, por uma decisão que declare a extinção da punibilidade do investigado, demonstrando, assim, a importância da polícia judiciária para a concretização da justiça.

Por tudo isso, entendemos que a colaboração premiada será um instrumento de grande eficácia no combate ao crime, especialmente porque poderá ser utilizada pelo delegado de polícia, que é o primeiro representante do Estado a ter contato com a infração penal e seu criminoso, podendo agir prontamente para evitar novos crimes e desarticular a organização criminosa.

10.3. Da ação controlada

O instituto da ação controlada está previsto nos artigos 8º e 9º, da lei, não constituindo, todavia, uma inovação em nosso ordenamento jurídico. Nos termos dos mencionados dispositivos, a intervenção policial poderá ser retardada para que se concretize somente no momento mais eficaz à formação de provas ou elementos de informação.

CAPÍTULO II INQUÉRITO POLICIAL

Ressalte-se, porém, que esse retardamento deverá ser comunicado ao juiz competente, que, se for o caso, estabelecerá seus limites e comunicará o Ministério Público. Durante o desenvolvimento da diligência, apenas o delegado de polícia, o juiz e o Ministério Público terão acesso aos autos, sendo que, a seu final, deverá ser elaborado um auto circunstanciado acerca da ação controlada.

Se a ação controlada envolver transposição de fronteiras, o retardamento da intervenção policial ou administrativa somente poderá ocorrer com a cooperação das autoridades dos países que figurem como provável itinerário ou destino do investigado, de modo a reduzir os riscos de fuga e extravio do produto, objeto, instrumento ou proveito do crime (art. 9º).

10.4. Da infiltração de agentes

A infiltração de agentes policiais constitui mais um meio de investigação envolvendo organizações criminosas. Tal possibilidade poderá ser autorizada pelo juiz mediante representação do delegado de polícia, que deverá demonstrar indícios da infração penal prevista no artigo 1º, a necessidade da medida, o alcance das tarefas do agente, o nome ou apelido das pessoas investigadas (quando possível), o local da infração e a impossibilidade de a prova ser produzida por outros meios de investigação. Sendo assim, podemos afirmar que a infiltração de agentes deve ser utilizada apenas em último caso, quando não houver outros meios de investigação aptos a produzirem provas contra o crime organizado, o que é absolutamente razoável, tendo em vista o risco desse procedimento.

Sem embargo, cabe aqui a seguinte pergunta: considerando que a Lei 9.296/1996, que trata das interceptações telefônicas, também estabelece que esse procedimento só poderá ser realizado quando não for possível a obtenção de provas por outros meios, qual dos procedimentos investigativos deve ser adotado em primeiro lugar? A infiltração de agentes ou a interceptação telefônica? Em princípio, entendemos que a infiltração de agentes deve ser subsidiária à interceptação telefônica, especialmente em virtude do risco que esse procedimento acarreta aos agentes policiais. Num confronto entre o direito de privacidade do investigado e o direito à vida ou integridade física do policial, deve prevalecer este último, inclusive com base nos postulados da razoabilidade e da proporcionalidade.

Feito esse breve parênteses, destacamos que a infiltração de agentes poderá ser autorizada pelo prazo de seis meses, sem prejuízo de eventuais renovações. Em outras palavras, a infiltração poderá ser prorrogada pelo prazo necessário ao sucesso da investigação. Destaque-se, ainda, que o pedido de infiltração será distribuído sigilosamente, de forma que o agente policial não possa ser identificado e nem o objeto da investigação. Por fim, a lei determina que o agente deva guardar, em sua atuação, a devida proporcionalidade com a finalidade da investigação, podendo responder por eventuais excessos praticados.

De acordo com nosso entendimento, o meio de investigação em estudo pode gerar resultados extremamente eficientes no combate ao crime organizado. Contudo, a viabilidade desse procedimento é muito questionável em virtude da falta de policiais aptos para sua realização. Tal crítica ganha ainda mais força nas cidades do interior, que, além de possuírem poucos policiais em seus quadros, são prejudicadas pelo fato de seus agentes serem conhecidos da população local. Com o objetivo de mitigar esse problema, entendemos que deveriam ser criadas unidades regionais formadas por policiais de várias regiões diferentes que pudessem atuar em situações específicas de infiltração. Dessa forma, além de contarmos com policiais especialistas nesse tipo de investigação, ainda evitaríamos o contato da população com os agentes infiltrados.

10.5. Do acesso a registros, dados cadastrais, documentos e informações

Outra mudança muito significativa trazida pela Lei 12.850/2013 relaciona-se ao "poder requisitório do delegado de polícia". O artigo 15 do texto legal dispõe que o delegado de polícia terá acesso, *independentemente de autorização judicial*, aos dados cadastrais do investigado que informem, exclusivamente, a qualificação pessoal, a filiação e o endereço mantidos pela Justiça Eleitoral, empresas telefônicas, instituições financeiras, provedores de internet e administradoras de cartão de crédito. Como podemos ver, a autoridade de polícia judiciária não precisará mais representar ao Poder Judiciário para ter acesso a tais informações, sendo que a recusa ao fornecimento desses dados pode caracterizar o crime previsto no artigo 21 da lei, punido com pena de até dois anos de reclusão.

Asseveremos, todavia, que o poder requisitório do delegado de polícia restringe-se aos dados cadastrais do investigado que informem apenas sua qualificação e endereços. Nesse contexto, informações referentes ao sigilo bancário ou telefônico do investigado ainda continuam sujeitas à cláusula da reserva de jurisdição.

O artigo 16 da lei apresenta-nos outra mudança interessante ao determinar que as empresas de transporte possibilitarão, pelo prazo de cinco anos, acesso direto e permanente do juiz, do Ministério Público ou do delegado de polícia aos bancos de dados de reservas e registro de viagens. Não temos dúvidas de que essa determinação facilitará, e muito, a investigação criminal, uma vez que tornará mais viável o acompanhamento do deslocamento de pessoas suspeitas de envolvimento com o crime organizado. Aliás, parece-nos que o dispositivo em questão foi muito mais abrangente, podendo ser utilizado na investigação de qualquer tipo de infração penal, haja vista que o delegado de polícia terá acesso direto a tais informações.

10.6. Considerações finais

Além de criar alguns tipos penais, a Lei 12.850/2013 também provocou algumas alterações no Código Penal e revogou por completo a antiga Lei 9.034/1995, que dispunha sobre os crimes praticados por organizações criminosas.

No que se refere ao Código Penal, a alteração mais importante envolve o artigo 288, que antes tratava do crime de quadrilha ou bando. Com a nova lei, este crime passa a adotar o *nomen iuris* de "associação criminosa".

Demais disso, o novo tipo penal pune a conduta daqueles que se associarem em três ou mais pessoas com o fim específico de cometer crimes. Assim, para que se caracterize o delito em questão, não é mais necessária a reunião de pelo menos quatro pessoas, mas apenas três.

Outra mudança ocasionada pela nova lei diz respeito ao inciso I, do artigo 1º, da Lei de Crimes Hediondos. Nos termos desse dispositivo, o homicídio praticado em atividade típica de grupo de extermínio, ainda que cometido por um só agente, é considerado hediondo. Trata-se do que a doutrina alcunhou de "homicídio condicionado". Desse modo, para que possamos compreender o alcance dessa disposição, é indispensável que determinemos o significado de *grupo de extermínio*. Em nosso entendimento, com o advento da Lei 12.850/2013, o conceito de "grupo" deve ser extraído de seu § 1º, caracterizando-se, portanto, com a associação de quatro ou mais pessoas, haja vista que o homicídio é punido com uma pena superior a quatro anos de prisão.

Ainda no que diz respeito ao Código Penal, a nova lei também alterou a pena prevista em seu artigo 342 (falso testemunho ou perícia), que agora será punida mais severamente com reclusão de dois a quatro anos e multa.[76]

Por fim, não podemos olvidar o disposto no artigo 22 da Lei 12.850/2013, determinando que os crimes previstos nesta lei e as infrações penais conexas serão apurados mediante procedimento ordinário previsto no Código de Processo Penal. Dessa determinação nós vislumbramos, em princípio, duas consequências, sendo uma ligada à investigação criminal e outra ao procedimento adotado durante o processo.

Sem embargo das opiniões em sentido contrário, entendemos que esse dispositivo acaba vinculando a investigação realizada pelo Ministério Público ao procedimento previsto para o inquérito policial. Assim, em se tratando de investigação criminal conduzida pelo Ministério Público e que tenha por objetivo o combate ao crime organizado, tal procedimento deve seguir o regulamento estipulado ao inquérito policial, nos termos do Código de Processo Penal.

---

[76] Antes da lei a pena era de reclusão de um a três anos e multa.

CAPÍTULO II   INQUÉRITO POLICIAL

Na verdade, consideramos um absurdo jurídico a investigação criminal conduzida pelo Ministério Público, especialmente por não contar com respaldo legal. Causa-nos espécie o fato de uma instituição que deve atuar como fiscal da lei acabe atuando a suas margens. Com base no princípio da legalidade pública, os agentes públicos só podem fazer aquilo que está previsto na lei. Na legalidade privada, por outro lado, a pessoa comum pode fazer tudo aquilo que não for proibido por lei, prevalecendo, assim, a autonomia da vontade.

Tendo em vista que os agentes estatais não têm vontade autônoma, eles devem restringir-se à lei, que, por sua vez, representa a "vontade geral", manifestada por meio dos representantes do povo, que é o legítimo titular da coisa pública. Nesse contexto, o princípio da legalidade pública tem estrita ligação com o postulado da indisponibilidade do interesse público, que deve pautar a conduta do Estado e de todos os seus agentes. Assim, considerando que o interesse público é determinado pela lei e pela própria Constituição da República (expressão da vontade geral!), não é suficiente a ausência de proibição em lei para que o servidor público possa agir, é necessária a existência de uma lei que autorize ou determine certa conduta.

Por tudo isso, certo de que não há uma lei que regulamente a investigação realizada pelo Ministério Público, consideramos ilegal qualquer atividade nesse sentido. Parece-nos que a lei objeto deste estudo acaba regulamentando, ainda que por vias tortas, o exercício dessa atividade, impondo, conforme alhures mencionado, a observância das regras estipuladas para o inquérito policial. Independentemente disso, consideramos premente a necessidade de criação de uma lei que, de fato, regulamente a investigação criminal realizada pelo Ministério Público, que deverá ocorrer apenas em hipóteses excepcionais e taxativas, desde que observadas as seguintes condições:

a) mediante procedimento regulado, por analogia, pelas normas concernentes ao inquérito policial;

b) por consequência, o procedimento deveria ser, de regra, público e sempre supervisionado pelo Judiciário;

c) deveria ter por objeto fatos teoricamente criminosos, praticados por membros ou servidores da própria instituição, por autoridades ou agentes policiais, ou por outrem se, a respeito, a autoridade policial cientificada não houvesse instaurado inquérito.

Já no que se refere ao procedimento adotado nos crimes previstos nessa lei, chamamos a atenção para o fato de que, nos termos do artigo 22 supramencionado, tais crimes deverão seguir o rito ordinário previsto no Código de Processo Penal. Diante disso, fazemo-nos a seguinte pergunta: aqueles que praticarem o delito previsto no artigo 21 da nova lei – que é de menor potencial ofensivo – poderão ser beneficiados com os institutos despenalizadores da Lei 9.099/1995? Em outras palavras, será que o artigo 22 afasta a aplicação da lei dos juizados especiais criminais?[77]

Em um primeiro momento, pensamos que a resposta só pode ser positiva, principalmente em virtude do princípio da especialidade. Ora, não podemos esquecer que estamos diante de uma infração ligada ao crime organizado, mais especificamente a seu combate e repressão. Parece-nos que tal entendimento reforça a eficácia da determinação constante no artigo 15 da Lei, que, por sua vez, está diretamente ligado à investigação criminal. Demais disso, também nos poderíamos valer do fato de a Lei 12.850/2013 ser posterior à Lei 9.099/1995 para subsidiar esta conclusão.

Sendo assim, a infração penal constante no artigo 21 da nova lei não poderia ser apurada por meio de termo circunstanciado, mas por inquérito policial. Da mesma forma, seu infrator não seria beneficiado com a transação penal, podendo-lhe ser aplicada apenas a suspensão condicional do processo. Em consonância com esse raciocínio, um crime de ameaça, por exemplo, que seja praticado em conexão com outros crimes previstos nesta lei, também não poderá ser contemplado com os institutos despenalizadores previstos na Lei 9.099/1995.

Concluindo, reiteramos nosso posicionamento no sentido de que a lei 12.850/2013 traz inovações extremamente positivas e auspiciosas, que, sem sombra de dúvida, apresentarão resultados significativos no combate à criminalidade organizada.

---

[77] Destaque-se que essa questão foi levantada pelo colega e amigo Eduardo Cabette, durante uma discussão entre nós sobre a nova lei.

Capítulo III
PRISÕES PROVISÓRIAS

1. Introdução

No dia 4 de julho de 2011 entrou em vigor a Lei 12.403/2011, que alterou significativamente o Código de Processo Penal na parte que trata das prisões processuais. Como é cediço, dentro de nosso ordenamento jurídico há duas modalidades de prisão: prisão penal (aquela decorrente de uma sentença condenatória com trânsito em julgado e decretada ao final de um longo processo, cercado por todas as garantias constitucionais, especialmente pela cláusula do devido processo legal); e a prisão processual (decretada durante o processo, antes do trânsito em julgado da sentença penal condenatória).

A inovação legislativa foi, a nosso ver, extremamente positiva, principalmente porque adequou as prisões processuais ao princípio da presunção de não culpabilidade, previsto no artigo 5º, inciso LVII, da Constituição da República, assim como ao postulado da proporcionalidade, tão importante nos dias de hoje.

Explicações para essa alteração não faltam. A Lei 12.403/2011 decretou o fim da banalização das prisões cautelares (ou processuais), na medida em que elas passam a ser utilizadas somente em último caso, quando as demais medidas cautelares se mostrarem insuficientes ou inadequadas para a garantia dos bens jurídicos previstos no artigo 282, inciso I, do Código de Processo Penal.

Sempre foi questionado pela doutrina mais garantista a incompatibilidade das prisões processuais com o princípio da presunção de não culpabilidade. Isto, pois, se o indivíduo só é considerado culpado ao final do processo, com o trânsito em julgado da sentença penal condenatória, não teria sentido sua prisão durante a persecução penal. Demais disso, as prisões cautelares muitas vezes violavam o postulado da proporcionalidade, uma vez que suspeitos eram presos por crimes que, ao final do processo, não poderiam resultar numa pena privativa da liberdade.

Com o objetivo de sanar essas falhas e adequar o Código de Processo Penal à Constituição da República, foi promulgada a nova Lei 12.403/2011. Apenas para ilustrar tal mudança de paradigma, trazemos o exemplo do artigo 313 do Estatuto Processual Penal. Este dispositivo nasceu umbilicalmente ligado ao artigo 44 do Código Penal, que trata das hipóteses de substituição da pena privativa de liberdade por penas restritivas de direito.

Dessa forma, a prisão preventiva, em regra, só poderá ser decretada quando se tratar de crime cuja pena máxima cominada seja superior a quatro anos de prisão. Outrossim, essa modalidade prisional poderá ser adotada quando restar caracterizada a reincidência. Numa interpretação a *contrario sensu*, caso o imputado seja suspeito de um crime cuja pena máxima não ultrapasse o prazo de quatro anos de prisão e não seja reincidente, ele dificilmente poderá ser alvo de um decreto de prisão preventiva, haja vista que em sua sentença final sua pena privativa de liberdade provavelmente será substituída por outra restritiva de direito.

Salta ao olhos, portanto, a proporcionalidade da medida, pois se o indivíduo não poderá ser preso ao final do processo, não se justifica sua prisão durante a *persecutio criminis*, afinal, o meio não pode ser mais grave que o fim.

Sem embargo do exposto até aqui, devemos destacar que as prisões processuais são aceitas e amplamente utilizadas por todo o mundo. Entendemos, de um modo geral, que se trata de um mal necessário. Levando-se em consideração que não há direitos fundamentais absolutos, é perfeitamente possível e necessária a flexibilização desses direitos de acordo com o caso concreto. São por tais necessidades que a prisão cautelar ganhou espaço dentro dos ordenamentos jurídicos mundiais.

No momento em que o juiz opta pela prisão processual, está decidindo-se a favor da sociedade (ameaçada pela periculosidade de determinada pessoa) ou do processo (meio pelo qual o Estado exerce legitimamente seu direito de punir). Contudo, negada a prisão cautelar, está decidindo-se pelo direito de liberdade de locomoção do suspeito ou pelo princípio da presunção de não culpabilidade. É nesse embate entre direitos fundamentais que está toda a polêmica que envolve o tema em estudo.

CAPÍTULO III PRISÕES PROVISÓRIAS

Ao longo desta obra, procuraremos abordar todos os pontos controversos sobre o assunto, dando destaque para aspectos práticos e jurídicos. Salientamos desde já que como se trata de uma lei nova, a doutrina ainda está engatinhando no tema, sendo que várias questões devem surgir com o passar do tempo. Após um longo estudo, nós ousamos traçar alguns caminhos a serem seguidos a partir da nova lei. Entretanto, só nos resta esperar para ver como a jurisprudência irá se posicionar.

Por fim, não podemos negar que esta obra é, inevitavelmente, contagiada por questões que envolvem o dia a dia do delegado de polícia. Durante nossa carreira dentro da Polícia Civil do Estado de São Paulo, nós nos deparamos com diversas situações pouco corriqueiras e que exigiram um pronto posicionamento de nossa parte. Não é fácil decidir e aplicar o Direito tão próximo ao calor dos fatos. Penso que as experiências compartilhadas neste livro podem ser de grande valia para todos aqueles que atuam ou têm interesse em atuar dentro da área penal e processual penal.

2. Prisão em flagrante

2.1. Prisão em flagrante e a Constituição da República

O objetivo deste ponto é analisar a prisão em flagrante sob um enfoque constitucional. Certo de que a Constituição é a maior norma dentro de um ordenamento jurídico e de que todas as outras normas retiram dela seu fundamento de validade, somos entusiastas de uma visão constitucional do processo penal.

Dessa forma, todo o processo penal deve ser analisado e interpretado de acordo com nossa Carta Maior. Assim, ao analisar o instituto da prisão em flagrante, devemos sempre ter em mente os objetivos e os princípios traçados pelo poder constituinte originário.

Além disso, esse ponto também objetiva desmistificar a ideia de que a prisão em flagrante possui um caráter cautelar. Grande parte da doutrina[1]

---
[1] Julio Fabbrini Mirabete, Fernando Capez e Fernando da Costa Tourinho Filho.

costuma referir-se a essa modalidade de prisão como uma medida de natureza cautelar, o que, com a devida vênia, não podemos concordar.

Dessa forma, ao longo deste trabalho, exporemos nosso raciocínio no sentido de consubstanciar juridicamente todas essas afirmações.

2.2. Direitos fundamentais e o Estado Democrático de Direito

Sem a preocupação de entrar de maneira profunda no estudo sobre os direitos fundamentais, é indispensável que tracemos algumas linhas sobre o assunto.

Primeiramente, deve-se destacar o fato de que os direitos fundamentais representam o núcleo essencial de proteção da dignidade da pessoa humana. Ao redor desse princípio, gravitam inúmeros direitos e garantias que possibilitam o desenvolvimento digno de todo indivíduo.

Os direitos fundamentais ganharam efetivo destaque na sociedade a partir do momento em que se inverteu a tradicional relação entre Estado e indivíduo, reconhecendo-se que este é possuidor de direitos e depois de deveres perante o Estado. Assim, sedimentou-se a ideia de que o Estado seria o meio e o indivíduo seria o fim.

Fazendo uma análise sobre o histórico dos direitos fundamentais, percebe-se que tais direitos foram desenvolvendo-se de acordo com o passar do tempo. Gilmar Mendes ensina que:

> A sedimentação dos direitos fundamentais como normas obrigatórias é resultado de maturação histórica, o que também permite compreender que os direitos fundamentais não sejam sempre os mesmos em todas as épocas, não correspondendo, além disso, invariavelmente, na sua formulação, a imperativos de coerência lógica.[2]

---

[2] MENDES, Gilmar Ferreira; COELHO, Inocêncio Mártires; BRANCO, Paulo Gustavo Gonet. *Curso de Direito Constitucional*. 2 ed. São Paulo: Editora Saraiva, 2008, p. 231.

Dito isso, podemos destacar a divisão dos direitos fundamentais em: direito de defesa; direito de prestação e direito de participação.

Os direitos de defesa possuem caráter negativo, exigindo uma abstenção por parte do Estado. Já os direitos de prestação possuem um caráter positivo, exigindo a intervenção do Estado na vida da sociedade. Por fim, os direitos de participação garantem aos indivíduos a possibilidade de participar da formação da vontade de um país.

Feita essa breve análise sobre as diferentes fases de desenvolvimento dos direitos fundamentais, aqui nos interessa apenas a primeira fase, qual seja: os direitos de defesa.

Conforme exposto alhures, os direitos de defesa possuem caráter negativo e demandam uma não intervenção do Estado na sociedade. Tais direitos limitam o poder do Estado e constituem uma garantia aos cidadãos de que seus direitos serão respeitados por todos.

Em consonância com Gilmar Mendes

> os direitos de defesa caracterizam-se por impor ao Estado um dever de abstenção, um dever de não interferência, de não intromissão no espaço de autodeterminação do indivíduo. Esses direitos objetivam a limitação da ação do Estado. Destinam-se a evitar ingerências do Estado sobre os bens protegidos (liberdade, propriedade...) e fundamentam pretensão de reparo pelas agressões eventualmente consumadas.[3]

Em tempo, é mister que foquemos nossa atenção no direito de defesa que mais nos interessa, ou seja, o direito de liberdade de locomoção.

2.3. Prisão em flagrante e os direitos fundamentais

Feita uma breve análise sobre a importância dos direitos fundamentais dentro de um Estado Democrático de Direito, cabe-nos agora salientar a

---
[3] MENDES, Gilmar Ferreira *et al*. *Curso de Direito Constitucional. Op. cit.*, p. 256.

necessidade de se garantir aos indivíduos o direito de liberdade, direito este, aliás, que é fundamental para o desenvolvimento digno da pessoa humana.

O direito fundamental de liberdade de locomoção encontra-se veiculado no inciso LXI do artigo 5º da Constituição da República, nos seguintes termos: "ninguém será preso senão em flagrante delito ou por ordem escrita e fundamentada de autoridade judiciária competente, salvo nos casos de transgressão militar ou crime propriamente militar, definido em lei".

Nos termos do referido dispositivo, restou consagrado o direito de liberdade de locomoção de cada indivíduo, sendo que a limitação desse direito constitui uma exceção.

Assim, deve-se lembrar que os direitos fundamentais possuem como uma de suas características o fato de não serem direitos absolutos. Desse modo, até em virtude de sua hierarquia constitucional, esses direitos só poderão ser limitados em favor de outros direitos fundamentais.

Vale ressaltar que as normas penais incriminadoras nascem com o objetivo de proteger aqueles bens jurídicos tidos como os mais importantes para o Estado. Sem embargo, uma norma penal incriminadora deve retirar seu fundamento de validade da própria Constituição, uma vez que busca resguardar seus valores e princípios.

Marcelo Cardozo da Silva nos ensina que

> se não se der essa inequívoca demonstração da relação de precisão protetiva direta da norma penal incriminadora com o bem coletivo constitucional, cabe o correlato decreto de inconstitucionalidade. Sem uma inequívoca demonstração de tudo isso, deve-se afastar a incriminação, operando-se nos quadrantes do *favor libertatis*. É da Constituição que deriva a possibilidade de incriminação, não se havendo de realizar o caminho inverso.[4]

---

[4] SILVA, Marcelo Cardozo da. *Op. cit.*, p. 57.

CAPÍTULO III PRISÕES PROVISÓRIAS

No mesmo sentido é a lição de Luiz Carlos dos Santos Gonçalves:

> os mandados expressos de criminalização trazem decisões constitucionais sobre a maneira como deverão ser protegidos direitos fundamentais. A atuação do legislador no sentido de promover a proteção desses direitos recebe um elemento de vinculação. Ele pode até valer-se de outros instrumentos, mas a previsão de sanções penais perde seu caráter de subsidiariedade e torna-se obrigatória. Ordens diretas que são ao legislador para que atenda ao comando constitucional, a necessidade da edição de lei é questão de supremacia da Constituição.[5]

Desse modo, certo de que a norma penal incriminadora tem o potencial de gerar uma restrição ao direito de liberdade de locomoção do indivíduo, é condição de sua validade que ela tenha como objetivo a proteção de direitos fundamentais. Somente assim será justificada a limitação ao direito de liberdade de locomoção, uma vez que tal limitação encontra amparo na própria proteção de outros direitos fundamentais.

Não podemos olvidar, outrossim, que o Direito Penal possui um caráter fragmentário e subsidiário, apresentando-se como a *ultima ratio* na proteção aos bens jurídicos mais importantes, devendo ter aplicação somente nos casos em que for imprescindível para a proteção dos direitos fundamentais.

Feito esse breve introito, passamos a discorrer especificamente sobre a importância da prisão em flagrante para a proteção dos direitos fundamentais.

O objetivo aqui é defender a ideia de que a prisão em flagrante tem a função de atuar como um instrumento constitucional de imediata proteção aos direitos fundamentais, proteção esta que é veiculada por meio de uma norma penal incriminadora que estaria sendo violada ou que acabara de ser.

---

[5] GONÇALVES, Luiz Carlos dos Santos. *Mandados expressos de criminalização e a proteção de direitos fundamentais na Constituição brasileira de 1988.* Belo Horizonte: Editora Fórum, 2007, p. 139.

Nesse contexto, o escólio de Marcelo Cardozo da Silva é no sentido de que

> a prisão em flagrante desempenha a necessária função de atualização das funções preventivas das normas penais incriminadoras. Não fosse a prisão em flagrante, perder-se-ia um poderoso instrumento constitucional de defesa contra comportamentos atuais ofensivos a direitos fundamentais/bens coletivos constitucionais. Mais do que qualquer função probatória, realiza um estratégico mister de impedir, pela atualização que traz a toda e qualquer norma incriminadora, comportamentos que as violem: traz, excepcionalmente, a proteção da norma penal, do distante momento do cumprimento da pena, para o momento atual da violação.[6]

Assim, podemos afirmar que a prisão em flagrante, em última análise, constitui uma forma de proteção à própria Constituição. Não é por acaso que essa modalidade de prisão está prevista em nossa Carta Maior como uma forma de exceção ao princípio da reserva de jurisdição quando se trata de matéria prisional.

Ademais, outros argumentos reforçam esse entendimento. Nesse sentido, o Código de Processo Penal possibilita, de maneira excepcional, que qualquer cidadão possa prender em flagrante alguém que esteja cometendo uma infração penal (flagrante facultativo – artigo 301 do CPP – que será analisado adiante). Sem embargo, essa finalidade defensiva imediata da prisão em flagrante também fica clara quando a Constituição possibilita o ingresso na casa de alguém sem ordem judicial para se efetivar o flagrante.

A própria Lei 12.403/2011, que altera diversos dispositivos do Código de Processo Penal, fez questão de deixar claro o que já era há muito tempo defendido pela doutrina no sentido de que a prisão em flagrante é a única exceção à reserva de jurisdição em matéria prisional.[7]

Sendo assim, não podemos concordar com o argumento de que a prisão em flagrante tenha uma natureza cautelar. Para nós, essa espécie de prisão

---

[6] SILVA, Marcelo Cardozo da. *Op. cit.*, p. 62.
[7] Artigo 282 – Ninguém poderá ser preso senão em flagrante delito ou por ordem escrita e fundamentada da autoridade judiciária competente, em decorrência de sentença condenatória transitada em julgado, ou no curso da investigação ou do processo, em virtude de prisão temporária ou preventiva.

tem a função principal de servir de proteção aos direitos fundamentais e à própria Constituição. Seu papel é atuar de maneira repressivo/preventiva, evitando ou desestimulando comportamentos que violem as normas penais incriminadoras, antecipando, para tanto, um dos efeitos da proteção penal, qual seja: a restrição da liberdade.

Não se pode mais enxergar a prisão em flagrante como uma medida cautelar. Como é cediço, a principal característica dessa medida é, justamente, a jurisdicionalidade. Portanto, a adoção de uma medida de natureza cautelar exige a análise fundamentada por parte do Poder Judiciário.

Ora, se a prisão em flagrante pode ser formalizada pelo delegado de polícia, que é uma autoridade administrativa, e a segregação da liberdade ocorre independentemente da participação do Poder Judiciário, onde está a característica da jurisdicionalidade, essencial às medidas dessa natureza?

Não podemos olvidar, ainda, que uma medida cautelar se caracteriza por sua instrumentalidade, não apresentando um fim em si mesma, mas servindo de instrumento para se alcançar outra finalidade. Com efeito, a instrumentalidade objetiva a tutela do processo e não do direito.

A prisão cautelar busca garantir o natural desenvolvimento da persecução penal, bem como assegurar a aplicação da pena e a paz social. Em estreita síntese, a prisão cautelar procura evitar que uma eventual demora na prolação da sentença possa causar algum prejuízo ao direito de punir do Estado.

Em tempo, é mister salientar que, especialmente após o advento da lei 12.403/211, uma boa parte da doutrina, a qual nos filiamos, defende que a prisão em flagrante possui uma natureza pré-cautelar, servindo como um instrumento para a prisão preventiva. Aury Lopes Junior, mesmo antes da referida lei, já ensinava que a prisão em flagrante

> não é uma medida cautelar pessoal, mas sim pré-cautelar, no sentido de que não se dirige a garantir o resultado final do processo, mas apenas destina-se a colocar o detido à disposição do juiz para que adote ou não uma verdadeira medida cautelar.[8]

---

[8] LOPES JR., Aury. *Direito Processual Penal e sua Conformidade Constitucional. Op. cit.*, p. 63.

No mesmo sentido, Edilson Mougenot Bonfim assevera que

> o legislador tornou a prisão em flagrante em uma "subcautela", verdadeira pré-cautelar (...), ao determinar que o magistrado deva decidir de forma fundamentada, aduzindo a presença dos elementos ou circunstâncias autorizadores da prisão preventiva, de modo que venha efetivamente a decretá-la ou, de outra parte, conceder ao preso liberdade provisória ou devolver-lhe imediatamente a liberdade.[9]

Por outro lado, Marcelo Cardozo da Silva defende que

> a prisão em flagrante não detém, no direito brasileiro, nenhuma índole "pré-cautelar", não pressupondo (antes, na realidade, dispensando) qualquer possibilidade de manutenção da restrição à liberdade de locomoção a título cautelar *a posteriore*, encontrando-se disposta, constitucionalmente, para a defesa imediata e urgente do direito fundamental/bem jurídico constitucional protegido pela norma penal incriminadora.[10]

Não obstante o excelente raciocínio desenvolvido por Cardozo, entendemos que, após a nova Lei 12.403/2011, a prisão em flagrante possui, sim, natureza pré-cautelar. Sem embargo, esta modalidade prisional também tem a função de proteger os direitos fundamentais inseridos no conteúdo das normas penais incriminadoras.

Ante o exposto, pode-se concluir que não deve mais prosperar o entendimento de que a prisão em flagrante possui natureza jurídica de medida cautelar. Contudo, o novo texto legal, inovado por meio da Lei 12.403/2011, consolida o equívoco ramificado pela doutrina e coloca a prisão em flagrante na parte em que trata das medidas cautelares. Parece-nos que o ideal seria a inclusão dessa modalidade de prisão como uma das formas de instauração do inquérito policial.

---

[9] BONFIM, Edilson Mougenot. *Reforma do Código de Processo Penal*. São Paulo: Editora Saraiva, 2011, p. 76. Demonstrando o mesmo entendimento, CABETTE, Eduardo Luis Santos. *Lei 12.403 Comentada – Medidas Cautelares, Prisões Provisórias e Liberdade Provisória*. Rio de Janeiro: Freitas Bastos, 2013, p. 181.
[10] SILVA, Marcelo Cardozo da. *Op. cit.*, p. 69.

2.4. Prisão em flagrante: Histórico

Como é cediço, nossa primeira Constituição data do ano de 1824 e foi promulgada por D. Pedro I alguns anos depois da chegada da família real portuguesa ao Brasil, no ano de 1808.

Contudo, mesmo antes de promulgada a Constituição Imperial, D. Pedro I baixou um decreto em 23 de maio de 1821, no qual foi feita a primeira referência à prisão em flagrante, inclusive salientando que tal restrição da liberdade poderia ser feita por qualquer um do povo.

Já o texto da Constituição de 1824 estabeleceu em seu artigo 179, § X, que "a exceção do flagrante delito, a prisão não pode ser executada, senão por ordem escrita da autoridade legítima [...]". Posteriormente, o tema foi disciplinado de maneira mais específica no Código de Processo Criminal de 1832.

Nossa atual Constituição da República trata da prisão em flagrante em seu artigo 5º, inciso LXI, no qual estabelece que ninguém será preso senão em flagrante delito ou por ordem escrita e fundamentada da autoridade judiciária competente. O Código de Processo Penal, por sua vez, elenca em seu artigo 302 (que não sofreu qualquer alteração com a Lei 12.403/2011) as hipóteses de cabimento da prisão em flagrante.

Em tempo, vale destacar que a palavra "flagrante" tem origem do latim *flagrans*, do verbo *flagrare*, que significa queimar, arder. Daí a expressão "flagrante delito", o que quer dizer que o crime está realizando-se, perpetrando-se, consumando-se.

2.5. Natureza jurídica e fundamento

Conforme destacado alhures, a prisão em flagrante tem a função de servir de proteção aos direitos fundamentais e à própria Constituição. Seu papel é atuar de maneira repressiva/preventiva, evitando ou desestimulando comportamentos que violem as normas penais incriminadoras, antecipando, para tanto, um dos efeitos da proteção penal, qual seja: a restrição da liberdade.

Da mesma forma, a prisão em flagrante possui natureza jurídica de medida pré-cautelar, haja vista que objetiva colocar o preso à disposição do Poder Judiciário para que seja adotada uma medida verdadeiramente cautelar.

Trata-se de um ato *jurídico-administrativo* efetivado pelo delegado de polícia, que, analisando o caso concreto, ouvindo as testemunhas, a vítima e o conduzido (imputado), forma seu convencimento jurídico e, de maneira fundamentada, determina a formalização da prisão em flagrante ou não.

Salientamos que, embora seja um ato administrativo, uma vez que é realizado por um órgão do Poder Executivo (Polícia Judiciária), a lavratura do auto de prisão em flagrante também constitui um legítimo ato jurídico, já que a análise das hipóteses flagranciais e suas circunstâncias é dotada de uma inegável carga jurídica. Cabe à autoridade de polícia judiciária[11] tipificar o fato que lhe é apresentado, analisando, para tanto, todos os aspectos jurídicos que circundam a ocorrência (*v.g.* tipicidade, ilicitude, culpabilidade etc.).

Ora, a partir do momento em que é feita uma adequação típica da conduta perpetrada, este ato, por si só, já está absolutamente impregnado de um conteúdo jurídico, pois seria impossível realizar tão importante missão sem o necessário conhecimento legal. Não é por acaso que os delegados de polícia são bacharéis em Direito. Com base em todos esses argumentos e considerando que a prisão em flagrante deve, necessariamente, ser analisada por um juiz, concluímos que se trata de um ato jurídico-administrativo.

Maria Lúcia Karan assevera que

> é a prisão em flagrante, que se constitui numa coerção urgente e imediata como forma de, impedindo o dano ou os efeitos do ataque que está sendo ou acabou de ser perpetrado contra o bem jurídico, restabelece a paz social teoricamente abalada naquele momento de violação da lei penal.[12]

---

[11] O nome "polícia judiciária" significa, justamente, que as polícias civil e federal atuam como auxiliares do Poder Judiciário em busca de elementos de informação e provas que permitam o justo exercício do poder de punir do Estado, o que destaca ainda mais o caráter jurídico de suas atividades.

[12] KARAN, Maria Lúcia. *Prisão e liberdades processuais*. São Paulo: Revista Brasileira de Ciências Criminais. N. 2, 1993, p. 85.

CAPÍTULO III PRISÕES PROVISÓRIAS

Da mesma forma, a prisão em flagrante tem uma função acautelatória da materialidade criminosa e da respectiva autoria. Tourinho Filho salienta que no estado de flagrância há manifesta evidência probatória quanto ao fato típico e sua autoria, o que justifica a detenção daquele que é surpreendido cometendo uma infração penal, a fim de que a autoridade competente, com presteza, possa constatar a realidade fática, colhendo, sem tardança, prova da infração.[13]

Nestor Távora e Rosmar Rodrigues Alencar advertem que o flagrante faz "cessar imediatamente a infração com a prisão do transgressor, em razão da aparente convicção quanto à materialidade e à autoria permitida pelo domínio visual dos fatos. É uma forma de autopreservação e defesa da sociedade, facultando-se a qualquer do povo a sua realização. Os atos de documentação a serem realizados subsequentemente ao cerceio da liberdade do agente ocorrerão normalmente na delegacia de polícia".[14]

Não podemos olvidar, ainda, a lição de Valdir Sznick no sentido de que

> o flagrante não qualifica o crime; o flagrante qualifica o momento da sua descoberta – se durante o cometimento ou se logo após. A flagrância tem ligação mais do que ao crime, em sua substância, à matéria probatória já que, como anota Carnelutti, o delito é flagrante enquanto constitui prova de si mesmo. Daí acrescentar à ideia de atualidade, o de visibilidade.[15]

Diante do exposto, percebe-se, na esteira do exposado por Eduardo Cabette, que a prisão em flagrante tem uma natureza multifacetada,[16] reunindo diversas características e apresentando várias funções.

Em síntese, pode-se afirmar que a prisão em flagrante é um ato jurídico-administrativo, de caráter pré-cautelar, atribuído, em regra, ao delegado de polícia, que tem a função de servir de proteção aos direitos fundamentais e à própria Constituição, atuando, em última análise, como uma espécie de

---

[13] TOURINHO FILHO, Fernando da Costa. *Manual de Processo Penal*. 10 ed. São Paulo: Editora Saraiva, 2008, p. 612.
[14] TÁVORA, Nestor; RODRIGUES ALENCAR, Rosmar. *Op. cit.*, p. 530.
[15] SZNICK, Valdir. *Liberdade, prisão cautelar e temporária*. 2 ed. São Paulo: Ed. Universitária de Direito, 1995, p. 354.
[16] CABETTE, Eduardo Luis Santos. *Lei 12.403 Comentada*. *Op. cit.*, p. 176.

autodefesa estatal em benefício do ordenamento jurídico e da sociedade. Demais disso, tal modalidade prisional possui um viés instrumental, na medida em que objetiva acautelar a materialidade delituosa e a respectiva autoria, restabelecendo a paz social abalada no momento da violação da lei penal. Por fim, a prisão em flagrante constitui uma das formas de instauração do inquérito policial (*notitia criminis* coercitiva).

2.5.1. Requisitos para a prisão em flagrante

Conforme acabamos de estudar, a prisão em flagrante possui um caráter multifuncional, servindo, entre outras coisas, para obstar a consumação do crime, protegendo, assim, os direitos fundamentais contidos nos tipos penais incriminadores. Trata-se de uma medida pré-cautelar, em regra atribuída ao delegado de polícia, que objetiva submeter o preso e as circunstâncias de sua prisão ao Poder Judiciário para que o magistrado competente analise a necessidade da decretação de uma medida verdadeiramente cautelar. Salta aos olhos, portanto, especialmente após o advento da Lei 12.403/2011, que a prisão em flagrante não possui qualquer autonomia, caracterizando-se, pelo contrário, como uma medida de natureza precária, cujo prazo de duração, em regra, não pode ultrapassar 24 horas (art. 306, § 1º, CPP).

Nesse sentido, é indispensável que consignemos os requisitos básicos que subsidiam a prisão em flagrante de uma pessoa, senão vejamos. Primeiramente, o criminoso deve ser surpreendido em uma das hipóteses flagranciais previstas nos artigos 302 e 303, do Código de Processo Penal, conforme estudaremos melhor adiante. São essas circunstâncias, aliadas ao conteúdo do artigo 304, § 1º, do CPP, que justificam a segregação provisória da liberdade do suspeito. Vale dizer, é preciso que se constate a presença de *indícios veementes* da existência do crime (materialidade) e *indícios suficientes* de autoria.

Explico. Por se tratar de uma medida pré-cautelar de natureza precária, a prisão em flagrante exige apenas um juízo de cognição sumaríssima por parte da autoridade responsável por sua formalização. Não há, no caso, a exigência de certezas acerca do crime (juízo de cognição exauriente) – o

CAPÍTULO III PRISÕES PROVISÓRIAS

que se dá apenas ao final de um processo, cercado por todas as garantias constitucionais, especialmente pela cláusula do devido processo legal –, sendo suficiente a constatação de indícios de autoria e materialidade. Tal afirmação é subsidiada pela *"fundada suspeita"* a que faz menção o § 1º, do artigo 304, do Código de Processo Penal.[17]

O grande problema dessa análise reside na compreensão da distinção entre *autoria* e *materialidade criminosa*, uma vez que os termos se confundem e, não raro, se misturam. No homicídio, por exemplo, o auto de prisão em flagrante pode ser lavrado mesmo sem a certeza da existência do crime (materialidade), que se dá apenas através do laudo do exame de corpo de delito, no qual será constatada a morte da vítima e os motivos que levaram a essa conclusão. Não obstante, com base no depoimento de testemunhas, com a certeza visual da morte feita pelo delegado de polícia que foi até o local do crime e viu o corpo da vítima, pode-se concluir pela existência de indícios veementes acerca da materialidade do homicídio.

Os indícios de autoria, por outro lado, poderiam ser demonstrados pelo fato de o suspeito haver sido encontrado no local do crime com a arma nas mãos ou por meio de uma testemunha que o tivesse visto atirando contra a vítima.

Para facilitar a compreensão do tema, valemo-nos de outro exemplo. Imagine o condutor de um veículo que apresente uma Carteira Nacional de Habilitação falsificada diante de uma abordagem da Polícia Rodoviária. A certeza da falsidade do documento (materialidade) só poderá ser afirmada por meio do exame pericial. Contudo, se através de pesquisas realizadas nos sistemas policiais for possível constatar que aquele motorista nem sequer é habilitado, este fato, por si só, já demonstrará os indícios de materialidade criminosa necessários à lavratura do flagrante pelo crime de uso de documento falso. Os indícios de autoria, por sua vez, serão subsidiados pelos depoimentos dos policiais no sentido de que o suspeito lhes apresentou o documento falsificado.

---

[17] Art. 304, § 1º Resultando das respostas *fundada a suspeita* contra o conduzido, a autoridade mandará recolhê-lo à prisão, exceto no caso de livrar-se solto ou de prestar fiança, e prosseguirá nos atos do inquérito ou processo, se para isso for competente; se não o for, enviará os autos à autoridade que o seja. (Grifamos.)

Outro exemplo interessante envolve o crime de tráfico de drogas, previsto no artigo 33, *caput*, da Lei 11.343/2006. Para que seja possível a prisão em flagrante de um suspeito surpreendido na posse de entorpecentes é necessário, como sempre, que se constatem os indícios veementes da existência do crime e os indícios suficientes de autoria. A materialidade, no caso, será subsidiada pelo laudo de constatação provisório realizado sobre o material apreendido, que, vale dizer, não possibilidade de um juízo de certeza acerca da droga, o que só será possível através do laudo pericial definitivo. Contudo, esse laudo é suficiente para justificar a lavratura do auto de prisão em flagrante, uma vez que presentes os indícios da materialidade. Já os indícios suficientes de autoria serão demonstrados por meio do depoimento dos policiais militares responsáveis pela detenção do suspeito, haja vista que esses, na condição de funcionários públicos, gozam de relativa presunção de legalidade e veracidade.

Concluímos, pois, que a prisão em flagrante, como uma medida pré-cautelar de natureza precária, não exige a constatação de certezas absolutas sobre o crime, aliás, nem as medidas cautelares propriamente ditas, como a prisão preventiva, por exemplo, fazem tal exigência. Assim, verificada a *fundada suspeita* mencionada no artigo 304, § 1º, do Código de Processo Penal (leia-se, indícios suficientes de autoria e indícios veementes da materialidade delituosa), já é possível, de acordo com o convencimento da autoridade policial, a lavratura do auto de prisão em flagrante.

Advertimos que nossas conclusões são subsidiadas, inclusive, pelo caráter multifuncional da prisão em flagrante. Não podemos perder de vista que, com a lavratura do auto, a prisão em flagrante já cumpriu sua missão. Nesse contexto, as provas do crime já foram acauteladas e sua consumação provavelmente já foi interrompida. Consequentemente, se não estiverem presentes os motivos que autorizam a decretação da prisão preventiva, caberá ao magistrado conceder a liberdade provisória ao preso, com ou sem a imposição de medidas cautelares diversas.

Ante o exposto, destacamos que a prisão em flagrante caracteriza-se como um instrumento de exceção a direitos fundamentais. Não por acaso, o legislador permite que qualquer um do povo efetue a primeira fase da prisão em flagrante de um suspeito e, no mesmo sentido, autoriza que o direito à inviolabilidade domiciliar seja suprimido diante de uma das hipóteses flagranciais. O mesmo ocorre com a segregação provisória da liberdade de locomoção no flagrante, sendo que tudo isso se justifica em virtude da provável violação, pelo suspeito, de outros direitos fundamentais contidos nos tipos penais incriminadores.

Consignamos, todavia, que não estamos defendendo a possibilidade de prisões arbitrárias sem qualquer fundamento. Pregamos, apenas, a observância dos requisitos legais constantes nos artigos 302 ou 303 e 304, § 1º, do Código de Processo Penal. Presentes tais requisitos, a lavratura do auto de prisão em flagrante pode, fundamentadamente, ser efetivada pelo delegado de polícia ou outra autoridade com atribuição para tanto.

2.6. Espécies de flagrante

O artigo 302 do Código de Processo Penal apresenta as hipóteses legais que caracterizam o estado de flagrância. Com base neste artigo, podemos destacar as seguintes espécies de prisão em flagrante:

a) Flagrante em sentido próprio, real ou verdadeiro (art. 302, inciso I e II, do CPP): o agente é surpreendido no momento em que está cometendo a infração ou quando acaba de cometê-la.

Notamos, de pronto, que apenas nas circunstâncias descritas nos incisos I e II, do artigo 302, é que encontramos uma clara demonstração do estado flagrancial do agente, haja vista que nessas situações há uma estrita ligação entre o local do crime e o criminoso, consubstanciando, assim, a imediatidade da prisão. Analisemos, pois, cada um dos mencionados dispositivos.

O inciso I apresenta a hipótese em que o agente é apanhado no exato instante em que está cometendo o delito. Em outras palavras, ele é detido quando ainda está realizando as condutas descritas no tipo penal.

Nessa espécie de flagrante, sempre que se tratar de crimes materiais (que dependem da ocorrência do resultado para se consumar), o *inter criminis* será interrompido pela prisão. Dessa forma, o agente só responderá pelo crime na modalidade tentada. Aqui, a prisão em flagrante cumpre sua função principal, qual seja: proteger o bem jurídico e evitar sua violação pelo criminoso. Tratando-se de crimes permanentes, todavia, não poderemos falar em tentativa, muito embora o flagrante seja perfeitamente possível.

Já no inciso II, o agente é surpreendido no instante imediatamente posterior ao da prática delituosa. Há, no caso, uma relação direta entre o delito e o delinquente, o que robustece sobremaneira o conjunto probatório colhido. Nessa hipótese, a ação criminosa já teve encerrado seu último ato de execução, mas ainda restam vestígios evidentes de autoria e materialidade do crime.

b) Flagrante em sentido impróprio, imperfeito, quase flagrante ou flagrante perseguido (art. 302, inciso III, do CPP): caracteriza-se quando o agente é perseguido, logo após, pelo ofendido, por qualquer um do povo ou por um agente policial, em situação que se faça presumir ser o autor da infração.

Nessa modalidade não se pode falar em flagrante propriamente dito, mas a lei equiparou essa situação, para os efeitos legais, ao flagrante real. Assim, quando o agente é perseguido ininterruptamente após a execução do delito, mesmo que essa perseguição dure dias, poderá ser elaborado o auto de prisão em flagrante.

O § 1º do artigo 290 do Código de Processo Penal nos dá o conceito legal de perseguição, entendendo-a quando a autoridade:

I) tendo avistado o infrator, for perseguindo-o sem interrupção, embora depois o tenha perdido de vista. Portanto, o contato visual não é elemento essencial para a caracterização da perseguição;

II) sabendo, por indícios ou informações fidedignas, que o infrator tenha passado, há pouco tempo, em tal ou qual direção, pelo lugar em que o procura, for em seu encalço.

A referida hipótese é mais corriqueira do que se imagina. Como exemplo, temos o caso de uma vítima que teve seu veículo roubado e, logo após, acionou a polícia militar, que, *incontinenti*, deu início às buscas pela região e conseguiu localizar o criminoso na posse do automóvel. Caso a vítima identifique esse criminoso, ele será autuado em flagrante com base no artigo 302, inciso III, do CPP. Não se trata, nesse caso, de um flagrante presumido ou ficto (art. 302, inciso IV), pois houve uma ação policial voltada à detenção do criminoso, baseada nas pistas fornecidas pela vítima ou testemunhas.

Conforme destaca Eduardo Cabette,

> a perseguição terá de iniciar-se logo após a infração, terá de ser ininterrupta e também deverá conter a situação em que haja fortes suspeitas indicando um possível autor, ainda que não se saiba seu nome, mas que tenha elementos para seguir em seu encalço (inteligência do artigo 290, § 1º, "a" e "b", CPP). Não bastam meras diligências policiais ou pessoais sem pistas, embora bem-sucedidas ao acaso.[18]

Ao se valer da expressão *logo após*, o legislador intencionou demonstrar que a perseguição deve iniciar-se no ato subsequente à execução do crime, sem grandes intervalos temporais. Nesse contexto, não podemos conceber que eventuais diligências investigatórias, que acabem desembocando no encontro do criminoso, justifiquem sua prisão em flagrante. Para que essa modalidade flagrancial se caracterize, é necessário que a perseguição policial se inicie imediatamente a prática do crime, devendo prosseguir de maneira ininterrupta até a prisão do suspeito.

Destacamos, ainda, que o preso deverá ser apresentado na delegacia de polícia do local de sua prisão, ainda que o crime tenha sido praticado em outro. E se o perseguido ingressar em território de outro país? Poderá a perseguição continuar até sua prisão?

Andrey Borges de Mendonça aborda essa questão e adverte que a autoridade só poderá adentrar no território estrangeiro se houver permissão por meio de Tratado ou autorização específica. Caso contrário, a autoridade ficará sem atribuição para executar a prisão em território estrangeiro.[19]

---

[18] CABETTE, Eduardo Luis Santos. *Lei 12.403 Comentada. Op. cit.*, p. 193.
[19] BORGES DE MENDONÇA, Andrey. *Prisão e outras medidas cautelares pessoais*. São Paulo: Ed. Método, 2011, p. 102.

c) Flagrante presumido ou ficto (art. 302, inciso IV, do CPP): ocorre quando o agente é encontrado, logo depois, com instrumentos, armas, objetos ou papéis que façam presumir ser ele o autor da infração. Aqui, o criminoso não é perseguido, mas encontrado, ainda que ao acaso, com objetos que indiquem ser ele o autor do crime cometido anteriormente. Trata-se, mais uma vez, de uma hipótese de equiparação legal ao flagrante propriamente dito.

De modo ilustrativo, podemos citar o exemplo de um furtador que foi encontrado com o objeto material do delito apenas algumas horas depois de a vítima haver registrado o furto na delegacia de polícia. Outro exemplo seria o caso em que um criminoso rouba um veículo e, por acaso, é barrado em um bloqueio policial de rotina, sendo que, ao realizar pesquisa por meio dos sistemas policiais, é verificado que aquele automóvel havia acabado de ser roubado.

Fazendo um paralelo com o flagrante impróprio ou perseguido e nos valendo desse último exemplo, destacamos que se o bloqueio policial tinha por objetivo justamente o encontro do veículo roubado, a prisão em flagrante seria fundamentada pelo inciso III, uma vez que fruto de diligências policiais decorrentes do crime que acabara de ser cometido.

Por fim, é mister consignar a lição de Hélio Tornaghi no sentido de que "os casos dos incisos II, III e IV se assemelham num ponto, aliás negativo: em todos eles o crime já foi cometido. Insisto em que todos são casos de quase flagrância ou de ficção de flagrância, não havendo razão para limitar a qualificação de quase flagrante ao primeiro e de flagrante ficto aos outros".[20]

Contudo, nunca é demais lembrar que, de acordo com a lei, todas as espécies de flagrante são equiparadas e permitem a prisão de criminosos que se encontrem em tais situações.

2.7. Flagrante preparado e flagrante esperado

Além das hipóteses previstas no artigo 302 do Código de Processo Penal, também encontramos outras espécies de flagrante em legislações especiais e na doutrina.

---

[20] TORNAGHI, Hélio. *Curso de Processo Penal*. Volume II. 7 ed. São Paulo: Saraiva, 1990, p. 477.

CAPÍTULO III   PRISÕES PROVISÓRIAS

Primeiramente, chamamos a atenção do leitor para o fato de que tanto o flagrante preparado (ou provocado) quanto o esperado são modalidades de flagrantes que contam com a intervenção de terceiros antes da prática do crime. Entretanto, de acordo com a jurisprudência, somente no segundo caso a prisão é considerada legal, sendo o flagrante preparado ilegal.

Nesse diapasão, é o enunciado da Súmula 145 do Supremo Tribunal Federal: "Não há crime, quando a preparação do flagrante pela polícia torna impossível a sua consumação".

O flagrante preparado (ou provocado) conta com a intervenção de um terceiro que provoca a prática do crime pelo agente, sendo que, do mesmo modo, são tomadas providências que impossibilitam a consumação do delito. Trata-se, no caso, de um típico exemplo de crime impossível, também chamado de delito putativo por obra do agente provocador.

Para facilitar a compreensão do tema, trazemos o clássico exemplo do dono de um supermercado que desconfia estar sendo furtado por um de seus funcionários do caixa. Assim, ele deixa o suspeito à vontade em um determinado momento para facilitar a conduta criminosa, mas, ao mesmo tempo, coloca alguns policiais disfarçados a seu redor para detê-lo no instante em que ele executar o crime.

Já no flagrante esperado, como ensina Eugênio Pacelli,

> não há intervenção de terceiros na prática do crime, mas na informação de sua existência. Ocorreria, por exemplo, quando alguém, que por qualquer motivo tivesse conhecimento da prática futura de um crime, transmitisse tal informação às autoridades policiais, que então se deslocariam para o local da infração, postando-se de prontidão para evitar a sua consumação ou exaurimento. Nesse caso, a ação policial seria de espera, e não de provocação, donde a diferença de ser esse um flagrante válido, ao contrário daquele outro.[21]

---

[21] OLIVEIRA, Eugênio Pacelli de. *Curso de Processo Penal*. 11 ed. Rio de Janeiro: Lumen Juris, 2009, p. 426.

Deve-se salientar que as duas espécies de flagrante dependem da atuação de terceiros (policiais) para impedir a consumação do delito. Contudo, entendemos que tanto em um, como noutro caso, sempre será possível a consumação do crime, por mais organizada que seja a operação.

Não comungamos do entendimento de que o flagrante provocado é um crime impossível, uma vez que a ineficácia do meio é relativa e não absoluta, como exige o Código Penal. Imaginemos o exemplo do caixa de supermercado citado acima. Mesmo com todo aparato policial a seu redor, ainda é possível a fuga do criminoso, que pode ser extremamente habilidoso e conseguir ludibriar os agentes da lei.

Ainda nesse sentido, invocamos outro exemplo em que um conhecido furtador de joalheria é provocado a cometer esse crime. Sabe-se, de antemão, que o criminoso costuma ludibriar os vendedores para diminuir a esfera de vigilância sobre as joias e, consequentemente, subtraí-las. Assim, a principal loja do ramo é cercada por policiais disfarçados, sendo que seus funcionários também são policiais disfarçados. Se não bastasse tudo isso, o sistema de segurança da joalheria é imediatamente acionado no caso de furto, o que faz com que suas portas se fechem prontamente.

Ocorre que, mesmo em situações como essa, sempre é possível que um criminoso extremamente habilidoso consiga subtrair a joia desejada, sair da loja antes que as portas se fechem e ainda escapar do cerco policial, valendo-se, por exemplo, das redes de esgoto da rua. É claro que criminosos desse nível nós só encontramos nos filmes de ação. Contudo, não podemos afirmar que se trata de uma situação impossível de acontecer.

Diante do exposto, no que se refere à atuação policial, parece não haver diferenças entre o flagrante preparado e o flagrante esperado. Nesse contexto, Eugênio Pacelli conclui que, de duas, uma: "ou se aceita ambas hipóteses como flagrante válido, como nos parece mais acertado, ou as duas devem ser igualmente recusadas, por coerência da respectiva fundamentação".[22]

---

[22] OLIVEIRA, Eugênio Pacelli de. *Curso de Processo Penal. Op. cit.*, p. 427.

2.8. Flagrante protelado, retardado, diferido ou de ação controlada

Essa espécie de flagrante encontrava previsão legal no artigo 2º, II, da Lei 9.034/1995, que tratava dos crimes praticados por organizações criminosas. Contudo, essa lei foi revogada pela Lei 12.850/2013 (nova Lei das Organizações Criminosas), que em seus artigos 8º e 9º continuou regulando a matéria.[23]

Tendo em vista a evolução organizacional dos criminosos, a legislação penal também precisou evoluir no intuito de melhor reprimir determinadas condutas. O flagrante diferido é um dos exemplos citados pela doutrina no que diz respeito à adoção da Teoria do Direito Penal do Inimigo pelo ordenamento jurídico brasileiro.

No flagrante diferido o agente policial percebe o estado flagrancial de determinado criminoso, mas deixa de efetuar sua prisão naquela oportunidade, postergando-a para um momento mais apropriado do ponto de vista da formação de provas.

Destaque-se, todavia, que o agente policial não dispõe de ampla discricionariedade, pois, nos termos do § 1º, do artigo 8º, da Lei 12.850/2013, o retardamento da intervenção policial deverá ser previamente comunicado ao juiz competente que, se for o caso, estabelecerá seus limites e comunicará ao Ministério Público. Advirta-se, ainda, que tal comunicação será feita de forma sigilosa, sendo que até o encerramento da diligência o acesso aos autos do inquérito policial ficará restrito ao juiz, ao Ministério Público e ao delegado de polícia. Ao final, deverá ser elaborado um auto circunstanciado acerca da ação controlada (§ 4º, do artigo 8º).

2.9. Flagrante obrigatório e facultativo

Diz-se obrigatório o flagrante quando realizado pela autoridade policial ou seus agentes. O policial tem o dever de atuar no combate ao crime. Assim, ao se deparar com uma situação de flagrante delito, ele deve efetuar a prisão do criminoso, caso contrário, poderá responder, em tese, pelo crime de prevaricação.

---

[23] A nova Lei das Organizações Criminosas e seus aspectos ligados à investigação criminal já foram analisados no capítulo II desta obra, ao qual remetemos o leitor.

É importante destacar que os policiais devem atuar sempre de maneira segura e objetiva. Não é recomendável que um policial sozinho tente conter uma quadrilha armada com fuzis que objetiva roubar um banco. Nesses casos, o policial deve agir com prudência e aguardar o reforço, não constituindo sua omissão qualquer ilegalidade.

Já o flagrante facultativo é aquele que pode ser efetivado por qualquer um do povo. Vale lembrar, todavia, que a legalidade da prisão será sempre analisada pelo delegado de polícia, que ratificará ou não a "voz de prisão" efetuada anteriormente.

Uma questão interessante que se relaciona com esse ponto do estudo diz respeito às guardas municipais. Estaria um guarda municipal obrigado a prender um criminoso em flagrante ou ele estaria inserido no contexto do flagrante facultativo?

De acordo com o artigo 144, § 8º, da Constituição da República, cabe às guardas municipais a proteção dos bens, serviços e instalações da municipalidade, de modo que não se encaixam perfeitamente na definição de autoridades policiais ou seus agentes. Por meio de uma análise perfunctória do referido dispositivo, percebe-se que as guardas municipais não estão diretamente ligadas aos assuntos criminais, o que as exclui da obrigatoriedade da prisão em flagrante. Por outro lado, nada impede que o guarda municipal realize o flagrante facultativo, como qualquer um do povo.

2.10. Flagrante forjado ou fabricado

Encerrando as espécies de flagrante, destacamos o flagrante forjado como aquele em que policiais ou particulares criam uma situação flagrancial inexistente com o objetivo de incriminar determinada pessoa. Como exemplo citamos um indivíduo que coloca algum tipo de droga na bolsa de um desafeto e comunica a polícia para que ele seja preso em flagrante por tráfico de drogas.

Como é cediço, tal modalidade de flagrante é, além de imoral, absolutamente ilegal, podendo gerar consequências na esfera penal para aquele que forjar o crime.

CAPÍTULO III PRISÕES PROVISÓRIAS

2.11. Fases da prisão em flagrante (inter prisiones)

– *Primeira fase: Prisão-captura*: esta primeira fase da prisão em flagrante pode ser realizada por policiais ou qualquer um do povo. Trata-se da detenção do indivíduo que acabou de cometer um crime, não importando a natureza da infração (se de menor potencial ofensivo ou não), nem as qualidades do agente (imputável ou inimputável). O objetivo principal da prisão-captura é proteger o bem jurídico que está sendo lesado com a conduta criminosa.

Mister destacar, nesse ponto, que, nos termos do artigo 5º, inciso LXIII, da Constituição da República, o preso deve ser informado sobre seus direitos, entre os quais, o de permanecer calado. Assim, o responsável pela primeira fase da prisão em flagrante do criminoso, geralmente um policial, deve cientificá-lo acerca de seus direitos constitucionais, especialmente sobre seu direito de ficar em silêncio para não produzir nenhuma prova prejudicial à defesa. Caso opte por se manifestar no momento de sua prisão, abrindo mão de seu direito ao silêncio, tudo que disser poderá ser utilizado como prova por meio do depoimento do policial que o deteve, inclusive porque, na qualidade de funcionário público, suas afirmações gozam de relativa presunção de veracidade.

Não podemos olvidar que a prisão-captura não é o momento adequado para a realização do interrogatório do suspeito, principalmente porque se trata de um meio de defesa, que, naturalmente, deve ser fruto de reflexão e, se possível, efetivado com a assistência de um advogado. É o delegado de polícia, como o primeiro garantidor da legalidade e da justiça, a autoridade responsável pela formalização do interrogatório, devendo, nesse contexto, assegurar todos os direitos do preso.

O policial responsável pela prisão-captura não deve começar a interrogar o preso de maneira aleatória, pressionando-o ou intimidando-o. Nesse momento, cabe ao agente da lei efetuar somente sua detenção e condução à delegacia de polícia. Apenas as diligências essenciais ao contexto criminoso devem ser efetivadas, como, por exemplo, a identificação da vítima ou de testemunhas que presenciaram o fato.

É preciso ficar claro que o detido deve ser imediatamente conduzindo à delegacia de polícia, não sendo lícita a realização de outras diligências não essenciais ao fato criminoso. De modo ilustrativo, o delinquente preso em flagrante pelo crime de tráfico de drogas não pode ser conduzido até sua residência para que se verifique se existem mais drogas, armas, dinheiro ou outros objetos que demonstrem seu envolvimento com o tráfico. Tais diligências devem ser realizadas posteriormente pela polícia judiciária, responsável pela perfeita apuração dos fatos. No exemplo em questão, caberia ao delegado de polícia representar pela concessão do mandado de busca e apreensão à casa do suspeito, sendo que eventual resultado positivo do procedimento subsidiaria ainda mais a materialidade delitiva da conduta.

– *Segunda fase: Condução coercitiva*: trata-se de um desdobramento natural da primeira fase (prisão-captura). Sempre que uma pessoa estiver em situação de flagrância, ela poderá ser detida e conduzida até a delegacia de polícia, onde a autoridade policial analisará a legalidade da prisão. Destaca-se que na lavratura do auto de prisão em flagrante a pessoa responsável pela efetivação desta fase da prisão recebe o nome de "condutor".

– *Terceira fase: Lavratura do auto de prisão em flagrante*: essa etapa é de atribuição praticamente exclusiva do delegado de polícia. Caberá a ele atuar como um defensor dos direitos individuais das pessoas envolvidas na ocorrência, analisando o caso e decidindo fundamentadamente sobre a legalidade da prisão. Se a autoridade policial entender que a prisão foi legal, será lavrado o auto de prisão em flagrante. Caso contrário, a pessoa conduzida é liberada apenas com a lavratura do boletim de ocorrência e o condutor poderá, em tese, responder por eventuais abusos.

Salientamos acima que a lavratura do auto de prisão em flagrante é de atribuição *praticamente* exclusiva do delegado de polícia. Isto, pois, excepcionalmente, o auto também poderá ser lavrado pelo juiz de Direito, quando a infração for cometida em sua presença e durante o exercício de suas funções. Contudo, esse exemplo é muito raro, uma vez que as autoridades judiciais acabam enviando o caso para a delegacia de polícia.

CAPÍTULO III PRISÕES PROVISÓRIAS

Merecem destaque, outrossim, os casos que envolvem infrações de menor potencial ofensivo, pois, em tais situações, se o conduzido assinar o termo de compromisso previsto na Lei 9.099/1995, não poderá ser lavrado o auto de prisão em flagrante, mas apenas um termo circunstanciado da ocorrência. Contudo, se ele se recusar, o auto deverá ser elaborado, haja vista que o termo circunstanciado é condicionado à assinatura do referido termo.[24]

– *Quarta fase: Recolhimento ao cárcere*: após a lavratura do auto de prisão em flagrante e se não for possível a concessão de fiança ou se esta não for paga, o conduzido/indiciado é recolhido ao cárcere, onde ficará à disposição do Poder Judiciário.

– *Quinta fase: Comunicação imediata da prisão ao juiz competente* (art. 5º, LXII, da CF): com o encerramento dos procedimentos de polícia judiciária, que formalizam e legitimam a prisão em flagrante, o delegado de polícia deve enviar o auto no prazo máximo de 24 horas ao Poder Judiciário, para que a legalidade de prisão seja mais uma vez analisada.

De acordo com a Lei 12.403/2011, ao receber o auto de prisão em flagrante, o juiz deverá *fundamentadamente*[25] relaxar a prisão (caso ela seja ilegal), converter o flagrante em prisão preventiva (caso estejam presentes os requisitos do art. 312, do CPP, e não for conveniente a aplicação de outras medidas cautelares menos restritivas aos direitos individuais do preso) ou, ainda, conceder liberdade provisória, com ou sem a imposição de outra medida cautelar.

O artigo 306 da nova lei também determina a comunicação da prisão em flagrante ao Ministério Público, à família do autuado ou a qualquer

---

[24] Em se tratando da infração penal prevista no artigo 28 da Lei de Drogas (usuário de drogas), o conduzido não poderá ser sujeito passivo do auto de prisão em flagrante ainda que se recuse a assinar o termo de compromisso da Lei 9.099/1995.

[25] A nova lei inova nesse ponto e determina de maneira expressa que a decisão do juiz, ao analisar o flagrante, deve ser fundamentada. Entendemos que tal disposição seria desnecessária, uma vez que a própria Constituição da República impõe que todos os atos devem ser motivados. Contudo, tendo em vista que havia um constante desrespeito a essa regra, foi conveniente a menção expressa na lei.

outra pessoa por ele indicada. Da mesma forma, o dispositivo legal impõe o envio de cópia integral do auto à Defensoria Pública, caso o preso não informe o nome de seu advogado.[26]

Por fim, em obediência ao princípio constitucional do contraditório e da ampla defesa, a lei determina a entrega de nota de culpa ao imputado dentro do prazo de 24 horas.

2.12. Sujeito ativo da prisão em flagrante

O sujeito ativo da prisão em flagrante é aquele que a efetua. De acordo com nosso ordenamento jurídico, qualquer pessoa pode prender em flagrante alguém que esteja cometendo um crime. O objetivo dessa permissão constitucional é, justamente, proteger os direitos fundamentais veiculados nos tipos penais incriminadores, haja vista que a possibilidade da realização da prisão em flagrante por qualquer um do povo torna muito mais eficaz a repressão ao crime.

Conforme salientado anteriormente, o sujeito ativo da prisão em flagrante é o responsável apenas pela efetivação da primeira fase desta modalidade prisional, ou seja, ele detém o criminoso e, geralmente, também o conduz até a delegacia de polícia. Devido a esse fato, o sujeito ativo é denominado "condutor" no momento da lavratura do auto de prisão em flagrante.

2.13. Sujeito passivo da prisão em flagrante

O artigo 301 do Código de Processo Penal estabelece que qualquer pessoa que se encontre em flagrante delito pode ser presa. Esse dispositivo nos apresenta a regra, havendo, todavia, exceções a essa determinação.

---

[26] Destacamos que no Estado de São Paulo, a comunicação da prisão à Defensoria Pública é feita por meio do sistema de intranet. No momento em que é selecionada a opção "flagrante" no sistema da Polícia Civil de Registro Digital de Ocorrência (RDO), a Defensoria Pública já passa a ter acesso a todas as peças elaboradas no plantão de polícia judiciária.

CAPÍTULO III   PRISÕES PROVISÓRIAS

Assim, magistrados, representantes do Ministério Público, deputados federais, estaduais e senadores da República só poderão ser presos em flagrante delito por crime inafiançável.

Com relação aos membros do Congresso Nacional, a imunidade está prevista no artigo 53, §2º, da Constituição da República. Tal benefício também se estende aos deputados estaduais, consoante o artigo 27, § 1º, de nossa Carta Maior.

Os magistrados e os representantes do Ministério Público têm essa imunidade estabelecida em suas respectivas leis orgânicas. Assim, em se tratando de crimes inafiançáveis, a autoridade policial não poderá sequer lavrar o auto de prisão em flagrante, devendo apresentar o juiz ao Tribunal competente e, no caso do representante do Ministério Público, deverá ser apresentado ao Procurador Geral.

Agentes diplomáticos e seus familiares também não podem ser presos em flagrante em virtude do estabelecido na Convenção de Viena. Os agentes consulares, entretanto, possuem imunidade limitada aos crimes praticados no exercício de seus ofícios.

De acordo com o Estatuto da OAB, no exercício da profissão o advogado só poderá ser preso em flagrante por crime inafiançável (art. 7º, § 3º).

Em consonância com o disposto no artigo 86, § 3º, da Constituição Federal, o Presidente da República não se sujeita a qualquer hipótese de prisão processual.

É mister não olvidar que, na maioria desses casos, não é possível a lavratura do auto de prisão em flagrante. Conduto, a condução até o distrito policial e o registro da ocorrência deve ser feito. Desse modo, poderão ser efetivadas as duas primeiras fases do flagrante, ou seja, prisão-captura e condução coercitiva.

Em se tratando do Presidente da República e dos agentes diplomáticos, todavia, a imunidade se estende, inclusive, às primeiras fases do flagrante. Vale dizer, tais indivíduos não poderão sequer ser conduzidos à delegacia de polícia.

Por fim, lembramos que, de acordo com a Constituição da República (art. 228), os menores de 18 anos são inimputáveis e, portanto, não estão sujeitos à prisão em flagrante. Como é cediço, os menores de idade estão submetidos às normas expressas no Estatuto da Criança e do Adolescente. Eles não cometem crimes, mas atos infracionais, e somente podem ser apreendidos e não presos. Esse assunto será mais bem analisado adiante em tópico específico.

2.14. Prisão em flagrante e crimes formais

Os crimes formais são aqueles em que a lei descreve uma conduta e um resultado, mas para a consumação se exige apenas a conduta, constituindo o resultado mero exaurimento.

Assim, tendo em vista que a consumação desses crimes ocorre com a conduta, a prisão em flagrante deve ser efetuada durante ou logo após esta.

São exemplos de crimes formais a concussão e a corrupção ativa. Nesses casos, a prisão em flagrante deve ser feita *incontinenti* à conduta, caso contrário, o auto será nulo.

2.15. Prisão em flagrante nos crimes permanentes e continuados

Os delitos permanentes são aqueles em que a consumação se prolonga no tempo, como os crimes de sequestro e de tráfico de drogas, por exemplo. Desse modo, como o estado flagrancial persiste enquanto não cessada a permanência, será possível a prisão nessas infrações.

O próprio artigo 303 do Código de Processo Penal, que não foi alterado pela nova Lei 12.403/2011, estabelece que nos crimes permanentes entende-se o agente em flagrante delito enquanto não cessar a permanência.

Em se tratando de crimes continuados, a prisão em flagrante será analisada de acordo com o caso concreto e será possível sempre que se constatar que o delito foi perpetrado nas mesmas condições de tempo, lugar e modo de execução (art. 71 do CP).

Ana Flávia Messa nos ensina que:

> O crime continuado é uma ficção jurídica orientada a punir o agente pela prática de um "delito único", se preenchidos os pressupostos legais, não obstante tenha cometido, de fato, diversos crimes. Não se trata propriamente de um único crime,

e sim de uma pluralidade de delitos; uma vez constatado o crime continuado, a prisão em flagrante é possível sobre cada crime de forma isolada.[27]

2.16. Prisão em flagrante e a inviolabilidade de domicílio

Ao longo deste capítulo, nós destacamos que a função principal da prisão em flagrante é servir de proteção aos bens jurídicos contidos nos tipos penais incriminadores. O objetivo da prisão em flagrante é coibir condutas que se destinem a violar o Código Penal. Sendo assim, o legislador constituinte estabeleceu esta modalidade prisional como uma exceção dentro de nosso ordenamento jurídico.

Como prova disso, o legislador determinou que a prisão em flagrante pudesse ser efetuada por qualquer um do povo, independentemente de ordem judicial. Esse é, justamente, o caráter excepcional do flagrante, pois é a única modalidade de prisão que independe da manifestação do Poder Judiciário. A intenção dessa determinação é impedir que ocorra uma violação ao bem jurídico previsto no tipo penal.

Da mesma forma, a inviolabilidade de domicílio, prevista no artigo 5º, inciso XI, da Constituição da República, também é excepcionada diante de um caso de flagrante delito. Em outras palavras, é possível adentrar uma residência em qualquer horário do dia ou da noite, mesmo sem ordem judicial, desde que presente o estado flagrancial.

Salientamos que, como regra, a polícia deve estar em posse do devido mandado judicial de busca e apreensão antes de entrar em uma residência. Isto, pois, a Constituição garante o direito à inviolabilidade do domicílio. Apenas excepcionalmente, quando verificado o estado flagrancial, é que esse direito poderá ser limitado.

Quando tratamos de crimes permanentes, por exemplo, sempre será possível adentrar o domicílio para efetuar a prisão em flagrante. Para tanto, os agentes policiais devem certificar-se de que a residência está sendo utilizada para a prática delitiva.

---

[27] MESSA, Ana Flávia. *Prisão e Liberdade*. Porto Alegre: Verbo Jurídico, 2009, p. 194.

Andrey Borges de Mendonça consigna que deve haver uma causa provável, ou seja, quando os fatos e as circunstâncias permitam a uma pessoa razoável acreditar ou ao menos suspeitar, com elementos concretos, que um crime está sendo cometido no interior de um domicílio. Ausentes os elementos mínimos, poderá restar caracterizado o delito de abuso de autoridade. Contudo, o autor destaca que isso não significa que em todas as oportunidades em que a polícia adentrar e nada de ilegal encontrar, haverá o referido abuso. Pode ser que a polícia tenha elementos indicando a prática delitiva no interior de uma residência (interceptação telefônica judicialmente autorizada, por exemplo), mas pouco antes da entrada do agente a droga tenha sido levada para outro lugar.[28]

Portanto, as circunstâncias do caso concreto devem ser consideradas no momento de analisar a legalidade da entrada na residência, sendo que se restar comprovado que havia elementos apontando no sentido de que o local estava sendo utilizado para prática de crimes, mesmo que nada de ilegal seja encontrado no interior do domicílio, fica afastado o crime de abuso de autoridade por parte dos agentes policiais.

2.17. Prisão em flagrante e crimes habituais

O crime habitual é aquele que se caracteriza pela reiteração de ações que configuram a conduta criminosa, sendo que o delito só se consuma com o cometimento da última ação. Trata-se de crime plurissubsistente, ou seja, exige várias ações por parte do agente, pois uma ação analisada de forma isolada não incide juízo de reprovação. São exemplos de crimes habituais o curandeirismo (art. 284, do CP) e o delito de casa de prostituição (art. 229, do CP).

Há certa divergência com relação à possibilidade da prisão em flagrante nos crimes habituais. Para quem defende a impossibilidade, a justificativa é a de que o flagrante retrata apenas um ato isolado e não a reiteração de condutas.[29]

---

[28] BORGES DE MENDONÇA, Andrey. *Op. cit.*, p. 141.
[29] Nesse sentido, Fernando da Costa Tourinho Filho em seu *Manual de Processo Penal. Op. cit.*, p. 617.

CAPÍTULO III   PRISÕES PROVISÓRIAS

Nós, por outro lado, defendemos ser perfeitamente possível a prisão em flagrante em crimes habituais. Para tanto, deve ficar comprovada no momento do flagrante a reiteração de condutas criminosa. Destacamos que a prova da habitualidade independe de investigação prévia, podendo ser comprovada por outros meios, como documentos ou depoimentos de testemunhas.

Valdir Sznick entende que

> é necessário para que haja flagrante no delito habitual que anteriormente tenha havido já ações criminosas. Essa prova é feita por sindicância onde se positiva que, em épocas anteriores, o agente realizou determinada ação; ação essa que o flagrante, em ato posterior, comprova a ocorrência.[30]

No crime de casa de prostituição, por exemplo, se ficar comprovado que o local é utilizado habitualmente para o comércio sexual, o que pode ser constatado pelo simples depoimento das prostitutas lá encontradas ou pelas declarações de clientes que costumam frequentar a casa, a prisão em flagrante é perfeitamente possível, ficando claro, nesse caso, a configuração do crime habitual.

2.18. Prisão em flagrante e crimes de menor potencial ofensivo

A Lei 9.099/1995 passou a considerar crimes de menor potencial ofensivo aqueles cuja pena máxima não seja superior a dois anos de prisão. Essa mesma lei estipulou que, nesses casos, o auto de prisão em flagrante é substituído por um termo circunstanciado.

Assim, conforme salientado alhures, o agente que for detido por haver praticado uma infração de menor potencial ofensivo não será autuado em flagrante, desde que assine o termo de compromisso previsto na Lei 9.099/1995. Caso contrário, será possível sua prisão, cabendo ao delegado de polícia conceder a fiança de acordo com sua análise jurídica do caso concreto.

---

[30] SZNICK, Valdir. *Op. cit.*, p. 376.

Advertimos, contudo, que em se tratando do delito previsto no artigo 28 da Lei de Drogas, jamais poderá ser imposta a prisão em flagrante, ainda que o conduzido se recuse a assinar o compromisso de comparecer ao juizado especial, uma vez que nessas situações o legislador não estipulou uma pena privativa de liberdade. A infração prevista no mencionado dispositivo é tratada como um problema de saúde pública, daí a desproporcionalidade da prisão.

Divergindo de praticamente toda a doutrina, Muccio entende que o delegado de polícia pode efetuar a prisão em flagrante em delitos de menor potencial ofensivo, sempre que o criminoso não ostentar as condições necessárias para ser beneficiado com a proposta de transação penal, nos termos do artigo 76, da Lei 9.099/1995.[31] Com a devida vênia, não podemos concordar com essa posição, afinal, cabe ao Ministério Público analisar o cabimento ou não da proposta de transação penal e não à autoridade de polícia judiciária.

Nesse ponto, chamamos a atenção do leitor para o artigo 48 da Lei de Drogas. De acordo com esse artigo, o usuário de drogas deve ser encaminhado à presença da *autoridade judicial*, para que seja realizada a lavratura do termo circunstanciado da ocorrência (art. 48, § 2º). A lei deixa claro que apenas na ausência do juiz é que as providências poderão ser tomadas diretamente pelo delegado de polícia (art. 48, § 3º).

Diante dessa determinação, percebemos um claro e rotineiro desrespeito à lei, haja vista que nesses casos o usuário sempre é encaminhado diretamente ao distrito policial, mesmo que esteja no horário de funcionamento do fórum, com um magistrado à disposição. Conforme os ensinamentos de Luiz Flávio Gomes,

> a nova Lei de Drogas priorizou o "juízo competente", em detrimento da autoridade policial. Ou seja: do usuário de droga não deve se ocupar a polícia (em regra). Esse assunto configura uma questão de saúde pública, logo, não é um fato do qual deve cuidar a autoridade policial.[32]

---

[31] Muccio, Hidejalma, *apud* Cabette, Eduardo Luis Santos. *Lei 12.403 Comentada. Op. cit.*, p. 241.
[32] Gomes, Luiz Flávio; Bianchini, Alice; Cunha, Rogério Sanches; Oliveira, Willian Terra de. *Nova lei de drogas comentada*. São Paulo: RT, 2006, p. 216.

CAPÍTULO III   PRISÕES PROVISÓRIAS

Nos termos da lei, constatada uma violação ao artigo 28, o usuário de drogas deveria ser encaminhado diretamente ao fórum (se no horário de funcionamento), para que lá fosse lavrado o termo circunstanciado. Essa ocorrência seria apresentada ao delegado de polícia apenas subsidiariamente, na falta de um magistrado (nos finais de semana, por exemplo). Contudo, na prática, essa determinação legal é desrespeitada, o que é de todo lamentável.

2.19. Prisão em flagrante e crimes de ação penal privada e de ação penal pública condicionada

Com base no artigo 301 do Código de Processo Penal, é possível a prisão em flagrante nessas modalidades de crimes. Contudo, será necessária a manifestação do ofendido para que o auto possa ser lavrado.[33]

Desse modo, a vítima ou seu representante legal terão o prazo de 24 horas para manifestarem suas vontades. Sem a observância dessa formalidade, o auto de prisão em flagrante deve ser relaxado pelo Poder Judiciário.

Insta não olvidar que a manifestação da vontade do ofendido ou de seu representante legal deve ser colhida pela autoridade policial no corpo do auto de prisão em flagrante ou em separado. Destacamos que essa exigência é necessária apenas para a formalização da prisão (terceira fase do flagrante), sendo a captura perfeitamente possível, independentemente da vontade da vítima.

2.20. Prisão em flagrante e o período eleitoral

O Código Eleitoral estipula em seu artigo 236 que nenhum eleitor poderá ser preso cinco dias antes e até 48 horas depois das eleições, salvo em se tratando de prisão em flagrante delito ou em virtude de sentença penal condenatória por crime inafiançável ou por desrespeito a salvo-conduto.

---

[33] Nos crimes de ação penal privada a manifestação da vontade do ofendido é feita por meio de "requerimento"; já nos crimes de ação penal condicionada, essa formalidade depende de "representação" do ofendido ou de "requisição" do Ministro da Justiça, conforme o caso.

De acordo com o § 1º do mesmo dispositivo legal, os candidatos gozam da mesma garantia, desde 15 dias antes da eleição.

Nesse ponto, é interessante analisar um fato que poderá acarretar consequências nas próximas eleições a partir da nova Lei 12.403/2011. Com a inovação legislativa, o artigo 310 do Código de Processo Penal estabeleceu que, ao analisar o auto de prisão em flagrante, o juiz deverá relaxar a prisão ilegal.

Contudo, a prisão pode ser ilegal apenas por conter algum vício na formalização do auto (não comunicação da prisão aos familiares do preso, por exemplo). Sem embargo, nesse mesmo caso podem estar presentes os requisitos da prisão preventiva, o que exigiria a decretação desta medida extrema.[34]

Todavia, tendo em vista o disposto no artigo 236 do Código Eleitoral, a prisão preventiva não poderia ser decretada. Sendo assim, a prisão em flagrante deve ser relaxada e o preso colocado em liberdade, ainda que presentes os requisitos da prisão preventiva.

Diante do exposto, recomendamos redobradas cautelas aos delegados de polícia durante o período eleitoral, pois um eventual vício no auto de prisão em flagrante pode acarretar na impunidade de um criminoso com alto grau de periculosidade.

2.20.1. Conversão da prisão em flagrante em prisão preventiva e o artigo 236 do Código Eleitoral[35]

De acordo com o *caput* do artigo 236 do Código Eleitoral, "nenhuma autoridade poderá, desde 5 (cinco) dias antes e até 48 (quarenta e oito) horas depois do encerramento da eleição, prender ou deter qualquer eleitor, salvo em flagrante delito ou em virtude de sentença criminal condenatória por crime inafiançável, ou, ainda, por desrespeito a salvo-conduto".

---

[34] Lembrem-se de que, por ser ilegal, o flagrante não pode ser convertido em prisão preventiva. Em circunstâncias normais, cabe ao juiz relaxar a prisão ilegal e, se for o caso, decretar a prisão preventiva *incontinenti*.

[35] O conteúdo desse ponto foi extraído do artigo homônimo feito em parceria com Eduardo Cabette. Disponível em http://jus.com.br/artigos/22717/conversao-da-prisao-em-flagrante-em-prisao-preventiva-e-o-artigo-236-do-codigo-eleitoral. Acesso em 30/08/2013.

CAPÍTULO III PRISÕES PROVISÓRIAS

Em outras palavras, durante o mencionado período eleitoral, não poderão ser executadas prisões cautelares (leia-se: prisão temporária e preventiva). Isso não significa, de acordo com nosso entendimento, que o Poder Judiciário não possa decretar a prisão cautelar de um eleitor. O dispositivo veda apenas o cumprimento dessas medidas cautelares extremas durante o período eleitoral.

Destacamos que o objetivo de tal determinação é, justamente, o de coibir abusos por parte dos agentes públicos que possam influir no resultado das eleições. Dentro da evolução dos direitos fundamentais, lembramos que o direito de participação – que nada mais é que a possibilidade de o cidadão influir na vontade política de um Estado – é consagrado essencialmente por meio do voto.

Assim, um Estado que se denomine democrático e de direito deve zelar para que seus cidadãos possam exercer sua vontade política da melhor maneira possível. Imbuído desse espírito, o legislador infraconstitucional criou o artigo 236 do Código Eleitoral.

Advertimos, todavia, que a mencionada lei foi criada no ano de 1965, numa época de absoluta instabilidade constitucional, sendo que intervenções do Estado na política e na sociedade como um todo eram frequentes. Por isso alguns doutrinadores criticam o artigo 236, alegando, inclusive, sua inconstitucionalidade.

Nesse sentido é a lição de Joel João Cândido, senão vejamos:

> Hoje, com a vigência do art. 5º, LXI, da Constituição Federal, o art. 236 e § 1º, do Código Eleitoral, está revogado. Mesmo fora daqueles períodos, ninguém pode ser preso, a não ser nas exceções mencionadas em lei. E pelas exceções constitucionais a prisão será legal, podendo ser efetuada mesmo dentro dos períodos aludidos no Código eleitoral. Em resumo: se a prisão não for nos moldes da Constituição Federal, nunca poderá ser efetuada; dentro dos limites da Constituição Federal pode sempre ser executada, mesmo em época de eleição.[36]

---

[36] CÂNDIDO, Joel João. *Direito Eleitoral Brasileiro*. 10 ed. Bauru: Edipro, 2003, p. 303.

Apesar de respeitarmos a posição do citado autor, lembramos que a constitucionalidade do artigo em enfoque é pacífica na jurisprudência. Sendo assim, prevalece o entendimento da impossibilidade de prisões cautelares (repita-se: prisão temporária e preventiva) durante o período eleitoral.

Feita essa breve introdução, chamamos a atenção do leitor para um fato que poderá gerar muita confusão durante as eleições. A partir da Lei 12.403/2011, a prisão em flagrante consolidou-se como uma medida de natureza pré-cautelar, uma vez que sua principal função é colocar o preso à disposição do Poder Judiciário para que o magistrado competente decida sobre a necessidade da decretação de uma verdadeira medida cautelar.

Desse modo, a prisão em flagrante não pode mais se sustentar durante o processo, sendo que o juiz, ao receber o auto de prisão em flagrante, deve optar por uma das medidas previstas no artigo 310, do Código de Processo Penal. Com base no inciso II desse dispositivo, a prisão em flagrante poderá ser convertida em prisão preventiva. É o que chamamos de prisão preventiva convertida.[37]

Exatamente nesse ponto, surge a grande polêmica do presente estudo. Conforme mencionado alhures, durante o período eleitoral, ninguém poderá ser preso cautelarmente em virtude da determinação expressa no artigo 236 do Código Eleitoral. Nesse diapasão, as autoridade policiais e seus agentes não poderão cumprir mandados de prisão preventiva e temporária cinco dias antes da eleição até as 48 horas após seu encerramento. Muito embora não concordemos com essa previsão, especialmente pelo fato de gerar injustiças e fomentar a criminalidade, temos de cumpri-la.

Sem entrar no mérito dessa discussão – que aqui não nos interessa – chegamos à seguinte conclusão. Efetuada a prisão em flagrante e sendo esta posteriormente convertida em prisão preventiva pelo magistrado, será expedido um mandado de prisão. Tal mandado de prisão, na prática, vem sob o título de prisão preventiva. Assim, cabe a pergunta: considerando o artigo 236 do Código Eleitoral, poderá ser executado esse mandado de pri-

---

[37] SANNINI NETO, Francisco. *Espécies de Prisão Preventiva e a Lei 12.403/2012*. Disponível em: <http://jus.com.br/revista/texto/19635>. Acesso em: 28 set. 2012.

CAPÍTULO III PRISÕES PROVISÓRIAS

são durante o período eleitoral? Em outros termos, o juiz poderá converter o flagrante em prisão preventiva ou ele será abrigado a adotar uma medida cautelar diversa?

A resposta exige muito cuidado, uma vez que, dependendo do entendimento, poderemos deparar-nos com sérias consequências. Vejam, se nos prendermos a uma interpretação literal do artigo 236, a resposta será negativa, o que seria um completo absurdo, pois tal entendimento funcionaria como uma "carta branca" aos delinquentes, que se sentiriam à vontade para praticar os mais diversos crimes. Pensamos não ser essa a melhor interpretação.

Primeiramente, devemos atentar-nos para o fato de que a prisão preventiva *convertida* não possui a mesma natureza da prisão preventiva *autônoma* ou *independente*, que é aquela decretada no curso da persecução penal. Esta modalidade prisional tem fundamento no artigo 312 do Código de Processo Penal, mas também está sujeita à condição de admissibilidade constante do artigo 313, inciso I, do mesmo Estatuto Processual Penal. Dessa forma, ela só poderá ser decretada quando se tratar de infração cuja pena máxima cominada seja superior a quatro anos de prisão.

A prisão preventiva convertida, por outro lado, não se sujeita ao referido prazo, podendo ser decretada independentemente da pena máxima cominada ao delito. Isto, pois, não se trata de uma medida decretada autonomamente, mas em decorrência de uma prisão em flagrante anterior. A gravidade neste caso é manifesta, e a adoção desta *extrema ratio* é necessária e adequada, inclusive, para evitar a prática de novas infrações penais e garantir os demais bens jurídicos constantes no artigo 282, inciso I, do Código de Processo Penal.

É nesse sentido que defendemos que os requisitos para a adoção dessa espécie de prisão preventiva sejam menos rígidos do que em sua modalidade autônoma. O entendimento contrário colocaria em risco a segurança pública e abalaria sobremaneira a credibilidade da Justiça. Assim, cabe ao juiz verificar a medida mais adequada de acordo com o caso concreto, salientando que o princípio da inafastabilidade da jurisdição exige que o magistrado neutralize qualquer lesão ou ameaça a um direito.

Diante do exposto, considerando que a prisão preventiva convertida é uma prisão cautelar *sui generis*, caracterizando-se como uma verdadeira extensão da prisão em flagrante, entendemos que a vedação do artigo 236 do Código Eleitoral não se aplica a essa modalidade prisional. Nesse contexto, é perfeitamente possível a execução dessa medida cautelar durante o período eleitoral.

Efetivamente não seria crível que o legislador eleitoral excepcionasse a prisão em flagrante de forma que esta não pudesse resultar em todas as suas consequências legais. Se a prisão em flagrante é permitida mesmo durante o período de vedação da execução das prisões cautelares, ela é permitida *in totum* e não parcialmente. Aliás, não há na legislação eleitoral nenhuma normativa que venha a limitar a aplicação do flagrante e de todas as suas correlatas consequências ao preso. Não se pode acreditar que com a liberação do flagrante estivesse o legislador pretendendo apenas determinar a burocrática elaboração de uma série de documentos pela polícia para a imediata liberação do preso pelo juiz. Fosse assim, seria muito mais fácil impedir qualquer prisão durante as eleições, inclusive aquela em flagrante.

A isso se poderia opor que o legislador de 1965 não poderia haver previsto o disposto no atual artigo 310, II, CPP, eis que tal redação somente surgiu com o advento da Lei 12.403/2011. No entanto, a verdade é que desde muito tempo a prisão em flagrante não se pode sustentar autonomamente. A redação do antigo artigo 310, Parágrafo Único, do Código de Processo Penal já determinava a concessão pelo juiz da liberdade provisória sempre que não ocorressem as hipóteses da prisão preventiva. Em suma, já há muito tempo é que a prisão em flagrante para se manter, necessariamente, deve converter-se em preventiva. A atual redação do artigo 310, II, do CPP apenas faz dessa regra uma explicitação daquilo que já estava perfeitamente delineado no dispositivo anterior, embora de forma não tão semanticamente cristalina.

É bem verdade que alguns ainda insistiam em falar na manutenção da prisão em flagrante e não em sua conversão em preventiva, mas o que ocorria de fato quando uma prisão em flagrante era "mantida" era sua conversão em preventiva, pois que, por força de dispositivo legal, somente seria "mantida", se presentes os requisitos da preventiva (antigo artigo 310, Parágrafo Único, CPP). Parte da doutrina ainda insistia em manter uma terminologia

CAPÍTULO III   PRISÕES PROVISÓRIAS

equivocada, mas isso nunca foi unânime, de modo que autores como Lopes Júnior sempre vislumbraram a característica da pré-cautelaridade do flagrante e sua subsistência ligada à conversão em preventiva.[38]

Tanto isso é verdade que ainda na vigência da legislação antecedente o Conselho Nacional de Justiça publicou a Resolução n. 66, em 27 de janeiro de 2009, prescrevendo em seu artigo 1º um procedimento em tudo similar àquele que posteriormente veio a consagrar a nova redação do artigo 310, do CPP, dada pela Lei 12.403/2011.

Com essas assertivas pretendemos demonstrar que ao longo de todos esses anos as prisões em flagrante na época de vedação determinada pelo artigo 236 do Código Eleitoral vinham sendo "mantidas" (leia-se: convertidas em preventiva de fato e mesmo de direito numa leitura correta do antigo dispositivo) e ninguém opunha óbice a tal procedimento. Se não havia óbice antes, a mera explicitação legal semanticamente mais clara da situação não terá jamais o condão de produzir qualquer alteração na sistemática, de forma que a exceção da prisão em flagrante segue surtindo seus efeitos em sua totalidade, inclusive, se o caso, sua conversão em preventiva.

Advertimos, porém, que ao magistrado caberá sempre, em período eleitoral ou não, zelar pelo cumprimento da proporcionalidade da adoção da medida extrema, tendo em conta sempre sua excepcionalidade (inteligência do artigo 282, I e II e § 6º, CPP). E certamente na época eleitoral deverá atuar com ainda maior denodo em suas avaliações quanto à necessidade e adequação da prisão preventiva. Não obstante, nada impedirá o magistrado de efetuar a conversão em casos de extrema e comprovada necessidade.

2.21. Prisão em flagrante e a Lei Maria da Penha

Os delitos cometidos contra a mulher nas condições estipuladas pela Lei Maria da Penha admitem a prisão em flagrante, mesmo nos casos daqueles considerados de menor potencial ofensivo.

---

[38] LOPES JÚNIOR, Aury. *O novo regime jurídico da prisão processual, liberdade provisória e medidas cautelares diversas*. 2ª ed. Rio de Janeiro: Lumen Juris, 2011, p. 38.

Isso ocorre em decorrência do expresso no artigo 41 da referida lei, que afasta a incidência da Lei 9.099/1995 nos crimes que envolvam violência doméstica e familiar contra a mulher. Com essa determinação legal, não é possível a lavratura do termo circunstanciado e o conduzido deve ser preso em flagrante, independentemente da pena cominada, mas desde que seja colhida a representação da vítima.

Todavia, será possível a concessão de liberdade provisória mediante fiança pelo delegado de polícia, nos termos do artigo 322 e seguintes do Código de Processo Penal, que serão analisados posteriormente.

Nesse ponto nós chamamos a atenção do leitor para uma recente decisão do Supremo Tribunal Federal (STF), proferida no julgamento da ADI-4424. A ação foi ajuizada pelo então Procurador-Geral da República, Roberto Gurgel, e questionava a necessidade da representação da vítima nos crimes de lesão corporal de natureza leve.

Com a decisão do STF, em se tratando de lesões corporais leve contra a mulher (no âmbito da Lei Maria da Penha), não é mais necessária a representação da vítima. O crime, portanto, passa a ser de ação penal pública incondicionada. O argumento do STF foi no sentido de preservar a mulher agredida, que no calor dos fatos e pressionada pelo companheiro deixava de oferecer sua representação.

Entendemos que a decisão do STF foi tecnicamente perfeita. Contudo, ela também foi um tanto discriminatória à mulher, uma vez que tira dela o direito de decidir se deseja ou não ver seu marido/companheiro/namorado preso e processado. Em outras palavras, a decisão afirma que a mulher não tem condições de decidir o que é melhor para ela.

Parece-nos que nesses casos o Estado sente-se mais vítima que a própria vítima. A intervenção estatal, principalmente no âmbito do direito penal, deve ser utilizada em último caso. Devemos levar em consideração a família que poderá ser fulminada com a intervenção do Estado. A opinião da mulher deve, sim, ser levada em consideração nos casos de violência doméstica. Subsidiando esse entendimento, destaco que inúmeras vezes em um plantão de polícia judiciária vi ocasiões em que a mulher, arrependida, faz tudo para pagar a fiança do marido.

Sem embargo, considerando que a decisão do STF foi proferida em sede de ADI, o que vincula todos os órgãos do judiciário e da administração pública, ela deve ser observada e acatada pelos operadores do Direito. Assim, nas situações de flagrante delito, cabe ao delegado de polícia lavrar o auto de prisão em flagrante em prejuízo do agressor, independentemente da representação da vítima. Sendo constatada a materialidade delituosa por meio do exame de corpo de delito, a prisão deve ser efetuada.

Para aqueles que entendem que a opinião da mulher ainda deve ser valorizada, deixamos a seguinte dica. Tendo em vista que a prisão em flagrante só pode ser efetuada com a constatação da materialidade criminosa da conduta – o que no delito de lesão corporal leve se dá com o exame de corpo de delito, direto ou indireto –, caso a vítima não queira dar início à persecução penal, o delegado de polícia deve adverti-la sobre a possibilidade de ela não se submeter ao mencionado exame e não fornecer sua versão sobre os fatos. Não obstante, a autoridade policial deve cientificá-la sobre todos os seus direitos, especialmente sobre as medidas protetivas previstas na Lei Maria da Penha.

Por fim, salientamos que a decisão do STF refere-se apenas ao crime de lesão corporal de natureza leve cometido nas situações de violência doméstica e familiar contra a mulher. Outros crimes, como injúria, difamação, ameaça etc., ainda dependem da representação da vítima, que constitui condição objetiva de procedibilidade para o início da persecução penal.

2.22. Prisão em flagrante e causas excludentes de ilicitude

Ao longo de todo o exposto, procuramos demonstrar que o delegado de polícia é um operador do Direito e, como tal, ele deve fazer uso de todo o seu conhecimento jurídico no momento de analisar os fatos que lhe são apresentados durante a fase pré-processual.

Como é cediço, estão espalhados por todo o texto constitucional diversos direitos e garantias essenciais aos indivíduos. Alguns desses direitos (direitos de defesa) têm a função específica de proteger o indivíduo dos arbítrios estatais.

O direito de liberdade de locomoção, por exemplo, proíbe que uma pessoa seja presa fora das hipóteses previstas na própria Constituição. Isto, pois, a liberdade individual é um dos principais direitos fundamentais, só podendo ser suprimida em casos extremos, de acordo com as previsões constitucionais e legais.

Assim, a prisão de uma pessoa é justificada apenas quando restar constatado que ela cometeu um crime. É com o cometimento de um crime que nasce o direito de punir pertencente ao Estado, sendo que o processo é o único caminho possível para se chegar, legitimamente, à pena.

Partindo dessa premissa, somos obrigados a nos socorrer da doutrina para definir o conceito de crime. Entretanto, esse conceito pode variar de acordo com a corrente doutrinária adotada, como veremos melhor no próximo tópico.

Para alguns, crime é um fato típico, ilícito e culpável. Para outros, o crime é um fato típico e ilícito. Há ainda aqueles que adotam a teoria da tipicidade conglobante no momento da análise do crime.

Dessa forma, cabe aos operadores do Direito (juízes, promotores, delegados de polícia, defensores públicos, advogados, procuradores etc.) analisar o caso concreto e optar pelo entendimento que lhes convier. A ciência do Direito é tão fascinante justamente pelo fato de não ser exata, permitindo diversos entendimentos para uma mesma questão.

Por tudo isso, entendemos que o delegado de polícia *deve* analisar as causas excludentes de ilicitude durante a fase pré-processual. Como operador do Direito e garantidor dos direitos fundamentais, a autoridade policial deve formar seu convencimento e decidir de maneira fundamentada e discricionária, de acordo com o caso concreto.

Não podemos diminuir a importância do delegado de polícia afirmando que ele deve fazer apenas um juízo de tipicidade ou de subsunção entre os fatos e o tipo penal. Cabe à autoridade de polícia judiciária analisar o fato como um todo, com todas as suas peculiaridades e decidir fundamentadamente.

O próprio artigo 23 do Código Penal estabelece que não há crime quando constatada a presença das causas excludentes de ilicitude. Ora, se não há crime, como poderá ser efetuada a prisão em flagrante de alguém nessas circunstâncias.

CAPÍTULO III PRISÕES PROVISÓRIAS

Da mesma forma, o artigo 314 do Código de Processo Penal, com a redação dada pela nova Lei 12.403/2011, determina que não será decretada a prisão preventiva daquele que praticar o fato amparado pelas causas excludentes de ilicitude.

Em consonância com esse entendimento, Fernando Capez nos ensina que

> A autoridade policial, sendo autoridade administrativa, possui discricionariedade para decidir acerca da lavratura ou não do auto de prisão em flagrante. Sempre considerando que, nessa fase, vigora o princípio *in dubio pro societate*, e que qualquer juízo exculpatório se reveste de arrematada excepcionalidade, o delegado de polícia pode recusar-se a ratificar a voz de prisão emitida anteriormente pelo condutor, deixando de proceder à formalização do flagrante e, com isso, liberando imediatamente o apresentado. Não se trata aqui, a nosso ver, de relaxamento de prisão, uma vez que ela não chegou sequer a ser efetivada, tampouco formalizada. Melhor definir tal hipótese como recusa em iniciar a prisão, ante a ausência de requisitos indiciários mínimos da existência de tipicidade ou antijuridicidade. Evidentemente, a autoridade policial não precisa prender em flagrante, vítima de estupro ou roubo que, claramente em situação de legítima defesa, matou seu agressor. O juízo sumário de cunho administrativo pode ser efetuado, ainda que isso só possa ocorrer em situações absolutamente óbvias e claras de ausência de infração penal.[39]

No mesmo diapasão, Silvio Maciel entende que

> A verdade é que o delegado de polícia – autoridade com poder discricionário de decisões processuais – analisa se houve crime ou não quando decide pela lavratura do auto de prisão. E ele não analisa apenas a tipicidade, mas também a ilicitude do fato. Se o fato não viola a lei, mas ao contrário é permitido por ela (art. 23 do CP), não há crime e, portanto, não há situação de flagrante. Não pode haver situação de flagrante de um crime que não existe (considerando-se os elementos de informação existentes no momento da decisão da autoridade policial). O

---

[39] CAPEZ, Fernando. *Curso de Processo Penal. Op. cit.*, p. 261.

delegado de polícia analisa o fato por inteiro. A divisão analítica do crime em fato típico, ilicitude e culpabilidade existe apenas por questões didáticas. Ao delegado de polícia cabe decidir se houve ou não crime. E o art. 23, I a III, em letras garrafais, diz que não há crime em situações excludentes de ilicitude.[40]

Eduardo Cabette, por sua vez, tem o seguinte entendimento sobre o tema:

> Malgrado a insensibilidade legislativa para um problema tão importante, pode-se solucionar o caso lançando mão do Direito Material. Ora, a autoridade policial somente pode lavrar um flagrante legalmente se há uma infração penal a ser apurada. Ocorre que o conceito de crime abrange os elementos da tipicidade e da antijuridicidade. Faltando um deles não há crime e assim sendo como poderia a Autoridade Policial prender alguém em flagrante, estando convencida de uma excludente de criminalidade? Não convence o argumento de que a análise da autoridade policial deve ser superficial, atendo-se tão somente à aparência da tipicidade formal, isso sob pena da admissão de que o sistema processual penal é erigido tendo um ator que não somente é autorizado, mas obrigado a agir violando sua consciência jurídica, bem como, o que é pior, lesionando os direitos fundamentais de alguém por mera formalidade. Seria o império de uma burocracia (ou "*burrocracia*") autoritária. A lei determinaria e obrigaria uma autoridade constituída a violar a própria lei para que depois outra autoridade consertasse essa violação, mas obviamente sem ter o poder de obliterar a desonra do recolhimento de um inocente ao cárcere.[41]

Consubstanciando esse entendimento, imaginemos o caso em que uma mulher vítima de uma tentativa de estupro, após sofrer diversas lesões graves, consegue livrar-se de seu algoz e o mata em legítima defesa. Seria justo que essa mulher fosse presa em flagrante pelo delegado de polícia? Entendemos que não.

---

[40] MACIEL, Silvio *et. al. Prisão e Medidas Cautelares. Op. cit.*, p. 139.
[41] CABETTE, Eduardo Luiz Santos. *O delegado de polícia e a análise de excludentes na prisão em flagrante*. Conteúdo Jurídico, Brasília-DF: 8 nov. 2011. Disponível em: <http://www.conteudojuridico.com.br/?colunas&colunista=371_Eduardo_Cabette&ver=1089>. Acesso em: 5 dez. 2011.

CAPÍTULO III PRISÕES PROVISÓRIAS

Nesse caso, com base no artigo 304, § 1º, do Código de Processo Penal, a autoridade policial deve ouvir todos os envolvidos na ocorrência e, constatada a presença da excludente de ilicitude e, portanto, não restar comprovada a *fundada suspeita* exigida pelo dispositivo legal, deixar de prender em flagrante a pessoa conduzida.

Para tanto, entendemos que a formalização desse procedimento pode ser feita de duas formas:

1) O delegado de polícia deve lavrar o auto de prisão em flagrante, mas não ratificar a "voz de prisão" dada anteriormente, colocando o conduzido em liberdade em virtude de o fato ter sido praticado sob o amparo de uma causa excludente de ilicitude. Destacamos que essa decisão deve ser consignada em um despacho fundamentado da autoridade policial, com base numa interpretação a *contrario sensu* do artigo 304, § 1º, do Código de Processo Penal.

2) O delegado de polícia deve registrar os fatos em um boletim de ocorrência, fundamentando sua decisão no histórico do próprio boletim e em um despacho interlocutório. Na sequência, deve ser instaurado inquérito policial por meio de portaria, com o objetivo de apurar o crime que deu origem à legítima defesa e consubstanciar ainda mais a presença da causa excludente da ilicitude. Sugerimos, ainda, que a natureza do boletim seja a mesma do crime que originou a legítima defesa (no caso do estupro, a natureza seria estupro tentado e homicídio tentado, sendo a excludente caracterizada ao longo do registro da ocorrência).

Entendemos, ainda, que, mesmo nos casos em que restar demonstrada uma excludente de culpabilidade – como na coação moral irresistível ou no erro de proibição, por exemplo –, cabe ao delegado de polícia deixar de lavrar o auto de prisão em flagrante, pois, assim como nas excludentes de ilicitude, não haverá crime.

Advertimos, todavia, que tal entendimento não pode ser estendido aos casos de inimputabilidade por doença mental. Em situações como essa, a autoridade policial deve efetuar a prisão em flagrante e representar pela instauração do incidente de insanidade mental. Posteriormente, poderá ser utilizada a medida cautelar prevista no artigo 319, inciso VII, do Código de Processo Penal (internação provisória). Mesmo no caso de algum parente do detido apresentar sentença judicial de sua interdição, recomenda-se a lavratura do auto, especialmente porque o reconhecimento de sua inimputabilidade deve ser feita na esfera penal, exigindo-se, portanto, um processo. Comprovada sua incapacidade para entender o caráter ilícito do fato, deverá ser proferida uma sentença absolutória imprópria, com imposição de medida de segurança.

Sintetizando o todo exposto nesse ponto, defendemos que o delegado de polícia, como operador do Direito e garantidor dos direitos individuais da fase pré-processual, tem o dever de analisar as causas excludentes de ilicitude e de culpabilidade (com exceção da inimputabilidade), não podendo prender em flagrante alguém que aja dentro desse contexto.

2.23. Prisão em flagrante e o princípio da insignificância

O conceito de crime é de fundamental importância para a compreensão de diversos institutos do Direito Penal, sendo certo que para se entender e se aplicar o princípio da insignificância é imprescindível que tenhamos bem em mente o conceito de crime.

Em estreita síntese, a doutrina majoritária se divide, ao conceituar o crime, em duas correntes: teoria bipartida e teoria tripartida.

Qualquer estudante de Direito, ainda que iniciante, sabe definir o crime como um fato típico, ilícito e culpável. Esse é o conceito adotado pela teoria tripartida do crime.[42] Por outro lado, a teoria bipartida entende o crime como um fato típico e ilícito, sendo a culpabilidade apenas um pressuposto para a aplicação da pena.[43]

Para os seguidores da primeira corrente, por exemplo, o menor de 18 anos (criança e adolescente) não pode praticar crime, uma vez que é considerado inimputável, o que acaba por excluir a culpabilidade e, consequentemente, o crime. Por outro lado, para os seguidores da teoria bipartida, o menor de idade

---

[42] Adotam essa teoria, entre outros, Nélson Hungria, Francisco de Assis Toledo e Cezar Roberto Bitencourt.
[43] Adotam essa teoria: Júlio Fabbrini Mirabete e Damásio E. de Jesus.

CAPÍTULO III PRISÕES PROVISÓRIAS

comete crime, pois o fato é típico e ilícito, mas não poderá ser penalizado, já que não está presente o requisito da culpabilidade, que, de acordo com a teoria em questão, é pressuposto para a aplicação da pena e não requisito do crime.

Nesse ponto, devemos destacar que, seja qual for a teoria adotada, o fato típico, primeiro elemento do crime, deve ser analisado para que se possa constatar a ocorrência de uma infração penal. Caso se configure a existência de um fato típico, passa-se posteriormente a análise da ilicitude da conduta. Caso contrário, se verificada a ausência de tipicidade da conduta, o fato não poderá ser acoimado de criminoso, dispensando-se, de pronto, a análise da ilicitude.

Por força do princípio da legalidade, quando o legislador optar por proibir ou impor determinadas condutas sob a ameaça de uma sanção penal, ele deve valer-se de uma lei. É por meio da lei que o Estado consegue traçar as condutas que devem ser seguidas pelos cidadãos.

O professor argentino Eugenio Raúl Zaffaroni ensina que

> o tipo penal é um instrumento legal, logicamente necessário e de natureza predominantemente descritiva, que tem por função a individualização de condutas humanas penalmente relevantes.[44]

Nessa mesma linha, o doutrinador argentino desenvolveu uma nova teoria do tipo penal que vem ganhando muitos adeptos no Direito brasileiro. Trata-se da teoria da tipicidade conglobante.

Como é cediço, o fato típico é composto pela conduta do agente, pelo resultado advindo dessa conduta, bem como pelo nexo de causalidade existente entre a conduta e o resultado. Ademais, para que o fato seja típico, também é indispensável que essa conduta se amolde a um tipo abstratamente descrito em uma lei, o que denominamos de tipicidade (tipicidade = subsunção do fato ao tipo previsto em lei).

Rogério Greco, ao explicar a teoria desenvolvida por Zaffaroni, defende que a tipicidade penal se divide em tipicidade formal e tipicidade conglobante.[45] Para ele, a tipicidade formal seria a mera subsunção da conduta do agente a um fato abstratamente descrito em uma lei penal.

---

[44] ZAFFARONI, Eugenio Raúl. *Manual de derecho penal* – Parte general. Buenos Aires: Ediar, 1996, p. 371.
[45] GRECO, Rogério. *Curso de Direito Penal* – Parte Geral. Vol. I. 9 ed. Niterói: Impetus, 2007, p. 156.

Contudo, para que o fato seja típico, não bastaria a constatação da tipicidade formal ou legal, sendo indispensável a constatação da tipicidade conglobante, que, por sua vez, é composta pela tipicidade material e pela antinormatividade.

De acordo com a teoria, o conceito de antinormatividade se extrai do fato de que se uma conduta é fomentada ou imposta por uma norma, não pode ser proibida por outra. Sendo assim, o fato típico deve ser analisado de uma maneira conglobada com todo o ordenamento jurídico, sendo considerado antinormativo apenas quando não estiver amparado por qualquer outra norma legal.

Dessa forma, o referido conceito acaba por esvaziar as causas excludentes da ilicitude, já que o estrito cumprimento do dever legal e o exercício regular do direito passam a ser analisados no estudo da tipicidade.

Por fim, para concluirmos pela tipicidade penal, é necessária a análise da tipicidade material, que também compõe o conceito de tipicidade conglobante. Assim, podemos verificar a presença da tipicidade material naquelas condutas consideradas mais graves pelo Direito e que ferem os bens jurídicos mais importantes.

O Direito Penal tem por finalidade a proteção dos bens tidos como mais importantes dentro de uma sociedade, sendo que o princípio da intervenção mínima assevera que nem todo bem é passível de proteção por parte do Estado, assim como nem toda lesão a um bem jurídico é significante a ponto de merecer a repressão penal. Em síntese, a tipicidade material defende que apenas as lesões mais graves aos bens jurídicos mais importantes é que merecem a proteção do Direito Penal.

Para concluir, Rogério Greco resume:

> para que se possa falar em tipicidade penal é preciso haver a fusão da tipicidade formal ou legal com a tipicidade conglobante (que é formada pela antinormatividade e pela tipicidade material). Só assim o fato poderá ser considerado penalmente típico.[46]

---

[46] GRECO, Rogério. *Op. cit.*, p. 160.

CAPÍTULO III PRISÕES PROVISÓRIAS

Assim, devemos destacar que o estudo do princípio da insignificância reside justamente nesta segunda vertente da tipicidade conglobante, qual seja, a chamada tipicidade material.

Após a análise do conceito de crime de acordo com a teoria da tipicidade conglobante, passamos agora a dar enfoque ao princípio da insignificância, objeto principal deste ponto.

O princípio da insignificância foi criado por Claus Roxin, que defende a ideia de que mínimas ofensas aos bens jurídicos não merecem a intervenção do Direito Penal, sendo que este se mostra como desproporcional à lesão efetivamente causada.

Luiz Flávio Gomes nos dá o conceito de crime insignificante:

> infração bagatelar ou delito de bagatela ou crime insignificante expressa o fato de ninharia, de pouca relevância. Em outras palavras, é uma conduta ou um ataque ao bem jurídico tão irrelevante que não requer a (ou não necessita da) intervenção penal. Resulta desproporcional a intervenção penal nesse caso. O fato insignificante, destarte, deve ficar reservado para outras áreas do Direito (civil, administrativo, trabalhista etc.).[47]

Certo de que o princípio da insignificância só demanda a força repressora do Direito Penal naquelas lesões mais graves aos bens jurídicos mais importantes, não podemos falar em crime quando se tratar de infrações de bagatela, pois, nesses casos, não é possível se constatar a presença da tipicidade material, essencial para o conceito moderno de crime.

O princípio da insignificância sempre encontrou certa resistência em sua aplicação em virtude de não haver uma lei tratando do assunto ou uma jurisprudência formada sobre os requisitos para sua incidência. Contudo, depois de diversos julgados, o STF entendeu pela necessidade dos seguintes vetores para sua aplicação: ausência de periculosidade social da ação; mínima ofensividade da conduta do agente; inexpressividade da lesão jurídica causada; e a falta de reprovabilidade da conduta.

---

[47] GOMES, Luiz Flávio. *Princípio da Insignificância e outras excludentes de tipicidade*. Volume 1. Ed. Revista dos Tribunais, 2009, p. 15.

Ademais, devemos salientar que os critérios desenvolvidos pelo STF indicam a incidência do princípio em estudo ora quando se constatar o puro desvalor da ação (por exemplo, jogar um pedaço de papel amassado contra um ônibus não configura o crime previsto no artigo 264 do CP – arremesso de projétil), ora quando se verificar o puro desvalor do resultado (por exemplo, furto de um tomate), ou ainda na combinação de ambos (exemplo: acidente de trânsito com culpa levíssima e resultado totalmente insignificante).

Assim, diante do exposto, defendemos com veemência a aplicação do princípio da insignificância pelos operadores do Direito, inclusive pelo delegado de polícia no momento da análise da prisão em flagrante delito.

2.23.1. Infração bagatelar própria e infração bagatelar imprópria

A doutrina divide o crime de bagatela em duas espécies: infração bagatelar própria e imprópria.[48] A primeira é aquela que já nasce sem qualquer relevância penal, uma vez que não houve um desvalor na ação, no resultado ou na combinação de ambos. Já a infração bagatelar imprópria nasce relevante para o Direito Penal (pois há relevância da conduta ou do resultado), mas ao longo do processo se verifica que a aplicação de qualquer pena no caso concreto apresenta-se totalmente desnecessária.

Em outras palavras, na infração bagatelar própria, o fato é irrelevante desde sua origem e, sendo assim, não há crime, pois o fato totalmente irrelevante não merece a repressão do Direito Penal, principalmente devido à ausência da tipicidade material que acaba por excluir o crime, conforme mencionamos alhures.

Já na infração bagatelar imprópria, o fato nasce relevante, ou seja, há crime, mas ao longo do processo, a aplicação de uma pena se mostra totalmente desnecessária.

---

[48] Luiz Flávio Gomes faz essa distinção em seu livro *Princípio da Insignificância e outras excludentes de tipicidade. Op. cit.*

CAPÍTULO III   PRISÕES PROVISÓRIAS

Neste ponto, é mister que entendamos a diferença entre o princípio da insignificância e o princípio da irrelevância penal do fato. O primeiro se aplica em todos os casos que se constatar que houve uma infração bagatelar própria. Nesses casos, o corolário natural do fato é a exclusão da tipicidade penal, mais especificamente a tipicidade material. Não há crime, pois o fato é atípico.

Por outro lado, o princípio da irrelevância penal do fato está ligado à infração bagatelar imprópria. Aqui, há um desvalor da conduta ou do resultado. O fato é, em princípio, penalmente punível. O processo deve ser instaurado contra o agente, mas tendo em vista as circunstâncias do caso concreto, a pena pode tornar-se totalmente desnecessária, como no caso do perdão judicial concedido pelo juiz. Ademais, vale ressaltar que o fundamento para tanto se encontra no artigo 59 do CP.

Luiz Flávio Gomes sintetiza com precisão:

> infração bagatelar própria = princípio da insignificância;
> infração bagatelar imprópria = princípio da irrelevância penal do fato.
>
> Não há como se confundir a infração bagatelar própria (que constitui fato atípico – falta de tipicidade material) com a infração bagatelar imprópria (que nasce relevante para o Direito Penal). A primeira é puramente objetiva. Para a segunda, importam os dados do fato assim como certa subjetivação, porque também são relevantes para ela o autor, seus antecedentes, sua personalidade etc.[49]

Ante o exposto até aqui, restou claro que o princípio da insignificância possui enorme importância dentro de nosso ordenamento jurídico. Da mesma forma, não restam dúvidas de que o referido princípio não deve ser esquecido pelos operadores do Direito, o que inclui a figura do delegado de polícia.

Assim, certo de que a autoridade policial deve atuar como um garantidor dos direitos fundamentais dos cidadãos, impedindo que inocentes tenham seu direito à liberdade de locomoção restringido, o princípio da insignificância deve ser observado no momento da análise da prisão em flagrante.

---

[49] GOMES, Luiz Flávio. *Princípio da Insignificância e outras excludentes de tipicidade.* Op. cit., p. 25.

Cabe ao delegado de polícia, como operador do Direito, analisar o caso concreto e verificar a legalidade da prisão e se esta deve subsistir. Conforme defendemos em outro trabalho,

> O delegado de polícia é aquele que tem o primeiro contato com o crime e que, portanto, apresenta as melhores condições para efetivar a investigação. Temos de enxergar a figura da autoridade policial como a de um juiz da fase pré-processual. O delegado é um sujeito imparcial e que deve atuar como um garantidor dos direitos fundamentais dos sujeitos passivos da investigação.[50]

Ademais, vale lembrar que o delegado de polícia possui discricionariedade na formação de seu convencimento jurídico, o que reforça o entendimento de que é possível a aplicação do princípio da insignificância para justificar a não lavratura do auto de prisão em flagrante delito.

Nesse diapasão, é a lição de Roger Spode Brutti:

> As autoridades policiais, por suposto, constituem-se agentes públicos com labor direto frente à liberdade do indivíduo. É da essência de suas decisões, por isso, conterem inseparável discricionariedade, sob pena de cometerem-se os maiores abusos possíveis, quais sejam, aqueles baseados na letra fria da Lei, ausentes de qualquer interpretação mais acurada, separadas da lógica e do bom senso.[51]

Dessa forma, uma vez que a infração bagatelar própria está diretamente ligada ao princípio da insignificância e que este, por sua vez, exclui a tipicidade material da conduta, não é possível que se fale em crime nesses casos. O fato é atípico.

---

[50] SANNINI NETO, Francisco. *A importância do inquérito policial para um Estado Democrático de Direito.* Disponível em <http://www.jusnavegandi.com.br>.
[51] BRUTTI, Roger Spode. *O Princípio da Insignificância frente ao poder discricionário do delegado de polícia.* Disponível em <http://jus.com.br/artigos/9145/o-principio-da-insignificancia-frente-ao-poder-discricionario--do-delegado-de-policia/2>. Acesso em 31.08.2013.

CAPÍTULO III PRISÕES PROVISÓRIAS

Assim, se não há crime, não há que se falar em prisão em flagrante. Já está mais que na hora de o delegado de polícia assumir sua função de operador do Direito. Trata-se de uma carreira jurídica, reconhecida, inclusive, em nível constitucional.[52] Sendo assim, cabe à autoridade policial formar seu convencimento jurídico de maneira discricionária, aplicando o princípio da insignificância para justificar a não lavratura do auto de prisão em flagrante, uma vez que se trata de fato atípico.

De maneira ilustrativa, imaginemos o exemplo de uma mulher que foi autuada em flagrante pela polícia militar devido ao furto de um shampoo em um supermercado. Tal conduta já nasce insignificante (infração bagatelar própria), pois não há o desvalor do resultado. O bem jurídico protegido, qual seja, o patrimônio do dono do supermercado não foi lesado de maneira significativa a ponto de merecer a repressão do Direito Penal.

É desproporcional mandar ao cárcere uma mulher que nunca apresentou qualquer risco à sociedade, somente pelo furto de um shampoo. As consequências da punição não são proporcionais ao mal causado por sua conduta, o que fere inclusive o princípio da dignidade da pessoa humana.

A própria Lei 12.403/2011, que alterou o Código de Processo Penal, estipula em seu artigo 282, inciso II, que as medidas cautelares serão adotadas observando-se sempre a adequação da medida à gravidade do crime. Muito embora a prisão em flagrante não seja uma medida cautelar propriamente dita (mas sim pré-cautelar), o espírito da lei é que deve ser levado em consideração.

Por tudo isso, entendemos que hoje já podemos afirmar que a aplicação do princípio da insignificância encontra amparo legal no artigo 282, inciso II, do Código de Processo Penal, no artigo 209, § 6º, do Código Penal Militar,[53] além, claro, do postulado da proporcionalidade.

Corroborando com o todo exposto, vejamos as lições de Nucci acerca do tema:

---

[52] A Constituição do Estado de São Paulo reconhece a carreira jurídica do delegado de polícia em seu artigo 140.
[53] Art. 209, § 6º do CPM: No caso de lesões levíssimas, o juiz pode considerar a infração como disciplinar.

Acrescentamos, ainda, o importante aspecto relativo à constatação da tipicidade, que inspira a autoridade policial a lavrar o auto de prisão em flagrante. Prevalece, hoje, o entendimento doutrinário e jurisprudencial de ser admissível o uso do princípio da insignificância, como meio para afastar a tipicidade. Ora, se o delegado é o primeiro *juiz* do fato típico, sendo bacharel em Direito, concursado, tem perfeita autonomia para deixar de lavrar a prisão em flagrante se constatar a insignificância do fato. Ou, se já deu início à lavratura do auto, pode deixar de recolher ao cárcere o detido. Lavra a ocorrência, enviando ao juiz e ao Ministério Público para a avaliação final, acerca da existência – ou não – da tipicidade.[54]

Voltando ao exemplo citado acima, afirmamos que cabe ao delegado de polícia não ratificar a voz de prisão dada anteriormente pelo policial militar e zelar pelo direito fundamental à liberdade daquela mulher, deixando, assim, de lavrar o auto de prisão em flagrante devido à ausência de tipicidade material, que exclui o crime.

Sem embargo, essa mulher não poderá ficar impune. Todavia, sua punição deve ficar a cargo dos outros ramos do Direito, como o Direito Civil, por exemplo.

Em conclusão, defendemos que cabe ao delegado de polícia, como operador do Direito, ao fazer uso de seu poder discricionário na formação de seu convencimento jurídico, analisar a possibilidade de efetuar ou não o flagrante em casos que estejam abarcados pelo princípio da insignificância. Agindo assim, a autoridade policial estará zelando pelos direitos fundamentais dos envolvidos e preservando o princípio da dignidade da pessoa humana, fundamento maior de nossa Constituição.

---

[54] NUCCI, Guilherme de Souza. *Op. cit.*, p. 601.

CAPÍTULO III PRISÕES PROVISÓRIAS

2.23.2. Formalização da aplicação do princípio da insignificância pelo delegado de polícia

Conforme acabamos de ver acima, cabe à autoridade de polícia judiciária, como operador do Direito que é, fazer uso de todo o seu conhecimento jurídico para analisar os fatos que lhe são apresentados. Dessa forma, é perfeitamente possível a aplicação do princípio da insignificância pelo próprio delegado de polícia, sempre de maneira fundamentada.

Para tanto, entendemos que há duas maneiras de se formalizar esse procedimento:

1) Ao tomar ciência dos fatos e formar seu convencimento, a autoridade policial deve instaurar inquérito policial por meio de portaria, ouvir as testemunhas em assentada,[55] a vítima e o conduzido em declarações; após, deve elaborar auto de exibição/apreensão/entrega, auto de avaliação de objeto e juntar uma cópia dos antecedentes criminais do imputado; a fundamentação deve ser feita de maneira simplificada no histórico do boletim de ocorrência e de forma mais detida no relatório final do procedimento investigativo.

2) Após formar seu convencimento, o delegado de polícia ouve todos os envolvidos da mesma forma adrede mencionada, mas não instaura inquérito policial (uma vez que não há crime); em seguida, todo o expediente elaborado deve ser encaminhado ao fórum por meio de ofício como peças de informação.

Entendemos que a primeira opção seria a mais correta. O inquérito policial é o instrumento mais importante da polícia judiciária. É por meio dele que são colhidos elementos de informação e provas que justifiquem o início da segunda fase da persecução penal.

O inquérito policial funciona como um filtro, evitando que acusações infundadas desemboquem em um processo, fornecendo subsídios tanto para a acusação, quanto para a defesa. Se ao final do procedimento não restar comprovada a existência do crime e indícios de autoria, a autoridade policial deve relatar nesse sentido.

---

[55] Para quem não é familiarizado com os procedimentos de polícia judiciária, "assentada" é a peça utilizada para colher o depoimento das testemunhas, assim como o "interrogatório" é o meio utilizado para ouvir o indiciado.

Seja como for, o importante, no caso, é submeter os fatos à apreciação do representante do Ministério Público, haja vista que é ele o titular da ação penal. Caso este órgão entenda não ser cabível a aplicação do princípio da insignificância, ele simplesmente propõe a denúncia. Afinal, deve ser respeitada a convicção de cada operador do direito, desde que o faça de maneira fundamentada.

2.23.3. Princípio da insignificância e o crime de roubo

Com base na doutrina, nós podemos dividir o crime de roubo em duas espécies ou modalidades: roubo próprio (previsto no artigo 157, *caput*); e roubo impróprio (previsto no § 1º do mesmo dispositivo legal).

Esta última modalidade caracteriza-se quando o agente, após o prévio apoderamento do objeto material do delito, emprega violência física ou grave ameaça contra a vítima, com o desiderato de garantir a posse da coisa roubada ou assegurar a impunidade do crime.

No roubo próprio, por outro lado, o agente, mediante violência física, grave ameaça ou qualquer outro meio que impossibilite a defesa da vítima, subtrai coisa alheia móvel. Percebam, caros leitores, que o legislador penal nos fornece dois exemplos de como o agente pode praticar o roubo (violência ou grave ameaça) e, após, ele se vale de uma cláusula genérica (qualquer outro meio que reduza a possibilidade de resistência da vítima) para tipificar a conduta. De acordo com a doutrina, nesse último caso o sujeito ativo do crime faz uso de uma violência imprópria.

Dito isso, lembramos que a aplicação do princípio da insignificância ao crime de roubo é repudiada pela maioria da doutrina e jurisprudência, especialmente devido ao fato de o tipo penal em análise proteger, além da propriedade, a integridade física da vítima, afinal, uma conduta que coloque em risco a vida de uma pessoa não pode nunca ser considerada insignificante!

Entretanto, em se tratando de um crime de roubo praticado mediante violência imprópria, a integridade física da vítima não é ameaçada em momento algum. Vejamos o seguinte exemplo. Em uma cidade pequena do interior, Tício e Mévio entraram em um mercadinho que acabara de abrir. Como estava muito cedo, o movimento no mencionado estabelecimento comercial ainda era pequeno e, devido a esse fato, apenas seu proprietário estava no local.

Ocorre que, em determinado momento, o proprietário entrou em uma salinha reservada aos funcionários do mercado, oportunidade em que Tício o trancou nesse compartimento. Aproveitando que a possibilidade de defesa da vítima foi reduzida, Mévio se apoderou de uma peça de carne no valor de 20 reais. Após, ambos saíram correndo pelas ruas, mas acabaram sendo detidos pela polícia militar.

Desse modo, considerando que Tício e Mévio não possuíam antecedentes criminais, tendo em vista a ausência de periculosidade social da ação, a mínima ofensividade da conduta dos agentes, a inexpressividade da lesão jurídica causada e a falta de reprovabilidade das condutas, com base nos artigos 209, § 6º, do Código Penal Militar, e 282, inciso II, do Código de Processo Penal, seria perfeitamente possível a aplicação do princípio da insignificância nessa situação.

Ora, analisando friamente essa questão, Tício e Mévio responderiam pelo crime de roubo circunstanciado ou majorado, uma vez que agiram em concurso de pessoas (artigo 157, *caput*, parte final, § 2º, inciso II, do CP). Assim, eles estariam sujeitos a uma pena de até 15 anos de prisão. Com todo respeito às opiniões em sentido contrário, mas imposição de uma pena dessas não nos parece proporcional à gravidade dos fatos.

Ante o exposto, defendemos ser possível a aplicação do princípio da insignificância ao crime de roubo, desde que se trate de uma conduta praticada mediante violência imprópria. Tendo em vista que o Direito Penal deve ser utilizado apenas em último caso (princípio da intervenção mínima), é um pouco temerário afastar a aplicação de qualquer tipo de norma de forma abstrata, sendo que cada caso deve ser analisado de acordo com suas especificidades.

2.24. Prisão em flagrante e os menores de idade

O Estatuto da Criança e do Adolescente nasceu em 1990, com o objetivo de atender ao mandado expresso no artigo 227 da Constituição da República, que dispõe, de um modo geral, sobre a proteção à criança e ao adolescente.

A Constituição afirma no artigo adrede mencionado que é dever da família, da sociedade e do Estado assegurar à criança e ao adolescente, com absoluta prioridade, o direito à vida, à saúde, à educação, à alimentação, à dignidade, ao lazer, à profissionalização, à cultura e ao respeito. Assim, foi elaborada a Lei 8.069/1990 para atender de uma forma mais especializada as necessidades dos menores de idade, que constituem o futuro e a esperança de qualquer nação.

Levando em conta a importância da criança e do adolescente para o Estado, o legislador constituinte optou por cuidar, ele próprio, de alguns pontos relevantes no que tange a esse assunto. Salta aos olhos, por exemplo, o § 4º do artigo 227 da Constituição da República, que traz em seu conteúdo um mandado expresso de criminalização para se punir severamente o abuso, a violência e a exploração sexual dos menores de idade.

Sobre esse assunto, Luiz Carlos dos Santos Gonçalves nos ensina que

> os mandados expressos de criminalização trazem decisões constitucionais sobre a maneira como deverão ser protegidos direitos fundamentais. A atuação do legislador no sentido de promover a proteção desses direitos recebe um elemento de vinculação. Ele pode até valer-se de outros instrumentos, mas a previsão de sanções penais perde seu caráter de subsidiariedade e torna-se obrigatória. Ordens diretas que são ao legislador para que atenda ao comando constitucional, a necessidade da edição de lei é questão de supremacia da Constituição.[56]

---

[56] GONÇALVES, Luiz Carlos dos Santos. *Op. cit.*, p. 139.

CAPÍTULO III   PRISÕES PROVISÓRIAS

Em obediência a esse mandado expresso de criminalização, foram criados, entre outros, os seguintes tipos penais: artigo 217-A (estupro de vulnerável), *caput*; artigos 218, 218-A (satisfação da lascívia mediante presença de criança ou adolescente) e 218-B (favorecimento da prostituição ou outra forma de exploração sexual de vulnerável), todos do Código Penal; e artigo 244-B (corrupção de menores) do próprio Estatuto da Criança e do Adolescente.

Da mesma forma, o poder constituinte originário também estabeleceu no artigo 228 da Constituição da República a inimputabilidade dos menores de 18 anos, sendo estes sujeitos às normas da legislação especial.

Diante desses dois exemplos, já podemos enxergar com clareza a importância que o legislador constituinte deu para todos os assuntos que envolvem os menores de idade.

Assim, foi com esse espírito que foi criado em 1990 o Estatuto da Criança e do Adolescente. Por meio desse estatuto protetor, o menor torna-se sujeito de muitos direitos que não lhe eram conferidos anteriormente, salientando que a proteção dada pela lei deve abranger todas as suas necessidades, propiciando o desenvolvimento de sua personalidade de maneira digna.

Conforme mencionamos alhures, o artigo 228 da Constituição da República estabelece que os menores de 18 anos são inimputáveis, não podendo submeter-se às penas previstas no Código Penal, o que impossibilita sua prisão em flagrante.

Dessa forma, o menor de idade não comete crime, mas ato infracional, estando sujeito às medidas socioeducativas previstas no artigo 112 do Estatuto da Criança e do Adolescente.

É mister salientar que, de acordo com o artigo 2º do Estatuto, considera-se criança a pessoa com até 12 anos de idade incompletos, e adolescente aquele entre 12 e 18 anos de idade. Assim, somente o adolescente pratica ato infracional e fica sujeito às medidas socioeducativas. A criança, por outro lado, pratica desvio de conduta e se sujeita apenas às medidas previstas no artigo 101 do Estatuto (ex.: encaminhamento aos pais ou responsáveis mediante termo de responsabilidade, orientação, apoio, acompanhamento temporários etc.).

Entre as medidas socioeducativas do artigo 112, a mais grave é a que prevê a internação do adolescente infrator em estabelecimento educacional. A referida medida tem caráter excepcional e de brevidade, uma vez que restringe a liberdade do menor. O artigo 121 do estatuto protetor da criança e do adolescente dispõe, inclusive, que a internação não poderá exceder o prazo máximo de três anos, sendo compulsória a liberação do menor que completar 21 anos de idade.

Aqui chegamos ao ponto principal deste tópico, que é, justamente, a análise de atos infracionais sujeitos à medida socioeducativa de internação, mais especificamente nos casos em que o menor é detido em flagrante delito.

Primeiramente, devemos atentar para o fato de que o menor surpreendido na prática de uma conduta prevista como criminosa não é preso, mas apreendido. Isso, pois, conforme salientamos anteriormente, o menor de idade não comete crime, mas ato infracional.

O artigo 172 do Estatuto prevê que o adolescente apreendido em flagrante de ato infracional será imediatamente encaminhado para a autoridade policial competente. A autoridade a que se refere o artigo é o delegado de polícia que, ao tomar ciência dos fatos, deve deliberar de acordo com sua convicção jurídica, atuando como um operador do Direito e garantidor dos direitos fundamentais do menor envolvido no caso.

Já o artigo 173 do Estatuto estabelece que, em caso de flagrante de ato infracional cometido mediante violência ou grave ameaça à pessoa, cabe à autoridade policial lavrar, após ouvir todos os envolvidos e formar sua convicção, o auto de apreensão em desfavor do menor, bem como tomar todas as medidas cabíveis para comprovação da materialidade e autoria da infração.

À primeira vista, fica a impressão de que o adolescente infrator somente poderá ser apreendido no caso de atos infracionais cometidos mediante violência ou grave ameaça à pessoa (ex. roubo, homicídio etc.) e, nos demais casos, o auto de apreensão seria substituído por um boletim de ocorrência circunstanciado.

Contudo, o artigo 174 do Estatuto da Criança e do Adolescente deixa claro que o menor poderá ser apreendido, outrossim, em virtude da gravidade do ato infracional praticado ou nos casos em que haja repercussão social, sendo esta medida tomada pela autoridade policial para garantir a segurança pessoal do próprio menor ou para manter a ordem pública. Senão, vejamos:

CAPÍTULO III   PRISÕES PROVISÓRIAS

Art. 174. Comparecendo qualquer dos pais ou responsável, o adolescente será prontamente liberado pela autoridade policial, sob termo de compromisso e responsabilidade de sua apresentação ao representante do Ministério Público, no mesmo dia ou, sendo impossível, no primeiro dia útil imediato, *exceto quando, pela gravidade do ato infracional e sua repercussão social, deva o adolescente permanecer sob internação para garantia de sua segurança pessoal ou manutenção da ordem pública.* (Grifamos.)

Diante desse artigo, o delegado de polícia, operador do Direito e garantidor dos Direitos fundamentais na fase pré-processual, analisa o caso que lhe é apresentado e opta, de acordo com seu convencimento, pela apreensão ou não do adolescente infrator, tendo como base uma interpretação *a contrario sensu* da parte final do texto legal em enfoque.

Com relação ao crime de tráfico de drogas, por exemplo, não podemos olvidar que se trata de um delito erigido à categoria de infração hedionda, devido à gravidade do fato e também da repugnância social que esse comportamento acaba gerando. Ademais, devemos ressaltar que a degradação causada pela droga ilícita não se limita ao mero usuário que, na maioria das vezes, figura apenas como uma vítima dos traficantes de drogas, os quais, na verdade, atuam como os verdadeiros responsáveis pela destruição de inúmeras vidas inocentes.

Assim, a retirada do menor infrator do convívio com outros traficantes por meio de sua apreensão, constitui medida adequada até mesmo para a proteção do próprio menor que, ao se afastar dos reais criminosos, tem uma chance de se recuperar e abandonar a vida do crime.

Sobre os crimes hediondos e sua repercussão social, Luiz Carlos dos Santos Gonçalves conclui que tais crimes

> foram incluídos ao lado de outras condutas que têm em comum o desafio ao Estado Democrático de Direito e à ordenação social dele advinda. Eles são aqueles que repercutem intensamente na vida social, para além da objetividade jurí-

dica diretamente tutelada, pondo em questão a capacidade de prevenção e repressão desta ordenação estatal. São crimes nos quais a reiteração e eventual impunidade têm efeito social desagregador e criminógeno, desfavorecendo intensamente o império de lei.[57]

Comprovando os ensinamentos do supracitado professor, devemos lembrar que os traficantes de drogas têm se valido constantemente de menores de idade para efetuar o comércio de entorpecentes, contando, justamente, com a impunidade que a lei teoricamente fornece aos adolescentes infratores.

Para comprovar esse fato, basta uma breve análise do dia a dia de um distrito policial. O delegado de polícia depara-se constantemente com casos em que adolescentes estão envolvidos com o tráfico de drogas. Há menores infratores que, antes mesmo de completarem 18 anos de idade, já possuem diversas passagens por um plantão policial, sendo que a impu-nidade os leva a fazer do tráfico de drogas um meio de vida.

Alguns infratores chegam até a rir dos policiais envolvidos na ocorrência, pois sabem que, na maioria dos casos, vão sair da delegacia de mãos dadas com os pais. Sendo assim, é impossível negar a repercussão social gerada nesses casos, uma vez que a impunidade do menor infrator acaba servindo de estímulo para a prática do crime, fortalecendo ainda mais o comércio das drogas.

Se não bastasse esse argumento da repercussão social do fato para fundamentar a apreensão dos menores de idade, é curial salientar que o artigo 174 do estatuto também permite a apreensão do menor de acordo com a gravidade do ato infracional praticado. Assim, Roberto João Elias ensina que "no que tange à gravidade do ato infracional, o melhor meio de efetuar sua identificação é verificar, no Código Penal, nos delitos catalogados, aqueles que são passíveis de pena de reclusão e os que têm uma maior dosagem penal".[58]

---

[57] GONÇALVES, Luiz Carlos dos Santos. *Op. cit.*, p. 226.
[58] ELIAS, Roberto João. *Comentários ao Estatuto da Criança e do Adolescente.* 4 ed. São Paulo: Editora Saraiva, 2010, p. 237.

CAPÍTULO III PRISÕES PROVISÓRIAS

Ora, em se tratando de crime equiparado a hediondo, como é o caso do tráfico de drogas, não restam dúvidas sobre a gravidade do ato, já que aqueles são os crimes mais graves previstos na legislação pátria. Da mesma forma, outros crimes punidos com pena de reclusão poderão dar ensejo à apreensão do menor pelo delegado de polícia, como, por exemplo, no crime de porte de arma de fogo.

Em sentido contrário, defendendo a impossibilidade da apreensão de adolescente no caso de ato infracional análogo ao tráfico de drogas, é o escólio de Eduardo Cabette:

> não é possível que uma mera apreensão provisória seja determinada em casos, ainda que graves, tais como no tráfico de drogas, não importando nessas circunstâncias nem mesmo se o adolescente é reincidente ou se está desobedecendo outras medidas anteriormente impostas. Isso não é matéria a ser aferida nesse momento e muito menos pela autoridade policial. É missão precípua do juiz da infância e da juventude em conjunto com o Ministério Público para a determinação da medida socioeducativa adequada, legal e proporcional ao caso concreto, de acordo com os ditames do artigo 122, I a III, do ECA, e somente no momento da eventual condenação do adolescente pela prática do ato infracional que lhe é imputado.[59]

Apensar do excelente raciocínio desenvolvido pelo citado autor, que se pauta, inclusive, na ausência de violência ou grave ameaça do crime de tráfico de drogas, mas não podemos concordar! Entendemos que, por meio de uma interpretação sistemática do ECA, a apreensão do adolescente infrator seria possível pela simples inteligência do artigo 174, parte final, do Estatuto, uma vez que esse dispositivo é especial em relação ao artigo 122, que prevê a internação apenas no caso de delitos cometidos mediante violência ou grave ameaça.

Ora, o artigo 174 trata especificamente da apreensão de adolescente infrator pelo delegado de polícia, constituindo uma exceção ao próprio artigo 173, que também faz menção aos delitos cometidos com violência ou grave

---
[59] CABETTE, Eduardo Luis Santos. *Lei 12.403 Comentada. Op. cit.*, p. 245.

ameaça. Fica claro, portanto, que a intenção do legislador foi permitir a apreensão cautelar do menor de maneira excepcional e independentemente de o ato infracional haver sido praticado com violência ou grave ameaça à pessoa, desde que, é claro, seja um caso grave ou de grande repercussão social, nos termos da parte final do artigo 174.

Para aqueles que não se contentarem com o argumento adrede mencionado, defendemos, ademais, que o delito de tráfico de drogas apresenta uma violência difusa, que não se materializa especificamente contra pessoas determinadas, mas que acaba atingindo toda a sociedade, que fica exposta à violência gerada pelo tráfico e seus usuários. Prova disso é o fato de que as estatísticas costumam medir o índice de violência de uma região com base no número de homicídios. Nesse contexto, os diversos assassinatos ligados ao tráfico acabam gerando uma inevitável sensação de insegurança dentro da sociedade, que é obrigada a conviver com a violência imposta pelos traficantes. Da mesma forma, a sociedade também fica à mercê da violência dos usuários de droga, que não medem esforços para sustentar seu vício, voltando suas ações, não raro, contra seus próprios familiares.

Subsidiando ainda mais a possibilidade de internação de adolescente envolvido com o tráfico de drogas, lembramos que o Superior Tribunal de Justiça editou a Súmula 492, cujo conteúdo estabelece que: "O ato infracional análogo ao tráfico de drogas, por si só, não conduz obrigatoriamente à imposição de medida socioeducativa de internação do adolescente". Conforme se percebe, este egrégio Tribunal não vê qualquer óbice à internação de adolescente por ato infracional análogo ao tráfico de drogas, destacando, apenas, que a referida medida não deve ser imposta de maneira obrigatória.

Por tudo isso, entendemos perfeitamente possível a apreensão de menores de idade por ato infracional análogo ao tráfico de drogas. Parece-nos que, agindo dessa forma, a autoridade de polícia judiciária atua como um guardião dos interesses do menor, zelando por sua segurança e propiciando o melhor para seu desenvolvimento digno, o que está absolutamente de acordo com o previsto no Estatuto da Criança e do Adolescente e na Constituição da República.

Para encerrar este ponto, chamamos a atenção do leitor para o fato de que o menor de idade pode ser apreendido por ter violado algum tipo penal. Como consequência, pode ser-lhe imposta uma medida socioeducativa de internação.

CAPÍTULO III   PRISÕES PROVISÓRIAS

Conforme destacamos anteriormente, essa internação pode perdurar até que o menor complete 21 anos de idade. Sendo assim, há casos em que o menor atinge a maioridade durante o cumprimento dessa medida.

Diante dessa constatação, caso o infrator seja surpreendido cometendo algum crime durante o cumprimento da medida socioeducativa, ele poderá ser preso em flagrante. Imaginem o caso de um menor de 17 anos que é apreendido por cometer um roubo. Contra ele é aplicada uma internação pelo período de três anos. Durante o cumprimento dessa medida na Fundação Casa, o menor é surpreendido logo após haver matado um companheiro, sendo que, a essa altura, ele já havia completado a maioridade. Nesse caso, ele deverá ser preso em flagrante e encaminhado ao estabelecimento prisional adequado. Trata-se de um caso inusitado com o qual o delegado de polícia pode deparar-se a qualquer momento. Por isso fizemos essa observação.

2.25. Prisão em flagrante e a fiança

Primeiramente, devemos esclarecer ao leitor que o objetivo deste ponto é apenas destacar a influência do instituto da fiança no momento da lavratura do auto de prisão em flagrante, especialmente em virtude da nova Lei 12.403/2011, que trouxe significativas mudanças nessa parte da matéria.

Antes da nova lei, a autoridade policial só poderia fixar fiança nos casos de crimes punidos com pena de detenção ou prisão simples. Com a inovação legislativa, a concessão da fiança poderá ocorrer quando se tratar de infrações cuja pena privativa de liberdade máxima não ultrapasse o prazo de quatro anos de prisão.

Assim, o delegado de polícia poderá conceder liberdade provisória mediante fiança para crimes como: homicídio culposo (art. 121, § 3º), aborto provocado pela gestante ou com seu consentimento (art. 124), perigo de contágio venéreo (art. 130, § 1º), abandono de incapaz (art. 133, *caput*), maus-tratos qualificado (art. 136, § 1º), sequestro ou cárcere privado (art. 148), furto simples (art. 155), extorsão indireta (art. 160), dano qualificado (art. 163, Parágrafo Único), apropriação indébita (art. 168), receptação (art. 180, *caput*), violação de direito autoral (art. 184), explosão (art. 251, § 1º), quadrilha ou bando (art. 288), resistência qualificada (art. 329, § 1º), contrabando ou descaminho (art. 334), coação no curso do processo (art. 344), posse, porte e disparo de arma de fogo (arts.12, 14 e 15 do Estatuto do Desarmamento) etc.

Contudo, o artigo 323 do Código de Processo Penal estabelece que não será possível a concessão de fiança para os seguintes crimes: racismo, tráfico de drogas, tortura, terrorismo, crimes cometidos por grupos armados, civis ou militares, contra a ordem constitucional e o Estado Democrático de Direito e nos crimes hediondos.

O referido dispositivo só veio para reforçar o que já estava previsto no artigo 5º da Constituição da República, que determina a inafiançabilidade para os crimes supramencionados. O que parecia ser algo prejudicial ao imputado, na prática tornou-se benéfico, na medida em que, quando se tratar de crimes inafiançáveis, o sujeito será beneficiado pela concessão de liberdade provisória sem fiança.

Tal consequência se mostra totalmente incoerente e desproporcional, já que vale mais a pena responder por um crime inafiançável que por um crime afiançável. Na verdade, ao estabelecer a inafiançabilidade dos mencionados delitos, o legislador constitucional teve a intenção de vedar a concessão da liberdade provisória. Numa interpretação sistemática e teleológica da norma, só podemos chegar a essa conclusão, até por uma questão de lógica. Por tudo isso, sem embargo das opiniões em contrário e certo de que somos minoria na doutrina, defendemos que os crimes mencionados no artigo 323 do Código de Processo Penal não estão sujeitos ao benefício da liberdade provisória.

Complementando o artigo 323, o artigo 324 dispõe que também não será concedida fiança aos que, no mesmo processo, tiverem quebrado a fiança anteriormente concedida, ou infringido, sem motivo justo, qualquer das obrigações previstas nos artigos 327 e 328 do Código de Processo Penal. Da mesma forma, não será concedida fiança quando se tratar de prisão civil ou quando estiverem presentes os requisitos que autorizam a prisão preventiva.

CAPÍTULO III PRISÕES PROVISÓRIAS

É justamente com base nesse último caso, previsto no artigo 324, inciso IV, que entendemos ser possível a não concessão de fiança pelo delegado de polícia no momento da lavratura do auto de prisão em flagrante, sempre que este formar seu convencimento no sentido de que estão presentes os requisitos da prisão preventiva. Em tempo, consignamos que tais requisitos são somente aqueles constantes no artigo 312, uma vez que a lei faz referência apenas a esse dispositivo legal.

Ademais, o artigo 322 estabelece que a autoridade policial "poderá" conceder a fiança. Desse modo, fazendo uso de seu conhecimento jurídico, ele pode ou não concedê-la, de acordo com seu convencimento diante do caso concreto, mas desde que constatada a presença dos requisitos da prisão preventiva.

Nesse sentido, Fernando Capez entende que o delegado de polícia poderá negar a concessão de fiança ao preso em flagrante sempre que vislumbrar a presença dos requisitos do artigo 312, consoante autorização expressa do artigo 324, I, a qual também se dirige a essa autoridade. O autor adverte que "há casos em que, para resguardar, por exemplo, a ordem pública, recomenda-se a detenção provisória do agente, até que o juiz analise a conversão do flagrante em preventiva".[60]

É mister salientar, outrossim, que cabe ao delegado de polícia, no momento de analisar os fatos que lhe são apresentados, com base nas súmulas n. 81 e n. 243 do Superior Tribunal de Justiça,[61] verificar se no caso de concurso de crimes a soma das penas máximas cominadas não ultrapassa o limite legal de quatro anos. Assim, sempre que a soma das penas for superior a esse prazo, a autoridade policial não poderá conceder fiança ao conduzido.

Da mesma forma, o delegado de polícia deve analisar as qualificadoras e as causas de aumento e diminuição da pena. Com relação às causas de aumento, deve ser levado em consideração aquelas que mais aumentam a pena. Já nos casos de diminuição, aquelas que menos diminuem. Busca-se, portanto, a situação mais prejudicial ao imputado.

---

[60] CAPEZ, Fernando. *Curso de Processo Penal. Op. cit.*, p. 354.
[61] *Súmula n. 81 do STJ:* Não se concede fiança quando, em concurso material, a soma das penas mínimas cominadas for superior a dois anos de reclusão.
Súmula n. 243 do STJ: O benefício da suspensão do processo não é aplicável em relação às infrações penais cometidas em concurso material, concurso formal ou continuidade delitiva, quando a pena mínima cominada, seja pelo somatório, seja pela incidência da majorante, ultrapassar o limite de um (1) ano.

Nesse sentido, a Polícia Civil do Estado de São Paulo elaborou a recomendação DGP-4, de 21.07.2011, senão vejamos:

DELEGACIA GERAL DE POLÍCIA
Recomendação DGP-4
A liberdade provisória mediante fiança em face do limite estabelecido no art. 322 do Código de Processo Penal.
O Delegado Geral de Polícia, considerando que compete ao delegado de polícia a análise do fato que lhe é apresentado, a adequação típica e a consequente decisão sobre a possibilidade de colocação em liberdade do conduzido; considerando que, nos termos do art. 322, do Código de Processo Penal, com a redação dada pela Lei 12.403/2011, o delegado de polícia tem o poder-dever de conceder liberdade provisória mediante fiança ao preso que tenha praticado infração cuja pena privativa de liberdade não exceda a quatro (4) anos; considerando que os Tribunais já se manifestaram no sentido de que o somatório das penas deve ser considerado para a aplicação dos institutos trazidos pela Lei 9.099/1995 (Súmula 723, STF; Súmula 243, STJ; e Súmula 82, TJSP), demonstrando a compreensão do tema que deverá guiar as inovações trazidas pela Lei 12.403/2011; considerando, finalmente, que o delegado de polícia é o agente a quem o Estado instituiu competência para analisar a relevância do fato apresentado, sob a ótica jurídico-penal, decidindo imediatamente a respeito sempre em a defesa da sociedade e tendo como norte a promoção dos direitos humanos, recomenda:
As autoridades policiais, ao decidirem sobre da liberdade provisória mediante fiança prevista no art. 322 do Código de Processo Penal, poderão analisar, de acordo com seu convencimento jurídico, concurso material e outras causas de aumento e/ou de diminuição de pena, decidindo motivada e fundamentadamente a respeito da possibilidade ou não da concessão do benefício legal.

Resumindo esse entendimento, Eduardo Cabette, após citar dois exemplos práticos, ensina-nos que

CAPÍTULO III PRISÕES PROVISÓRIAS

Entende-se suficientemente demonstrada a tendência doutrinário-jurisprudencial, embora não pacífica, de considerar a somatória e exasperação ocasionadas pelo concurso de crimes e pela continuidade delitiva como influenciadoras nos critérios quantitativos penais adotados pelo legislador, de modo a impedir ou possibilitar a aplicação de determinados institutos condicionados à quantidade de pena. Assim sendo, firma-se o prognóstico de que deverá prevalecer no futuro o entendimento de que em caso de concurso de crimes ou de crime continuado que faça o patamar máximo ultrapassar quatro anos, seja cabível a prisão preventiva com base no artigo 313, I, CPP (Lei 12.403/2011). No mesmo diapasão tem-se que nessas situações a autoridade policial não poderá conceder fiança nos termos do artigo 322, CPP, conforme a Lei 12.403/2011. Note-se que pela nova ordem processual erigida pela Lei 12.403/2011 os patamares quantitativos são os mesmos para cabimento da preventiva e não cabimento da fiança pela autoridade policial (pena máxima superior a quatro anos), o que é coerente com o disposto no artigo 324, IV, CPP (nova redação), que estabelece ser proibida a fiança "quando presentes os motivos que autorizam a decretação da prisão preventiva". Nessa mesma toada, entende-se que causas de aumento ou diminuição de pena, bem como qualificadoras, influenciarão no cabimento ou não da preventiva e da fiança. Assim também não exercerão influência as presenças de agravantes ou atenuantes, tal como se tem entendido em casos semelhantes.[62]

Outro ponto que merece destaque diz respeito à possibilidade de a autoridade policial dispensar a fiança durante a fase pré-processual em virtude da condição econômica do imputado. Com base na antiga redação do artigo 350 do Código de Processo Penal, entendemos ser impossível a dispensa da fiança durante essa fase, haja vista que o dispositivo legal fazia menção apenas ao juiz, não estendendo esse mister ao delegado de polícia.

---

[62] CABETTE, Eduardo Luiz Santos. *Concurso de crimes, continuidade delitiva e limite quantitativo de pena para a prisão preventiva e fiança de acordo com a Lei 12.403/2011*. Jus Navigandi, Teresina, ano 16, n. 2954, 3 ago. 2011. Disponível em: <http://jus.uol.com.br/revista/texto/19690>. Acesso em 31.08.2013.

Nos casos em que o conduzido apresentar uma condição financeira precária, cabe a autoridade de polícia judiciária, com base no artigo 325, § 1º, inciso II, do Código de Processo Penal, reduzir o valor da fiança em até 2/3 (dois terços), mas não dispensá-la.

Em situações como essa, nós não podemos olvidar que o papel do delegado de polícia é como uma espécie de juiz da fase pré-processual. A autoridade policial não pode mais ser vista apenas como um agente a serviço do poder punitivo estatal. Sua função vai bem mais além, devendo servir como garantidor dos direitos fundamentais de todas as pessoas envolvidas nesta fase da persecução penal. *Sendo assim, quando se tratar de crimes afiançáveis, verificada a falta de condições do preso para efetuar o pagamento da fiança, caberá ao delegado de polícia representar no próprio auto de prisão em flagrante pela concessão da liberdade provisória sem fiança, nos termos do artigo 350 do Código de Processo Penal.*

Feita essa ressalva, lembramos que com a nova Lei 12.403/2011, o instituto da fiança também gerou algumas consequências em relação aos membros do Congresso Nacional. De acordo com o artigo 53, § 2º, da Constituição da República, os deputados federais e os senadores da República não poderão ser presos, salvo em flagrante delito de crime inafiançável.

O grande problema é que a nova lei proíbe a fiança apenas para os delitos previstos no artigo 323 (racismo, tortura, tráfico de drogas, terrorismo etc.), sendo que nos demais crimes será possível a concessão de fiança, ora pelo delegado de polícia, ora pelo juiz.

Assim, concluímos que, à exceção dos crimes previstos no artigo supramencionado, não será possível a prisão em flagrante dos membros do Congresso Nacional em virtude da imunidade prevista na Constituição da República.

Diante do exposto, restou mais uma vez comprovada a importância do delegado de polícia dentro de um Estado Democrático de Direito. Com a nova lei, caberá às autoridades policiais, como operadores do Direito que são, analisar o caso concreto e formar seu convencimento jurídico, sempre de maneira motivada.

Por tudo o que foi estudado neste ponto, não é demais reiterar que o delegado de polícia atua como um juiz da fase pré-processual, agindo com imparcialidade na busca pela verdade dos fatos e garantindo os direitos fundamentais de todas as pessoas envolvidas nas ocorrências.

2.25.1. Momento para concessão de fiança pelo delegado de polícia

Primeiramente, com base no artigo 334 do Código de Processo Penal, devemos destacar que a fiança poderá ser prestada enquanto não transitar em julgado a sentença penal condenatória.

Contudo, entendemos que cabe ao delegado de polícia conceder liberdade provisória mediante fiança apenas nas hipóteses em que é possível a lavratura do auto de prisão em flagrante delito. Em outras palavras, a concessão dessa medida cautelar pela autoridade policial está vinculada às hipóteses previstas no artigo 302 e 303 do Código de Processo Penal.

São as situações flagranciais que possibilitam a concessão desse benefício pelo delegado de polícia. Fora dessas hipóteses, a decretação de qualquer medida cautelar depende do Poder Judiciário.

Diante disso, defendemos que, uma vez fixada a fiança pela autoridade de polícia judiciária no momento da lavratura do auto de prisão em flagrante, caso esta não seja prontamente prestada pelo preso ou seus familiares, e a prisão já tenha sido comunicada ao Poder Judiciário, apenas o juiz poderá receber os valores.

Explico, com a comunicação da prisão ao juiz, o delegado de polícia exaure suas atribuições na formalização do auto de prisão em flagrante. A partir desse momento, a responsabilidade da prisão passa para o Poder Judiciário, que tomará uma das medidas previstas no artigo 310 do Código de Processo Penal. Destaque-se que uma dessas medidas pode, inclusive, ser a decretação de outra medida cautelar, como a prisão preventiva.

Sendo assim, o delegado de polícia não pode receber o valor da fiança depois de comunicada a prisão em flagrante ao juiz competente, justamente para que não haja contradição entre as duas autoridades.

Imagine um caso em que a autoridade policial recebe o valor da fiança depois de comunicada a prisão ao Poder Judiciário, mas, naquela altura, o juiz competente já havia convertido o flagrante em prisão preventiva. Tal situação deve ser evitada.

Por tudo isso, pensamos que o delegado de polícia só poderá receber o valor da fiança até o momento da comunicação do flagrante ao Poder Judiciário. Efetivada a comunicação, a responsabilidade pelo preso passa a ser do juiz, sendo ele o responsável por receber os valores da fiança.

Subsidiando esse entendimento, destacamos que após a comunicação da prisão em flagrante a autoridade coatora para eventual *habeas corpus* passa a ser o juiz de Direito e não mais a autoridade policial.

2.26. Prisão em flagrante e apresentação espontânea

Antes da Lei 12.403/2011, o instituto da apresentação espontânea era tratado nos artigos 317 e 318 no Código de Processo Penal. Contudo, a nova lei suprimiu os mencionados dispositivos, o que pode levar um leitor mais desavisado a entender que, a partir de agora, caberá à autoridade policial lavrar o flagrante mesmo nos casos em que o criminoso se apresentar espontaneamente. Data vênia, não foi essa a intenção do legislador.

Parece que o objetivo da lei foi apenas suprimir artigos desnecessários, já que a impossibilidade da lavratura do flagrante nos casos de apresentação espontânea decorre da falta de previsão legal, pois tal circunstância não se enquadra em qualquer das hipóteses previstas no artigo 302 e 303 do CPP.

Nesse diapasão, acrescenta Eduardo Cabette:

> é impossível a prisão em flagrante daquele que se apresenta espontaneamente à autoridade. Aliás, o artigo 317, CPP, jamais fez menção expressa ao flagrante. Na realidade, o que impedia (e ainda impede) a "prisão em flagrante por apresentação espontânea" era (e continua sendo) a contradição que tal expressão traz em si mesma. Ora, se há "prisão" não há "apresentação espontânea" e se há esta segunda não pode haver "prisão", as expressões são incompatíveis e excludentes, não por força de lei, mas devido às mais comezinhas regras da lógica, já que algo não pode ser e não ser ao mesmo tempo. Essa lição remonta a Aristóteles e se refere ao denominado "Princípio de

Contradição" ("Nada pode ser e não ser simultaneamente").
Ou bem a pessoa é presa ou se apresenta!⁶³

Assim, ao se deparar com um caso de apresentação espontânea em um plantão policial, a autoridade de polícia judiciária não poderá lavrar o flagrante por ausência de previsão legal (art. 302 do CPP), independentemente da supressão do artigo 317, que tratava do tema. Entretanto, sempre será possível a representação pela prisão preventiva nos termos da lei.

2.27. Prisão em flagrante e o Código de Trânsito Brasileiro

O Código de Trânsito Brasileiro dispõe em seu artigo 301: "Ao condutor de veículo, nos casos de acidente de trânsito de que resulte vítima, não se imporá a prisão em flagrante, nem se exigirá fiança, se prestar pronto e integral socorro àquela".

Assim, o condutor do veículo que houver socorrido a vítima em caso de acidente de trânsito não poderá ser preso em flagrante. Cabe ao delegado de polícia registrar os fatos em um boletim de ocorrência e posteriormente instaurar inquérito policial.

Esse dispositivo legal deixa clara a preocupação do legislador com a vítima e seu integral socorro. Tal determinação objetiva incentivar as pessoas envolvidas em acidentes de trânsito a prestar auxílio às vítimas sem se preocuparem em serem presas.

Vale destacar, todavia, que a prisão em flagrante do motorista que não prestar socorro à vítima só será possível nas hipóteses previstas nos artigos 302 e 306 do CTB (homicídio culposo e embriaguez ao volante). Isto, pois, estes são os únicos crimes do Código cuja pena máxima é superior a dois anos, o que afasta os benefícios da Lei 9.099/1995, uma vez que não se trata de infração de menor potencial ofensivo. Tais delitos, contudo, de acordo com a Lei 12.403/2011, estão sujeitos à concessão de fiança pela própria autoridade policial, haja vista que as penas máximas cominadas não são superiores a quatro anos.

---

⁶³ CABETTE, Eduardo Luiz Santos. *O advento da reforma do Código de Processo Penal pela Lei 12.403/2011 e o destino da apresentação espontânea*. Disponível em <www.jusnavegandi.com.br>. Acesso em 31.08.2013.

Nos demais crimes, ainda que o condutor do veículo não preste socorro à vítima, ele não poderá ser preso em flagrante, devendo, nesses casos, ser lavrado apenas o termo circunstanciado da ocorrência.[64]

2.27.1. Prisão em flagrante e o crime de embriaguez ao volante[65]

Entrou em vigor no dia 21 de dezembro de 2012 a Lei 12.760/2012, que vem sendo chamada pela imprensa como a nova Lei Seca. Com a inovação legislativa, foi alterado, entre outras coisas, o famigerado artigo 306 do Código de Trânsito Brasileiro, que tipifica o crime de embriaguez ao volante.

Antes da alteração, a embriaguez do motorista só poderia ser constatada por meio do exame do etilômetro ("bafômetro") ou exame de sangue. Ocorre que tais provas dependiam exclusivamente da colaboração da vítima. Assim, tendo em vista que a Constituição da República e o Pacto de São José da Costa Rica garantem o direito do indivíduo de não produzir provas contra si mesmo (princípio do *nemo tenetur se detegere*), era muito difícil a comprovação da embriaguez.

Ainda de acordo com a antiga redação do artigo 306, uma pessoa era considerada embriagada apenas quando constatada a presença de seis (6) decigramas de álcool por litro de sangue, o que também era muito questionado pela doutrina, pois dificultava a punição de infratores.

Com a nova Lei Seca houve uma mudança significativa no conteúdo do artigo 306 do CTB. Em linhas gerais, agora o estado de embriaguez pode ser comprovado por diversos meios, tais como exames de alcoolemia, vídeos, testemunhas ou outras provas admitidas por nosso ordenamento jurídico.

Em nossa opinião, muito embora o novo tipo penal não esteja livre de críticas, a alteração foi muito positiva, dando efetividade ao Código de Trânsito e auxiliando na redução de acidentes. No ano de 2012 foram inúmeros os casos de acidentes envolvendo motoristas com suspeita de embriaguez, sendo que, por uma questão de política criminal, alguns operadores do Direito passaram

---

[64] Destacamos que, de acordo com as Súmulas 81 e 243 do STJ, o concurso de crimes deve ser levado em consideração no momento da prisão em flagrante.
[65] O conteúdo desse ponto foi retirado de um artigo elaborado em coautoria com Eduardo Cabette. Disponível em: <http://jus.com.br/artigos/23321/lei-no-12-760-2012-a-nova-lei-seca>. Acesso em 10/09/2013.

CAPÍTULO III PRISÕES PROVISÓRIAS

a forçar o entendimento no sentido de aplicar o denominado dolo eventual nessas situações. Esperamos que com a nova lei esse quadro se modifique.

Feita essa breve introdução, passamos a analisar a nova redação do artigo 306 do CTB. Para facilitar a compreensão do tema, vale a transcrição do novo tipo penal, sendo vejamos:

> Art. 306. Conduzir veículo automotor com capacidade psicomotora alterada em razão da influência de álcool ou de outra substância psicoativa que determine dependência:
> § 1º As condutas previstas no *caput* serão constatadas por:
> I – concentração igual ou superior a 6 decigramas de álcool por litro de sangue ou igual ou superior a 0,3 miligrama de álcool por litro de ar alveolar; ou
> II – sinais que indiquem, na forma disciplinada pelo Contran, alteração da capacidade psicomotora.
> § 2º A verificação do disposto neste artigo poderá ser obtida mediante teste de alcoolemia, exame clínico, perícia, vídeo, prova testemunhal ou outros meios de prova em direito admitidos, observado o direito à contraprova.
> § 3º O Contran disporá sobre a equivalência entre os distintos testes de alcoolemia para efeito de caracterização do crime tipificado neste artigo.

Com a nova redação dada pela Lei 12.760/2012, o crime de embriaguez ao volante caracteriza-se quando restar constatado que a capacidade psicomotora do motorista foi alterada em virtude do álcool ou de outra substância psicoativa, como, por exemplo, "maconha" ou "cocaína".

Percebe-se, portanto, que a "alteração da capacidade psicomotora" passa a ser elementar do tipo. Em outras palavras, caso o motorista tenha ingerido bebidas alcoólicas, mas não esteja com sua capacidade psicomotora alterada, o crime não estará configurado.

Conforme destacado alhures, a grande modificação trazida pela nova lei está no fato de o tipo penal não mais vincular a constatação da embriaguez, exclusivamente, ao percentual de seis decigramas de álcool por litro de sangue, sendo este apenas um dos meios de prova.

Na verdade, no inciso I, do § 1º, do artigo 306, há uma presunção por parte do legislador no sentido de que o motorista flagrado na condução de veículo automotor com a concentração igual ou superior a seis (6) decigramas de álcool por litro de sangue ou igual ou superior a 0,3 miligramas de álcool por litro de ar alveolar, esteja com sua capacidade psicomotora reduzida. Trata-se, nesse caso, de uma regra clara. Constatados os mencionados índices, há uma presunção legal de embriaguez e o infrator poderá ser preso em flagrante. Neste aspecto pode-se afirmar que se a ebriedade é constada por meio do exame de etilômetro ou exame toxicológico de sangue nos patamares legalmente estabelecidos, está-se diante de um crime de perigo abstrato.

Sob o aspecto administrativo, se for constatada a concentração de álcool em níveis inferiores ao mencionado no inciso I, não haverá presunção de embriaguez geradora de punição na seara penal. Contudo, nos termos do artigo 276 do CTB, com a redação disposta pela nova lei, qualquer concentração de álcool por litro de sangue ou por litro de ar alveolar sujeita o motorista às penalidades previstas no artigo 165.

Voltando para o campo penal, ainda que os números constantes no inciso I, do § 1º, do artigo 306, não sejam constatados, nada impede que a materialidade delitiva da conduta seja comprovada por meio do exame clínico, que, aliás, é o mais indicado. Tal conclusão é subsidiada pelo fato de que o elemento objetivo do tipo é a verificação da alteração da capacidade psicomotora do motorista. Assim, se a perícia apontar nesse sentido, o crime estará caracterizado independentemente do resultado obtido pelo exame de etilômetro. Neste sentido é destacável que entre os incisos I e II do artigo 306, CTB, o legislador não utilizou a conjunção aditiva "e", mas sim a alternativa "ou", demonstrando que a comprovação da alteração da capacidade psicomotora pode dar-se pela constatação dos graus de alcoolemia "ou" por meio de outros sinais.

No inciso II do mesmo dispositivo surge o primeiro deslize do legislador. Considerando que o tipo determina que as condutas do *caput* serão constatadas por "sinais que indiquem, na forma disciplinada pelo Contran, alteração na capacidade psicomotora", muitos poderão entender que estamos diante de uma norma penal em branco, o que, em última análise, impediria a aplicação da nova lei.

Com a devida vênia, o complemento a que faz menção o dispositivo constitui apenas um *plus* ou um adendo aos outros meios de constatação da embriaguez previstos no próprio tipo do artigo 306.

Isto, pois, no § 2º, o legislador deixa claro que a verificação da redução da capacidade psicomotora do motorista poderá ser obtida mediante diversos meios de provas, tais como depoimento testemunhal, exame clínico e até por vídeos. Por tudo isso, não concordamos que se trata de uma norma penal em branco. Além disso, para aqueles que não se satisfaçam com essa explicação, é fato que está em vigor atualmente a Resolução Contran n. 206, de 20 de outubro de 2006, a qual nada mais faz que repetir as normativas já delineadas no atual § 2º, do artigo 306, CTB, de acordo com a nova redação dada pela Lei 12.760/2012. A verdade é que o recurso à Resolução do Contran é despiciendo mesmo. Isso porque quando se fala em prova penal, está-se tratando de matéria Processual Penal, cuja origem somente pode ser, por força constitucional, lei ordinária federal. O Contran não tem atribuição para regular matéria de prova penal, não pode "legislar" sobre matéria processual penal. Portanto, é de se concluir que o inciso II do artigo 306, CTB, é autoaplicável de acordo com as normas processuais penais referentes às provas, sendo, como já afirmado acima, eventual Resolução do Contran, mero adorno que somente pode ter alguma maior utilidade no ramo administrativo. Seria mesmo surreal imaginar o Contran regulamentando prova pericial, prova testemunhal, prova documental etc. na seara processual penal.

Em nosso entendimento, a regulamentação a ser feita pelo Contran teria como destinatários apenas os agentes de trânsito, que se utilizariam desse ato normativo para decidir sobre a necessidade ou não de encaminhamento do condutor do veículo até a delegacia de polícia.

Nesse ponto, destacamos que, sem embargo do disposto no § 2º, do artigo 306, de acordo com o Código de Processo Penal, sempre que a infração deixar vestígios, é indispensável a realização de perícia. Desse modo, mesmo diante de uma prova testemunhal ou de um teste de alcoolemia, é necessário o encaminhamento do suspeito ao Instituto Médico Legal para a realização do exame clínico ou de sangue. Essa obrigatoriedade da prova pericial nos chamados "crimes de fato permanente" (*delicta facti permanentis*) somente pode ser superada muito excepcionalmente nos termos do artigo 167, CPP, acaso a falta da perícia não se dê por desídia dos agentes estatais, mas por obra do próprio infrator.

Diante desse novo quadro, parece-nos que o exame clínico constituirá o principal meio de prova da embriaguez, haja vista que o médico legista é o agente mais indicado para avaliar o estado do investigado. Assim, testemunhas, vídeos e outros meios de prova seriam utilizados apenas de maneira subsidiária, quando não for possível a realização de perícia, de acordo com o já citado artigo 167, CPP, ou mesmo como coadjuvantes dos exames periciais mais adequados.

Com o objetivo de ilustrar essa situação, imaginemos o caso em que o suspeito se recuse a colaborar com o exame clínico ou não possa fazê-lo em virtude dos ferimentos causados por um acidente. Em situações como essa, a prova pericial poderá ser substituída por depoimento de testemunhas ou por vídeos. Também nada impede que sendo realizadas as perícias, também se colham provas testemunhais, vídeos, fotos, objetos apreendidos etc., a fim de reforçar o arcabouço probatório.

Questão interessante e que provavelmente repercutirá na doutrina refere-se à diferenciação feita pelo legislador nos §§1º e 2º do artigo 306. No primeiro, a lei diz que a "constatação" da alteração da capacidade psicomotora do agente poderá ser feita de algumas formas e no segundo o dispositivo usa o termo "verificação".

Ao interpretar o tipo penal, não podemos fechar os olhos para a mencionada distinção, feita, ao que nos parece, de maneira propositada. Desse modo, entendemos que o termo "constatação" está vinculado a critérios objetivos, sem deixar margens para a valoração do intérprete (v.g. exame de etilômetro). Por outro lado, o termo "verificação" é mais fluído e permite uma análise subjetiva por parte dos operadores do Direito (v.g. provas testemunhais, vídeos, exame clínico etc.). Aliás, essa distinção serve, inclusive, como subsídio para o entendimento de que no inciso I, do § 1º, nós temos uma presunção legal da alteração da capacidade motora do condutor do veículo.

CAPÍTULO III PRISÕES PROVISÓRIAS

Voltando para a análise do *caput* do artigo 306, chamamos a atenção do leitor para uma outra modificação significativa em relação ao texto anterior. Com a nova redação, foi retirada a expressão conduzir veículo automotor "em via pública". Isso significa que, a partir de agora, o motorista que for flagrado dirigindo veículo automotor com a capacidade psicomotora alterada poderá ser preso em flagrante mesmo que tal fato ocorra em uma área privada, como estacionamentos, condomínios, garagens etc. Entretanto, essa questão ainda pode gerar alguma discussão doutrinário-jurisprudencial, na medida em que o artigo 1º do Código de Trânsito Brasileiro estabelece que ele regula "o trânsito de qualquer natureza nas vias terrestres do território nacional, *abertas à circulação*" (grifo nosso). Ora, se o CTB se aplica somente às vias "abertas à circulação", isso significa que suas normas seriam aplicáveis tão somente às vias públicas. Sabemos que, por exemplo, se pode conduzir um veículo automotor dentro de um sítio particular sem necessidade de licenciamento ou CNH. Acontece que na parte penal há o argumento de que quando o legislador quis estabelecer o alcance típico somente para as vias públicas o fez. Enfim a discussão será certamente intensa, mas parece que realmente houve uma abertura tipológica para as áreas privadas. Assumindo essa postura da abertura do tipo para as vias privadas, ainda se migrará para outra linha de discussão, agora mais profunda que a simples interpretação gramatical do texto. Trata-se de considerar se há lesividade a justificar a tipificação criminal da condução sob efeito de álcool ou outras substâncias em área privada. Haveria nessa situação perigo concreto ou mesmo abstrato a algum bem jurídico a justificar a intervenção penal? Parece-nos que qualquer resposta apriorística e generalizante será equivocada. Somente a análise detida do caso concreto submetido à jurisdição poderá solucionar o problema. Pode haver caso em que haja algum perigo, inclusive concreto, e também pode haver outro caso em que não se justifique a movimentação do aparato estatal criminal devido à ausência de tutela de bens jurídicos postos em risco. Exemplificando: no primeiro caso um indivíduo dirige embriagado um carro no quintal de sua casa muito espaçoso e na presença de várias pessoas, inclusive crianças que participam de um churrasco. No segundo, o sujeito está só num sítio afastado completamente de qualquer contato social e guia seu carro nos limites da propriedade sem que haja qualquer pessoa ou propriedade alheia correndo risco de dano. Assim sendo, a conclusão é a de que a constitucionalidade ou inconstitucionalidade da norma em relação à condução ébria em locais privados será aferida na efetiva aplicação da lei e não abstrata e genericamente falando.

Em tempo, é mister não olvidar que o crime previsto no artigo 306 do CTB continua sendo de perigo abstrato, ao menos em seu § 1º, inciso I, o que, segundo alguns entendimentos, fere o princípio da ofensividade. Entendemos que o ideal seria que o legislador fizesse menção ao perigo de dano na tipificação da conduta, o que estaria de acordo com diversos conceitos modernos do crime, como a teoria de tipicidade conglobante, por exemplo. Já no caso do inciso II do mesmo § 1º, do artigo 306, CTB, o crime é de perigo concreto já que são exigidos "sinais que indiquem alteração da capacidade psicomotora".

Outra questão interessante diz respeito à possibilidade de contraprova por parte do investigado. Seguindo uma tendência iniciada pela Lei 12.403/2011, que alterou o Código de Processo Penal no ponto que trata das prisões e medidas cautelares diversas, e que já havia introduzido o contraditório mesmo durante a fase preliminar de investigação, a Lei 12.760/2012 também consignou uma previsão nesse sentido.

Previsões como essas demonstram uma nova postura do legislador diante do investigado, não mais o tratando como objeto de direito, mas sim como um sujeito de diretos. No mesmo diapasão, vem ganhando força o princípio do contraditório na fase pré-processual ou de inquérito policial, o que apenas reforça o conjunto probatório produzido nessa fase e consagra o princípio da dignidade da pessoa humana.

Nesse contexto, é dever da autoridade policial atender as solicitações do investigado no momento de requisitar o exame pericial. Mais que isso, o sujeito passivo da investigação também poderá submeter-se a um exame feito por perito particular, sendo que o resultado do laudo será apreciado pelo delegado de polícia ou pelo juiz no momento da formação de seus convencimentos. Advertimos, entretanto, que a possibilidade da contraprova não influenciará na lavratura do auto de prisão em flagrante, haja vista que, para tanto, basta a existência da fundada suspeita prevista no artigo 304, § 1º, do CPP, sendo que o resultado dessas diligências deverão ser apreciados posteriormente no bojo no inquérito policial.

É ainda interessante destacar que o § 3º, do artigo 306, CTB, afirma que "o Contran disporá sobre a equivalência entre os distintos testes de alcoolemia para efeito de caracterização do crime tipificado neste artigo". Essa normativa apresenta-se inútil: primeiro, porque a equivalência já é explicitada no artigo 306, § 1º, I, CTB, pela própria lei; segundo, porque também já há o Decreto 6.488, de 19 de junho de 2008, que indica as mesmas equivalências ora expostas na lei.

Com relação à pena, destacamos que não houve qualquer alteração (pena de 1 a 3 anos), sendo perfeitamente possível a fixação de fiança pelo delegado de polícia, nos termos dos artigos 322 e seguintes do Código de Processo Penal.

Oxalá a nova legislação tenha um destino menos tumultuoso e truncado do que a anterior Lei 11.705/2008, permitindo um tratamento mais adequado e rigoroso com relação a todos aqueles que teimam em misturar álcool, drogas e volante, colocando em risco a incolumidade pública.

2.27.2. Embriaguez ao volante e morte no trânsito: crime doloso ou culposo?

Nos últimos tempos estamos acompanhando por meio da grande mídia inúmeros casos de mortes no trânsito envolvendo motoristas embriagados ou com suspeita de embriaguez. Esse problema, infelizmente, tem se tornado cada vez mais frequente, sendo que a indignação causada por tais acidentes acaba desvirtuando o entendimento de alguns aplicadores do Direito.

Pressionados pela mídia – na maioria das vezes desqualificada ou, ao menos, sem o devido preparo para tratar o assunto – alguns profissionais do Direito estão rasgando seus diplomas e deixando de lado tudo o que estudaram na faculdade com a desculpa de se fazer justiça. Frequentemente nos deparamos com "juristas" da mídia e até repórteres falando em "dolo eventual", em "o motorista embriagado assume o risco de produzir o resultado" etc. Ao ouvir tais comentários nos perguntamos se essas pessoas realmente sabem o que dizem.

O intuito deste ponto é explicar de maneira clara e objetiva toda a problemática que envolve esse tema, possibilitando o entendimento do leitor, ainda que ele não seja da área jurídica. Como se trata de uma questão que aflige toda a sociedade é justo que o cidadão comum entenda todos os pontos que cercam esse assunto.

De início, já deixamos clara nossa opinião no sentido de que na maioria dos casos em que houver morte no trânsito e motorista embriagado, o fato será mais bem enquadrado no artigo 302 do Código de Trânsito Brasileiro. Em outras palavras, tratar-se-á de um crime de homicídio culposo na direção de veículo automotor, em que o agente não teve a intenção de matar.

A seguir, passaremos a discorrer sobre o tema e fundamentar nossa opinião.

2.27.2.1. Dolo eventual e culpa consciente

Rogério Greco nos ensina que "dolo é a vontade e consciência dirigidas à conduta prevista no tipo penal incriminador".[66] De maneira ainda mais simplificada, podemos afirmar que há dolo quando uma pessoa possui a vontade e a consciência de cometer um crime.

Se, por exemplo, um sujeito durante uma caçada confunde o amigo com um animal e atira nele, vindo a matá-lo, tal indivíduo não pode ser responsabilizado pelo crime previsto no artigo 121, *caput*, do Código Penal (homicídio doloso), uma vez que ele não tinha a consciência de que atirava contra seu amigo. Nesse caso, o dolo deve ser afastado, restando configurado um erro de tipo, previsto no artigo 20 do Estatuto Repressor.

Da mesma forma, o dolo é afastado se não houver a vontade do agente em praticar determinado crime. Se uma pessoa é coagida fisicamente a empurrar uma outra pessoa de um penhasco, ela não atua com vontade e, portanto, não atua com dolo.

---

[66] GRECO, Rogério. *Op. cit.*, p. 183.

CAPÍTULO III PRISÕES PROVISÓRIAS

Sem nos preocupar em esmiuçar todo o estudo do dolo e suas teorias, podemos resumir que nosso Código Penal adotou, de acordo com a maioria da doutrina, as teorias da vontade e do assentimento.

Segundo a teoria da vontade, dolo seria a vontade livre e consciente de querer praticar uma infração penal. Já a teoria do assentimento defende que atua com dolo aquele que, antevendo como possível o resultado lesivo com a prática de sua conduta, mesmo não o querendo diretamente, não se importa com sua ocorrência, assumindo o risco de produzi-lo.[67]

Assim, com base no artigo 18, inciso I, do Código Penal, podemos dividir o dolo em duas espécies: *dolo direto* (teoria da vontade, em que o agente quer, efetivamente, cometer a conduta descrita no tipo) e *dolo eventual* (teoria do assentimento, na qual o agente, embora não querendo diretamente praticar o crime, não deixa de agir e, com isso, assume o risco de produzir o resultado).

No dolo eventual o agente vislumbra a possibilidade de ocorrer um resultado não querido diretamente, mas não deixa de seguir com sua conduta, assumindo o risco de produzi-lo. Nesses casos o agente pouco se importa com o que poderá acontecer, para ele tanto faz, o resultado é indiferente.

Com relação ao delito culposo, Mirabete o define como "a conduta humana voluntária (ação ou omissão) que produz resultado antijurídico não querido, mas previsível, e excepcionalmente previsto, que podia, com a devida atenção, ser evitado".[68]

São elementos do crime culposo: I) conduta humana voluntária; II) inobservância do dever objetivo de cuidado, manifestada por meio de uma negligência, imprudência ou imperícia; III) resultado lesivo não querido, tampouco assumido; IV) nexo de causalidade entre a conduta e o resultado; V) previsibilidade; e VI) tipicidade (o crime culposo só se configura quando houver expressa previsão legal).

Entre as espécies de culpa, interessa-nos para esta obra apenas a denominada *culpa consciente*. Esta se caracteriza quando o agente prevê a ocor-

---
[67] GRECO, Rogério. *Op. cit.*, p. 186.
[68] MIRABETE, Júlio Fabrini. *Manual de Direito Penal – Parte Geral. Op. cit.*, p. 138.

rência de um resultado danoso, mas não deixa de agir, pois acredita, sinceramente, que será capaz de evitá-lo.

Com a intenção de facilitar o entendimento do leitor, vale destacar a diferença entre o dolo eventual e a culpa consciente, haja vista que eles possuem certa similaridade. No dolo eventual o agente prevê a possibilidade de ocorrer um resultado danoso, mas não deixa de dar seguimento a sua conduta, já que para ele tanto faz, ele aceita a produção do resultado. Na culpa consciente, por outro lado, o agente prevê o resultado, mas jamais o aceita como possível. Nesse caso ele se importa com a ocorrência do resultado e acredita que não irá produzi-lo.

Por tudo o que foi dito, é possível notar a dificuldade de se definir em um caso concreto a diferença entre dolo eventual e culpa consciente, haja vista que, para tanto, nós precisaríamos ingressar no subconsciente do agente. Desse modo, caro leitor, já podemos concluir que a problemática envolvendo morte no trânsito e embriaguez ao volante não é tão simples como parece. No próximo tópico abordaremos o tema de maneira mais específica.

2.27.2.2. Embriaguez ao volante e morte: tipificação

Este estudo tem como objetivo principal desmistificar a seguinte fórmula matemática: embriaguez ao volante + morte no trânsito = homicídio doloso na modalidade dolo eventual (art. 121 c/c art. 18, inciso I, segunda parte).

Conforme já adiantamos, a tipificação da conduta irá variar de acordo com a análise do caso concreto. Entretanto, defendemos que, em regra, esse fato será mais bem enquadrado no artigo 302 do CTB (homicídio culposo na direção de veículo automotor), senão vejamos.

Primeiramente, devemos fazer-nos as seguintes perguntas: será que o motorista embriagado prevê a morte de alguém no momento em que se dispõe a dirigir nesse estado? Aqui não vemos muitos problemas, sendo perfeitamente viável que um motorista embriagado preveja a possibilidade de se envolver em um acidente devido a seu estado de embriaguez. Agora,

CAPÍTULO III   PRISÕES PROVISÓRIAS

será que esse motorista *aceita* ser o causador da morte de uma pessoa no momento em que liga seu carro?

Para responder a essa pergunta nós precisamos despir-nos de qualquer preconceito e sermos sinceros e honestos. Em princípio, não nos parece que o motorista embriagado aceite produzir o resultado morte. Na maioria absoluta dos casos, esse motorista age acreditando, sinceramente, que tem capacidade para conduzir seu veículo sem provocar qualquer acidente e, de forma alguma, ele aceita ser o causador da morte de uma pessoa.

Nós defendemos o entendimento de que, repita-se, na maioria dos casos, o motorista embriagado age de maneira culposa. Para tanto, basta analisar a conduta com base nos elementos do delito culposo. Assim, podemos afirmar que esse motorista teve uma conduta voluntária, conduta esta que deixou de observar um dever objetivo de cuidado, manifestado por meio de uma *imprudência*, que acabou gerando um resultado lesivo (morte) não querido, nem tampouco assumido, mas que era previsível devido a seu estado de embriaguez, sendo este fato tipificado no artigo 302 do CTB.

Salientamos que deve ser afastada qualquer fórmula matemática sobre o assunto, sendo imprescindível a análise do caso concreto. A opção entre dolo eventual e culpa consciente deve pautar-se em dados objetivos, palpáveis, uma vez que não é possível entrar no subconsciente do agente para saber se ele aceitou ou não a produção do resultado.

Como exemplo, citamos o exame pericial realizado no local do crime. Imaginemos o caso em que um motorista embriagado atropele e mate duas crianças que brincavam na calçada da porta de casa. Por meio do laudo pericial, é possível constatar se o motorista acionou os freios antes do atropelamento. Caso tenha freado, isso significa que ele não aceitou a produção do resultado. Se ele tivesse aceitado o atropelamento, não teria acionado os freios no intuito de evitar a ocorrência do resultado. Sendo assim, não podemos falar em dolo eventual nessa situação.

Outro ponto que merece destaque e que fundamenta nossa posição é a observação feita por Rogério Greco no que se refere à tentativa e ao dolo eventual. O autor defende ser impossível a tentativa nessa modalidade de dolo e cita como exemplo o caso em que um motorista embriagado causa a morte de duas pessoas e fere outras três. Nessa situação, se admitirmos a tentativa em dolo eventual, o agente deverá responder pelo homicídio doloso de duas pessoas e mais três tentativas.

Indo mais além, imaginem o caso de um motorista embriagado que foge de uma blitz da polícia e, assim, comete barbaridades no trânsito, trafegando em velocidade excessiva, andando na contramão etc. Em certo ponto, esse motorista atropela e mata duas pessoas. Para aqueles que defendem a aplicação do dolo eventual, a conduta deveria ser enquadrada no artigo 121 do Código Penal.

Entretanto, se no mesmo exemplo o motorista não tivesse causado qualquer resultado danoso a terceiros, onde enquadraríamos sua conduta? Ora, se admitido o dolo eventual no primeiro caso, também devemos admiti-lo no segundo. Sendo assim, o agente deveria responder pela tentativa de homicídio (dolo eventual) de todas as pessoas que passaram por ele durante seu trajeto desde o momento em que deu início a sua fuga. Parece-nos que tal hipótese seria um tanto absurda, já que seria impossível constatar todas as vítimas.

O argumento utilizado para a aplicação do dolo eventual nessas situações é no sentido de que o motorista que se dispõe a dirigir em estado de embriaguez também assume o risco de produzir um resultado lesivo a terceiros. Se a ação foi livre na causa, ou seja, no momento em que ele se dispôs a fazer uso de bebidas alcoólicas, também deve responder pelo resultado advindo de sua conduta (teoria da *actio libera in causa*).

Analisando friamente essa questão, concluímos que o motorista embriagado não consome bebidas alcoólicas com o objetivo de causar um acidente e matar alguém. Na verdade, sua conduta foi imprudente, na medida em que ele deixou de observar os cuidados necessários para conduzir um veículo. O próprio Supremo Tribunal Federal decidiu recentemente que a teoria da *actio libera in causa* não pode ser aplicada nos casos de acidente de trânsito com vítima.[69] Isto, pois, esta teoria tem aplicação quando o agente faz uso de bebidas alcoólicas com a intenção de praticar um crime.

Vale destacar que nós nos solidarizamos com os familiares das vítimas desses crimes e nos revoltamos com esses acontecimentos, contudo, a ado-

---

[69] HC-107.801/STF.

ção de medidas de política criminal não pode sobrepor-se ao princípio da legalidade. Cabe ao legislador alterar o artigo 302 do CTB e impor uma pena mais severa para os motoristas que causem lesão ou morte no trânsito devido a seu estado de embriaguez.

Por fim, reiteramos que, excepcionalmente, será possível a aplicação do dolo eventual no crime em estudo. Vejamos o exemplo em que um indivíduo revoltado com o fim do namoro vai até a rua de sua ex-namorada e começa a realizar manobras perigosas com seu carro. Como o local estava cheio de crianças, o motorista adverte as mães para tirá-las da rua porque algo de pior podia acontecer-lhes e ainda destaca que pouco se importava com isso.

Nessa situação não temos dúvidas em aplicar o dolo eventual, sendo o motorista responsabilizado pelo delito previsto no artigo 121, *caput*, do Código Penal, nos termos do artigo 18, inciso I, segunda parte do mesmo Estatuto Repressor. Ademais, ele também deverá responder pelo delito previsto no artigo 306 do CTB.

Ante o exposto, concluímos que o motorista embriagado que provocar uma morte no trânsito deve responder, em regra, pelo delito previsto no artigo 302 do CTB (homicídio culposo na direção de veículo automotor). Entendemos que, na maioria dos casos, o agente age com culpa consciente, acreditando, sinceramente, que é capaz de evitar um resultado danoso a terceiros. O fato de o motorista estar embriagado não significa, por si só, que ele assumiu o risco de causar a morte de alguém.

Excepcionalmente, contudo, o motorista embriagado poderá responder por homicídio doloso, na modalidade dolo eventual. Para tanto, deve restar bem caracterizado no processo o fato de ele haver assumido o risco de causar o resultado morte, o que não é fácil.

Os operadores do Direito, como técnicos no assunto, devem analisar os fatos de maneira imparcial e equidistante, fundamentando suas decisões no princípio da legalidade, não se deixando levar pelo clamor da sociedade e da grande mídia. Essa pressão por justiça deve ser direcionada aos membros do Congresso Nacional, que precisam sair de seu estado de inércia e adequar a lei a nossa triste realidade.

2.28. Auto de prisão em flagrante delito: formalidades

Já vimos anteriormente que qualquer um do povo pode efetuar a prisão daquele que se encontre em flagrante delito. A própria Constituição da República abre essa possibilidade em seu artigo 5º, inciso LXI. Sendo assim, pode-se afirmar que a prisão em flagrante constitui uma exceção em matéria prisional, haja vista que é a única modalidade de prisão que independe de ordem escrita e fundamentada da autoridade judiciária competente.

É justamente por isso que a prisão em flagrante deve ser formalizada ou documentada em um auto. É com base nessa peça, de atribuição da autoridade de polícia judiciária, que o juiz analisa a legalidade da prisão e se justifica a restrição da liberdade do conduzido.

Daniela Cristina Rio Gonçalves ensina que autuar consiste

> em reduzir a auto, a documento, em documentar um ato. O auto de prisão em flagrante é, portanto, a ata que documenta os motivos e as circunstâncias que rodearam a efetivação da prisão do conduzido surpreendido em situação de flagrância, para que possa valer como prova de sua ocorrência.[70]

Lembramos que cabe ao delegado de polícia efetuar a primeira análise da legalidade da prisão do conduzido, sendo que, se realmente restar caracterizado o crime e o estado flagrancial, deve ser lavrado o auto de prisão em flagrante, observando-se sempre todos os direitos do preso.

Por outro lado, se a autoridade policial entender que não é o caso de prisão em flagrante, seja porque o conduzido não foi detido em uma das circunstâncias previstas no artigo 302 do CPP, seja porque não restou caracterizado o crime, ou, ainda, porque está faltando alguma formalidade essencial ao ato, como a representação da vítima ou de seu representante legal, por exemplo, o auto não será lavrado.

---

[70] Rios Gonçalves, Daniela Cristina. *Prisão em Flagrante*. São Paulo: Editora Saraiva, 2004, p. 67.

Da mesma forma, o auto de prisão não será efetivado se, após a oitiva do condutor da ocorrência, das testemunhas, da vítima e do conduzido, não restar *fundada suspeita* de autoria, de acordo com o artigo 304, § 1º, do CPP. É com fulcro nesse dispositivo que entendemos possível o relaxamento da prisão em flagrante pelo próprio delegado de polícia.

Hélio Tornaghi,[71] entretanto, entende que o auto de prisão deve sempre ser lavrado, ainda que a autoridade policial se convença de que a prisão foi ilegal, devendo, nessa hipótese, não recolher o conduzido à prisão. Segundo o autor, "o auto será instrumento hábil para documentar fatos que ocorreram (prisão de alguém, sua condução até a presença da autoridade, sua apresentação como autor do crime etc.) e que têm relevância jurídica. Servirá ele, então, para que se possa aquilatar a responsabilidade de quem efetuou a prisão (art. 350, Código Penal) e o acerto ou desacerto da autoridade policial".

Os ensinamentos do renomado autor são de grande valia, mas no dia a dia policial seria impossível a lavratura do auto em todos os casos apresentados em um plantão de polícia judiciária. Na prática, quando o delegado de polícia entende que não é caso de prisão em flagrante, é elaborado apenas um boletim de ocorrência, devendo a decisão ser fundamentada no próprio histórico do registro.

Recomendamos a lavratura do auto apenas naqueles casos mais complicados, sendo que, ao final, o preso não é recolhido ao cárcere, com base no artigo 304, § 1º, do CPP.

2.29. Autoridade competente para a lavratura do auto

Conforme restou claro até aqui, a lavratura do auto de prisão em flagrante, em regra, é de competência (atribuição) do delegado de polícia. Contudo, excepcionalmente o auto poderá ser lavrado por outras autoridades, senão vejamos:

---
[71] TORNAGHI, Hélio. *Op. cit.*, p. 513.

a) Nos crimes praticados nas dependências da Câmara dos Deputados ou do Senado Federal, a autoridade competente para a lavratura do flagrante será a mesa diretora ou o parlamentar previamente indicado conforme o regimento interno (Súmula 397 do STF).

b) As comissões parlamentares de inquérito também poderão lavrar o auto de prisão em flagrante quando o delito for praticado durante a sessão.

c) Em se tratando de crimes previstos no Código Penal Militar, o auto será lavrado pelo oficial militar indicado para esta função.

d) A autoridade judicial também poderá lavrar o auto de prisão quando o crime for cometido em sua presença ou contra sua pessoa, desde que esteja no exercício de suas funções (art. 307, do CPP). Caso contrário, o juiz poderá efetuar apenas a prisão-captura, como qualquer um do povo, mas a lavratura do auto será feita pelo delegado de polícia, de acordo com seu entendimento. Destaque-se, por derradeiro, que caso o magistrado opte pela lavratura do auto de prisão em flagrante, o que é raríssimo, diga-se, ele ficará automaticamente impedido de atuar neste mesmo processo em respeito ao princípio da imparcialidade do juiz.

2.30. Local da lavratura do auto

O artigo 70 do CPP estabelece que o juiz competente seja aquele do lugar onde se consumar a infração. Por outro lado, o artigo 290 do mesmo estatuto prevê que o preso deve ser apresentado à autoridade policial do local onde for efetivada a prisão.

Desse modo, se a infração for consumada em uma cidade, mas a prisão-captura ocorrer em outra, o auto de prisão em flagrante deverá ser lavrado nesta última. A comunicação da prisão também deve ser feita ao juiz desta mesma comarca, sendo os autos remetidos ao juízo competente em momento posterior.

É mister salientar que, caso ainda seja necessária mais alguma diligência investigativa, o inquérito policial instaurado por meio do auto de prisão em flagrante deverá ser encaminhado ao delegado de polícia do local da infração.

Sem embargo, o artigo 308 do Código de Processo Penal determina que se no lugar da prisão não houver autoridade policial, o preso poderá ser apresentado à do local mais próximo.

2.31. Prazo para a lavratura do auto

A nova Lei 12.403/2011 que alterou significativamente o Código de Processo Penal brasileiro perdeu uma boa oportunidade de pôr fim a uma controvérsia que perturba nossa doutrina: o prazo para a lavratura do auto de prisão em flagrante.

O artigo 304 do CPP, que não sofreu qualquer alteração com a reforma processual, passa a ideia de que o auto deve ser lavrado *incontinenti* à apresentação do preso. Parece que é esse o entendimento mais correto, uma vez que seria inconcebível constranger as partes envolvidas na ocorrência, especialmente a vítima, a esperar longas horas até a formalização da prisão.

Deve-se ter em mente que a vítima já passou por grandes transtornos e traumas em virtude do crime e, sendo assim, não pode ser vitimada novamente dentro de uma delegacia de polícia. Desse modo, cabe à autoridade policial dar total prioridade à análise do flagrante, lavrando o auto tão logo forme seu convencimento acerca dos fatos que lhe são apresentados.

Nesse diapasão, Roberto Delmanto Junior entende que

> o auto de prisão em flagrante deve ser lavrado imediatamente, inclusive interrompendo-se outras atividades policiais, como oitiva de testemunhas em inquéritos, interrogatórios etc., salvo a hipótese em que se esteja lavrando outro auto de prisão em flagrante delito, ou ainda, como mencionado, de se estar aguardando a chegada do advogado, por tempo aceitável.[72]

O artigo 306, do Código de Processo Penal, já com a redação dada pela Lei 12.403/2011 dispõe:

---

[72] DELMANTO JUNIOR, Roberto. *As modalidades de prisão provisória e seu prazo de duração*. 2 ed. Rio de Janeiro: Renovar, 2001, p. 119 e 120.

> Art. 306. A prisão de qualquer pessoa e o local onde se encontre serão comunicados imediatamente ao juiz competente, ao Ministério Público e à família do preso ou à pessoa por ele indicada.
>
> § 1º Em até 24 (vinte e quatro) horas após a realização da prisão, será encaminhado ao juiz competente o auto de prisão em flagrante e, caso o autuado não informe o nome de seu advogado, cópia integral para a Defensoria Pública.
> § 2º No mesmo prazo, será entregue ao preso, mediante recibo, a nota de culpa, assinada pela autoridade, com o motivo da prisão, o nome do condutor e o das testemunhas.

Percebe-se que o dispositivo está absolutamente de acordo com o previsto no artigo 5º, inciso LXII da Constituição da República, tendo o Código apenas acrescentado a exigência de comunicação da prisão ao Ministério Público.

Sem embargo, o § 1º, do artigo 306, estabelece que a comunicação da prisão ao juiz competente deve ser feita em até 24 horas. No mesmo prazo, deve ser entregue nota de culpa ao preso. Com base nessas determinações, alguns autores entendem que o prazo para a lavratura do auto de prisão em flagrante é de 24 horas.[73]

Data máxima vênia, não é esse nosso entendimento. Conforme salientado adrede, o auto deve ser lavrado imediatamente, sendo que apenas a comunicação da prisão é que poderá ser efetivada em até 24 horas. Mesmo em relação a essa comunicação, o ideal é que ela seja feita tão logo o auto esteja encerrado.

Entendemos que esse interregno de 24 horas se aplica somente naqueles casos excepcionais em que o atraso seja justificável (vários flagrantes ao mesmo tempo, muitas pessoas para serem ouvidas, ou quando o delegado de polícia não resida na cidade da prisão). Do contrário, o auto de prisão deve ser lavrado incontinenti a sua apresentação.

---

[73] Nesse sentido, Julio Fabbrini Mirabete. *Processo Penal*. 16 ed. São Paulo: Editora Atlas, 2004, p. 362.

CAPÍTULO III PRISÕES PROVISÓRIAS

2.32. Comunicação da prisão à família e ao advogado

Vimos acima que o artigo 306 do CPP, seguindo o artigo 5º, inciso LXII, da Constituição da República, estabelece ser direito do preso ter sua prisão comunicada a seu advogado, a sua família ou a outra pessoa por ele indicada.

O objetivo dessa determinação é, justamente, coibir prisões arbitrárias, fornecendo ao preso condições de poder defender-se das acusações que lhe são feitas, consagrando, assim, o princípio da ampla defesa. Ademais, deve-se ressaltar que a comunicação da prisão à família também visa dar suporte moral e psicológico ao preso.

É dever do delegado de polícia, como garantidor dos direitos individuais de todos os envolvidos em ocorrências policiais, assegurar o devido cumprimento de tais determinações.

Com relação à comunicação da prisão à família do preso, é de bom alvitre que a autoridade de polícia judiciária faça constar no próprio interrogatório do indiciado o nome da pessoa indicada por ele, seu telefone e endereço. Adverte-se, todavia, que se trata de um direito disponível do preso, que pode optar por não comunicar sua prisão a qualquer pessoa.

No que diz respeito à assistência técnica, o ideal seria que em cada distrito policial houvesse um advogado de plantão. Isto, pois, na prática, a maioria das prisões é efetivada sem a presença de um defensor.

Ciente desse problema, a nova Lei 12.403/2011, que altera o Código de Processo Penal, determina em seu artigo 306, § 1º, que, em até 24 horas da realização da prisão em flagrante, deve ser encaminhada cópia integral do auto para a Defensoria Pública,[74] caso o autuado não forneça o nome de seu advogado.

Sem embargo, vale destacar as lições de Andrey Borges de Mendonça no sentido de que tal determinação seria de questionável constitucionalidade, uma vez que, nos termos dos artigos 5º, inciso LXXIV, e 134, da Constituição da República, a Defensoria Pública se destina à assistência jurídica

---

[74] No Estado de São Paulo, essa comunicação à Defensoria Pública é feita automaticamente por meio do sistema de Registro Digital de Ocorrências (RDO), via intranet.

dos necessitados, desde que comprovada a insuficiência de recursos. Sendo assim, não caberia à legislação ordinária ampliar suas atribuições para conferir assistência jurídica a pessoas não necessitadas. Percebe-se, no caso, que haverá um desvio de finalidade e dos parcos recursos das Defensorias Públicas, já tão desprestigiadas pelo Estado, infelizmente.[75]

Aliás, é bom que se diga, não conseguimos enxergar o porquê de haver disparidades salariais entre os membros do Ministério Público e os Defensores Públicos. Por que o Estado dá mais valor ao órgão acusador do que ao defensor? Ora, é claro que os melhores profissionais tendem a buscar os melhores salários. Consequentemente, uma instituição tende a se qualificar mais que a outra. Por tudo isso e apenas de maneira crítica, deixamos essa reflexão ao leitor.

Por fim, é mister não olvidar que a inobservância dos direitos elencados nesse ponto tornam ilegal a prisão em flagrante, podendo o auto ser relaxado pela autoridade judicial. Da mesma forma, o delegado de polícia poderá responder pelo crime de abuso de autoridade.

2.33. Oitiva de todos os envolvidos na ocorrência

O artigo 304 do Código de Processo Penal determina a sequência que deve ser observada pela autoridade policial no momento da lavratura do auto de prisão em flagrante. Primeiramente, devem ser ouvidos os depoimentos do condutor e das testemunhas. Após, é colhida a declaração da vítima e, por fim, o interrogatório do conduzido.

A exigência de priorizar a oitiva do condutor objetiva a liberação do policial para que ele possa voltar a suas atividades o quanto antes, privilegiando, assim, a segurança da sociedade.

Daniela Cristina Rios Gonçalves, com base no artigo 304 do Código de Processo Penal, leciona que

---

[75] BORGES DE MENDONÇA, Andrey. *Op. cit.*, p. 204-205.

o condutor há de ser a primeira pessoa a prestar depoimento, seguindo-lhe a oitiva de pelo menos duas testemunhas, em face da alusão, no plural, inscrita no referido dispositivo, podendo o condutor, para completar o mínimo legal, ser considerado uma delas.[76]

Em seguida, a vítima é ouvida em declarações acerca dos fatos. Entendemos que essa oitiva deve ser feita na ausência do preso, uma vez que, do contrário, ela ficaria inevitavelmente constrangida.

Nesse caso, os direitos do preso ao contraditório e à ampla defesa não seriam cerceados, haja vista que, antes de seu interrogatório, ele teria ciência de tudo o que lhe está sendo imputado.

É por meio do interrogatório que o preso exerce seu direito de autodefesa, rebatendo todas as acusações que lhe são feitas e fornecendo sua versão sobre os fatos. Contudo, antes de proceder ao interrogatório do conduzido, o delegado de polícia deve dar-lhe ciência de todos os seus direitos constitucionais, especialmente o de se consultar com um advogado e o de permanecer em silêncio.

O interrogatório configura-se como uma formalidade essencial ao ato, sendo que sua ausência acarreta na nulidade do auto de prisão em flagrante. Apenas quando for impossível a oitiva do preso, esta omissão será relevada (quando o conduzido estiver hospitalizado, por exemplo).

Com relação ao direito do preso de permanecer em silêncio e não produzir provas contra si mesmo (*nemo tenetur se detegere*), Roberto Delmanto Junior consigna que "são inadmissíveis os verdadeiros 'interrogatórios' efetuados por policiais, já no exato momento da prisão e também durante a condução do preso até à autoridade policial, a fim de se proceder à lavratura do auto de prisão em flagrante, sem qualquer informação de seu direito ao silêncio ou maior formalidade".[77]

Lembramos, porém, que o direito do conduzido de permanecer em silêncio não se estende às informações acerca de suas qualificações pessoais, podendo, conforme o caso, responder pelo delito previsto no artigo 307 do Código Penal (falsa identidade) ou pela contravenção penal do artigo 68 da Lei de Contravenções Penais (recusa de dados sobre a própria identidade ou qualificação).

---

[76] RIOS GONÇALVES, Daniela Cristina. *Op. cit.*, p. 84.
[77] DELMANTO JUNIOR, Roberto. *As modalidades de prisão provisórias e seu prazo de duração. Op. cit.*, p. 117.

2.34. Nota de culpa

O § 2º do artigo 306 do Código de Processo Penal determina que deve ser entregue nota de culpa ao preso no prazo máximo de 24 horas. O dispositivo legal está em consonância com a Constituição da República e objetiva fornecer ao criminoso os motivos de sua prisão e os responsáveis por ela.

A entrega da nota de culpa consiste em mais uma consagração do princípio da ampla defesa. Com base nela, o preso poderá consultar seu advogado e traçar o melhor rumo para se defender em juízo.

Daniela Cristina Rios Gonçalves define a nota de culpa como um "documento escrito, assinado pela autoridade, que é entregue ao preso para informa-lhe dos motivos da prisão, os nomes do condutor e das testemunhas, e que tem por principal finalidade garantir o direito de resguardo de sua liberdade contra abusos e o exercício da ampla defesa".[78]

Justamente por isso, a nota de culpa transforma-se em uma das principais formalidades do auto de prisão em flagrante, merecendo uma atenção especial por parte do delegado de polícia. Assim, não basta uma simples menção ao tipo penal imputado ao preso, sendo necessária uma perfeita descrição dos fatos, afinal, é sobre eles que deve recair a acusação.

2.35. Auto de prisão em flagrante e o juiz de direito

Para encerrar o tema em estudo, daremos destaque ao papel da autoridade judicial no momento da análise do auto de prisão em flagrante delito.

Já foi mencionado anteriormente que cabe ao delegado de polícia efetuar a primeira análise da legalidade da prisão em flagrante de uma pessoa, atuando, assim, como um operador do direito e garantidor dos direitos individuais de todas as pessoas envolvidas em uma ocorrência policial.

---

[78] RIOS GONÇALVES, Daniela Cristina. *Op. cit.*, p. 99.

CAPÍTULO III PRISÕES PROVISÓRIAS

Contudo, a legalidade da prisão em flagrante também deve ser submetida ao crivo do Poder Judiciário. Antes da Lei 12.403/2011, os magistrados não tinham o hábito de fundamentar suas decisões nesse momento, manifestando-se apenas no sentido de ratificar ou não a prisão.

Com o advento da nova Lei, o artigo 310 do Código de Processo Penal passou a determinar que, ao receber o auto de prisão em flagrante, o juiz deverá *fundamentadamente* decidir pelo relaxamento da prisão, pela conversão da prisão em flagrante em preventiva ou conceder liberdade provisória, com ou sem a imposição de outra medida cautelar.

Cabe ao juiz, portanto, relaxar a prisão em flagrante sempre que constatar alguma ilegalidade nesse ato. Desse modo, a prisão que não observar as formalidades legais acima estudadas, deve ser relaxada pelo Poder Judiciário (exemplos: inobservância do artigo 302 do CPP; ausência de comunicação da prisão à família do preso ou outra pessoa por ele indicada; não comunicação do flagrante ao juiz competente, ausência de tipicidade etc.).

Por outro lado, se a prisão estiver formalmente legal e o juiz entender que estão presentes os requisitos da prisão preventiva (art. 312 do CPP), ele deve converter o flagrante para aquela modalidade prisional.

Chamamos a atenção do leitor no sentido de que nessa modalidade de prisão preventiva (*convertida*), não é necessária a presença das condições previstas no artigo 313 do CPP. Assim, o flagrante pode ser convertido em prisão preventiva, independentemente da pena máxima cominada ao crime, haja vista que o artigo 310, inciso II, do CPP, só determina a observância dos fundamentos previstos no artigo 312 (*periculum in libertatis*).

Deve-se destacar, outrossim, que, conforme o artigo 282, § 6º, do CPP, a prisão preventiva tem um caráter subsidiário, só podendo ser decretada em último caso, sempre que as demais medidas cautelares se mostrarem insuficientes ou inadequadas à gravidade do fato.

Nesse ponto, uma reflexão se faz necessária. Considerando o disposto nos artigos 282, § 2º, e 311, do CPP, o juiz fica impedido de decretar medidas cautelares de ofício durante a fase investigatória. Não obstante, o artigo 310, inciso II, permite que o magistrado converta o flagrante em preventiva, não fazendo qualquer menção a sua prévia provocação, o que, numa primeira análise, passa a impressão de que ele estaria agindo de ofício. Desse modo, pode-se afirmar que esse dispositivo seria uma exceção à regra de que o juiz não pode agir de ofício na fase investigatória?

Entendemos que a resposta só pode ser negativa. Na verdade, nessa modalidade de prisão preventiva (convertida), o auto de prisão em flagrante funciona como uma espécie de representação da autoridade policial. Diferentemente do Ministério Público, por exemplo, que requer a prisão preventiva, o delegado de polícia "representa" pela decretação da medida. Esta representação objetiva, justamente, levar ao conhecimento do juiz os fatos que fundamentam a adoção desta *extrema ratio*. Sendo assim, pode-se afirmar que o auto de prisão em flagrante possui a mesma função, servindo para dar ciência ao magistrado sobre os fatos criminosos ocorridos, que, eventualmente, exigem a decretação da prisão preventiva.

Por tudo isso, concluímos que, ao converter o flagrante em prisão preventiva, o juiz não age de ofício, uma vez que está sendo *provocado* a se manifestar por meio do auto de prisão em flagrante, que como uma medida pré-cautelar expõe o preso e as circunstâncias de sua prisão à análise do Poder Judiciário, para que este órgão decida sobre a necessidade da medida a ser adotada. Conclui-se, destarte, que nessas condições o auto de prisão em flagrante acaba funcionando como uma espécie de representação tácita da autoridade de polícia judiciária.

Subsidiando esse raciocínio, lembramos que, mesmo antes da Lei 12.403/2011, sempre foi possível a concessão, pelo juiz, de liberdade provisória mediante fiança em benefício do preso em flagrante, sendo que esse fato nunca foi questionado pela doutrina, muito embora se trate, aparentemente, de uma medida cautelar decretada de ofício, vale dizer, sem a provocação do Ministério Público ou do delegado de polícia. Parece-nos que, assim como no caso da conversão do flagrante em preventiva, o próprio auto de prisão em flagrante acaba servindo para provocar a manifestação do Poder Judiciário.

Advertimos, entretanto, que na prática é recomendável que o delegado de polícia represente pela conversão da prisão em flagrante em prisão preventiva sempre que vislumbrar sua necessidade. Tal representação poderá ser feita no próprio auto de prisão em flagrante ou em petição apartada a ser enviada ao juiz juntamente com a comunicação da prisão.

CAPÍTULO III PRISÕES PROVISÓRIAS

Por derradeiro, o magistrado poderá, nos termos do artigo 310, inciso III, do CPP, conceder ao preso liberdade provisória, com ou sem a imposição de outra medida cautelar. Lembramos que a regra em nosso ordenamento jurídico, com base no princípio da presunção de não culpabilidade, é que ninguém será considerado culpado até o trânsito em julgado da sentença penal condenatória.

Diante dessa determinação constitucional, pode-se afirmar que, em regra, a persecução penal deve ser realizada com o acusado/imputado em liberdade. Desse modo, a liberdade provisória constitui uma medida cautelar que deve ser obrigatoriamente concedida ao preso em flagrante, desde que não estejam presentes os requisitos da prisão preventiva.

Tais requisitos funcionam como fundamentos para a não concessão da liberdade provisória e, ao mesmo tempo, justificam a exceção ao princípio da presunção de não culpabilidade.

Assim, a prisão em flagrante consiste numa medida pré-cautelar com prazo máximo determinado (24 horas), que objetiva colocar o preso e as circunstâncias de sua prisão sob a análise do magistrado, para que ele decida sobre a necessidade da medida a ser adotada de acordo com o caso concreto. Entretanto, vale repetir, a regra é a liberdade provisória incondicionada. Se o juiz entender necessária a imposição de alguma medida cautelar diversa da prisão, ele deve fundamentar sua decisão seguindo as premissas do artigo 282, do CPP, sendo que apenas em último caso o flagrante deve ser convertido em prisão preventiva.

Questão interessante e pouco abordada pela doutrina refere-se aos casos em que o magistrado, ao analisar o auto de prisão em flagrante, concede liberdade provisória mediante fiança em benefício do preso, mas este deixa de pagá-la. Nessas situações, surge a seguinte pergunta: a que título se mantém essa prisão? Isto, pois, a prisão em flagrante não é autônoma e não pode justificar a restrição da liberdade do detido, que apenas se fundamenta com sua conversão em prisão preventiva.

A abordagem sobre essa questão deve ser dividida em dois aspectos, senão vejamos. Se o preso deixar de pagar a fiança porque não tem condições financeiras para tanto, caberá ao juiz diminuir o valor dessa medida cautelar liberatória ou até dispensá-la nos termos do artigo 325, § 1º, incisos I e II, do Código de Processo Penal.

Por outro lado, se o preso deixar de pagar a fiança mesmo reunindo condições financeiras para isso, caberá ao juiz, de acordo com o caso, substituir essa medida cautelar por outra diversa da prisão ou até decretar a preventiva em virtude do descumprimento da medida anteriormente decretada, conforme expresso no artigo 312, Parágrafo Único, c/c artigo 282, §§ 4º e 6º, do Código de Processo Penal.

Nesse contexto, não é possível que a prisão em flagrante perdure por um ou dois meses aguardando o pagamento da fiança fixada. É preciso ter em mente que nesses casos a liberdade provisória concedida ao preso está condicionada ao pagamento da fiança. Assim, não sendo cumprida essa condição dentro de um prazo razoável, a restrição da liberdade só será justificável com a decretação da prisão preventiva. Fazendo uma analogia com o artigo 322, Parágrafo Único, do Código de Processo Penal, entendemos que o preso em flagrante teria o prazo de até 48 horas para pagar a fiança, caso contrário, o juiz estaria autorizado a substituí-la por outra medida cautelar ou até converter o flagrante em prisão preventiva, conforme já mencionado. Nessas situações, portanto, a própria prisão em flagrante seria, excepcionalmente, o fundamento para a restrição da liberdade do detido. Consequentemente, seu prazo máximo de duração, que, em regra, é de 24 horas, perduraria por até 72 horas.

Seja como for, diante do exposto, deve ficar claro que a decisão tomada pela autoridade judicial no momento da análise do auto de prisão em flagrante deve ser sempre fundamentada, o que está absolutamente de acordo com o artigo 93, inciso IX, da Constituição da República.

2.36. Prisão em flagrante e o termo inicial do prazo para a conclusão do inquérito policial

A partir da nova Lei 12.403/2011, a prisão em flagrante passou a ter um caráter pré-cautelar, na medida em que coloca o preso à disposição do Poder Judiciário, para que o magistrado competente decida, fundamentadamente, sobre a necessidade da adoção de uma medida propriamente cautelar.

CAPÍTULO III PRISÕES PROVISÓRIAS

251

Diante desse quadro, concluímos que o prazo de dez dias para o encerramento do inquérito policial, quando se tratar de indiciado preso, não se conta mais da lavratura do auto de prisão em flagrante, mas de sua conversão em prisão preventiva.

Conforme acabamos de estudar, ao analisar o auto de prisão em flagrante, o juiz deverá relaxar o flagrante ilegal, convertê-lo em prisão preventiva ou conceder liberdade provisória, com ou sem a imposição de outra medida cautelar. Assim, só haverá inquérito policial com o indiciado preso no caso da conversão da prisão em flagrante em prisão preventiva. Daí a conclusão de que é a partir dessa data que se começa a contar o prazo para o encerramento das investigações e não da lavratura do auto.

3. Prisão preventiva

3.1. Introdução

Logo no introito desta obra, devemos chamar a atenção do leitor para o fato de que a prisão preventiva constitui uma espécie de medida cautelar, diga-se: a mais grave de todas elas.

Desse modo, essa modalidade prisional apresenta as mesmas características intrínsecas em qualquer medida dessa natureza, tais como: acessoriedade, preventividade, jurisdicionalidade, provisoriedade, revogabilidade, instrumentalidade e não definitividade.

A prisão preventiva, por restringir o direito de liberdade de locomoção do indivíduo, deve ser sempre a última opção do juiz. Isto, pois, a Constituição da República consagrou em seu artigo 5º, LVII, que ninguém será considerado culpado até o trânsito em julgado da sentença penal condenatória (princípio da não culpabilidade).

Como consectário dessa determinação constitucional, pode-se afirmar que todo aquele que estiver submetido à persecução penal, terá preservado seu estado de inocência.

Assim, a única justificativa para a restrição do direito de liberdade de locomoção de um indivíduo durante o processo é, justamente, o confronto com um outro direito fundamental. Para ficar claro, temos de um lado o direito de liberdade pessoal do indivíduo e, do outro, o direito de segurança garantido a todos e os bens jurídicos estipulados no artigo 282, inciso I, do Código de Processo Penal.

Nesse ponto destacamos que o artigo 282 do CPP caracteriza-se como uma espécie de cláusula geral das medidas cautelares. A decretação de toda e qualquer medida cautelar deve observar as determinações constantes no mencionado dispositivo legal.

Com a prisão preventiva não é diferente, tanto que, conforme veremos adiante, há uma semelhança entre os bens jurídicos previstos no artigo 282, inciso I, e os fundamentos dessa medida extrema, estipulados no artigo 312 do CPP.

Feita essa observação, é interessante a lição de Valdir Sznick no sentido de que "a liberdade pessoal tem como um de seus caracteres a *sociabilidade*, daí que a constrição pessoal sofrida pelo imputado só pode ser feita como forma de repressão ou de prevenção contra qualquer manifestação grave de antissocialidade".[79]

O mesmo autor acrescenta que "é evidente o contraste entre a presunção de inocência e as prisões cautelares (preventiva, flagrante, temporária), justamente porque a prisão cautelar é imposta antes e sem qualquer condenação, violando-se, destarte, o postulado da presunção de inocência. De outro lado, há necessidade, muitas vezes, de se exercer uma medida mais drástica na garantia da ordem pública. É o conflito de bens jurídicos; daí que sendo a medida preventiva um 'mal necessário', sua imposição de ser restrita, ao máximo, aos casos urgentes e necessários".[80]

Ademais, lembramos que a adoção de medidas cautelares, como a prisão preventiva, deve pautar-se pelo postulado da proporcionalidade.[81] Na imposição de uma medida cautelar deve ser feito um juízo de ponderação

---

[79] Sznick, Valdir. *Op. cit.*, p. 433.
[80] Sznick, Valdir. *Op. cit.*, p. 436.
[81] Apesar de a maior parte da doutrina utilizar o termo "princípio da proporcionalidade", adotamos o entendimento de Humberto Ávila que defende tratar-se de um postulado normativo e não de um princípio (*Teoria dos Princípios*. 10 ed. São Paulo: Editora Malheiros, 2009, p. 163).

CAPÍTULO III PRISÕES PROVISÓRIAS

para definir qual das medidas é a mais adequada e necessária de acordo com a gravidade e as circunstancias do caso concreto, lembrando que esse postulado proíbe, outrossim, a proteção deficiente aos direitos fundamentais.

Andrey Borges de Mendonça entende que "o Poder Público somente estará observando o princípio da proporcionalidade quando, de um lado, não estipular restrições inadequadas, desnecessárias ou desproporcionais aos direitos fundamentais – *vertente negativa* – e, de outro, haja uma promoção e uma proteção eficiente e completa dos direitos fundamentais estabelecidos na Constituição – *vertente positiva*. São, em verdade, duas facetas de um mesmo fenômeno".[82]

Dessa forma, a prisão preventiva deve atuar como a *ultima ratio*, dando-se preferência a outras medidas cautelares de menor interferência nos direitos fundamentais do imputado, consagrando, assim, o princípio da dignidade da pessoa humana.

Nesse diapasão, o artigo 282 do Código de Processo Penal determina que as medidas cautelares serão adotadas observando-se sempre um critério de necessidade e adequação, sendo que o § 6º desse dispositivo estipula que a prisão preventiva só será decretada quando não for cabível sua substituição por outra medida cautelar.

Em resumo, pode-se afirmar que todas as vezes em que é negada a concessão da prisão preventiva, que, repita-se, só deve ser decretada quando outras medidas se mostrarem inadequadas e insuficientes, está decidindo-se em favor da liberdade (*pro libertate*). Sem embargo, ao se decidir pela decretação dessa cautelar, está privilegiando-se o direito de segurança, ameaçado pelo *periculum in libertates* do imputado.

3.2. Conceito e natureza jurídica

Fernando da Costa Tourinho Filho define prisão preventiva como

---

[82] BORGES DE MENDONÇA, Andrey. *Op. cit.*, p. 58.

espécie do gênero "prisão cautelar de natureza processual". É aquela medida restritiva de liberdade determinada pelo juiz, em qualquer fase do inquérito ou da instrução criminal, como medida cautelar, seja para garantir a eventual execução da pena, seja para preservar a ordem pública, ou econômica, seja por conveniência da instrução criminal.[83]

Valdir Sznick, por sua vez, ensina que a prisão preventiva

> é uma modalidade de prisão cautelar, cujo nome vem de *cavere*, do latim, ter cuidado, prevenir-se (em alemão, *Sicherung*). Cautela significa tutela, defesa, proteção. É a prisão preventiva uma garantia, uma proteção da sociedade e que acaba por atingir, isoladamente, um ou vários cidadãos.[84]

Nas lições de Andrey Borges de Mendonça, a "prisão preventiva é a prisão cautelar mais típica de nosso ordenamento jurídico. É estabelecida com o intuito de tutelar valores relacionados à persecução penal (*intraprocessuais*), assim como interesses da sociedade (*metaprocessuais*)".[85]

Para nós, a prisão preventiva é uma medida cautelar, que deve ser decretada em último caso pela autoridade judicial competente, mediante representação do delegado de polícia (durante a fase pré-processual), requerimento do Ministério Público (durante a fase pré-processual e processual), do querelante ou do assistente (no curso da ação) ou de ofício (durante a fase processual), sempre que outras medidas cautelares se mostrarem inadequadas ou insuficientes, para a garantia da ordem pública ou econômica, para assegurar a aplicação da lei penal ou por conveniência da instrução criminal.

---

[83] Tourinho Filho, Fernando da Costa. *Op. cit.*, p. 626.
[84] Sznick, Valdir. *Op. cit.*, p. 434.
[85] Borges de Mendonça, Andrey. *Op. cit.*, p. 223.

3.3. Pressupostos

Assim como toda medida cautelar, são pressupostos para a decretação da prisão preventiva: o *periculum in mora* e o *fumus boni iuris*.

Contudo, a maioria da doutrina processualista penal defende que nesta seara tais pressupostos ganham uma qualificação diferenciada: *fumus comissi delicti* (aparência criminosa do fato, constatada pela prova da existência do crime e pelos indícios suficientes de autoria) e o *periculum in libertatis* (periculosidade do agente para o processo).

Vale consignar, todavia, o entendimento de Eduardo Cabette. Segundo esse autor, os termos *periculum in mora* e *fumus boni iuris* seriam, na verdade, muito mais adequados à esfera criminal.[86]

Cabette explica que a maioria da doutrina defende que a "fumaça do bom direito" relaciona-se à legalidade da conduta do agente, o que, de fato, tornaria seu uso absurdo no campo penal. Contudo, a expressão está ligada, na verdade, à probabilidade de existência do Direito pleiteado pelo requerente da medida cautelar.

Justificando esse entendimento, o autor lembra que os defensores da expressão *fumus comissi delicti* não se atentam ao fato de que nem todas as medidas cautelares referem-se a uma coação do investigado ou do processado. Tomando por exemplo a liberdade provisória, como seria possível justificar concessão dessa cautelar por meio da "fumaça do cometimento de um delito"?

Na verdade, é o respeito ao princípio da presunção de inocência que justifica a concessão da liberdade provisória, exatamente pela presença do *fumus boni iuris* ou "fumaça do bom direito".

Com relação ao *periculum in libertatis*, Cabette utiliza-se da mesma lógica para sustentar sua inadequação ao processo penal. Como afirmar que a "manutenção do investigado/processado em liberdade" seria justificativa para a decretação da liberdade provisória? Assim, o autor insiste que esse entendimento seria absurdo.

---

[86] Cabette, Eduardo Luiz Santos. *Terminologia dos pressupostos das medidas cautelares penais. Uma visão crítica das posturas críticas.* Jus Navigandi, Teresina, ano 16, n. 2977, 26 ago. 2011. Disponível em: <http://jus.com.br/revista/texto/19854>. Acesso em: 17 nov. 2011.

Não obstante o brilhantismo e a inteligência do raciocínio desenvolvido pelo professor Cabette, adotaremos as expressões *fumus comissi delicti* e *periculum in libertatis*, devido ao fato de serem utilizadas com maior frequência pela doutrina e jurisprudência.

Passada essa fase, voltemos à análise dos pressupostos para a decretação da prisão preventiva, que, conforme mencionado anteriormente, são os mesmos das demais medidas cautelares. Assim, quando falamos em pressupostos, nós nos referimos especificamente à prova da existência do crime e aos indícios de autoria (*fumus comissi delicti*).

Salientamos que a prova da materialidade do crime é o primeiro pressuposto a ser considerado, uma vez que se não restar comprovada a ocorrência de um crime, não terá sentido o início da persecução penal. É necessário que a comprovação de um delito se faça por meio do exame de corpo de delito ou por outros elementos de informações.

Mister não olvidar que, em relação à materialidade, o legislador saiu do padrão determinado às medidas cautelares em geral, exigindo um juízo de cognição exauriente, no qual se constata a certeza sobre um fato.

Desse modo, constatada a materialidade do fato, passa-se a análise dos *indícios suficientes* de autoria. Nesse ponto o legislador voltou à regra geral, exigindo apenas um juízo de cognição sumária. A prisão preventiva, como medida cautelar que é, diferencia-se da prisão definitiva, proferida ao final de um processo cercado por todas as garantias constitucionais, especialmente pela cláusula do devido processo legal.

Para que seja decretada a prisão preventiva, basta que se verifique a probabilidade de autoria. Nesse ponto, é interessante observar a diferença feita pelo legislador quanto à certeza de autoria na decretação das prisões preventiva e temporária. Vejam que o legislador exigiu "indício suficiente" de autoria para que seja adotada a prisão preventiva. Por outro lado, ao tratar da prisão temporária, o legislador fez menção apenas às "fundadas razões" de autoria.

Já estudamos anteriormente que toda e qualquer medida cautelar exige a presença de dois requisitos genéricos: prova da materialidade do crime e indícios de autoria.

CAPÍTULO III PRISÕES PROVISÓRIAS

Contudo, temos de ter em mente que cada medida cautelar atinge de uma forma diferente o direito de liberdade do indivíduo. Na medida cautelar que determina a proibição de frequentar determinados lugares, por exemplo, a restrição da liberdade é muito menor que na prisão preventiva.

Da mesma forma, a restrição da liberdade se diferencia dependendo da modalidade de prisão que é adotada. A prisão preventiva restringe de maneira muito mais significativa a liberdade de locomoção de uma pessoa, haja vista que ela pode perdurar durante toda a persecução penal. A prisão temporária, por outro lado, possui seu prazo máximo de duração estipulado legalmente.

Por tudo isso, os requisitos para a decretação da prisão preventiva são mais rigorosos que os da prisão temporária. Nesse diapasão, entendemos que as *fundadas razões* de autoria ou participação estipuladas na Lei 7.960/1989, são menos rígidas do que as exigidas para a decretação da prisão preventiva, tanto que o próprio legislador fez essa distinção, ao exigir "indícios suficientes" de autoria nesta última modalidade prisional.

Para facilitar o entendimento do assunto, devemos levar em consideração os requisitos genéricos de toda medida cautelar, mais especificamente o que se refere aos indícios de autoria ou participação. Para se decretar a prisão preventiva, são exigidos *indícios suficientes* de autoria. Já na prisão temporária, entendemos que são exigidos *indícios mínimos* de autoria (ou fundadas razões), o que torna sua decretação sensivelmente mais viável.

É com base na prisão temporária que será possível a formação de um conjunto mais robusto de elementos de informação no que se refere à autoria. A prisão temporária parte de *indícios mínimos* (fundadas razões), mas busca *indícios suficientes* sobre autoria e participação, fundamentando, assim, a decretação da medida cautelar mais adequada ao caso. Prova disso é o fato de que, na maioria das vezes, a prisão temporária é seguida da prisão preventiva.

Sobre esse tema, vale consignar interessante lição do professor Guilherme de Souza Nucci, citado por Renato Brasileiro, no sentido de que

> a prisão temporária substitui, para melhor, a antiga prisão para averiguação, pois há controle judicial de sua realização e das diligências policiais. No entanto, nem sempre é possível

aguardar a formação da materialidade (prova da existência da infração penal) e a colheita de indícios suficientes de autoria para que se decrete a temporária. Ela é medida urgente, lastreada na conveniência da investigação policial, justamente para, prendendo legalmente um suspeito, conseguir formar, com rapidez, o conjunto probatório referente tanto à materialidade quanto à autoria. Aliás, se fossem exigíveis esses dois requisitos (materialidade e indícios suficientes de autoria), não haveria necessidade da temporária. O delegado representaria pela preventiva, o juiz a decretaria e o promotor já ofereceria denúncia. A prisão temporária tem a função de propiciar a colheita de provas, quando, em crimes graves, não há como atingi-las sem a detenção cautelar do suspeito.[87]

Diante do exposto, concluímos que os requisitos para a decretação da prisão preventiva são mais rígidos do que na prisão temporária, justamente porque esta última tem a função de servir às investigações, propiciando a colheita de elementos de informações que até então eram desconhecidos e que não poderiam ser descobertos por outros meios. Assim, pode-se afirmar que prisão temporária exige a *possibilidade* de autoria, enquanto a prisão preventiva demanda a *probabilidade* de autoria.

Ainda no que se refere aos pressupostos para a decretação da prisão preventiva, destacamos o entendimento de Luiz Antonio Câmara. Segundo este autor, tais pressupostos se dividem em *pressupostos probatórios* (prova da existência do crime e indícios suficientes de autoria) e *pressupostos cautelares* (*periculum libertatis*).

Ademais, Câmara defende que os pressupostos cautelares podem ser classificados em duas espécies: *pressupostos intraprocessuais* ou *endoprocessuais*, quando objetiva garantir a produção probatória ou a execução da sentença penal condenatória; e *pressupostos extraprocessuais*, quando atendem a fins de prevenção geral ou de defesa social (por exemplo, garantia da ordem pública).

---

[87] Nucci, Guilherme de Souza *apud* Brasileiro de Lima, Renato. *Nova Prisão Cautelar. Doutrina, Jurisprudência e Prática*. Niterói: Impetus, 2011, p. 308.

Por fim, saliente-se que o artigo 282, § 6º, do CPP, estabelece que a prisão preventiva só poderá ser decretada quando as demais medidas cautelares se mostrarem insuficientes ou inadequadas, o que, para nós, também configura um pressuposto para sua adoção.

3.4. Momento da decretação

O artigo 311 do Código de Processo Penal estipula que a prisão preventiva poderá ser decretada em qualquer fase da investigação policial ou do processo. Vale destacar que essa medida pode ser adotada mesmo antes de instaurado o inquérito policial e até depois de proferida a sentença condenatória, desde que preenchidos os requisitos legais.

Lembramos que a redação antiga do artigo 311 do CPP estipulava que a prisão preventiva somente seria cabível no curso do inquérito policial ou da instrução criminal. Diante disso, ficava a dúvida com relação à possibilidade de decretação dessa medida após a sentença condenatória recorrível, pois, nessa hipótese, a instrução criminal já estaria encerrada.

Contudo, as Leis 11.689/2008 e 11.719/2008 colocaram um ponto final nessa dúvida, uma vez que determinaram que o juiz, seja na sentença de pronúncia ou na sentença condenatória, decida fundamentadamente acerca da necessidade da prisão preventiva (arts. 413, § 3º, e 387, Parágrafo Único do CPP).

Merece destaque, outrossim, o fato de que antes da Lei 12.403/2011 nós entendíamos que a prisão preventiva, em regra, não poderia ser decretada durante a fase investigativa. Defendíamos essa tese porque os pressupostos para a adoção dessa medida eram os mesmos para a propositura da ação penal, ou seja: prova da existência do crime e indícios suficientes de autoria.

Sendo assim, se constatada a presença desses elementos, caberia a autoridade policial relatar o inquérito, haja vista que o caso já estaria preparado para a fase processual. Para nós, o delegado de polícia só representaria pela prisão preventiva no próprio relatório final do procedimento investigativo.

Entretanto, com a nova lei é perfeitamente possível a decretação dessa modalidade prisional em qualquer fase da investigação policial. Tal afirmativa é constatada em diversos dispositivos da lei.

Agora é possível a decretação da prisão preventiva em substituição às medidas cautelares descumpridas (prisão preventiva subsidiária ou substitutiva). Da mesma forma, ela poderá ser adotada quando houver dúvida sobre a identidade de uma pessoa (artigo 313, Parágrafo Único, do CPP, denominada por nós como prisão preventiva para averiguação).

Nesse último caso, inclusive, a lei nova acabou derrogando a lei 7.960/1989, que trata da prisão temporária. Com a inovação legislativa, havendo dúvida com relação à identidade de uma pessoa, a medida cautelar cabível será a prisão preventiva e não mais a temporária.

Não podemos olvidar que a prisão preventiva também poderá ser imposta nos casos de violência doméstica contra mulher, criança, adolescente, idosos, enfermos e pessoas com deficiência, para garantir a execução das medidas protetivas de urgência (art. 313, III, do CPP).

3.5. Legitimados ativos

De acordo com o artigo 311 do Código de Processo Penal, a prisão preventiva poderá ser decretada pelo juiz competente de ofício, se no curso da ação penal, por requerimento do Ministério Público, do querelante ou do assistente, ou mediante representação da autoridade policial.

Entendemos perfeitamente possível a decretação da prisão preventiva de ofício pelo juiz. Muito embora possam surgir entendimentos no sentido de que essa medida feriria a imparcialidade da autoridade judicial e o próprio sistema acusatório, entendemos que cabe ao magistrado atuar como um garantidor do *ius puniendi* do Estado, preservando a persecução penal dos efeitos deletérios da demora.

Renato Brasileiro defende que "uma vez provocada a jurisdição por denúncia do Ministério Público ou queixa-crime do particular ofendido, a autoridade judiciária competente passa a deter poderes inerentes à própria jurisdição penal, podendo, assim, decretar a prisão preventiva de ofício, caso verifique que a supressão da liberdade do denunciado seja necessária para preservar a prova, o resultado do processo ou a própria segurança da sociedade".[88]

O artigo 310, inciso II, do CPP, todavia, apresenta uma exceção à regra, na medida em que possibilita a conversão da prisão em flagrante em preventiva de ofício pelo juiz (prisão preventiva convertida). Atente-se ao fato de que essa decisão é tomada na fase pré-processual e não durante o processo.

Poderão surgir entendimentos no sentido de que nesse caso há uma conversão e não uma decretação da prisão preventiva. Data máxima vênia, não entendemos dessa forma, principalmente porque as consequências dessa decisão são as mesmas (ofensa ao sistema acusatório e a imparcialidade do juiz).

Para nós, a conversão da prisão em flagrante em prisão preventiva é justificada pelo fato de que o próprio auto de prisão em flagrante funciona como uma espécie de representação da autoridade policial. Nesse caso, o magistrado não estaria agindo de ofício, haja vista que, ao receber o auto de prisão em flagrante, ele é provocado a se manifestar a respeito daquela prisão, o que justifica a adoção de qualquer medida cautelar.[89]

Já com relação à legitimidade ativa do assistente para requerer a prisão preventiva, vemos essa possibilidade um tanto limitada. O assistente poderá requerer a medida apenas quando for conveniente para a persecução penal, especialmente no caso em que houver descumprimento de outras medidas cautelares decretadas anteriormente.

Contudo, lembramos que o ingresso do assistente nos autos somente é possível após a instauração da demanda, o que se dá apenas com o recebimento da denúncia. Desse modo, impossível a legitimidade ativa do assistente para requerer a prisão preventiva durante a fase investigativa.

Por outro lado, é perfeitamente possível o requerimento de prisão preventiva feito pelo ofendido ou seu representante legal, seja durante o inquérito policial ou na fase processual.

---

[88] BRASILEIRO DE LIMA, Renato. *Nova Prisão Cautelar*. Niterói: Impetus, 2011, p. 231.
[89] Essa hipótese (denominada prisão preventiva convertida) é mais bem analisada no ponto adiante deste capítulo, que trata das espécies de prisão preventiva, ao qual nós remetemos o leitor.

No que se refere ao delegado de polícia, a nova lei deixa clara sua capacidade postulatória, na medida em que o coloca como um dos legitimados a demandar a imposição de medidas cautelares durante a fase pré-processual (inquérito policial) por meio de representação.

Sem embargo, o professor Geraldo Prado sustenta a ilegitimidade do delegado de polícia para suscitar a decretação da prisão preventiva. De acordo com o autor,

> a autoridade policial não é parte no processo penal, não tem interesse que possa ser deduzido em juízo e a investigação não guarda autonomia, ela existe orientada ao exercício futuro da ação penal. A constatação de comportamentos do indiciado prejudiciais à investigação deve ser compartilhada entre a autoridade policial e o Ministério Público (ou querelante, conforme o caso), para que o autor da ação penal ajuíze seu real interesse em ver a prisão decretada.[90]

Embora respeitemos a opinião do professor Geraldo Prado, não concordamos e, em contraponto, trazemos as lições de Marcos Paulo Dutra Santos. O autor defende que inexiste inconstitucionalidade no atuar da autoridade policial, uma vez que a Constituição da República, em seu artigo 129, inciso I, tornou privativo do Ministério Público o exercício da ação penal pública, mas não a postulação de medidas cautelares. Da mesma forma, não há qualquer ofensa ao sistema acusatório, porquanto a autoridade policial se alinha ao *parquet* enquanto órgãos de repressão estatal. O autor lembra, ainda, que as medidas cautelares são postuladas por quem possui legitimidade *ad causam*, mas isto não significa que o legislador não possa, eventualmente, conceder tal legitimidade a quem não seja parte no processo. Seria o caso de uma *legitimatio propter officium*, isto é, uma legitimação decorrente do ofício desempenhado pelo agente.[91]

---

[90] Gomes Filho, Antônio Magalhães; Prado, Geraldo; *et al. Medidas cautelares no Processo Penal. Prisões e suas alternativas.* São Paulo: Revista dos Tribunais, 2011, p. 131.
[91] Dutra Santos, Marcos Paulo. *O Novo Processo Penal Cautelar.* Salvador: JusPodivm, 2011, p. 41.

CAPÍTULO III PRISÕES PROVISÓRIAS

Subsidiando esse entendimento, destacamos que a jurisprudência majoritária entende que o delegado de polícia é parte legítima para suscitar a decretação da prisão preventiva. Há um julgado que, inclusive, defende que a motivação empregada pela autoridade policial na representação serve como *racio decidendi* do decreto prisional.[92]

Insta salientar que, em caso de descumprimento de qualquer das obrigações impostas, o juiz de ofício, ou mediante requerimento do Ministério Público, de seu assistente ou do querelante, poderá substituir a medida, cumulá-la e, em último caso, decretar a prisão preventiva.

Nesse ponto é importante ressaltar que, embora a lei não tenha feito referência ao delegado de polícia, nada impede que ele represente pela decretação da prisão preventiva em substituição à medida cautelar eventualmente descumprida.[93]

Caso contrário, perder-se-ia um grande guardião do fiel cumprimento das medidas impostas pelo Poder Judiciário, o que afetaria sobremaneira a eficácia das cautelares, pondo em risco a persecução penal e o próprio Estado Democrático de Direito. Ademais, se o delegado de polícia pode representar pela imposição de medida cautelar, não teria sentido a impossibilidade da representação pela prisão preventiva no caso de seu descumprimento, até porque esta também é uma medida cautelar.

Parece que a omissão da autoridade policial no texto legal foi apenas um lapso do legislador, que não teve a intenção de excluí-lo. Assim, com base numa interpretação sistemática da nova lei, pode-se afirmar que é absolutamente possível a representação pela prisão preventiva em substituição à medida cautelar descumprida.

Destacamos, outrossim, que em todos esses casos a prisão preventiva é decretada independentemente da ciência da outra parte, haja vista que nessas situações o contraditório seria extremamente prejudicial à eficácia da medida, nos termos do artigo 282, § 3º do CPP. Desse modo, caberá ao imputado demonstrar posteriormente a desnecessidade ou inadequação da prisão decretada.

---

[92] STJ, HC n. 84262/SP, 5ª T. Rel. Min. Jane Silva, j. 04/10/2007, DJ de 22/10/2007.
[93] No mesmo sentido, Marcos Paula Dutra Santos. *O Novo Processo Penal Cautelar. Op. cit.*, p. 42.

Com o objetivo de facilitar o entendimento do leitor, esquematizamos a legitimidade ativa na prisão preventiva da seguinte forma:

a) Durante a fase investigativa: a Autoridade de Polícia Judiciária (por meio de representação), o Ministério Público e o ofendido ou seu representante legal (por meio de requerimento).

b) Durante a fase processual: o juiz (de ofício), o Ministério Público, o querelante ou o assistente (por meio de requerimento).

3.6. Fundamentos (*Periculum Libertatis*)

O artigo 312 do Código de Processo Penal estabelece os fundamentos para a decretação da prisão preventiva. Conforme o dispositivo, essa medida cautelar poderá ser adotada para garantir a *ordem pública, a ordem econômica, por conveniência da instrução criminal, ou para assegurar a aplicação de lei penal*, sempre que houver prova da existência do crime e indícios suficientes de autoria.

Conforme salientado alhures, esses fundamentos demonstram o *periculum libertatis* ou a periculosidade do agente para o meio social e para o processo.

Renato Brasileiro salienta que para a decretação da prisão preventiva,

> não é necessária a presença concomitante de todos esses fundamentos. Basta a presença de um único desses para que o decreto prisional seja expedido. Logicamente, caso esteja presente mais de um fundamento (*v.g.*, garantia da ordem pública e conveniência da instrução criminal), deve o magistrado fazer menção a cada um deles por ocasião da fundamentação da decisão, conferindo ainda mais legitimidade à determinação judicial. Assim o fazendo, na eventualidade de impetração de *habeas corpus*, ainda que o juízo *ad quem* reconheça a inexistência de um dos fundamentos, a prisão preventiva poderá ser mantida.[94]

---

[94] BRASILEIRO DE LIMA, Renato. *Nova Prisão Cautelar. Op. cit.*, p. 234.

CAPÍTULO III PRISÕES PROVISÓRIAS

Nesse ponto é interessante observar que, com a Lei 12.403/2011, os fundamentos para a decretação da prisão preventiva que já eram previstos no artigo 312 do CPP agora também podem ser extraídos do artigo 282, inciso I do mesmo estatuto processual. É a tutela dos bens jurídicos expostos nesse dispositivo que justifica a adoção dessa medida extrema.

Na verdade, o artigo 282 do Código de Processo Penal funciona como uma espécie de cláusula geral das medidas cautelares, sendo o artigo 312 um pouco mais específico no trato da prisão preventiva.

Dito isso, passemos para a análise de cada um desses fundamentos legais.

3.6.1. Garantia da ordem pública

Não sem motivo, o primeiro fundamento para a decretação da prisão preventiva a ser analisado é o referente à garantia da ordem pública. Isto, pois, para nós, esse é o fundamento-chave para a adoção dessa medida cautelar, sendo cabível na maior parte dos casos.

Trata-se de um conceito jurídico indeterminado, mas que, basicamente, significa que há indícios de que o imputado voltará a delinquir se permanecer em liberdade.

Entende-se por *ordem pública* a paz e a tranquilidade no meio social. Desse modo, aquele indivíduo inveterado na vida do crime acaba por abalar essa paz social, o que justifica a restrição de sua liberdade de maneira cautelar.

Basileu Garcia aborda o tema da seguinte maneira:

> Para a garantia da ordem pública, visará o magistrado, ao decretar a prisão preventiva, evitar que o delinquente volte a cometer delitos, ou porque é acentuadamente propenso a práticas delituosas, ou porque, em liberdade, encontraria os mesmos estímulos relacionados com a infração cometida. Trata-se, por vezes, de criminosos habituais, indivíduos cuja vida social é uma sucessão interminável de ofensas à lei penal: contuma-

zes assaltantes da propriedade, por exemplo. Quando outros motivos não ocorressem, o intuito de impedir novas violações determinaria a providência.⁹⁵

Eugênio Pacelli, por sua vez, salienta que

> a prisão para a garantia da ordem pública não se destina a proteger o processo penal, enquanto instrumento de aplicação da lei penal. Dirige-se, ao contrário, à proteção da própria comunidade, coletivamente considerada, no pressuposto de que ela seria duramente atingida pelo não aprisionamento de autores de crimes que causassem intranquilidade social.⁹⁶

Antônio Scarence Fernandes, inclusive, destaca que "se com a sentença e a pena privativa de liberdade pretende-se, além de outros objetivos, proteger a sociedade, impedindo o acusado de continuar cometendo delitos, esse objetivo seria acautelado por meio de prisão preventiva".⁹⁷

Por outro lado, há autores que relacionam a prisão para garantia da *ordem pública* ao impacto social do crime e até à credibilidade da justiça.

Nesse sentido, Antonio Magalhães Gomes Filho leciona que

> à ordem pública relacionam-se todas aquelas finalidades do encarceramento provisório que não se enquadram nas exigências de caráter cautelar propriamente ditas, mas constituem formas de privação da liberdade adotadas como medidas de defesa social; fala-se, então, em "exemplaridade", no sentido de imediata reação ao delito, que teria como efeito satisfazer o sentimento de justiça da sociedade; ou, ainda, a prevenção especial, assim entendida a necessidade de se evitar novos crimes.⁹⁸

---

⁹⁵ GARCIA, Basileu. *Comentários ao Código de Processo Penal.* Vol. III, Rio de Janeiro: Forense, 1945, p. 169.
⁹⁶ OLIVEIRA, Eugênio Pacelli. *Curso de Processo Penal. Op. cit.*, p. 435.
⁹⁷ FERNANDES, Antônio Scarance. *Processo Penal Constitucional. Op. cit.*, p. 302.
⁹⁸ GOMES FILHO, Antonio Magalhães. *Presunção de Inocência e Prisão Cautelar.* São Paulo: Editora Saraiva, 1991, p. 67.

CAPÍTULO III   PRISÕES PROVISÓRIAS

No mesmo diapasão, Fernando Capez adverte que

> a brutalidade do delito provoca comoção no meio social, gerando sensação de impunidade e descrédito pela demora na prestação jurisdicional, de tal forma que, havendo *fumus boni iuris*, não convém aguardar-se até o trânsito em julgado para só então prender o indivíduo.[99]

Celso de Mello, Ministro do Supremo Tribunal Federal, pontua, todavia, que

> a prisão preventiva, que não deve ser confundida com a prisão penal, pois não objetiva infligir punição àquele que sofre sua decretação, mas sim atuar em benefício da atividade estatal desenvolvida no processo penal, não pode ser decretada com base no estado de comoção social e de eventual indignação popular, isoladamente considerados. Também não se reveste de idoneidade jurídica, para efeito de justificação de segregação cautelar, a alegação de que o acusado, por dispor de privilegiada condição econômico-financeira, deveria ser mantido na prisão, em nome da credibilidade das instituições e da preservação da ordem pública.[100]

Interessantes, outrossim, são os ensinamentos de Denílson Feitosa. Para este autor,

> ordem pública é o estado de paz e de ausência de crimes na sociedade (...). Se, no sentido processual penal, a liberdade de alguém acarreta perigo para a ordem pública, a prisão preventiva é o meio legal para sua garantia. Há, portanto, uma presunção legal de que o confinamento da pessoa possa evitar o perigo para a ordem pública. A garantia da ordem pública depende da ocorrência de um perigo. No sentido do processo penal, perigo para a ordem pública pode caracterizar-se na

---
[99] CAPEZ, Fernando. *Curso de Processo Penal. Op. cit.*, p. 279.
[100] STF, HC n. 80.719/SP, 2ª Turma, Rel. Min. Celso de Mello.

perspectiva subjetiva (acusado) ou, como ainda admite a jurisprudência apesar das críticas, na perspectiva objetiva (sociedade). Podemos, então, falar em garantia da ordem pública na perspectiva subjetiva ou individual, ou na perspectiva objetiva ou social.[101]

Fazendo um contraponto aos entendimentos supramencionados, Aury Lopes Jr. entende que a prisão preventiva decretada com o fundamento de garantir a ordem pública seria inconstitucional. Segundo o autor, esse fundamento "não é cautelar, pois não tutela o processo, sendo, portanto, flagrantemente inconstitucional, até, porque, nessa matéria, é imprescindível a estrita observância ao princípio da legalidade e da taxatividade. Considerando a natureza dos direitos limitados (liberdade e presunção de inocência), é absolutamente inadmissível uma interpretação extensiva (*in malan artem*) que amplie o conceito de *cautelar* até o ponto de transformá-la em *medida de segurança pública*".[102]

Em outras palavras, Lopes Jr. defende que a prisão cautelar deve servir de instrumento ao processo, garantindo o normal funcionamento da justiça, mas não pode servir para "fazer justiça". Assim, o autor repudia a utilização da prisão preventiva fundamentada na garantia da ordem pública, já que, nesse caso, a prisão seria utilizada como uma forma de retribuição ao mal causado, atuando como uma pena antecipada (função preventiva geral e especial).

Data máxima vênia, não podemos concordar com o entendimento do professor Aury Loper Jr. Preferimos as lições de Andrey Borges de Mendonça, que conclui que

> a prisão preventiva para fins de garantia da ordem pública não possui finalidade de prevenção geral ou especial, mas sim de prevenção concreta, com o intuito de evitar que a sociedade sofra um dano concreto iminente em seus bens jurídicos relevantes. Ao assim fazê-lo, o processo penal está buscando um

---

[101] Feitoza Pacheco, Denílson. *Direito Processual Penal. Op. cit.*, p. 854.
[102] Lopes Jr., Aury. *O novo regime jurídico da prisão processual, liberdade provisória e medidas cautelares diversas. Op. cit.*, p. 93.

CAPÍTULO III PRISÕES PROVISÓRIAS

de seus fins, que é a proteção da sociedade, contra ameaças concretas, concretizando um dos escopos da própria função jurisdicional (escopo social).

De tudo o que foi dito, entendemos que a prisão preventiva decretada com fundamento na garantia da ordem pública funciona como um instrumento indispensável a favor da justiça para conter a reiteração de condutas criminosas, sempre que restar comprovada a periculosidade de um agente.

Com a inovação legislativa provocada pela Lei 12.403/2011, hoje podemos afirmar que o conceito de ordem pública é extraído do artigo 282, inciso I do CPP. Para nós, garantir a ordem pública significa evitar a prática de infrações penais. O mencionado dispositivo determina que as medidas cautelares deverão ser adotadas observando-se a necessidade para a aplicação da lei penal, para investigação ou instrução criminal e, por derradeiro, para *evitar a prática de infrações penais*.

Notem que tais bens jurídicos são similares aos fundamentos da prisão preventiva, previstos no artigo 312. Entretanto, no artigo 282, inciso I do CPP, o legislador, ao invés de fazer menção à *garantia da ordem pública*, optou pela expressão *evitar a prática de infrações penais*. Assim, podemos concluir ser esse seu significado.

Lembramos que a condenação de uma pessoa, com base no princípio da presunção de não culpabilidade, depende de uma sentença penal condenatória, proferida ao final de um longo processo. Nesse caso, é feito um juízo de culpabilidade sobre o fato praticado pelo acusado, observando-se, para tanto, todas as regras do devido processo legal (juízo de cognição exauriente).

Por outro lado, para a decretação de uma medida cautelar, como a prisão preventiva, é feito apenas um juízo de periculosidade sobre o imputado, flexibilizando-se seu estado de inocência em benefício do direito à segurança pertencente a toda sociedade (juízo de cognição sumária).

Fica claro, portanto, o confronto entre dois direitos fundamentais. De um lado, a garantia da desconsideração prévia de culpabilidade (art. 5º, LVII, da Constituição da República) e da presunção de inocência (art. 8º, 2, da Convenção Americana sobre Direitos Humanos), e do outro, o direito à segurança.

Entendemos que, com base no postulado da proporcionalidade, deve prevalecer o direito de todos à segurança, sacrificando-se, destarte, o estado de inocência do imputado e seu direito de liberdade. Ademais, destacamos que o fundamento em estudo serve, sim, ao processo, uma vez que objetiva a proteção da sociedade e seus bens jurídicos mais relevantes.

É por meio do processo que o Estado exerce seu direito de punir, sendo que um de seus escopos é, justamente, a reintegração da paz social, abalada com o cometimento de um crime. Dessa forma, se uma das funções do processo é a proteção da sociedade, concluímos que a prisão preventiva decretada com fundamento na garantia da ordem pública é um instrumento indispensável para consolidar esse fim. Salta aos olhos, portanto, sua natureza cautelar.

Consignamos, todavia, que a decretação dessa medida deve pautar-se por fatos concretos, que apontem para o perigo real que a liberdade do agente representa à paz social.

Não bastam meras conjecturas ou suposições, o juiz deve demonstrar de maneira inequívoca (por meio de provas ou elementos de informação) a periculosidade do imputado e a probabilidade de reiteração de condutas criminosas. Só assim e sempre de maneira fundamentada poderá ser decretada a prisão.

Sem esse fundamento legal, perderíamos um grande instrumento de controle social, uma vez que a impunidade de criminosos abala sobremaneira a estrutura de uma sociedade. Tanto isso é verdade que essa modalidade prisional é adotada em praticamente todo o mundo, como salienta o próprio Lopes Jr.[103]

Já caminhando para o final desse ponto, destacamos uma última observação feita por Renato Brasileiro:

> independentemente da corrente que se queira adotar, comprovada a periculosidade do agente com base em dados concretos, ou na eventualidade da presença de outra hipótese que autori-

---

[103] LOPES JR. Aury. *O novo regime jurídico da prisão processual, liberdade provisória e medidas cautelares diversas*. Op. cit., p. 98.

ze a prisão preventiva (garantia da ordem econômica, garantia da aplicação da lei penal ou conveniência da instrução criminal), condições pessoais favoráveis como bons antecedentes, primariedade, profissão definida e residência fixa não impedem a decretação de sua prisão preventiva.[104]

Com o objetivo de sintetizar o todo exposto, podemos afirmar que será possível a decretação da prisão preventiva sempre que restar comprovada a periculosidade do agente, no sentido de que, em liberdade, ele voltará a delinquir, o que coloca em risco a paz social e a própria ordem pública, justificando, assim, a restrição de seu direito de liberdade de locomoção.

Para finalizar, vejamos algumas decisões sobre o tema:

> EMENTA: *HABEAS CORPUS*. CONSTITUCIONAL. PROCESSO PENAL. HOMICÍDIO TRIPLAMENTE QUALIFICADO. ALEGAÇÃO DE AUSÊNCIA DE FUNDAMENTAÇÃO CAUTELAR IDÔNEA DA DECISÃO QUE DECRETOU A PRISÃO PREVENTIVA. IMPROCEDÊNCIA. ORDEM DENEGADA. 1. Existem fundamentos autônomos e suficientes para a manutenção da prisão do Paciente: a garantia da ordem pública em razão da periculosidade (crueldade) evidenciada pelo *modus operandi* e a garantia de aplicação da lei penal devido ao risco concreto de que o Paciente venha a foragir. 2. Apesar de sucinta, a decisão está fundada em elementos concretos devidamente comprovados nos autos. 3. Ordem denegada (HC-105043/SP).

> *HABEAS CORPUS*. PRISÃO PREVENTIVA. FUNDAMENTAÇÃO INIDÔNEA. NÃO OCORRÊNCIA. DECRETAÇÃO PARA GARANTIA DA ORDEM PÚBLICA. ORDEM DENEGADA. AGRAVO REGIMENTAL PREJUDICADO. 1. A questão versada no *habeas corpus* refere-se à fundamentação para a decretação da prisão preventiva. 2. A decisão que decretou a prisão preven-

---
[104] BRASILEIRO DE LIMA, Renato. *Nova Prisão Cautelar. Op. cit.*, p. 241.

tiva se baseou em fatos concretos observados na instrução processual, notadamente a periculosidade do paciente, não só em razão da gravidade dos crimes perpetrados, mas também pela forma como foram cometidos, em que o paciente, juntamente com o outro agente, executou sumariamente as vítimas e queimou seus corpos. Aduziu também a comoção pública causada pelos crimes cometidos pelo paciente e o corréu, ambos policiais militares. 3. A garantia da ordem pública visa, entre outras coisas, evitar a reiteração delitiva, assim resguardando a sociedade de maiores danos. Nessa linha, deve-se considerar também o perigo que o agente representa para a sociedade como fundamento apto à manutenção da segregação. Precedentes. 4. A decisão foi suficientemente fundamentada, já que, diante do conjunto probatório dos autos da ação penal, a decretação da custódia cautelar se justifica para a garantia da ordem pública, nos termos do art. 312 do CPP. 5. Writ denegado. Agravo regimental prejudicado (HC-102617/PE).

EMENTA: *HABEAS CORPUS*. PRISÃO PREVENTIVA. PRESENÇA DOS SEUS REQUISITOS. ORDEM DENEGADA. Justifica-se a prisão preventiva (que não se confunde com execução provisória) decretada para garantia da ordem pública e da aplicação da lei penal, tendo em vista a alta periculosidade do paciente e o fato de ele ter fugido após o crime, conforme se infere da decisão que decretou a custódia cautelar e da sentença condenatória. A primariedade, os bons antecedentes, a ocupação lícita e a residência fixa do paciente não impedem a decretação de sua prisão preventiva, se presentes seus requisitos, como ocorre no caso. O fato de o paciente estar preso desde 6.7.2007 não configura, no caso, excesso de prazo, uma vez que ele já foi condenado em primeira e segunda instâncias, estando o processo de origem, atualmente, à espera do julgamento de agravo de instrumento interposto ao Superior Tribunal de Justiça. *Habeas corpus* denegado HC-102354/PA).

CAPÍTULO III PRISÕES PROVISÓRIAS

EMENTA: *HABEAS CORPUS*. PRISÃO PREVENTIVA. PRESENÇA DOS SEUS REQUISITOS. ORDEM DENEGADA. A prisão preventiva do paciente, conforme se infere da sentença de pronúncia, foi decretada para a garantia da ordem pública, tendo em vista os seus antecedentes criminais "desabonadores", o que evidencia a prática reiterada de crimes e, por conseguinte, a periculosidade do acusado. Além disso, o voto condutor do acórdão atacado destacou que "o paciente é acusado de outro crime de homicídio cometido contra o irmão da vítima, tendo ameaçado toda a família de morte". Tais fatos reforçam a necessidade da custódia cautelar, não só para a garantia da ordem pública, como também para a conveniência da instrução criminal, que, no procedimento do júri, não se esgota com a pronúncia. Precedentes (91.407, rel. min. Ellen Gracie, DJe-117 de 27.6.2008). Ordem denegada (HC-99454/PI).

EMENTA: *HABEAS CORPUS*. CRIME HEDIONDO. PRISÃO PREVENTIVA. GARANTIA DA ORDEM PÚBLICA E DA INSTRUÇÃO CRIMINAL. CREDIBILIDADE DA JUSTIÇA E CLAMOR PÚBLICO. TENTATIVAS CONCRETAS DE INFLUENCIAR NA COLETA DA PROVA TESTEMUNHAL. ORDEM DENEGADA.
1. *O conceito jurídico de ordem pública não se confunde com incolumidade das pessoas e do patrimônio (art. 144 da CF/88). Sem embargo, ordem pública se constitui em bem jurídico que pode resultar mais ou menos fragilizado pelo modo personalizado com que se dá a concreta violação da integridade das pessoas ou do patrimônio de terceiros, tanto quanto da saúde pública (nas hipóteses de tráfico de entorpecentes e drogas afins). Daí sua categorização jurídico-positiva, não como descrição do delito nem cominação de pena, porém como pressuposto de prisão cautelar; ou seja, como imperiosa necessidade de acautelar o meio social contra fatores de perturbação ou de insegurança que já se localizam na gravidade incomum da execução de certos crimes. Não da incomum gravidade abstrata desse ou daquele crime, mas da incomum gravidade na perpetração em si do crime, levando à consistente ilação de que, solto, o agente reincidirá no delito*

ou, de qualquer forma, representará agravo incomum a uma objetiva noção de segurança pública. Donde o vínculo operacional entre necessidade de preservação da ordem pública e acautelamento do meio social. Logo, conceito de ordem pública que se desvincula do conceito de incolumidade das pessoas e do patrimônio alheio (assim como da violação à saúde pública), mas que se enlaça umbilicalmente à noção de acautelamento do meio social. 2. É certo que, para condenar penalmente alguém, o órgão julgador tem de olhar para trás e ver em que medida os fatos delituosos e suas coordenadas dão conta da culpabilidade do acusado. Já no tocante à decretação da prisão preventiva, se também é certo que o juiz valora esses mesmos fatos e vetores, ele o faz na perspectiva da aferição da periculosidade do agente. Não propriamente da culpabilidade. Pelo que o quantum da pena está para a culpabilidade do agente, assim como o decreto de prisão preventiva está para a periculosidade, pois é tal periculosidade que pode colocar em risco o meio social alusivo à possibilidade de reiteração delitiva (cuidando-se, claro, de prisão preventiva com fundamento na garantia da ordem pública). 3. Não se acha devidamente motivado o decreto de prisão que, quanto à ordem pública, sustenta risco à credibilidade da justiça e faz do clamor público fundamento da custódia preventiva. É que tais fundamentos não se amoldam ao balizamento constitucional da matéria. 4. Na concreta situação dos autos, esse ponto de fragilidade não se estende, porém, ao segundo fundamento do decreto de prisão preventiva. É falar: a segregação cautelar para o resguardo da instrução criminal não é de ser afastada pela carência de fundamentação idônea. Isso porque, no ponto, o decreto de prisão preventiva está assentado em manobras operadas pelo paciente para tentar alterar depoimentos de testemunhas. O que é suficiente para preencher a finalidade do art. 312 do Código de Processo Penal, no ponto em que autoriza a prisão preventiva para a preservação da instrução criminal, mormente nos casos de crimes dolosos contra a vida. Crimes cujo julgamento é timbrado pela previsão de atos instrutórios também em Plenário do Júri (arts. 473 a 475 do CPP). 5. Ordem denegada (HC-102065/PE)

3.6.2. Garantia da ordem econômica

Esse fundamento para a decretação da prisão preventiva foi acrescido ao artigo 312 do Código de Processo Penal pela Lei 8.884/1994. Parece que a intenção do legislador, ao incluir a preservação da ordem econômica como motivo autorizador dessa medida cautelar, foi a de coibir práticas criminosas de grande vulto que ameaçassem a economia de um modo geral.

De acordo com o artigo 20 da Lei 8.884/1994, as condutas que abalam a ordem econômica são aquelas que objetivam limitar, falsear ou de qualquer forma prejudicar a livre concorrência ou a livre iniciativa; dominar mercado relevante de bens ou serviços; aumentar arbitrariamente os lucros; e exercer de forma abusiva posição dominante.

Renato Brasileiro ensina que o conceito de ordem econômica

> assemelha-se ao de garantia da ordem pública, porém relacionado a crimes contra a ordem econômica, ou seja, possibilita a prisão do agente, caso haja risco de reiteração delituosa em relação a infrações penais que perturbem o livre exercício de qualquer atividade econômica, com abuso do poder econômico, objetivando a dominação dos mercados, a eliminação da concorrência e o aumento arbitrário dos lucros (CF, art. 173, 4º).[105]

São exemplos de crimes contra a ordem econômica os previstos nas seguintes leis: Lei 1.521/1951 (crimes contra a economia popular); Lei 7.492/1986 (crimes contra o sistema financeiro nacional); Lei 8.072/1990 (Código de Defesa do Consumidor); Lei 8.137/1990 (crimes contra a ordem tributária, econômica e contra as relações de consumo); Lei 9.613/1998 (crimes de lavagem de dinheiro).

Muito embora esses crimes não envolvam violência ou grave ameaça às pessoas, são delitos que acabam gerando consequências extremamente danosas para toda a sociedade.

---
[105] BRASILEIRO DE LIMA, Renato. *Nova Prisão Cautelar. Op. cit.*, p. 242.

Diante disso, com o desiderato de cessar a reiteração de condutas criminosas nesse sentido, criou-se a possibilidade de decretar a prisão preventiva nos casos que envolvam crimes econômicos.

Não é difícil perceber, todavia, a desnecessidade desse fundamento diante da possibilidade de decretação da prisão preventiva para a garantia da ordem pública. Como já foi salientado, o objetivo dessa previsão é, justamente, coibir a reiteração de condutas criminosas. Para tanto, deve ser feito um juízo de periculosidade sobre o agente, averiguando-se a probabilidade de ele voltar a delinquir.

Sendo assim, pode-se afirmar que o conceito de garantia da ordem pública também abarca o conceito de garantia da ordem econômica. A única diferença é que esse último fundamento refere-se mais especificamente à reiteração de condutas criminosas praticadas contra a ordem econômica.

Mister consignar, nesse ponto, que o artigo 30 da Lei 7.492/1986 (crimes contra o sistema financeiro) estipula que a prisão preventiva poderá ser decretada em virtude da magnitude da lesão causada. Contudo, essa determinação legal não significa que foi criada mais uma hipótese para a adoção dessa medida. Assim, a magnitude da lesão causada deve estar sempre conjugada com um dos fundamentos previstos no artigo 312 do Código de Processo Penal, caso contrário, não será possível a prisão.

Sobre a prisão preventiva decretada em garantia à ordem econômica, temos alguns exemplos na jurisprudência:

> EMENTA: *HABEAS CORPUS*. PROCESSUAL PENAL. PRISÃO PREVENTIVA. FUNDAMENTAÇÃO IDÔNEA E COM BASE EM ELEMENTOS CONCRETOS. GARANTIA DA ORDEM PÚBLICA E ECONÔMICA E PARA ASSEGURAR A APLICAÇÃO DA LEI PENAL. MANDADO DE PRISÃO NÃO CUMPRIDO. PACIENTE FORAGIDO. AS CONDIÇÕES SUBJETIVAS FAVORÁVEIS DO PACIENTE NÃO OBSTAM A SEGREGAÇÃO CAUTELAR. PRECEDENTES. I – O decreto de prisão preventiva, na espécie, está devidamente fundamentado, nos termos do art. 312 do Código de Processo Penal. II – Ficou evidenciado nos autos que o paciente era

CAPÍTULO III PRISÕES PROVISÓRIAS

contumaz na comercialização clandestina de combustíveis adulterados e derivados e, mesmo sabendo que a inscrição estadual da sua empresa já tinha sido cassada, deu continuidade ao comércio ilegal de combustíveis. III – Ainda durante as investigações, o paciente já não foi encontrado no endereço fornecido à Justiça, o que demonstra a sua clara intenção de furtar-se à aplicação da lei penal. IV – Existem informações nos autos de que o mandado de prisão ainda não foi cumprido, o paciente foragido. V – As condições subjetivas favoráveis do paciente não obstam a segregação cautelar, desde que presentes nos autos elementos concretos a recomendar sua manutenção, como se verifica no caso presente. Precedentes. VI – *Habeas corpus* denegado (HC-102864/SP).

EMENTA: *HABEAS CORPUS*. PROCESSUAL PENAL. PRISÃO PREVENTIVA. GARANTIA DA ORDEM ECONÔMICA. DESNECESSIDADE. EXIGÊNCIA DE BASE CONCRETA. MAGNITUDE DA LESÃO E REFERÊNCIA HIPOTÉTICA À POSSIBILIDADE DE REITERAÇÃO DE INFRAÇÕES PENAIS. FUNDAMENTOS INIDÔNEOS PARA A CUSTÓDIA CAUTELAR. 1. Prisão preventiva para garantia da ordem econômica. Ausência de base fática, visto que o paciente teve seus bens sequestrados, não possuindo disponibilidade imediata de seu patrimônio. 2. A magnitude da lesão não justifica, por si só, a decretação da prisão preventiva. Precedentes. 3. Referências meramente hipotéticas à possibilidade de reiteração de infrações penais, sem dados concretos a ampará-las, não servem de supedâneo à prisão preventiva. Precedentes. Ordem deferida, a fim de cassar o decreto de prisão cautelar (HC-99210/MG).

EMENTA: *HABEAS CORPUS*. PRISÃO PREVENTIVA. DECRETO MULTIPLAMENTE FUNDAMENTADO: GARANTIA DA ORDEM PÚBLICA; CONVENIÊNCIA DA INSTRUÇÃO CRIMINAL; NECESSIDADE DE ASSEGURAR A APLICAÇÃO DA LEI PENAL; GARANTIA DA ORDEM ECONÔMI-

CA. IDONEIDADE DOS FUNDAMENTOS. LASTRO FACTUAL IDÔNEO A JUSTIFICAR A CONSTRIÇÃO CAUTELAR DO PACIENTE. ORDEM DENEGADA. 1. A prisão preventiva pode ser decretada para evitar que o acusado pratique novos delitos. O decreto preventivo contém dados concretos quanto à periculosidade do paciente e da quadrilha de cujo comando faz parte. Ordem pública a se traduzir na tutela dos superiores bens jurídicos da incolumidade das pessoas e do patrimônio, constituindo-se explícito "dever do Estado, direito e responsabilidade de todos" (art. 144 da CF/88). Precedentes: HC 82.149, Ministra Ellen Gracie; HC 82.684, Ministro Maurício Corrêa; e HC 83.157, Ministro Marco Aurélio. 2. O interrogatório do paciente por meio do "Acordo de Cooperação entre Brasil e Estados Unidos para Questões Criminais", mediante entrevista telefônica, não surtiu o efeito pretendido pela defesa. Presença de lastro factual idôneo a justificar a segregação preventiva pela conveniência da instrução criminal. Relatos de ameaças a testemunhas e de que a organização criminosa se vale de procedimentos violentos para o alcance de seus objetivos ilícitos. 3. A garantia da ordem econômica autoriza a custódia cautelar, se as atividades ilícitas do grupo criminoso a que, supostamente, pertence o paciente repercutem negativamente no comércio lícito e, portanto, alcançam um indeterminando contingente de trabalhadores e comerciantes honestos. Vulneração do princípio constitucional da livre concorrência. 4. Risco evidente de que se fruste a aplicação da lei penal, decorrente de condições objetivas do caso concreto, notadamente a infiltração da suposta quadrilha em outros países (Uruguai e Estados Unidos). 5. Ordem denegada.

3.6.3. Conveniência da instrução criminal

Como é cediço, o direito de punir do Estado nasce no momento em que é violado algum tipo penal incriminador. Contudo, o exercício desse poder depende de um processo que legitime a aplicação de uma pena.

CAPÍTULO III   PRISÕES PROVISÓRIAS

Assim, a própria Constituição da República estipula algumas garantias que devem ser observadas ao longo da persecução penal, vedando comportamentos que violem os direitos individuais dos acusados.

O professor Aury Lopes Jr. ensina que

> o processo não pode mais ser visto como um simples instrumento a serviço do poder punitivo (direito penal), senão que desempenha o papel limitador do poder e garantidor do indivíduo a ele submetido. Há que se compreender que o respeito às garantias fundamentais não se confunde com impunidade, e jamais se defendeu isso. O processo penal é o caminho necessário para chegar-se, legitimamente, à pena. Daí porque somente se admite sua existência quando ao longo desse caminho forem rigorosamente observadas as regras e garantias constitucionalmente asseguradas (as regras do devido processo legal).[106]

Certo de que para uma condenação é necessária a prova plena de um fato criminoso, a instrução criminal objetiva fornecer subsídios para que, ao final da *persecutio criminis*, possa ser aplicada uma pena justa e legítima ao sujeito que cometeu o delito.

Pode-se afirmar que a instrução criminal serve ao processo e, em última análise, ao próprio direito de punir do Estado. Desse modo, qualquer ato que perturbe de alguma forma o correto prosseguimento da instrução deve ser coibido pela Justiça.

Se, por exemplo, um suspeito ameaçar uma vítima ou subornar testemunhas, ou ainda se estiver propenso à destruição de provas que o incriminem, ele deve ter decretada sua prisão preventiva.

Ressalvamos, porém, que a adoção dessa medida cautelar não pode basear-se em meras suposições, devendo o magistrado apontar fatos concretos que comprovem que o acusado está tumultuando a instrução criminal.

Registre-se, por fim, que a prisão preventiva para a conveniência da instrução criminal pode ser decretada tanto na fase de investigação policial,

---

[106] LOPES JR., Aury. *Direito Processual Penal e sua Conformidade Constitucional. Op. cit.*, p. 9.

como na fase processual, desde que presentes os requisitos legais. Entretanto, encerrada a instrução ou a diligência necessária à instrução (v.g., oitiva de testemunha ou vítima), o juiz deve revogar a medida.

Vale, por derradeiro, dar uma olhada nas jurisprudências sobre o tema:

> EMENTA: *HABEAS CORPUS*. PRISÃO PREVENTIVA. DUPLO HOMICÍDIO TRIPLAMENTE QUALIFICADO. ALEGADA FALTA DE REAL FUNDAMENTAÇÃO DA PRISÃO CAUTELAR. IDONEIDADE DO DECRETO PARA A CONVENIÊNCIA DA INSTRUÇÃO CRIMINAL E APLICAÇÃO DA LEI PENAL. FUGA DO DISTRITO DA CULPA. EXCESSO DE PRAZO E PEDIDO DE EXTENSÃO. MATÉRIAS NÃO SUBMETIDAS A EXAME DO SUPERIOR TRIBUNAL DE JUSTIÇA. PEDIDO NÃO CONHECIDO, NO PONTO. ORDEM PARCIALMENTE CONHECIDA E, NESSA PARTE, DENEGADA. 1. Não cabe ao Supremo Tribunal Federal apreciar tanto a alegação de excesso de prazo na custódia processual do paciente quanto o pedido de extensão de eventual ordem concedida ao corréu no Tribunal de Justiça do Estado de Goiás. É que essas matérias não foram submetidas a exame do Superior Tribunal Justiça. O que impede o julgamento desses temas diretamente por esta Casa de Justiça, pena de uma indevida supressão de instância. Precedentes: HCs 86.990, da relatoria do ministro Ricardo Lewandowski; 84.799, da relatoria do ministro Sepúlveda Pertence; 82.213, da relatoria da ministra Ellen Gracie; e 83.842, da relatoria do ministro Celso de Mello. 2. Idoneidade do decreto prisional para a conveniência da instrução criminal e garantia da aplicação da lei penal. As peças que instruem o processo revelam que o paciente se evadiu do distrito da culpa, logo após a prática delitiva. Fundamento que tem a força de preencher a finalidade do art. 312 do CPP, no ponto em que autoriza a prisão preventiva para a garantia da aplicação da lei penal e conveniência da instrução criminal. Evasão que, na concreta situação dos autos, se deu antes mesmo da decretação da prisão preventiva. 3. *Habeas corpus* parcialmente conhecido e, nessa parte, denegado (HC-105511/GP).

CAPÍTULO III PRISÕES PROVISÓRIAS

EMENTA: *HABEAS CORPUS.* PRISÃO PREVENTIVA. PRESENÇA DOS SEUS REQUISITOS. ORDEM DENEGADA. A prisão preventiva do paciente, conforme se infere da sentença de pronúncia, foi decretada para a garantia da ordem pública, tendo em vista os seus antecedentes criminais "desabonadores", o que evidencia a prática reiterada de crimes e, por conseguinte, a periculosidade do acusado. Além disso, o voto condutor do acórdão atacado destacou que "o paciente é acusado de outro crime de homicídio cometido contra o irmão da vítima, tendo ameaçado toda a família de morte". Tais fatos reforçam a necessidade da custódia cautelar, não só para a garantia da ordem pública, como também para a conveniência da instrução criminal, que, no procedimento do júri, não se esgota com a pronúncia. Precedentes (91.407, rel. min. Ellen Gracie, DJe-117 de 27.6.2008). Ordem denegada.

EMENTA: AGRAVO REGIMENTAL. *HABEAS CORPUS.* PRISÃO PREVENTIVA. GARANTIA DA ORDEM PÚBLICA E DA INSTRUÇÃO CRIMINAL. FUNDAMENTAÇÃO IDÔNEA. AUSÊNCIA DE ILEGALIDADE OU FLAGRANTE ABUSO DE PODER. NEGATIVA DE TRÂNSITO À AÇÃO CONSTITUCIONAL. ÓBICE DA SÚMULA 691/STF. AGRAVO REGIMENTAL DESPROVIDO. 1. A jurisprudência desta nossa Corte é firme no sentido do não conhecimento de HC sucessivamente impetrado antes do julgamento de mérito nas instâncias anteriores (cf. HC 79.776, da relatoria do ministro Moreira Alves; HC 76.347-QO, da relatoria do ministro Moreira Alves; HC 79.238, da relatoria do ministro Moreira Alves; HC 79.748, da relatoria do ministro Celso de Mello; e HC 79.775, da relatoria do ministro Maurício Corrêa). Jurisprudência que deu origem à Súmula 691/STF, segundo a qual "não compete ao Supremo Tribunal Federal conhecer de *habeas corpus* impetrado contra decisão do Relator que, em *habeas corpus* requerido a tribunal superior, indefere a liminar". 2. É certo que esse entendimento jurisprudencial sumular comporta abrandamento, mas apenas quando de logo avulta que o cerceio à liberdade de locomoção do paciente decorre de ilegalidade ou de abuso de poder (inciso LXVIII do art. 5º da CF/88). O que não é o caso dos autos. *Caso em que o decreto de prisão preventiva está assentado em circunstâncias concretas, indicativas de risco à ordem pública e de ameaças à testemunhas.* 3. Agravo regimental desprovido (HC-106236/RJ).

3.6.4. Assegurar a aplicação da lei penal

Acabamos de estudar que o processo é o meio necessário para legitimar o direito de punir pertencente ao Estado. Entretanto, em virtude de inúmeras formalidades que objetivam assegurar o devido processo legal, essa caminhada processual acaba prolongando-se no tempo, o que pode acarretar graves consequências à Justiça.

É inadmissível que todo aparato estatal seja movido e, ao final do processo, não seja aplicada a pena justa àquele sujeito que praticou um crime. A própria credibilidade da Justiça ficaria abalada, o que geraria uma grande sensação de impunidade.

Desse modo, sempre que restar comprovado ao longo da persecução penal que o acusado pretende furtar-se à aplicação da pena, a decretação de sua prisão preventiva se faz necessária.

Também nessa hipótese o magistrado deve pautar-se por critérios fáticos e objetivos, e não em meras suposições. Deve ficar demonstrado nos autos a intenção do acusado em fugir e colocar em risco a aplicação da lei penal.

É mister analisar o comportamento do acusado ao longo da persecução penal, sua disposição em colaborar com o bom andamento do processo, colocando-se à disposição da Justiça sempre que necessário. Caso contrário, se ele não for encontrado para intimações, não comparecer às audiências etc., fica demonstrado o risco para a aplicação da pena.

O indivíduo surpreendido em flagrante delito que tenta empreender fuga para evitar sua prisão também demonstra que não pretende submeter-se à aplicação da lei penal.

CAPÍTULO III PRISÕES PROVISÓRIAS

Da mesma forma, um investigado que é flagrado em uma interceptação telefônica, negociando a compra de passaportes falsos para poder fugir do país, deve ser preso preventivamente.

Entendemos que em todos esses casos há indícios de que o acusado pretende esquivar-se do cumprimento de uma eventual condenação. Sendo assim, faz-se necessária a decretação da prisão preventiva.

Não podemos olvidar, todavia, que, de acordo com o artigo 282, § 6º do Código de Processo Penal, modificado pela Lei 12.403/2011, a prisão preventiva deve ser decretada em último caso, sempre que as demais medidas cautelares se mostrarem inadequadas ou insuficientes.

Em consonância com esse dispositivo, o artigo 319, inciso IV, e 320 do mesmo estatuto processual nos fornecem algumas medidas cautelares que objetivam assegurar a aplicação da lei penal. Como exemplos, podemos citar a proibição do acusado de ausentar-se da comarca quando sua permanência seja necessária para a investigação ou instrução do processo e a proibição de ausentar-se do país com a consequente entrega dos passaportes.

Assim, caso essas medidas sejam suficientes e adequadas para assegurar a aplicação da lei penal, não será possível a decretação da prisão preventiva, haja vista que, conforme salientado, esta cautelar deve ser adotada como *ultima ratio*.

Nesse diapasão, colacionamos as seguintes jurisprudências:

> PRISÃO PREVENTIVA – APLICAÇÃO DA LEI PENAL – FUGA. É fundamento para a preservação da prisão preventiva o fato de o acusado haver empreendido fuga quando preso preventivamente, deixando o distrito da culpa. PRISÃO PREVENTIVA – EXCESSO DE PRAZO. Uma vez configurado excesso de prazo em relação à custódia provisória, impõe-se a concessão de ordem de ofício (HC-89021/SP).

> EMENTA: *HABEAS CORPUS*. PRISÃO PREVENTIVA. PRESENÇA DOS SEUS REQUISITOS. ORDEM DENEGADA. Justifica-se a prisão preventiva (que não se confunde com execução provisória) decretada para garantia da ordem pública e da aplicação da lei penal, tendo em vista a alta periculosidade do paciente e o fato de ele ter fugido após

o crime, conforme se infere da decisão que decretou a custódia cautelar e da sentença condenatória. A primariedade, os bons antecedentes, a ocupação lícita e a residência fixa do paciente não impedem a decretação da sua prisão preventiva, se presentes os seus requisitos, como ocorre no caso. O fato de o paciente estar preso desde 6.7.2007 não configura, no caso, excesso de prazo, uma vez que ele já foi condenado em primeira e segunda instâncias, estando o processo de origem, atualmente, à espera do julgamento de agravo de instrumento interposto ao Superior Tribunal de Justiça. *Habeas corpus* denegado (HC-102354/PA).

EMENTA: CONSTITUCIONAL, PENAL E PROCESSUAL PENAL. PRISÃO PREVENTIVA. FUGA DO PACIENTE DO DISTRITO DA CULPA. MOTIVAÇÃO IDÔNEA. OBSERVÂNCIA AOS ART. 98, IX, DA CONSTITUIÇÃO DA REPÚBLICA, 312 E 315 DO CÓDIGO DE PROCESSO PENAL. PRECEDENTES. 1. É válido o decreto de prisão preventiva baseado na constatação concreta de que a fuga do réu, apontado como coautor de crime de receptação qualificada, coloca em risco a aplicação da lei penal e compromete a instrução criminal. 2. A decisão judicial que demonstra ser a segregação cautelar necessária a uma das finalidades do art. 312 do Código de Processo Penal observa a garantia de fundamentação prevista no art. 98, IX, da Constituição da República. 3. A prisão preventiva, em razão de sua natureza, pode ser decretada a qualquer momento, não representando o seu decreto violação aos incisos LIV, LVII e LXVI do art. 5º da Constituição da República. 4. Denegar a ordem (HC-106438/MG).

EMENTA: *HABEAS CORPUS*. PRISÃO PREVENTIVA. TENTATIVA DE HOMICÍDIO. ALEGADA FALTA DE REAL FUNDAMENTAÇÃO DA PRISÃO CAUTELAR. IDONEIDADE DO DECRETO PARA A CONVENIÊNCIA DA INSTRUÇÃO CRIMINAL E APLICAÇÃO DA LEI PENAL. FUGA DO DISTRITO DA CULPA. ORDEM DENEGADA. 1. Idoneidade do decreto prisional para a conveniência da instrução criminal e garantia da aplicação da lei penal. As peças que instruem o processo revelam que o paciente se evadiu do distrito da culpa. Fundamento que tem a força de preencher a finalidade do art. 312 do CPP, no ponto em que autoriza a prisão preventiva para a garantia da aplicação da lei penal e conveniência da instrução criminal. Evasão que, na concreta situação dos autos, se deu antes mesmo do decreto prisional. 2. O paciente não foi localizado em nenhum dos endereços indicados nos autos. Mais: há a informação de que, possivelmente, se encontre no exterior. Tudo a representar uma clara intenção de frustrar a aplicação da lei penal. Quadro que preenche a finalidade do art. 312 do Código de Processo Penal. 3. Ordem denegada.

3.7. Condições de admissibilidade

Os artigos 313 e 314 do Código de Processo Penal, alterados pela Lei 12.403/2011, preveem condições de admissibilidade e vedações à decretação da prisão preventiva.

Assim, presentes os pressupostos (prova da materialidade do crime e indícios suficientes de autoria – *fumus comissi delicti*) e os fundamentos do artigo 312 (garantia da ordem pública, econômica, conveniência da instrução criminal e assegurar a aplicação da lei penal – *periculum libertatis*), será possível a adoção desta medida cautelar nos seguintes casos:

a) nos crimes dolosos punidos com pena privativa de liberdade máxima superior a quatro anos (art. 313, inciso I);

b) quando se tratar de imputado reincidente em crime doloso (art. 313, inciso II);

c) se o crime envolver violência doméstica e familiar contra mulher, criança, adolescente, idoso, enfermo ou pessoa com deficiência, para garantir a execução das medidas protetivas de urgência (art. 313, inciso III);

d) quando houver dúvida sobre a identidade civil de uma pessoa ou quando esta não fornecer elementos suficientes para esclarecê-la, devendo a prisão perdurar até que a dúvida seja sanada, desde que não haja outros motivos que recomendem a manutenção da medida.

Notem que a inovação legislativa veio com o objetivo de adequar a prisão preventiva ao ordenamento jurídico como um todo. As condições de admissibilidade do artigo 313 estão diretamente ligadas ao postulado da proporcionalidade. Para que seja decretada uma prisão cautelar, via de regra, é indispensável que se faça uma previsão da pena a ser aplicada ao final do processo. Não teria sentido a restrição da liberdade de alguém durante o processo, se a seu final não poderá ser imposta uma pena privativa de liberdade. Afinal, o meio não pode ser mais grave que o fim.

Partindo desse pressuposto, a Lei 12.403/2011 colocou a prisão preventiva em absoluta harmonia com o artigo 44 do Código Penal, que prevê as hipóteses de substituição da pena privativa de liberdade por penas restritivas de direito. Não por acaso, há uma semelhança entre os dois dispositivos.

Tanto na decretação da prisão preventiva, quanto na substituição da pena privativa de liberdade por restritiva de direito, o legislador estabeleceu de maneira expressa dois requisitos: o prazo de quatro anos de prisão (para a decretação da prisão preventiva, o prazo deve ser superior a quatro anos; já para a substituição da pena, o prazo deve ser inferior a quatro anos) e não caracterização de reincidência.

Contudo, a maior parte da doutrina não se atentou para o fato de que os demais requisitos previstos no artigo 44 do Código Penal também devem ser levados em consideração no momento da decretação da prisão preventiva. Assim, crimes cometidos mediante violência ou grave ameaça e as circunstâncias judiciais do artigo 59 do Código Penal também servem de fundamento para a adoção desta *extrema ratio*, haja vista que tais fatos podem impedir a substituição da pena.

Ao final do processo o magistrado deverá sopesar todos os requisitos do artigo 44 antes de conceder a substituição da pena. Assim, poderá ser aplicada uma pena privativa de liberdade mesmo em se tratando de punição inferior a quatro anos de prisão (se as circunstâncias judiciais forem prejudiciais ao réu, por exemplo).

Vale ressaltar, outrossim, que as condições de admissibilidade do artigo 313 do Código de Processo Penal são alternativas e não cumulativas. A constatação de uma das hipóteses mencionadas no dispositivo é suficiente para possibilitar a decretação da prisão preventiva.

CAPÍTULO III PRISÕES PROVISÓRIAS

Isto posto, vamos analisar cada uma dessas hipóteses de maneira mais detida, fazendo a ressalva de que as condições de admissibilidade previstas no artigo 313 do Código de Processo Penal se aplicam *apenas* a prisão preventiva *autônoma* ou *independente*, conforme analisaremos melhor adiante.

3.7.1. Crimes punidos com pena máxima superior a quatro anos

Antes da Lei 12.403/2011, o Código de Processo Penal estipulava a possibilidade de decretação da prisão preventiva nos casos de crimes dolosos punidos com pena de reclusão, independentemente da quantidade da pena cominada ao delito. O fundamento para essa previsão legal era, justamente, o fato de que tais crimes eram considerados os mais graves, sendo a pena cumprida em regime fechado, semiaberto ou aberto.

A nova lei, contudo, determina que a prisão preventiva, em regra, só possa ser decretada quando se tratar de crime doloso cuja pena máxima cominada seja superior a quatro anos. Com a inovação legislativa, não importa mais a natureza da pena, se de reclusão ou de detenção, bastando o *quantum* legal para que a medida seja adotada, desde que, é claro, as outras cautelares sejam insuficientes ou inadequadas.

Diante disso, com base no artigo 313, inciso I do Código de Processo Penal, já podemos descartar a possibilidade de decretação da prisão preventiva nos casos que envolvam contravenções penais e crimes culposos,[107] independentemente da pena máxima cominada.

Entendemos que essa mudança irá dificultar um pouco a decretação da prisão preventiva, o que, muitas vezes, causará certa sensação de impunidade e colocará em risco a ordem pública, haja vista que, via de regra, não poderão ser presos preventivamente os autores de diversos crimes como: furto, contrabando ou descaminho, receptação, homicídio culposo, porte ilegal de arma de fogo etc.

---

[107] Veremos adiante que, excepcionalmente, é possível a decretação da prisão preventiva quando se tratar de crimes culposos. Tal fato poderá ocorrer no caso da denominada "prisão preventiva para averiguação", prevista no Parágrafo Único do artigo 313, do Código de Processo Penal.

Por outro lado, conforme salientado acima, essa alteração está em consonância com o artigo 44 do Código Penal, que trata da substituição da pena privativa de liberdade por pena restritiva de direitos. De acordo com o inciso I desse dispositivo legal, é possível a substituição quando aplicada pena privativa de liberdade não superior a quatro anos e o crime não for cometido mediante violência ou grave ameaça.

Sendo assim, entendemos que a condição de admissibilidade prevista no artigo 313, inciso I do Código de Processo Penal deve ser interpretada em conjunto com o artigo 44, inciso I do Código Penal. Se na substituição da pena privativa de liberdade por restritiva de direito é levado em consideração o fato de o crime ser praticado mediante violência ou grave ameaça à pessoa, essa questão também deverá ser ponderada no momento da decretação da prisão preventiva, com base no postulado da proporcionalidade.

Nesse sentido, Andrey Borges de Mendonça entende que em situações excepcionais, restando demonstrada a efetiva necessidade e adequação da prisão preventiva (art. 282 do CPP), sobretudo após indicar a insuficiência das demais medidas cautelares, tratando-se de crimes cometidos mediante violência ou grave ameaça, ainda que a pena máxima cominada seja inferior a quatro anos de prisão, com base no princípio da proporcionalidade e com amparo no artigo 44, inciso I do Código Penal, poderá ser decretada a prisão preventiva.[108]

Em consonância com esse entendimento, defendemos que as circunstâncias subjetivas do agente (conduta social, antecedentes criminais etc.) e as circunstâncias objetivas do caso concreto (modo de execução do crime) devem ser consideradas no momento da decretação da prisão preventiva, possibilitando sua adoção independentemente da pena máxima cominada ao crime.

Diante do exposto, podemos afirmar que, em regra, só será cabível a prisão preventiva quando se tratar de crime cuja pena máxima cominada seja superior a quatro anos de prisão. Entretanto, de maneira excepcional, o juiz poderá, analisando as especificidades do caso concreto, relativizar essa regra e decretar a medida extrema ainda que se trate de infração penal cuja pena

---

[108] BORGES DE MENDONÇA, Andrey. *Op. cit.*, p. 258.

CAPÍTULO III - PRISÕES PROVISÓRIAS

máxima seja inferior a quatro anos. Tomemos como exemplo um sujeito que já foi preso em flagrante várias vezes pelo crime de furto simples, mas não possui contra si uma sentença condenatória com trânsito em julgado. Considerando que as circunstâncias judiciais do artigo 59 do Código Penal lhes são prejudiciais (maus antecedentes e conduta social), o magistrado poderá decretar sua prisão preventiva para garantir a ordem pública e evitar a reiteração de infrações penais, nos termos do artigo 282 do Código de Processo Penal, independentemente da pena máxima cominada ao crime.

Para espantar todas as dúvidas, novamente nos socorremos das lições de Andrey Borges de Mendonça, que sintetiza da seguinte forma:

> em situações concretas, excepcionais e devidamente justificáveis, diante das circunstâncias objetivas do caso concreto (gravidade do crime e circunstâncias do fato), ou, ainda, atento às circunstâncias pessoais do agente, nos termos do art. 282, inc. II, a prisão preventiva pode mostrar-se a medida mais *adequada* para tutelar os bens jurídicos indicados no art. 282, inc. I, mesmo não preenchendo os requisitos do art. 313.[109]

Feitas as observações acima, insta salientar, nesse ponto, que os operadores do direito (juízes, promotores, delegados de polícia, advogados etc.) devem ficar atentos aos casos que envolvam concursos de crimes. Isto, pois, a soma das penas cominadas deve ser levada em consideração no momento da análise da prisão preventiva, com fundamento nas súmulas n. 81 e n. 243 do Superior Tribunal de Justiça.[110]

Sobre o tema, Marcos Paulo Dutra Santos pondera que

> a admissibilidade ou não da prisão preventiva está diretamente relacionada ao grau de censura da imputação, tanto que atrelada à quantidade de pena máxima cominada em abstrato

---

[109] BORGES DE MENDONÇA, Andrey. *Op. cit.*, p. 261.
[110] Súmula n. 243 do STJ: O benefício da suspensão do processo não é aplicável em relação às infrações penais cometidas em concurso material, concurso formal ou continuidade delitiva, quando a pena mínima cominada, seja pelo somatório, seja pela incidência da majorante, ultrapassar o limite de 1 (um) ano.

à infração penal, logo não há como desprezar o acréscimo decorrente do concurso de crimes, até porque se está diante de uma multiplicidade de infrações penais, a permitir por parte do Estado em princípio um tratamento processual mais rigoroso, inclusive proporcional à resposta penal concreta vislumbrada no horizonte.[111]

Assim, um caso de receptação cumulado, por exemplo, com um crime de resistência pode demandar a decretação da prisão preventiva.[112] Do mesmo modo, as causas de aumento e diminuição da pena devem ser levadas em consideração, sempre tendo em mente aquelas que mais aumentam e as que menos diminuem a pena, buscando, destarte, a situação mais prejudicial ao imputado.

Já em relação às circunstâncias agravantes e atenuantes, como não podem alterar o limite máximo e mínimo da pena, também não podem ser consideradas no momento da decretação da prisão preventiva, nos termos da Súmula 231 do Superior Tribunal de Justiça ("A incidência da circunstância atenuante não pode conduzir a redução da pena abaixo do mínimo legal").

Destaque-se uma vez mais que essa condição de admissibilidade (art. 313, inciso I do CPP) vale apenas para o caso da denominada prisão preventiva *autônoma* ou *independente*. Entendemos que quando se tratar da prisão preventiva *subsidiária ou substitutiva* (art. 282, § 4º, do CPP), prisão preventiva *convertida* (art. 310, inciso II, do CPP) e prisão preventiva para *averiguação* (art. 313, Parágrafo Único do CPP), a decretação dessa medida extrema pode ocorrer independentemente da pena máxima cominada ao crime.[113]

---

[111] DUTRA SANTOS, Marcos Paulo. *Op. cit.*, p. 112.
[112] Em sentido contrário, defendendo que as infrações devem ser consideradas isoladamente, GOMES FILHO, Antônio Magalhães; PRADO, Geraldo; et al. *Medidas Cautelares no Processo Penal – Prisões e suas alternativas*. São Paulo: Revista dos Tribunais, 2011, p. 146.
[113] O tema será melhor abordado no tópico adiante, que trata das espécies de prisão preventiva.

3.7.2. Investigado ou acusado condenado por outro crime doloso em sentença transitada em julgado, ressalvado o disposto no artigo 64, inciso I do Código Penal

De acordo com o dispositivo, a prisão preventiva pode ser decretada sempre que se tratar de imputado reincidente em crime doloso, independentemente da pena máxima cominada ao crime. Contudo, nos termos do artigo 64, inciso I do Código Penal, passados cinco anos entre o cumprimento da pena e o novo crime, é cessada a reincidência, o que impossibilita a prisão.

Também nesse caso o legislador se pautou pelo artigo 44 do Código Penal, mas dessa vez em seu inciso II, tudo com base no postulado da proporcionalidade, haja vista que o réu reincidente não poderá ter sua pena privativa de liberdade substituída por uma restritiva de direitos.

Renato Brasileiro destaca que

> independentemente de o crime ser punido com reclusão ou detenção (onde a lei não distingue, não é dado ao intérprete fazê-lo), a prisão preventiva poderá ser decretada se o acusado for reincidente em crime doloso, salvo se entre a data do cumprimento ou extinção da pena e a infração posterior tiver decorrido período de tempo superior a 5 (cinco) anos, computado o período de prova da suspensão ou do livramento condicional, se não ocorrer revogação, de acordo com o art. 64, inc. I, da nova Parte Geral do Código Penal, ou, ainda, se na condenação anterior o réu tiver sido beneficiado pelo instituto do perdão judicial, hipótese em que a sentença não pode ser considerada para fins de reincidência (CP, art. 120).[114]

Diante do exposto, podemos afirmar que o inciso II do artigo 313 do Código de Processo Penal configura uma hipótese de exceção ao inciso I do mesmo dispositivo legal. Nos casos de reincidência, portanto, a prisão pre-

---

[114] BRASILEIRO DE LIMA, Renato. *Nova Prisão Cautelar. Op. cit.*, p. 256.

ventiva poderá ser decretada independentemente da pena máxima cominada ao crime, desde que, é claro, haja previsão de pena privativa de liberdade e que as demais medidas cautelares se mostrem inadequadas ou insuficientes.

Conforme analisamos no ponto anterior, trata-se de uma exceção baseada em uma circunstância subjetiva do agente. A intenção do legislador foi a de proteger a sociedade contra aqueles criminosos inveterados, que insistem na prática de infrações penais. Com base nesta regra, ficam mais bem protegidos os bens jurídicos previstos no artigo 282, inciso I do Código de Processo Penal.

Por fim, vale salientar mais um detalhe prático que poderá ocorrer. Tendo em vista que a reincidência é uma circunstância pessoal, poderá acontecer de, em um mesmo processo/inquérito, com dois acusados/investigados, contra um ser possível a decretação da prisão preventiva e contra outro não.

3.7.3. Quando o crime envolver violência doméstica e familiar contra a mulher, criança, adolescente, idoso, enfermo ou pessoa com deficiência, para garantir a execução das medidas protetivas de urgência

Com relação à prisão preventiva para assegurar a execução das medidas protetivas, entendemos que o legislador foi muito feliz ao estender essa possibilidade para os casos em que a violência doméstica e familiar é exercida contra crianças, adolescentes, idosos, pessoas com deficiência e enfermos. Isto, pois, essas pessoas também são vulneráveis e merecem um tratamento diferenciado da lei, justamente para corrigir essa desigualdade.

A Lei Maria da Penha surgiu com base nas estatísticas que comprovaram uma grande incidência de agressões às mulheres dentro do âmbito familiar. Trata-se de uma lei excepcional, que objetiva dar cumprimento aos tratados internacionais de proteção à mulher e que vigorará até que seja cessada essa desigualdade.

Contudo, as estatísticas também demonstram que essa vulnerabilidade não se restringe às mulheres, mas aos menores de idade, idosos, deficientes e enfermos. Desse modo, com base no princípio da igualdade, tais pessoas necessitam de um tratamento diferenciado da lei para poder suprir sua condição mais vulnerável.

CAPÍTULO III   PRISÕES PROVISÓRIAS

Por tudo isso, a Lei 12.403/2011 inova positivamente, ao possibilitar a prisão preventiva nesses casos, independentemente da pena máxima cominada ao crime, mas desde que seja adotada como *ultima ratio* para assegurar a execução das medidas protetivas de urgência e observando os requisitos previstos no artigo 312 do Código de Processo Penal.

Destaque-se que as medidas protetivas a que o dispositivo faz referência são aquelas listadas no artigo 22 da Lei Maria da Penha, podendo ser aplicadas em conjunto ou de forma separada. Antes mesmo da Lei 12.403/2011, tais medidas já eram adotadas em favor de crianças vítimas de violência, o que ressalta o caráter da lei no sentido de que o importante é atender as pessoas mais vulneráveis.

Assim, descumprida uma medida protetiva, será possível a decretação da prisão preventiva, desde que, repita-se, seja adotada em último caso e com a observância dos fundamentos previstos no artigo 312. Trata-se do mesmo raciocínio adotado no artigo 282, § 4º, do Código de Processo Penal, que possibilita a prisão preventiva quando descumprida a medida cautelar adotada anteriormente. Caso o descumprimento venha acompanhado de outro crime (ameaça, lesão corporal, injúria etc.), justifica-se ainda mais a adoção da medida.

Para nós, o simples descumprimento da medida protetiva já configura o crime de desobediência e demonstra a intenção do agente em não se pautar pela lei, sendo que se outras cautelares não se mostrarem suficientes e adequadas ao caso, é fundamental a decretação da preventiva, ainda que a pena máxima cominada ao delito seja inferior a quatro anos de prisão.

Tal entendimento é subsidiado justamente nas estatísticas, já que, nessas situações, a violência tende a se repetir, o que demanda a atuação do Estado. Ademais, a prisão é essencial para a eficácia das medidas protetivas adotadas, afinal, as autoridades não podem esperar o pior acontecer para tomar uma providência.

Nesse ponto, é mister salientar que devido a referência feita pelo dispositivo em comento às medidas protetivas, houve uma extensão no rol das medidas cautelares que podem ser adotadas ao longo do processo. Assim, entendemos que o rol do artigo 319 do Código de Processo Penal não é taxativo, sendo possível a adoção de outras medidas cautelares previstas em legislações especiais (como exemplo, citamos as medidas protetivas de urgência previstas no art. 22 da Lei Maria da Penha e a medida cautelar de suspensão ou proibição de dirigir veículo automotor – art. 294 do Código de Trânsito Brasileiro).

Advertimos, contudo, que em se tratando de direitos e garantias fundamentais (como o direito de liberdade de locomoção), não podemos falar em um poder geral de cautela, como no processo civil. Para assegurar a persecução penal e o direito de punir do Estado, o juiz poderá fazer uso apenas daquelas medidas cautelares com previsão legal expressa, seja no Código de Processo Penal ou em alguma legislação especial.

Em consonância com esse entendimento, é o escólio de Eduardo Cabette:

> A nova redação imprimida ao Código de Processo Penal pela Lei 12.403/2011 põe fim à indigência da chamada "bipolaridade das cautelares no Processo Penal", ou seja, um sistema no qual o juiz ficava adstrito somente a duas opções opostas e extremas (a liberdade provisória ou a prisão provisória). Com o disposto no novo artigo 319, CPP, abre-se todo um leque de alternativas, promovendo-se uma diversificação e um sistema que se poderá doravante denominar de "pluralidade ou diversidade cautelar". Não obstante, falar em "pluralidade e diversidade cautelar" não pode ser sinônimo de "indeterminabilidade cautelar", "inumerabilidade cautelar" ou de um sistema "cautelar processual penal aberto", como poderia ocorrer se acaso estendido o "Poder Geral de Cautela" do Processo Civil ao Processo Penal. Afinal, no Processo Penal, ao se lidar com os direitos e garantias individuais, quando se trata de cautelares, o mínimo que se deve exigir do legislador e dos intérpretes é que atuem com a devida cautela.[115]

---

[115] CABETTE, Eduardo Luiz Santos. *Taxatividade das novas medidas cautelares do artigo 319, CPP, de acordo com a Lei 12.403/2011* Jus Navigandi, Teresina, ano 16, n. 2884, 25 maio 2011. Disponível em: <http://jus.uol.com.br/revista/texto/19189>. Acesso em 31.08.2013.

Em contraponto, vale destacar, por derradeiro, as conclusões de Alice Bianchini a respeito do tema:[116]

(1) As medidas cautelares podem ser aplicadas a crimes que envolvem violência doméstica e familiar contra mulher; o inverso, entretanto, não se aplica, devido à natureza peculiar das medidas protetivas que, por serem de caráter político-criminal e assim representarem uma ofensa aos direitos do réu, somente se justificam quando em jogo situações específicas.

(2) As medidas protetivas da Lei Maria da Penha possuem natureza jurídica distinta das medidas cautelares do Código de Processo Penal; enquanto aquelas objetivam garantir a eficácia dos direitos oriundos da Lei Maria da Penha, estas têm por propósito a tutela do processo e da eficácia da justiça criminal.

(3) Há duas possibilidades de o juiz decretar a prisão preventiva nos crimes de violência doméstica e familiar contra a mulher: descumprimento de medidas cautelares previstas no Código de Processo Penal ou das medidas protetivas de urgência, estabelecidas na Lei Maria da Penha.

(4) Em qualquer das hipóteses, entretanto, o magistrado deve observar (1) a possibilidade de substituição da medida (cautelar ou protetiva) descumprida por outra igualmente eficaz e que seja menos onerosa ao réu; (2) a possibilidade de cumular a medida descumprida com outra de igual eficácia e que seja menos onerosa ao réu; (3) somente em último caso e, desde que presentes todas as condições de admissibilidade exigidas pelos artigos 282 e 312 do Código de Processo Penal (com as alterações trazidas pela Lei 12.403/2011), poderá decretar a prisão preventiva.

3.7.3.1. Prisão preventiva autônoma e violência doméstica e familiar

No ponto anterior estudamos que a prisão preventiva poderá ser decretada para garantir a execução das medidas protetivas de urgência, mesmo

---

[116] BIANCHINI, Alice et al. Prisão e Medidas Cautelares. Op. cit., p. 240 e 241.

que se trate de infração cuja pena máxima cominada seja inferior a quatro anos de prisão. Trata-se, na verdade, de uma prisão preventiva *subsidiária* ou *substitutiva*, uma vez que ela decorre do descumprimento de uma medida protetiva adotada anteriormente.

Para que fique claro, em regra a prisão preventiva só poderá ser decretada quando se tratar de crimes cujas penas máximas cominadas sejam superiores a quatro anos de prisão (art. 313, inciso I, do CPP). O inciso III do artigo 313 apresenta-se como uma exceção a essa regra, permitindo a adoção desta *extrema ratio* subsidiariamente.

Contudo, entendemos que, excepcionalmente, nos casos que envolvam violência doméstica e familiar, especialmente contra mulheres, é possível a decretação da prisão preventiva *autônoma* ou *independente*. Com base nas estatísticas, podemos perceber que as agressões contra mulheres ocorrem de maneira reiterada, sendo que na maioria dos casos as vítimas já procuraram a polícia em outras oportunidades e, por algum motivo, não deram seguimento à persecução penal.

Assim, conforme salientado alhures, com base no artigo 44, inciso III do Código Penal, levando-se em consideração os antecedentes criminais do imputado, bem como sua conduta social (art. 59 do CP), poderá ser decretada a prisão preventiva independentemente da pena máxima cominada ao crime. Subsidiamos nosso entendimento no postulado da proporcionalidade, pois ao final do processo o juiz poderá, nos termos do mencionado dispositivo legal, deixar de substituir a pena privativa de liberdade por pena restritiva de direito.

Em outras palavras, se ao final do processo ele poderá ser submetido a uma pena privativa de liberdade, não há qualquer desproporcionalidade em sua prisão durante o processo. Percebe-se, destarte, uma razoabilidade entre o meio e o fim.

Com o objetivo de facilitar o entendimento do leitor, nós nos valemos de um exemplo prático. Suponhamos o caso de uma mulher que já registrou diversos boletins de ocorrência contra seu marido por crimes de lesão corporal e ameaça. Em uma das ocasiões, inclusive, ele foi preso em flagrante, mas não há contra ele uma sentença condenatória transitada em julgado, nem sequer uma medida protetiva de urgência. Em situações como essa, o juiz poderá, baseado nos maus antecedentes do imputado e em sua péssima

CAPÍTULO III PRISÕES PROVISÓRIAS

conduta social, decretar a prisão preventiva com fundamento na garantia da ordem pública, visando evitar a prática de novas infrações penais (art. 282, inciso I, e artigo 312 do CPP).

Lembramos que o próprio princípio da inafastabilidade da jurisdição, previsto na Constituição da República, prevê que a lei não excluirá da apreciação do judiciário qualquer tipo de lesão ou ameaça a direito.[117] Nesse sentido, nos casos de violência doméstica reiterada, a prisão preventiva do agressor apresenta-se como a medida necessária e adequada para fazer cessar a reiteração de condutas criminosas.

De acordo com nosso exemplo, há uma clara ameaça aos direitos da vítima, que vem sofrendo com reiteradas agressões, sendo que, na maioria dos casos, a violência do agressor tende a aumentar. Desse modo, o Poder Judiciário não pode ficar de mãos amarradas diante do iminente perigo de lesão a bens jurídicos tão relevantes, devendo fazer uso de instrumentos jurídicos capazes de neutralizá-lo. Nessas situações, a prisão preventiva se destaca como a medida mais adequada na tutela dos direitos da vítima.

Com base no mesmo raciocínio, defendemos que em casos como esse o delegado de polícia, no momento da lavratura do auto de prisão em flagrante, poderá deixar de conceder fiança em benefício do preso em virtude da presença dos requisitos da prisão preventiva. Para tanto, a autoridade de polícia judiciária deve fundamentar seu entendimento na garantia da ordem pública, buscando evitar a prática de infrações penais, sustentado, outrossim, que os maus antecedentes do imputado e sua conduta social justificam a adoção dessa medida extrema (arts. 282, 312 e 324, inciso IV do CPP, e art. 44, inciso III, do CP). Ademais, lembramos que o próprio artigo 20 da Lei Maria da Penha determina que caberá a prisão preventiva do agressor em qualquer fase do inquérito ou da instrução criminal.

Agindo dessa forma, o delegado de polícia atua como um verdadeiro defensor dos direitos fundamentais da vítima, impedindo que ocorram lesões mais graves a seus direitos, o que está absolutamente de acordo com o princípio da dignidade da pessoa humana. Após, caberá ao magistrado competente decidir qual a medida mais adequada ao caso.

---

[117] Defendendo o mesmo raciocínio, BORGES DE MENDONÇA, Andrey. *Op. cit.*, p. 259.

3.7.4. Quando houver dúvida sobre a identidade civil da pessoa ou esta não fornecer elementos suficientes para seu esclarecimento

Outra novidade interessante diz respeito à decretação da prisão preventiva no caso de dúvida sobre a identidade civil da pessoa. Parece que com essa inovação legislativa a lei de prisão temporária foi revogada parcialmente.

Vemos com bons olhos essa modalidade prisional. No dia a dia de uma delegacia de polícia, por incrível que pareça, é corriqueira a apresentação de indivíduos não identificados. Tais indivíduos, na maioria das vezes, já cometeram outros crimes e são foragidos da justiça. Por isso, esses criminosos se valem do anonimato para tentar ludibriar as autoridades e permanecer em liberdade.

Diante desse quadro, a autoridade de polícia judiciária não pode ficar à mercê desse expediente enganoso, correndo o risco de liberar um criminoso procurado pela prática de diversos crimes. Assim, sempre que não for possível a identificação civil de uma pessoa ou ela não fornecer elementos suficientes para seu esclarecimento, mister a decretação da prisão preventiva para assegurar a aplicação da lei penal ou por conveniência da instrução criminal.

Vale lembrar que, caso seja possível a identificação do conduzido por meio da identificação criminal (processo datiloscópico e fotografia) ou por diligências policiais, desnecessária a decretação dessa medida cautelar.

Notem que o dispositivo em estudo também se caracteriza como uma exceção à regra prevista no artigo 313, inciso I, do Código de Processo Penal. Desse modo, no caso de dúvida em relação à identidade civil de uma pessoa envolvida em algum tipo de crime, poderá ser decretada a prisão preventiva, independentemente da pena máxima cominada ao delito. Nessas situações, a prisão poderá ser adotada mesmo que se trate de crimes culposos. Trata-se, todavia, de um caso excepcional.

Nesse diapasão, Andrey Borges de Mendonça ensina o seguinte:

> Como a lei não faz distinção, em princípio é cabível a prisão preventiva, na hipótese do art. 313, Parágrafo Único, tanto no caso de crime doloso quanto culposo. Porém, a decretação da prisão preventiva em caso de crime culposo deve ser muito excepcional, pois, em regra, será aplicada pena restritiva de direitos ao final do processo, nos termos do art. 44 do CP.[118]

Outra questão que merece destaque nesse ponto é a possibilidade de o conduzido não fornecer elementos para sua identificação civil alegando estar resguardado pelo direito de não produzir provas contra si mesmo (*nemo tenetur se detegere*). Com a devida vênia de opiniões em sentido contrário, entendemos que esse direito não abarca o direito de falsear a verdade com relação a sua identificação, sendo que essa conduta, inclusive, caracteriza o delito previsto no artigo 307 do Código Penal (falsa identidade).

Ante o exposto, concluímos que sempre que houver dúvida com relação à identidade civil de uma pessoa envolvida em algum tipo de crime (doloso ou culposo), não sendo possível sua identificação por outros meios, cabe ao delegado de polícia fazer uso de sua capacidade postulatória e representar pela prisão preventiva do conduzido, sendo que a restrição da liberdade irá perdurar apenas pelo tempo necessário a sua identificação.

3.8. Prisão preventiva e causas excludentes de ilicitude

O artigo 314 do Código de Processo Penal determina que não será possível a prisão preventiva quando restar comprovado que o imputado agiu amparado por uma das causas excludentes de ilicitude previstas no Código Penal (legítima defesa, estado de necessidade, exercício regular de direito e estrito cumprimento do dever legal).

---

[118] BORGES DE MENDONÇA, Andrey. *Op. cit.*, p. 250.

Ora, se com base nos elementos de informação e nas provas colhidas ao longo da instrução criminal, ou mesmo com base no auto de prisão em flagrante, o juiz perceber que o fato está acobertado por uma causa excludente da ilicitude, não tem sentido a decretação da prisão preventiva. Consignamos que deve ser feito um juízo de probabilidade, não se exigindo a certeza de que o delito tenha sido praticado sob o amparo de uma justificante.

Mais uma vez o legislador se pautou pelo postulado da proporcionalidade, pois não faz sentido a decretação da prisão durante o processo se o magistrado já visualiza a provável absolvição do agente com fundamento no artigo 386, inciso VI, do Código de Processo Penal.

A ilicitude do fato é condição para a própria existência do crime. Desse modo, não se pode admitir a prisão preventiva de uma pessoa que nem sequer cometeu um crime, uma vez que agiu amparada por uma causa justificante legal.

Da mesma forma, entendemos que não se pode adotar essa modalidade prisional quando verificada a presença de causas excludentes de culpabilidade. Nesse diapasão, Renato Brasileiro adverte que "se o próprio Código de Processo Penal autoriza a absolvição sumária do agente quando o juiz verificar a existência manifesta de causa excludente da culpabilidade do agente, salvo inimputabilidade (CPP, art. 397, inc. II), seria de todo desarrazoado permitir-se a decretação da prisão preventiva em tal situação".[119]

3.9. Espécies de prisão preventiva

Com o objetivo de facilitar o entendimento do leitor e apenas como forma de didática, classificamos a prisão preventiva nas seguintes espécies abaixo analisadas.

---

[119] BRASILEIRO DE LIMA, Renato. *Nova Prisão Cautelar. Op. cit.*, p. 264.

CAPÍTULO III PRISÕES PROVISÓRIAS

3.9.1. Prisão preventiva convertida (artigo 310, II, do Código de Processo Penal)

É a prisão preventiva decretada pela autoridade judiciária no momento da análise do auto de prisão em flagrante. Após verificar a legalidade da prisão, o magistrado deve analisar se estão presentes os requisitos da prisão preventiva (artigo 312 – *periculum in libertatis*) e, não sendo adequado ou suficiente a adoção de outras medidas cautelares, deve *converter* o flagrante em prisão preventiva. Salientamos que essa espécie de prisão preventiva *não* configura uma exceção à regra de que o juiz não pode decretar essa cautelar de ofício durante a fase pré-processual.

Entendemos que, nessa modalidade de prisão preventiva, o auto de prisão em flagrante funciona como uma espécie de representação da autoridade policial. Diferentemente do Ministério Público, por exemplo, que requer a prisão preventiva, o delegado de polícia "representa" pela decretação da medida. Esta representação objetiva, justamente, levar ao conhecimento do juiz os fatos que fundamentam a adoção desta *extrema ratio*. Sendo assim, pode-se afirmar que o auto de prisão em flagrante possui a mesma função, servindo para dar ciência ao magistrado sobre os fatos criminosos ocorridos, que, eventualmente, exigem a decretação da prisão preventiva.

Por tudo isso, concluímos que, ao converter o flagrante em prisão preventiva, o juiz não age de ofício, uma vez que está sendo *provocado* a se manifestar por meio do auto de prisão em flagrante, que, como uma medida pré-cautelar, expõe o preso e as circunstâncias de sua prisão à análise do Poder Judiciário, para que esse órgão decida sobre a necessidade da medida a ser adotada.

Outro ponto que merece destaque é o fato de que nessa modalidade de prisão preventiva (*convertida*) não é necessária a presença das condições previstas no artigo 313, do Código de Processo Penal. Assim, o flagrante pode ser convertido em prisão preventiva, independentemente da pena máxima cominada ao crime, haja vista que o artigo 310, inciso II, do Código de Processo Penal, só determina a observância dos fundamentos previstos no artigo 312 (*periculum in libertatis*).

Nesse sentido é a lição de Fernando Capez:

> Entendemos que, mesmo fora do rol dos crimes que autorizam a prisão preventiva, o juiz poderá converter o flagrante em prisão preventiva, desde que presente um dos motivos previstos na lei: (1) necessidade de garantir a ordem pública ou econômica, conveniência da instrução criminal ou assegurar a aplicação da lei penal + (2) insuficiência de qualquer outra medida cautelar para garantia do processo. É que a lei, ao tratar da conversão do flagrante em preventiva, não menciona que o delito deva ter pena máxima superior a quatro anos, nem se refere a qualquer outra exigência prevista no art. 313 do CPP. Conforme se denota da redação do art. 310, II, do Código de Processo Penal, para que a prisão em flagrante seja convertida em preventiva, basta a demonstração da presença de um dos requisitos ensejadores do *periculum in mora* (CPP, art. 312), bem como a insuficiência de qualquer outra providência acauletatória prevista no art. 319. Não se exige esteja o crime no rol daqueles que permitem tal prisão.[120]

Isto posto, podemos afirmar que, na conversão da prisão em flagrante em prisão preventiva, o juiz deverá analisar apenas se estão presentes os fundamentos constantes no artigo 312, do CPP, independentemente da pena máxima cominada ao delito. E não poderia ser diferente. O próprio princípio da inafastabilidade da jurisdição estabelece que a lei não excluirá da apreciação do Poder Judiciário lesão ou ameaça a direito. Assim, caso o magistrado vislumbre uma ameaça a um bem jurídico relevante, ele deve tomar a medida necessária e adequada à preservação do direito ameaçado.

A lei não pode cercear do Poder Judiciário a possibilidade de prestar a tutela adequada ao caso concreto. O prazo superior a quatro anos para a decretação da prisão preventiva se aplica à modalidade *autônoma* ou *independente* e mesmo assim comporta exceções. A prisão *preventiva convertida*

---

[120] CAPEZ, Fernando. *Lei 12.403 e as polêmicas prisões provisórias*. Disponível em <http://www.conjur.com.br/2011-jun-29/consideracoes-sobra-lei-124032011-prisao-provisoria-polemicas>. Acesso em 12.11.2013.

é regida pelo artigo 310, inciso II, do Código de Processo Penal, que é uma norma especial em comparação ao artigo 313, inciso I. Trata-se de um microssistema responsável por guiar o juiz nas situações previstas pelo dispositivo em análise.

3.9.2. Prisão preventiva autônoma ou independente (artigo 311 e seguintes, do Código de Processo Penal)

Essa espécie de prisão preventiva pode ser decretada pelo juiz em qualquer momento da investigação ou do processo, desde que observados os pressupostos, os fundamentos e as condições de admissibilidade previstas no Código de Processo Penal. São legitimados ativos para solicitar essa medida: o delegado de polícia, o Ministério Público e o ofendido durante a fase de investigações; já durante o processo, o Ministério Público, o assistente, o ofendido e o juiz de ofício. Essa modalidade de prisão preventiva deve ser decretada em último caso, quando as outras medidas cautelares se mostrarem inadequados ou insuficientes, independentemente do contraditório.

Nesse ponto é interessante ressaltar que a prisão preventiva *autônoma* ou *independente* constitui a regra dentro da persecução penal. Sendo assim, na maioria dos casos ela só poderá ser adotada quando se tratar de infração cuja pena máxima cominada seja superior a quatro anos de prisão. Contudo, conforme mencionamos anteriormente, essa regra poderá ser excepcionada.

Explicamos, a Lei 12.403/2011 teve como um de seus objetivos adequar a prisão preventiva ao ordenamento jurídico como um todo. As condições de admissibilidade do artigo 313, do Código de Processo Penal, estão diretamente ligadas ao postulado da proporcionalidade. Para que seja decretada uma prisão cautelar, via de regra, é indispensável que se faça uma previsão da pena a ser aplicada ao final do processo. Não teria sentido a restrição da liberdade de alguém durante o processo, se a seu final não poderia ser imposta uma pena privativa de liberdade. Afinal, o meio não pode ser mais grave que o fim.

Partindo desse pressuposto, a nova lei colocou a prisão preventiva em absoluta harmonia com o artigo 44 do Código Penal, que prevê as hipóteses de substituição da pena privativa de liberdade por penas restritivas de direito. Não por acaso há uma semelhança enorme entre os dois dispositivos.

Tanto na decretação da prisão preventiva, quanto na substituição da pena privativa de liberdade por restritiva de direito, o legislador estabeleceu de maneira expressa dois requisitos: o prazo de quatro anos de prisão (para a decretação da prisão preventiva, o prazo deve ser superior a quatro anos; já para a substituição da pena, o prazo deve ser inferior a quatro anos) e não caracterização de reincidência.

Contudo, a maior parte da doutrina não se atentou para o fato de que os demais requisitos previstos no artigo 44 do Código Penal também devem ser levados em consideração no momento da decretação da prisão preventiva. Assim, crimes cometidos mediante violência ou grave ameaça e as circunstâncias judiciais do artigo 59 do Código Penal, também servem de fundamento para a adoção desta *extrema ratio*, haja vista que tais fatos podem impedir a substituição da pena.

Ao final do processo o magistrado deverá sopesar todos os requisitos do artigo 44 antes de conceder a substituição da pena. Assim, poderá ser aplicada uma pena privativa de liberdade mesmo em se tratando de punição inferior a quatro anos de prisão (se as circunstâncias judiciais forem prejudiciais ao réu, por exemplo).

Em situações excepcionais, portanto, com o objetivo de proteger os bens jurídicos previstos no artigo 282, inciso I, do Código de Processo Penal e oferecer uma tutela adequada ao caso, também poderá ser decretada a prisão preventiva *autônoma*, independentemente da pena máxima cominada ao delito, com base no postulado da proporcionalidade (em sua vertente que determina a proibição de proteção insuficiente).

Conforme salientamos alhures, o próprio princípio da inafastabilidade da jurisdição, previsto na Constituição da República (art. 5º, inciso XXXV), prevê que a lei não excluirá da apreciação do judiciário qualquer tipo de lesão ou ameaça a direito. Deflui disso a necessidade de uma tutela adequada e efetiva sempre que houver alguma ameaça a direito. De fato, não se pode excluir do Poder Judiciário

CAPÍTULO III PRISÕES PROVISÓRIAS

a possibilidade de enfrentar e neutralizar qualquer ameaça a um bem jurídico, sob pena de macular o referido princípio. Sendo assim, não seria lícito retirar do magistrado a possibilidade de, no caso concreto, determinar a melhor e mais adequada proteção aos bens jurídicos indicados no artigo 282, inciso I, do Código de Processo Penal, manietando-o diante de uma situação concreta de risco.

Admitir que o juiz nada possa fazer em situações concretas e graves, em que há um risco sério a bens jurídicos relevantes, seria reconhecer a total incapacidade de o Poder Judiciário fazer frente ao risco que é a liberdade do imputado. Em outras palavras, o próprio Poder Judiciário estaria sendo cerceado em seu direito de prestar uma tutela adequada ao caso. Consignamos, ainda, que tal constatação tem um peso maior quando tratamos de processo penal, pois, afinal, é este o campo incumbido de tutelar os bens jurídicos mais relevantes da sociedade.[121]

Com o objetivo de ilustrar esse embate entre o direito de liberdade e o direito de segurança, colacionamos as lições de Ingo Sarlet no sentido de que

> uma das implicações diretamente associada à dimensão axiológica da função objetiva dos direitos fundamentais, uma vez que decorrente da ideia de que estes incorporam e expressam determinados valores objetivos fundamentais da comunidade, está a constatação de que os direitos fundamentais (mesmo os clássicos direitos de liberdade) devem ter sua eficácia valorada não só sob um ângulo individualista, isto é, com base no ponto de vista da pessoa individual e sua posição perante o Estado, mas também sob o ponto de vista da sociedade, da comunidade na sua totalidade, já que se cuidam de valores e fins que esta deve respeitar e concretizar. Com base nesta premissa, a doutrina alienígena chegou à conclusão de que a perspectiva objetiva dos direitos fundamentais constitui função axiologicamente vinculada, demonstrando que o exercício dos direitos subjetivos individuais está condicionado, de certa forma, ao seu reconhecimento pela comunidade na qual se encontra inserido e da qual não pode ser dissociado, podendo falar-se, neste contexto, de uma responsabilidade comunitária dos indivíduos. É neste sentido que se justifica a afirmação de que a perspectiva objetiva dos direitos fundamentais não só legitima restrições aos direitos

---

[121] Nesse sentido, BORGES DE MENDONÇA, Andrey. *Op. cit.*, p. 259.

subjetivos individuais com base no interesse comunitário prevalente, mas também e de certa forma que contribui para a limitação do conteúdo e do alcance dos direitos fundamentais, ainda que deva sempre ficar preservado o núcleo essencial destes e desde que estejamos atentos ao fato de que com isto não se está a legitimar uma funcionalização (e subordinação apriorística) dos direitos fundamentais em prol dos interesses da coletividade, aspecto que, por sua vez, guarda conexão com a discussão em torno da existência de um princípio da supremacia do interesse público que aqui não iremos desenvolver. É neste contexto que alguns autores têm analisado o problema dos deveres fundamentais, na medida em que este estaria vinculado, por conexo, com a perspectiva objetiva dos direitos fundamentais na sua acepção valorativa.[122]

Em outras palavras, a dimensão objetiva dos direitos fundamentais determina que o direito individual de liberdade seja exercido de maneira adequada e em consonância com toda a coletividade. O uso inadequado de um direito configura um abuso e deve ser reprimido pelo Estado.

Nesse contexto, se restar constatado que a liberdade de um indivíduo coloca em risco toda a coletividade, tal direito poderá ser suprimido em benefício de uma maioria, o que é respaldado, inclusive, pelo princípio da supremacia do interesse público. Todas essas afirmações encontram subsídio na função objetiva dos direitos fundamentais, que exige uma intervenção por parte do Estado em benefício da coletividade.

Essa concepção dos direitos fundamentais legitima a ideia de que o Estado se obriga não apenas a observar os direitos dos indivíduos em face das investidas do Poder Público, mas também garantir a proteção dos direitos fundamentais contra as agressões de terceiros.[123] Trata-se de um dever do Estado, que tem a obrigação de garantir a segurança dos indivíduos mediante a adoção de medidas diversas, como, por exemplo, a prisão preventiva.

---

[122] SARLET, Ingo Wolfgang. *Constituição e Proporcionalidade: o direito penal e os direitos fundamentais entre proibição de excesso e de insuficiência*. Disponível em: <http://www.mundojuridico.adv.br>. Acesso em 12.11.2013.
[123] MENDES, Gilmar. *Os direitos fundamentais e seus múltiplos significados na ordem constitucional*. Revista Diálogo Jurídico. Disponível em: <www.direitopublico.com.br>. Acesso em 12.11.2013.

Por tudo isso, reiteramos que, em regra, a prisão preventiva *autônoma* só poderá ser decretada quando se tratar de crime cuja pena máxima cominada seja superior a quatro anos de prisão. Excepcionalmente, contudo, será possível sua adoção, independentemente da pena máxima cominada ao delito, quando restar comprovado que a liberdade de um indivíduo coloca em risco os bens jurídicos constantes no artigo 282, inciso I, do Código de Processo Penal, e as demais medidas cautelares são insuficientes ou inadequadas para protegê-los.

3.9.3. Prisão preventiva substitutiva ou subsidiária (artigo 282, § 4º, e artigo 312, Parágrafo Único, do Código de Processo Penal)

Trata-se da prisão preventiva decretada em substituição às medidas cautelares adotadas anteriormente devido a seu descumprimento. Entendemos que, nesse caso, a prisão preventiva pode ser decretada independentemente da pena máxima cominada ao crime, sob pena de não se mostrarem efetivas as cautelares diversas da prisão. Nessas hipóteses, em se tratando de crime doloso e punido com pena privativa de liberdade, será possível a decretação da *prisão preventiva substitutiva ou subsidiária*.

Para que não restem dúvidas, essa espécie de prisão preventiva tem a função de garantir a execução das medidas cautelares diversas da prisão e não se submete aos limites expostos no artigo 313, inciso I, do Código de Processo Penal. Da mesma forma, com base no artigo 313, inciso III, do Código de Processo Penal, poderá ser decretada a prisão preventiva *subsidiária* quando se verificar o descumprimento de qualquer das medidas protetivas de urgência previstas na Lei Maria da Penha.

Sobre o tema, é interessante a lição de Andrey Borges de Mendonça. Segundo o autor, com combinação dos artigos 282, § 4º, e 312, Parágrafo Único, do Código de Processo Penal, o legislador criou um microssistema da prisão preventiva substitutiva, que é independente das condições de admissibilidade do artigo 313. Assim, para que seja adotada essa modalidade prisional basta que haja: a) decretação inicial de medida cautelar alternativa à prisão (art. 319); b) descumprimento posterior de qualquer das obrigações impostas; c) ineficácia ou inadequação da imposição de outra medida alternativa em substituição ou em cumulação.[124]

Por fim, advertimos que essa medida poderá ser adotada pelo juiz de ofício ou mediante requerimento do Ministério Público, de seu assistente ou do querelante.

Com relação ao delegado de polícia, conforme mencionado alhures, nada impede que ele represente pela decretação da prisão preventiva em substituição à medida cautelar eventualmente descumprida. Caso contrário, perder-se-ia um grande guardião do fiel cumprimento das medidas impostas pelo Poder Judiciário, o que afetaria sobremaneira a eficácia das cautelares, pondo em risco a persecução penal e o próprio Estado Democrático de Direito. Ademais, se o delegado de polícia pode representar pela imposição de medida cautelar, não teria sentido a impossibilidade da representação pela prisão preventiva no caso de seu descumprimento, até porque esta também é uma medida cautelar.

Parece que a omissão da autoridade policial no texto legal foi apenas um lapso do legislador, que não teve a intenção de excluí-lo. Assim, com base numa interpretação sistemática da nova Lei 12.403/2011, podemos afirmar que é absolutamente possível a representação pela prisão preventiva em substituição à medida cautelar descumprida.

3.9.3.1. Polícia judiciária e o descumprimento das medidas cautelares

Tendo em vista a reforma do Código de Processo Penal trazida pela Lei 12.403/2011, que inovou ao estabelecer um rol de medidas cautelares diversas da prisão, o objetivo deste ponto é analisar a consequência do descumprimento dessas medidas, que pode ocasionar na decretação da *prisão preventiva subsidiária* ou *substitutiva*.

---

[124] BORGES DE MENDONÇA, Andrey. *Op. cit.*, p. 294.

CAPÍTULO III PRISÕES PROVISÓRIAS

Primeiramente, devemos destacar que o espírito da nova lei é valorizar o princípio constitucional da presunção de não culpabilidade, estabelecendo que a prisão preventiva deve ser decretada em último caso, sempre que as demais medidas cautelares se mostrarem insuficientes e inadequadas para garantir a persecução penal.[125]

Isso não significa, todavia, que a sensação de impunidade irá aumentar a partir da reforma, principalmente porque a inovação legislativa veio para dar uma visão mais constitucional à persecução penal. O fato de uma pessoa aguardar o processo em liberdade não significa que ela ficará impune no momento da sentença final. Esse é o preço que pagamos por vivermos em um Estado Democrático de Direito, afinal, o direito de punir do Estado só pode ser exercido por meio de um processo que legitime a aplicação da pena.

Assim, a decretação da prisão preventiva de uma pessoa configura-se como a medida extrema a ser adotada durante a *persecutio criminis*, o que não quer dizer que as hipóteses de sua utilização sejam raras. Muito pelo contrário, no dia a dia das Polícias Judiciárias são frequentes os casos que demandam a adoção dessa medida cautelar.

Em relação às medidas cautelares diversas da prisão, devemos destacar que elas ganharam certo protagonismo na persecução penal com a nova lei, devendo ser adotadas de modo preferencial. Contudo, para que a eficácia de tais medidas seja garantida, é preciso que haja um forte controle por parte dos órgãos responsáveis pela segurança pública, uma vez que seu descumprimento pode causar um sério risco ao direito de punir do Estado.

Como é cediço, o artigo 282 do Código de Processo Penal deve respaldar a aplicação de toda e qualquer medida cautelar, inclusive a prisão preventiva. Podemos afirmar, destarte, que o mencionado dispositivo legal funciona como uma cláusula geral dos procedimentos cautelares.

Desse modo, para que uma medida cautelar seja decretada, o juiz deve observar os critérios de necessidade e adequação.[126] Ademais, as cautelares

---

[125] "Art. 282, § 6º do CPP: A prisão preventiva será determinada quando não for cabível a sua substituição por outra medida cautelar (art. 319)."

[126] *Art. 282:* As medidas cautelares previstas neste Título deverão ser aplicadas observando-se a: I - necessidade para aplicação da lei penal, para a investigação ou a instrução criminal e, nos casos expressamente previstos, para evitar a prática de infrações penais; II - adequação da medida à gravidade do crime, circunstâncias do fato e condições pessoais do indiciado ou acusado.

não se aplicam às infrações a que não for isolada, cumulativa ou alternativamente cominada pena privativa de liberdade, nos termos do artigo 283, § 1º, do Código de Processo Penal.

Uma vez decretada a medida cautelar diversa da prisão, era preciso que houvesse um dispositivo legal que garantisse a eficácia da medida. Nesse sentido, o § 4º do artigo 282 do Código de Processo Penal determina que, em caso de descumprimento da medida cautelar, o juiz poderá substituí-la, impor outra em cumulação ou, em último caso, decretar a prisão preventiva.

Criou-se, então, a denominada *prisão preventiva substitutiva ou subsidiária*. Conforme demonstrado acima, essa espécie de prisão preventiva tem a função de garantir a execução das medidas cautelares diversas da prisão e não se submete aos limites expostos no artigo 313 do Código de Processo Penal, sendo adotada sempre que se constatar o descumprimento de medidas cautelares anteriormente decretadas.

Assim, com o respaldo legal que garante a eficácia das medidas cautelares diversas da prisão, é extremamente importante que os órgãos responsáveis pela persecução penal também se organizem no sentido de fiscalizar seu fiel cumprimento, sendo que as polícias judiciárias exercem um papel muito importante nessa função.

Com o objetivo de facilitar o entendimento do leitor, faremos uso de um exemplo prático. Salientamos, contudo, que os procedimentos expostos neste estudo são baseados em nossas convicções pessoais, não configurando qualquer posição institucional.

Isto posto, imaginemos o caso de um indivíduo submetido a uma medida cautelar que o proíba de ter contato com determinada pessoa (art. 319, inciso III, do CPP). A adoção dessa medida cautelar é muito útil nos casos que envolvem os crimes de ameaça e lesão corporal, uma vez que a proibição de contato com a vítima é suficiente e adequada para garantir a persecução penal e evitar a reiteração de infrações.

Caso o sujeito passivo da medida cautelar a descumpra, o fato deve ser noticiado pela vítima por meio de um boletim de ocorrência. *Incontinenti*, a autoridade de polícia judiciária deve ouvi-la em declarações e representar

CAPÍTULO III PRISÕES PROVISÓRIAS

junto ao Poder Judiciário pela substituição da medida cautelar, sua cumulação com outra ou, em último caso, pela decretação da prisão preventiva (*substitutiva*), mesmo em se tratando de infrações de menor potencial ofensivo.

Vale consignar que, caso o fato seja apresentado na delegacia de polícia com a presença do sujeito passivo da medida cautelar, dependendo da situação, será possível, inclusive, a prisão em flagrante do indivíduo. De acordo com nosso entendimento, aquele que descumpre uma medida cautelar comete o crime de desobediência, previsto no artigo 330 do Código Penal.

Assim, em se tratando de descumprimento de medida cautelar decretada sob o amparo da Lei Maria da Penha, será possível a lavratura do auto de prisão em flagrante, uma vez que a referida lei afasta os institutos despenalizadores da Lei 9.099/1995. Atentem-se que nessa situação o delegado de polícia pode até deixar de conceder a fiança, caso entenda que estão presentes os motivos que autorizam a decretação da prisão preventiva, nos termos do artigo 324, inciso IV, do Código de Processo Penal.

Explicamos, o mencionado dispositivo legal determina que não será concedida fiança "quando presentes os motivos que autorizam a decretação da prisão preventiva (art. 312)". Vejam que a lei faz menção apenas ao artigo 312 do Código de Processo Penal. Desse modo, constatado o *fumus comissi delicti* (prova da existência do crime e indícios de autoria) e o *periculum in libertatis* (garantia da ordem pública, conveniência da instrução criminal etc.), a autoridade policial pode deixar de conceder a fiança.

Nesse exemplo salta aos olhos a natureza pré-cautelar da prisão em flagrante, que tem a função de levar ao conhecimento do Poder Judiciário a ocorrência de um crime, a prisão de uma pessoa e as circunstâncias dessa prisão, para que o magistrado competente decida sobre qual a medida cautelar mais adequada ao caso.

Voltando aos exemplos práticos, imaginemos o caso de uma pessoa que esteja submetida à medida cautelar de proibição de frequentar determinados lugares (art. 319, inciso II, do CPP). Caso ela seja surpreendida pela polícia nesses locais, ela deve ser imediatamente encaminhada à delegacia de polícia, onde será lavrado um termo circunstanciado pela violação ao artigo 330 do

Código Penal. Ademais, a autoridade de polícia judiciária deve encaminhar todo o expediente ao Poder Judiciário por meio de ofício, representando pela decretação de outra medida cautelar, se entender necessário.

O ideal seria que o Poder Judiciário mantivesse um plantão permanente para analisar e fiscalizar as medidas cautelares. Desse modo, aquele que fosse surpreendido descumprindo uma cautelar poderia ser imediatamente encaminhando ao juiz de plantão, que decidiria sobre a medida mais adequada ao caso.

A título de sugestão, poderia fazer-se com a pessoa surpreendida no descumprimento de medida cautelar o que se faz com os menores infratores. O delegado de polícia, após finalizar os procedimentos de polícia judiciária, apresentaria a pessoa ao juiz de plantão, que resolveria sobre o caso. Uma outra hipótese seria a assinatura de um termo de compromisso em que o sujeito se compromete a se apresentar ao juiz competente no primeiro dia útil.

Sem embargo, para que a eficácia das medidas cautelares seja efetivamente garantida, é imprescindível que os órgãos responsáveis pela segurança pública se equipem com instrumentos que possibilitem a fiscalização do cumprimento das medidas. É preciso que se crie um banco de dados interligado entre o Poder Judiciário e as polícias civil, federal e militar, facilitando o cadastro e o acesso às pessoas submetidas a uma medida cautelar.

Outro ponto que merece destaque é a premente necessidade de aquisição de tornozeleiras eletrônicas por parte do Estado. Somente com esse equipamento o inciso IX do artigo 319 do Código de Processo Penal terá aplicação prática. Além disso, as tornozeleiras facilitariam a fiscalização de outras medidas cautelares.

Antes de concluirmos este ponto, chamamos a atenção do leitor para um fato muito interessante, senão vejamos. Com base nas regras de competência, somente o juiz responsável pela decretação de uma medida cautelar poderia decidir sobre as consequências de seu descumprimento. Se nos prendermos nessa regra, a decisão proferida por um magistrado diferente daquele que determinou a medida seria nula por vício de incompetência.

Como consectário desse entendimento, seria impossível uma adequada fiscalização do cumprimento das medidas cautelares diversas da prisão, uma vez que seria inviável a pronta localização do juiz competente para a análise do caso. Nessa linha de raciocínio, destacamos que as medidas que não forem corretamente fiscalizadas não possuem eficácia e, portanto, são inadequadas. Uma vez consideradas inadequadas, não podem ser aplicadas (art. 282 do CPP – princípio da adequação), o que nos remete apenas à prisão preventiva.

Em conclusão, destacamos que a adoção das medidas cautelares diversas da prisão se apresentam como um marco evolutivo na persecução penal, fortificando o princípio constitucional da presunção de não culpabilidade. Contudo, para garantir a eficácia dessas medidas é imprescindível que o Estado forneça os instrumentos necessários a sua fiscalização, sob pena de a nova lei não conseguir consagrar seus princípios.

3.9.4. Prisão preventiva para averiguação (artigo 313, Parágrafo Único)

Essa espécie de prisão preventiva pode ser adotada sempre que houver dúvida com relação à identidade civil de uma pessoa e esta não fornecer elementos suficientes para esclarecê-la, devendo a prisão perdurar até que a pessoa seja identificada. Parece que com essa inovação legislativa a lei de prisão temporária foi revogada parcialmente.

Vemos com bons olhos essa modalidade prisional. No dia a dia de uma delegacia de polícia, por incrível que pareça, é corriqueira a apresentação de indivíduos não identificados. Tais indivíduos, na maioria das vezes já cometeram outros crimes e são foragidos da justiça. Por isso, esses criminosos se valem do anonimato para tentar ludibriar as autoridades e permanecer em liberdade.

Diante desse quadro, a autoridade de polícia judiciária não pode ficar à mercê desse expediente enganoso, correndo o risco de liberar um criminoso procurado pela prática de diversos crimes. Assim, sempre que não for possível a identificação civil de uma pessoa ou ela não fornecer elementos suficientes para seu esclarecimento, mister a decretação da prisão preventiva para assegurar a aplicação de lei penal ou por conveniência da instrução criminal.

Vale lembrar que, caso seja possível a identificação do conduzido por meio da identificação criminal (processo datiloscópico e fotografia) ou por diligências policiais, desnecessária a decretação dessa medida cautelar.

Outra questão que merece destaque é a possibilidade de o conduzido não fornecer elementos para sua identificação civil alegando estar resguardado pelo direito de não produzir provas contra si mesmo (*nemo tenetur se detegere*). Sem embargo das opiniões em sentido contrário, entendemos que esse direito não abarca o direito de falsear a verdade com relação a sua identificação, sendo que essa conduta, inclusive, caracteriza o delito previsto no artigo 307 do Código Penal (falsa identidade) ou a contravenção penal prevista no artigo 68, da Lei de Contravenções Penais (recusa de dados sobre a própria identidade ou qualificação), conforme o caso.

Nesse ponto, salientamos que, para que a prisão preventiva para *averiguação* seja decretada, é necessário que o sujeito passivo da medida esteja envolvido na prática de alguma infração penal (dolosa ou culposa, uma vez que a lei não faz distinção). Desse modo, a pessoa levada ao plantão de polícia judiciária por falta de identificação, mas sem envolvimento em qualquer ilícito, não poderá ser submetida a essa modalidade prisional, haja vista que a Lei 12.403/2011 exige a existência de inquérito policial ou ação penal, além da prova da existência do crime e indícios suficientes de autoria.

Por tudo o que foi dito, sempre que houver dúvida com relação à identidade civil de uma pessoa envolvida em algum tipo de crime, não sendo possível sua identificação por outros meios, cabe ao delegado de polícia fazer uso de sua capacidade postulatória e representar pela prisão preventiva do conduzido, sendo que a restrição da liberdade irá perdurar apenas pelo tempo necessário a sua identificação.

CAPÍTULO III PRISÕES PROVISÓRIAS

3.10. Prisão preventiva e seu prazo de duração

Como todas as medidas cautelares, a prisão preventiva é regida pela cláusula *rebus sic stantibus*, o que significa que ela está condicionada a circunstâncias transitórias e variáveis. O próprio artigo 282, § 5º, do Código de Processo Penal, estipula que o juiz poderá revogar a medida cautelar ou substituí-la quando verificar a falta de motivo para que subsista, bem como voltar a decretá-la, se sobrevierem razões que a justifiquem.

Isso significa que o prazo da prisão preventiva está vinculado à necessidade de adoção dessa medida extrema. Lembramos que a intenção da nova Lei 12.403/2011, observando o princípio da presunção de não culpabilidade, foi colocar a prisão como a última medida a ser adotada durante a persecução penal. Apenas nos casos mais graves e quando não for adequada a adoção de outras medidas cautelares, é que o juiz poderá decretar a prisão de uma pessoa.

Tendo em vista que a lei não faz qualquer referência ao prazo da prisão preventiva, referindo-se apenas ao fato de que ela deve ser adotada em último caso, sempre que se mostrarem insuficientes ou inadequadas as outras medidas cautelares, entendemos que essa modalidade prisional não possui um prazo determinado, podendo persistir enquanto houver necessidade.

Ora, se a prisão preventiva constitui uma medida excepcional e só pode ser decretada em casos de extrema necessidade, para garantir a ordem pública ou econômica, por conveniência da instrução criminal ou para assegurar a aplicação da lei penal, diante do silêncio da lei, só podemos concluir que seu prazo está subordinado aos motivos que determinaram sua adoção.

Assim, enquanto persistirem esses motivos, a prisão preventiva não pode ser revogada, sob pena de se colocar em risco a persecução penal, a segurança pública e o Estado Democrático de Direito.

Por outro lado, o acusado não pode ser prejudicado pela ineficácia do Estado em exercer seu direito de punir. A própria Constituição da República estipula em seu artigo 5º, inciso LXXVIII, que a todos, no âmbito judicial ou administrativo, são assegurados a razoável duração do processo. Desse modo, observando o postulado da proporcionalidade, cabe ao juiz competente analisar o caso concreto e verificar a necessidade da manutenção da prisão preventiva diante do princípio da razoável duração do processo.

A ciência do Direito não é matemática e, sendo assim, é temerário estabelecer um prazo máximo de duração em abstrato para a prisão preventiva. Essa função deve ficar a critério do juiz, que deve analisar o caso de acordo com suas particularidades e definir o prazo razoável de duração da medida cautelar. Destaque-se que tal entendimento encontra total subsídio no princípio constitucional da individualização da pena.

Dessa forma, entendemos que o prazo de duração da prisão preventiva variará de acordo com o caso, cabendo ao juiz definir o período em que a medida deve perdurar. Para tanto, o magistrado deve observar a necessidade e adequação da prisão e se pautar sempre pelo postulado da proporcionalidade.

Por fim, caso seja verificado um excesso no prazo de duração da medida, cabe ao juiz relaxar[127] a prisão, respeitando, assim, o princípio da razoável duração do processo.

3.11. Necessidade de fundamentação da decisão que decreta a prisão preventiva

A Lei 12.403/2011, que alterou o Código de Processo Penal, determina de maneira expressa que *a decisão que decretar, substituir ou denegar a prisão preventiva será sempre motivada.*

Nesse caso o legislador preferiu pecar pelo excesso, haja vista que a necessidade de fundamentação de qualquer decisão já era exigida pela Constituição da República nos artigos 5º, inciso LXI, e 93, inciso IX.

De todo modo, entendemos que o legislador andou bem ao determinar a fundamentação da adoção da medida cautelar na própria lei. Devemos

---

[127] No caso em que for constatado excesso de prazo na prisão preventiva, cabe ao juiz "relaxar" a prisão e não "revogá-la". Salientamos que o relaxamento da prisão ocorre quando houver alguma ilegalidade, como, por exemplo, o excesso de prazo. Já a revogação da prisão deve ser efetivada quando o magistrado verificar que não estão mais presentes os fundamentos que determinaram a adoção da medida, ou seja, quando não for mais necessária a prisão.

atentar-nos para o fato de que o espírito da nova lei é o de que a prisão, como uma medida extrema, deve ser adotada em último caso.

O direito de liberdade de locomoção é um dos direitos mais importantes do indivíduo. Como consectário desse direito, a Constituição estabeleceu também o princípio da presunção de não culpabilidade, objetivando restringir a atuação do Estado no exercício de seu direito de punir.

Assim, a prisão de uma pessoa, por suprimir o direito de liberdade de locomoção, deve ser realizada com a estrita observância das determinações constitucionais. É por meio do processo que o Estado exerce seu direito de punir e legitima a aplicação de uma pena.

Ao adotar uma medida cautelar, todavia, o Estado-Juiz restringe a liberdade de locomoção do indivíduo sem uma sentença condenatória transitada em julgado. Por isso, a exigência de fundamentação é absolutamente necessária, principalmente dentro de um Estado Democrático de Direito.

É por meio da fundamentação que as partes tomam conhecimento do caso e podem impugnar a decisão. Da mesma forma, a fundamentação possibilita aos órgãos jurisdicionais de segundo grau que examinem a legalidade da decisão. Por fim, a motivação serve também a toda coletividade, que passa a ter meios para aferir a imparcialidade e a justiça da decisão.

Destacamos que a fundamentação da prisão preventiva deve ser feita de maneira clara e objetiva, não bastando apenas uma vaga referência ao dispositivo legal. Cabe ao magistrado apontar as circunstâncias fáticas que demandam e fundamentam a adoção da medida extrema. Caso contrário, a prisão configurará um constrangimento ilegal, podendo ser relaxada por meio de *habeas corpus*.

4. Prisão temporária

4.1. Introito

Muito antes de ser inaugurada uma nova fase no ordenamento jurídico brasileiro por meio da Constituição da República de 1988, vigorava em nosso país a famosa *prisão para averiguação*. Esta modalidade prisional era efetuada pela autoridade policial e seus agentes e ocorria sempre que os policiais se deparavam com qualquer indivíduo suspeito.

A prisão para averiguação era utilizada sempre que os policiais capturavam uma pessoa suspeita e não dispunham de elementos suficientes para justificar a prisão preventiva. Tratava-se de uma prisão decretada pelo próprio delegado de polícia, sendo que o poder judiciário era apenas comunicado posteriormente.

Não restam dúvidas sobre a temeridade de tal situação, que tolhia um direito fundamental do indivíduo sem a manifestação do Poder Judiciário. A prisão para averiguação é, sem dúvida, o exemplo mais claro de um Estado de Polícia que se contrapõe ao Estado Democrático de Direito.

A história de nosso país, infelizmente, traz alguns exemplos na época da ditadura sobre a truculência policial. Durante esse triste episódio, graves violações aos direitos fundamentais ocorriam com frequência, não apenas por parte da polícia, mas também por nossos governantes.

Muito sabemos sobre os métodos utilizados pela polícia durante o período ditatorial, sendo que a tortura consistia um dos principais instrumentos para se efetivar as investigações.

Com o passar do tempo, todavia, a polícia evoluiu e hoje pauta seu trabalho pela Constituição e pela proteção aos direitos fundamentais. Nesse sentido, é de extrema importância a atuação das polícias judiciárias, que são órgãos pertencentes ao Estado e que têm a função de auxiliar o Poder Judiciário na persecução criminal.

Mais que isso, cabe às polícias judiciárias, dirigidas por delegados de polícia de carreira, garantir os direitos fundamentais de todas as pessoas. Trata-se de uma polícia garantista, sendo o papel da autoridade policial de grande relevância dentro de um Estado Democrático de Direito.

O delegado de polícia não tem o dever de apenas prender o responsável por um crime, mas também o de garantir que nenhum inocente tenha sua liberdade suprimida. A autoridade de polícia judiciária é o primeiro representante do Estado a ter contato com o crime, sendo o defensor dos direitos fundamentais de todos os envolvidos na fase pré-processual.

Por tudo isso, cabe ao delegado de polícia coibir e punir qualquer diligência policial que se compare a prisão para averiguação. Como defensor dos direitos fundamentais, a autoridade policial não pode permitir que o direito de liberdade de locomoção de uma pessoa seja suprimido injustificadamente, configurando essa modalidade prisional um crime de abuso de autoridade previsto na Lei 4.898/1965.

Foi com a intenção de pôr fim a essa arbitrariedade que a Lei 7.960/1989 instituiu a prisão temporária, com a finalidade de garantir e subsidiar as investigações preliminares, que, via de regra, se materializam por meio do inquérito policial, de atribuição das polícias judiciárias.

Notem que é clara a diferença entre as duas modalidades prisionais. Na prisão para averiguação, uma pessoa é detida de maneira aleatória, sem que haja maiores indícios sobre seu envolvimento em uma atividade criminosa. Nesse caso, primeiro se prende para somente depois se apurar sua participação em um crime.

A prisão temporária, por outro lado, parte da certeza da ocorrência de um crime e de elementos mínimos que apontam na direção de um suspeito. É com base nesses indícios, ou, em outras palavras, na possibilidade de uma determinada pessoa ser a autora de um crime, que o Poder Judiciário pode decretar a prisão, que objetiva, justamente, aprofundar a investigação e transformar essa possibilidade de autoria em probabilidade de autoria.

Na verdade, é essa a função do próprio inquérito policial. Nesse diapasão, Aury Lopes Jr. ensina que "o inquérito policial nasce da mera possibilidade, mas almeja a probabilidade".[128]

Por derradeiro, destacamos que a prisão para averiguação aqui mencionada não tem qualquer relação com a *prisão preventiva para averiguação* que estudamos anteriormente. Esta espécie de prisão preventiva encontra previsão expressa no Código de Processo Penal e foi assim denominada por nós apenas de maneira didática.

---

[128] LOPES JR., Aury. *Direito Processual Penal e sua Conformidade Constitucional. Op. cit.*, p. 250.

4.2. Constitucionalidade da lei de prisão temporária

A Lei 7.960/1989, que instituiu a prisão temporária em nosso ordenamento jurídico, nasceu da conversão da Medida Provisória n. 111/1989. Devido a esse fato, uma parcela da doutrina passou a entender que a lei seria inconstitucional, por conter um vício no momento de sua formação.

Como é cediço, a Constituição da República prevê que é competência privativa da União legislar sobre Direito Penal e Processo Penal, conforme o artigo 22, inciso I. Sendo assim, a competência para legislar sobre essa matéria seria do Congresso Nacional, por meio de seus representantes, e não do Poder Executivo, através de medida provisória.

Diante desse quadro, o Conselho Federal da Ordem dos Advogados do Brasil ajuizou uma ação direta de inconstitucionalidade questionando a validade da medida provisória n. 111/1989. Sobre esse assunto, Roberto Delmanto Junior adverte: "Sem dúvida, correta é a interpretação de que tal fato viola a garantia constitucional da reserva legal, que pressupõe, outrossim, a correta elaboração legislativa, abrangida por outra garantia constitucional, qual seja, a do *substantive due process of law*".[129]

Contudo, o Supremo Tribunal Federal acabou não acatando os argumentos postulados na ação, sendo ela prejudicada pela perda do objeto, considerando que a Lei 7.960/1989 não se originou da conversão da referida medida provisória.[130]

Mais adiante, no ano de 2001, a Constituição da República foi emendada para alterar a redação do artigo 62, que trata das medidas provisórias. Com a Emenda Constitucional n. 32/2001, foi vedada edição de medidas provisórias sobre matérias relativas a Direito Penal, Processual Penal e Processual Civil.

---

[129] DELMANTO JUNIOR, Roberto. *As modalidades de prisão provisória e seu prazo de duração. Op. cit.*, p. 151.
[130] STF, Pleno, ADI n. 162/DF, Rel. Min. Moreira Alves, DJ 27/08/93, p. 1.

4.3. Conceito e natureza jurídica da prisão temporária

A prisão temporária, diferentemente da prisão preventiva, tem o objetivo de servir única e exclusivamente às investigações desenvolvidas durante o inquérito policial. Essa modalidade prisional tem caráter nitidamente instrumental, valendo-se da restrição da liberdade de locomoção de suspeitos de envolvimento em crimes graves, para obter elementos de informação quanto à materialidade e autoria.

Sobre o tema, Eugênio Pacelli ensina que: "trata-se de prisão cuja finalidade é a de acautelamento das investigações do inquérito policial, consoante se extrai do art. 1º, I, da Lei n.7.960/1989, no que cumpriria a função de instrumentalidade, isto é, de cautela. E será ainda provisória, porque tem a sua duração expressamente fixada em lei, como se observa de seu art. 2º e também do disposto no art. 2º, § 3º, da Lei 8.072/1990 (Lei de Crimes Hediondos)".[131]

Na mesma linha, Denílson Feitoza defende que a prisão temporária tem a

> finalidade de garantir a investigação criminal feita por meio do inquérito policial, na hipótese de ser imprescindível para a investigação criminal, quanto a alguns crimes graves. Também é uma prisão provisória, de natureza cautelar e processual.[132]

Valdir Sznick, por sua vez, entende que a prisão temporária

> visa permitir que a autoridade policial, diante da prática de um crime, não possuindo ainda elementos de prova que permitiriam a prisão, em flagrante, e na ausência do flagrante, permaneça com o investigado sob sua proteção e disposição, com o fim de proceder à coleta de elementos demonstrativos de autoria e materialidade.[133]

---

[131] OLIVEIRA, Eugênio Pacelli de. *Curso de Processo Penal. Op. cit.*, p. 444.
[132] FEITOZA PACHECO, Denílson. *Direito Processual Penal. Op. cit.*, p. 878.
[133] SZNICK, Valdir. *Op. cit.*, p. 482.

Vale consignar, ainda, o escólio de Mirabete acerca do tema em estudo. Para esse autor, a prisão temporária configura uma "medida acauteladora, de restrição da liberdade de locomoção, por tempo determinado, destinada a possibilitar as investigações a respeito de crimes graves, durante o inquérito policial".[134]

Por fim, destacamos os ensinamentos de Renato Brasileiro, que entende que a prisão temporária é uma "espécie de prisão cautelar decretada pela autoridade judiciária competente durante a fase preliminar de investigações, com prazo preestabelecido de duração, quando a privação da liberdade de locomoção do indivíduo for indispensável para a obtenção de elementos de informação quanto à autoria e materialidade das infrações penais mencionadas no art. 1º, inc. III, da Lei 7.960/1989, assim como em relação aos crimes hediondos e equiparados (Lei 8.072/1990, art. 2º, § 4º), viabilizando a instauração da *persecutio criminis in judicio*".[135]

Para resumir os ensinamentos acima expostos, definimos a prisão temporária como uma espécie de prisão cautelar, decretada pelo juiz competente mediante representação do delegado de polícia ou requerimento do Ministério Público, que objetiva servir ao inquérito policial, viabilizando a produção de provas e elementos de informação durante essa fase pré--processual, por meio da restrição temporária da liberdade de locomoção de um indivíduo suspeito de estar envolvido em algum dos crimes listados no artigo 1º, inc. III, da Lei 7.960/1989.

4.4. Requisitos da prisão temporária

O artigo 1º da Lei 7.960/1989 prevê que caberá prisão temporária:

I – quando imprescindível para as investigações do inquérito policial;
II – quando o indiciado não tiver residência fixa ou não fornecer elementos necessários ao esclarecimento de sua identidade;

---

[134] MIRABETE, Julio Fabbrini. *Processo Penal. Op. cit.*, p. 425.
[135] BRASILEIRO DE LIMA, Renato. *Nova Prisão Cautelar. Op. cit.*, p. 301.

CAPÍTULO III PRISÕES PROVISÓRIAS

III – quando houver fundadas razões, de acordo com qualquer prova admitida na legislação penal, de autoria ou participação do indiciado nos seguintes crimes: a) homicídio doloso (art. 121, *caput*, e seu § 2º); b) sequestro ou cárcere privado (art. 148, *caput*, e seus §§ 1º e 2º); c) roubo (art. 157, *caput*, e seus §§ 1º, 2º e 3º); d) extorsão (art. 158, *caput*, e seus §§ 1º e 2º); e) extorsão mediante sequestro (art. 159, *caput*, e seus §§ 1º, 2º e 3º); f) estupro (art. 213, *caput*, e sua combinação com o art. 223, *caput*, e Parágrafo Único); g) atentado violento ao pudor (art. 214, *caput*, e sua combinação com o art. 223, *caput*, e Parágrafo Único); h) rapto violento (art. 219, e sua combinação com o art. 223 *caput*, e Parágrafo Único); i) epidemia com resultado de morte (art. 267, § 1º); j) envenenamento de água potável ou substância alimentícia ou medicinal qualificado pela morte (art. 270, *caput*, combinado com art. 285); l) quadrilha ou bando (art. 288), todos do Código Penal; m) genocídio (arts. 1º, 2º e 3º da Lei 2.889, de 1º de outubro de 1956), em qualquer de suas formas típicas; n) tráfico de drogas (art. 12 da Lei 6.368, de 21 de outubro de 1976); o) crimes contra o sistema financeiro (Lei 7.492, de 16 de junho de 1986).

Como toda medida de natureza cautelar, a prisão temporária também está vinculada a seus pressupostos, quais sejam: *periculum in libertatis e fumus comissi delicti*. Entendemos que os incisos I e II da referida lei trazem as hipóteses em que estão presentes o *periculum in libertatis*. Já o inciso III apresenta o *fumus comissi delicti*.

Nesse ponto, vale destacar que, de acordo com nosso entendimento, o inciso II do artigo 1º, da Lei 7.960/1989, foi revogado parcialmente pela nova Lei 12.403/2011, que alterou o Código de Processo Penal. Com a inovação legislativa, o artigo 313, Parágrafo Único, do Estatuto Processual Penal, passou a possibilitar a decretação de prisão preventiva de uma pessoa envolvida em alguma infração penal, sempre que houver dúvida sobre sua identidade civil e ela não fornecer elementos suficientes para esclarecê-la.

Partindo dessa premissa, colocamos um ponto final na celeuma sobre os requisitos para a decretação da prisão temporária. Antes da Lei 12.403/2011, a doutrina se digladiava em relação à conjugação dos incisos do artigo 1º da Lei de Prisões Temporárias para a decretação da medida.

Assim, a partir da nova lei, deve firmar-se o entendimento que já prevalecia antes da reforma processual, no sentido de que para a decretação da prisão temporária basta a conjugação dos incisos I e III, do artigo 1º, da Lei 7.960/1989.

Sintetizando nosso entendimento, são requisitos para a decretação da prisão temporária:

a) insuficiência ou inadequação de outras medidas cautelares diversas da prisão, nos termos do artigo 282 do CPP;

b) imprescindibilidade para as investigações policiais (art. 1º, inc. I, da Lei 7.960/1989);

c) prova da existência do crime e fundadas razões de autoria ou participação nos crimes listados no inciso III, do artigo 1º da Lei 7.690/1989.

4.5. Prova da materialidade do crime e fundadas razões de autoria ou participação

Certo de que a prisão temporária também é uma medida cautelar, sua decretação deve estar vinculada aos pressupostos naturais de qualquer medida dessa natureza (art. 282 do CPP).

Desse modo, tendo em vista que a liberdade de locomoção de uma pessoa será suprimida pela prisão, é indispensável que se constate a certeza do crime (prova da materialidade) e que haja indícios mínimos apontando na direção de um determinado suspeito.

Notem que, ao se referir à prisão temporária, o legislador exigiu apenas a constatação de "fundadas razões" de autoria ou participação em determinados crimes, diferentemente da exigência estipulada para a decretação da prisão preventiva, na qual são exigidos "indícios suficientes" de autoria. Sendo assim, parece-nos que há uma diferença clara no grau de certeza de autoria exigido para essas modalidades prisionais. Voltaremos a tratar desse tema mais adiante.

De todo modo, deve ficar claro que sem a presença desses requisitos genéricos, não será possível a decretação da prisão temporária de uma pessoa. Caso contrário, estaríamos voltando no tempo e revivendo a tão temida prisão para averiguação.

4.6. Imprescindibilidade para as investigações

Este requisito da prisão temporária demonstra sua função dentro da persecução penal, qual seja, o de servir às investigações preliminares materializadas por meio do inquérito policial.

O inciso I do artigo 1º da Lei 7690/1989 não deixa dúvidas ao determinar que será cabível a prisão temporária quando imprescindível para as investigações *do inquérito policial*. Diante dessa determinação legal, entendemos que essa modalidade prisional exige a instauração de inquérito policial.

Isto, pois, a liberdade de locomoção é um direito fundamental do indivíduo, só podendo ser restringido nos casos de extrema necessidade. A exigência do inquérito policial para a adoção da medida, inclusive, está de acordo com a nova Lei 12.403/2011, que coloca a prisão como a *extrema ratio da última ratio*.[136]

Ao condicionar a decretação da prisão à prévia existência de inquérito policial, o legislador nada mais fez que valorizar o direito de liberdade de locomoção e o princípio da presunção de não culpabilidade. Vejam que se já existe esse procedimento investigativo de polícia judiciária, é porque já existe a certeza do crime e até indícios de autoria.

Por tudo isso, percebemos que o objetivo do legislador foi apenas reforçar no inciso I os requisitos genéricos de qualquer medida cautelar: prova da existência do crime e indícios mínimos de autoria.

Se por acaso for imprescindível a prisão de uma pessoa sem que haja inquérito policial instaurado para apurar o fato, a medida cautelar a ser adotada é a prisão preventiva. Como vimos anteriormente, a prisão preventiva

---

[136] Essa expressão foi utilizada por Luiz Flávio Gomes ao proferir palestra sobre o tema.

pode ser adotada em qualquer fase da persecução penal e até mesmo antes de instaurado qualquer procedimento de investigação preliminar, desde que preenchidos seus requisitos legais.

A prisão temporária, por outro lado, tem a função de servir ao inquérito policial e apenas pode ser adotada quando imprescindível às investigações. Ademais, salientamos que, com base no artigo 282 do Código de Processo Penal, toda medida cautelar (como a prisão temporária, diga-se) deve observar os critérios de adequação e necessidade.

Sendo assim, caso a decretação de outra medida cautelar diferente da prisão seja suficiente para garantir os fins do processo, ela deve ser adotada com prioridade, uma vez que a prisão é a *extrema ratio*. Além disso, o juiz também deve pautar sua decisão pelo postulado da proporcionalidade, analisando a gravidade do caso em comparação com a medida a ser adotada.

Finalizando este ponto, chamamos a atenção do leitor para o fato de que, tendo em vista que a função da prisão temporária é a de servir ao inquérito policial, uma vez encerrado esse procedimento investigativo com o relatório final do delegado de polícia, esta modalidade prisional não pode subsistir. Desse modo, ou o indiciado é posto em liberdade, ou deve ter sua prisão preventiva decretada.[137]

4.7. Fundadas razões de autoria ou de participação do indiciado nos crimes listados no artigo 1º, inciso III, da Lei 7.960/1989

Conforme destacado alhures, certo de que a prisão temporária só pode ser adotada nos casos que envolvam crimes graves, foi elaborado um rol no artigo 1º, inciso III, da Lei 7.960/1989, especificando quais seriam esses crimes.

---

[137] Na prática policial, entendendo presentes os requisitos da prisão preventiva, cabe ao delegado de polícia representar pela decretação dessa medida em seu relatório final de inquérito policial.

CAPÍTULO III PRISÕES PROVISÓRIAS

Assim, a prisão temporária decretada sem que se vislumbre autoria ou participação nos crimes listados no referido rol configura uma completa ilegalidade, devendo ser relaxada pelo juiz competente.

Além disso, o dispositivo legal também faz menção a *fundadas razões* de autoria ou de participação em tais crimes. Mas o que seriam essas fundadas razões?

Já estudamos que toda e qualquer medida cautelar exige a presença de dois requisitos genéricos: prova da materialidade do crime e indícios de autoria.

Contudo, temos de ter em mente que cada medida cautelar atinge de uma forma diferente o direito de liberdade do indivíduo. Na medida cautelar que determina a proibição de frequentar determinados lugares, por exemplo, a restrição da liberdade é muito menor que na prisão preventiva.

Da mesma forma, a restrição da liberdade diferencia-se dependendo da modalidade de prisão que é adotada. A prisão preventiva restringe de maneira muito mais significativa a liberdade de locomoção de uma pessoa, haja vista que ela pode perdurar durante toda a persecução penal. A prisão temporária, por outro lado, possui seu prazo máximo de duração estipulado legalmente.

Por tudo isso, os requisitos para a decretação da prisão preventiva são mais rigorosos que os da prisão temporária. Nesse diapasão, entendemos que as *fundadas razões* de autoria ou participação estipuladas na Lei 7.960/1989 são menos rígidas que as exigidas para a decretação da prisão preventiva, tanto que o próprio legislador fez essa distinção ao exigir "indícios suficientes" de autoria nesta última modalidade prisional.

Para facilitar o entendimento do assunto, devemos levar em consideração os requisitos genéricos de toda medida cautelar, mais especificamente o que se refere aos indícios de autoria ou participação. Para se decretar a prisão preventiva, são exigidos *indícios suficientes* de autoria. Já na prisão temporária, entendemos que são exigidos *indícios mínimos* de autoria (ou fundadas razões), o que torna sua decretação sensivelmente mais viável.

É com base na prisão temporária que será possível a formação de um conjunto mais robusto de elementos de informação no que se refere aos indícios de autoria. A prisão temporária parte de *indícios mínimos* (fundadas razões), mas busca *indícios suficientes* sobre autoria e participação, fundamentando, assim, a decretação da medida cautelar mais adequada ao caso. Prova disso é o fato de que, na maioria das vezes, a prisão temporária é seguida da prisão preventiva.

Sobre esse tema, vale consignar interessante lição do professor Guilherme de Souza Nucci, citado por Renato Brasileiro, no sentido de que

> a prisão temporária substitui, para melhor, a antiga prisão para averiguação, pois há controle judicial de sua realização e das diligências policiais. No entanto, nem sempre é possível aguardar a formação da materialidade (prova da existência da infração penal) e a colheita de indícios suficientes de autoria para que se decrete a temporária. Ela é medida urgente, lastreada na conveniência da investigação policial, justamente para, prendendo legalmente um suspeito, conseguir formar, com rapidez, o conjunto probatório referente tanto à materialidade quanto à autoria. Aliás, se fossem exigíveis esses dois requisitos (materialidade e indícios suficientes de autoria), não haveria necessidade da temporária. O delegado representaria pela preventiva, o juiz a decretaria e o promotor já ofereceria denúncia. A prisão temporária tem a função de propiciar a colheita de provas, quando, em crimes graves, não há como atingi-las sem a detenção cautelar do suspeito.[138]

Diante do exposto, podemos afirmar que os requisitos para a decretação da prisão preventiva são mais rígidos do que na prisão temporária, justamente porque esta última tem a função de servir às investigações, propiciando a colheita de elementos de informações que até então eram desconhecidos e que não poderiam ser descobertos por outros meios.

Fica claro, portanto, o caráter instrumental da prisão temporária, uma vez que sem essa medida cautelar o direito de punir do Estado e a própria persecução penal estariam ameaçados.

Após essa detida análise sobre as *fundadas razões* para decretação da prisão temporária, passemos agora a analisar o rol dos delitos sujeitos à adoção da medida:

---

[138] NUCCI, Guilherme de Souza *apud* BRASILEIRO DE LIMA, Renato. *Nova Prisão Cautelar. Op. cit.*, p. 308.

CAPÍTULO III PRISÕES PROVISÓRIAS

a) Homicídio doloso simples e qualificado: considerado por Nelson Hungria como o tipo central dos crimes contra vida e o ponto culminante na orografia dos crimes, não poderia o homicídio ficar de fora da lista dos delitos sujeitos à prisão temporária. Seja em sua forma simples ou qualificada, o homicídio doloso permite a decretação dessa medida extrema. Destacamos, apenas, que o homicídio simples realizado em atividade típica de grupo de extermínio é considerado crime hediondo e, sendo assim, o prazo de duração da prisão temporária será de 30 dias prorrogáveis pelo mesmo período.

b) Sequestro ou cárcere privado (art. 148, *caput*, e §§ 1º e 2º).

c) Roubo simples, circunstanciado ou qualificado (art. 157, *caput*, e §§ 1º, 2º e 3º): trata-se de um crime grave, que ofende mais de um bem jurídico (patrimônio, liberdade individual e, por vezes, a integridade física e a vida), sendo que infelizmente é um dos delitos com o maior índice de ocorrência. Por tudo isso, a possibilidade de prisão temporária nesses casos é de extrema importância no dia a dia policial.

d) Extorsão (art. 158, *caput*, e §§ 1º, 2º e 3º): como é cediço, a Lei 11.923/2009 alterou o Código Penal acrescentando o § 3º no artigo 158. Criou-se, então, o denominado *sequestro relâmpago*. A maioria da doutrina entende que o referido crime não está sujeito à decretação de prisão temporária e nem pode ser considerado hediondo, haja vista que a Lei 7.960/1989 e a Lei 8.072/1990 não foram alteradas no sentido de se inserir tal conduta.[139] Com a devida vênia, não podemos concordar com esse entendimento. Para tanto, valemo-nos da lição de Rogério Sanches. Segundo este autor, o artigo 158, § 3º do Código Penal "nada mais é que desdobramento formal do tipo do art. 158, § 2º, pois o legislador apenas definiu um *mudus operandis* do crime de extorsão. Desta forma, se a extorsão com morte é crime hediondo, a extorsão com morte, com restrição da liberdade da vítima como condição necessária para a obtenção da vantagem econômica, também o é (...). A interpretação literal deve ser acompanhada de interpretação racional possível (teleológica), até o limite permitido pelo Estado humanista – legal, constitucional e internacional – de Direito. As regras aplicadas ao delito geral

---

[139] Nesse sentido: Nucci, Guilherme de Souza. *Op. cit.*, p. 720; e Brasileiro de Lima, Renato. *Nova Prisão Cautelar. Op. cit.*, p. 310.

(art. 158, § 2º) devem ser mantidas ao crime específico (art. 158, § 3º), permanecendo hediondo (quando ocorrer o resultado morte). Porque o § 3º não criou crime novo, não disciplinou outro injusto distinto da extorsão (apenas explicitou a forma de execução)".[140] Assim, entendemos perfeitamente possível a decretação de prisão temporária no caso do crime de sequestro relâmpago.

e) Extorsão mediante sequestro (art. 159, *caput*, e §§ 1º, 2º e 3º): trata-se de um dos crimes mais repugnantes de nosso Código Penal. Sendo assim, não poderia ficar de fora desse rol.

f) Estupro (art. 213): lembramos que a Lei 12.015/2009 alterou o Código Penal no que se refere aos crimes contra os costumes. Tanto que, com a inovação legislativa, o Código passou a tratar essa modalidade delituosa como "crimes contra a dignidade sexual", em referência ao princípio da dignidade da pessoa humana, tão abalado por esses crimes. Além disso, a referida lei também revogou o artigo 214 do Código Penal (atentado violento ao pudor). Contudo, isso não significa que houve *abolitio criminis*. O que ocorreu, na verdade, foi a fusão entre o artigo 213 com o artigo 214, sendo que a conduta antes descrita neste último artigo agora está contida no primeiro. Trata-se do princípio da continuidade típico-normativa.

g) Estupro de vulnerável (art. 217-A): a Lei 12.015/2009 também revogou o artigo 223, *caput*, e Parágrafo Único, do Código Penal, e criou um delito específico tipificado no artigo 217-A (estupro de vulnerável). Entendemos que, embora esse crime não conste expressamente na Lei 7.960/1989 (prisão temporária), como ele foi inserido pela Lei 12.015/2009 no rol dos crimes hediondos, será possível a decretação de prisão temporária com base no artigo 2º, § 4º, da Lei 8.072/1990.

h) Rapto violento (art. 219 c/c art. 223, *caput*, e Parágrafo Único): a Lei 11.106/2005 revogou o artigo 219 do Código Penal. Todavia, isso não significou a descriminalização total dessa conduta. O que ocorreu foi que o artigo 148, § 1º, inciso III, alínea "b", do Código Penal, acabou absorvendo essa modalidade criminosa antes prevista no artigo 219 (princípio da continuidade típico-normativa). Assim, é possível a decretação de prisão temporária nesse tipo de crime.

---

[140] CUNHA, Rogério Sanches. *Código Penal para Concursos*. 4 ed. Bahia: JusPodivm, 2011, p. 317.

CAPÍTULO III PRISÕES PROVISÓRIAS

i) Epidemia com resultado morte (art. 267, § 1º): destaque-se que basta apenas uma morte para que o delito se qualifique e seja passível de prisão temporária.

j) Envenenamento de água potável ou substância alimentícia ou medicinal qualificado pela morte (art. 270, *caput*, c/c o art. 285).

k) Associação criminosa[141] (art. 288): certo de que a criminalidade tem evoluído constantemente em seu nível organizacional, a prisão temporária torna-se uma arma fundamental no combate ao crime organizado, desmantelando quadrilhas dedicadas à reiteração de condutas criminosas.

l) Genocídio (artigos 1º, 2º e 3º, da Lei 2.889/1956).

m) Tráfico de drogas: conforme salientamos no início deste capítulo, de acordo com a maioria da doutrina, a Lei 7.960/1989 traz em seu artigo 1º, inciso III, um rol taxativo de crimes sujeitos à prisão temporária. Contudo, a Lei 8.072/1990 (Crimes Hediondos) estabeleceu em seu artigo 2º, § 4º, que o prazo da prisão temporária para os crimes previstos nesta lei seria o de 30 dias, prorrogáveis por igual período em caso de extrema e comprovada necessidade. Desse modo, com base no mencionado dispositivo legal, entendemos que houve uma ampliação no rol dos crimes sujeitos à prisão temporária, abrangendo todos os delitos hediondos e equiparados. Em consonância com esse raciocínio, defendemos ser possível a decretação de prisão temporária para os seguintes crimes previstos na Lei 11.343/2006 (Lei de Drogas): art. 33, *caput*, e § 1º, art. 34, art. 35 e art. 37. Destaque-se que, para a maioria da doutrina, o artigo 35 da Lei de Drogas (associação para o tráfico) não seria hediondo e, portanto, não estaria sujeito à prisão temporária. Entretanto, entendemos que, com base numa interpretação sistemática da Lei, o delito previsto no artigo 35 não poderia ficar de fora do rol dos crimes hediondos ou equiparados. Tais crimes ganharam essa qualificação justamente por serem considerados os mais graves e por ofenderem os bens jurídicos tidos como os mais importantes. Ora, não conseguimos enxergar como o delito de associação para o tráfico seria menos grave que os demais a ponto de ter afastada sua hediondez. Subsidiando esse

---

[141] Destaque-se, nesse ponto, que a Lei 12.850/2013 alterou o artigo 288 do Código Penal, que a partir de então passou a ser tratado como "associação criminosa" e não mais "quadrilha ou bando". De acordo com o novo tipo, a associação se caracteriza com a união de três ou mais pessoas, o que também se diferencia da infração anterior, que exigia mais de três pessoas.

entendimento, baseamo-nos no postulado da proporcionalidade, pois, como pode o delito previsto no artigo 37 (cuja pena varia de 2 a 6 anos) ser considerado hediondo e o delito previsto no artigo 35 (cuja pena varia de 3 a 10 anos) não o ser? Vejam que o legislador pauta a gravidade do crime de acordo com a pena a ele cominada. Assim, se o delito de associação para o tráfico é apenado mais severamente, é porque ele é considerado mais grave, e se é mais grave, também deve ser considerado hediondo. Data máxima vênia, o entendimento contrário nos parece absolutamente desproporcional. Diante do exposto, concluímos que o crime previsto no artigo 35 da Lei de Drogas também está sujeito à decretação de prisão temporária.

n) Crimes contra o sistema financeiro nacional (Lei 7.492/1986).

o) Todos os crimes hediondos e equiparados a hediondos (art. 2º, § 4º, da Lei 8.072/1990, conforme explicamos acima no item "m").

4.8. Prisão temporária e a Lei das Organizações Criminosas

Como já fizemos menção em outros pontos desta obra, recentemente foi publicada a nova Lei 12.850/2013, que trata das organizações criminosas. A nova legislação, além de nos dar o conceito de organização criminosa, também ocasionou inúmeras alterações em outras leis, revogando a antiga Lei 9.034/1995 e alterando, por exemplo, o artigo 288, do Código Penal.

Nesse contexto, algumas dúvidas podem surgir, especialmente no que se refere ao novo tipo penal constante no artigo 288, agora chamado de *associação criminosa* e não mais *quadrilha ou bando*. Tendo em vista que a Lei 7.960/1989 prevê um rol taxativo dos crimes em que é cabível a prisão temporária, perguntamo-nos se será possível essa modalidade prisional quando se tratar do crime em questão?

Primeiramente, devemos consignar que a Lei 12.850/2013, além de alterar o *nomen juris* do tipo penal previsto no artigo 288, também modificou seu conteúdo, estabelecendo o concurso necessário de apenas três pessoas para sua caracterização. Independentemente disso, a solução da pergunta acima formulada passa, necessariamente, pelo fato de que não houve, no caso, uma *Abolitio Criminis*, uma vez que a conduta que antes era criminalizada continua sendo. Na verdade, houve uma *novatio legis in pejus*, pois a nova lei exige menos integrantes na tipificação do crime. Trata-se, para espantar qualquer dúvida sobre o assunto, do princípio da continuidade típico-normativa, sendo que a alteração promovida não tem o condão de afastar a decretação da prisão temporária nessas situações.

Por outro lado, no que se refere ao crime de organização criminosa, previsto no artigo 2º, da Lei 12.850/2013, a questão fica um pouco mais complicada, principalmente em virtude da taxatividade da Lei 7.960/1989. Como estamos diante de uma medida restritiva de liberdade, a interpretação da lei não pode ser extensiva com o objetivo de abarcar esse novo crime. Da mesma forma, não podemos admitir qualquer tipo de analogia que prejudique o imputado.

Assim, conclui-se que o crime em análise não admite a decretação da prisão temporária, muito embora seja perfeitamente possível a utilização da prisão preventiva, mesmo durante a fase de investigação. Nesse contexto, salta aos olhos o fato de que a Lei de Prisão Temporária está absolutamente desatualizada em face às recentes inovações legislativas. Constata-se, pois, que a Lei 12.850/2013 pecou ao não realizar as necessárias alterações na Lei 7.960/1989, impedindo, portanto, a utilização de um instrumento extremamente importante no combate à criminalidade organizada.

4.9. Procedimento para decretação da prisão temporária

A prisão temporária, como medida cautelar que é, caracteriza-se pela jurisdicionalidade. Em outras palavras, isso significa que somente o juiz pode decretar a prisão de alguém, sempre que entender presentes seus requisitos.

Contudo, tendo em vista que a prisão temporária tem a função de servir às investigações (fase pré-processual), não é possível sua decretação de ofício pelo juiz, sob pena de se ferir o princípio da imparcialidade e o sistema acusatório. Nesse sentido, a Lei 12.403/2011 estipulou em seu artigo 282, § 2º, que o magistrado só poderá decretar medida cautelar de ofício durante a fase processual.

Sendo assim, para que seja decretada a medida, deve haver provocação do juízo por meio de representação da autoridade de polícia judiciária ou por requerimento do representante do Ministério Público.

Tratando-se de uma medida cautelar que restringe um direito fundamental e levando-se em consideração que seus requisitos são menos rigorosos que os da prisão preventiva, a Lei 7.960/1989 determinou um prazo máximo para sua duração. Assim, a prisão temporária pode ser decretada por cinco dias, prorrogáveis por igual período, em caso de extrema e comprovada necessidade.

Vale salientar que, com base no artigo 2º, § 3º, da Lei 8.072/1990 (Lei dos crimes hediondos), o prazo da prisão temporária será de 30 dias prorrogáveis pelo mesmo período, desde que comprovada a extrema necessidade. Notem que nesse caso o legislador se pautou pelo postulado da proporcionalidade, uma vez que os delitos previstos na referida lei são considerados os mais graves dentro de nosso ordenamento jurídico. Como tais, esses crimes exigem uma investigação mais detida, o que justifica o aumento do prazo.

Registre-se que, embora a prisão temporária tenha um prazo máximo de duração, o juiz pode entender que a necessidade da medida seja justificada apenas por um período menor. Da mesma forma, caso o delegado de polícia entenda que a prisão já tenha cumprido seu papel antes do esgotamento de seu prazo máximo, ele deve representar pela revogação da medida, desde que não estejam presentes os requisitos para a decretação da prisão preventiva.

Merece destaque o fato de que o artigo 282, § 3º, do Código de Processo Penal, alterado pela Lei 12.403/2011, determinou o contraditório antes da decretação de medidas cautelares. Entretanto, esse contraditório só terá espaço quando não for prejudicial à medida. Desse modo, entendemos que, em se tratando de prisões (temporária ou preventiva), o contraditório será postergado.

CAPÍTULO III PRISÕES PROVISÓRIAS

Voltando a falar sobre a provocação do juiz para a decretação da medida, seja por representação do delegado de polícia, seja por requerimento do Ministério Público, é imprescindível que fique demonstrada a presença dos requisitos genéricos de todas as medidas cautelares (*fumus comissi delicti* – artigo 1º, inciso III – e *periculum in libertatis* – artigo 1º, inciso I, da Lei 7.960/1989).

Não bastam meras menções aos dispositivos legais, o requerente deve especificar os fatos que comprovem a presença dos requisitos da prisão e também sua extrema necessidade.

Caso o pedido de prisão seja decorrente de representação do delegado de polícia, é indispensável a manifestação do Ministério Público, que como titular da ação penal deve posicionar-se sobre a necessidade da medida.

Com relação ao querelante, diferentemente da prisão preventiva, a Lei 7.960/1989 não lhe conferiu legitimidade para requerer a prisão temporária.

O despacho que decretar a prisão temporária deverá, como toda e qualquer decisão (art. 5º, inciso LXI, c/c art. 93, IX, da Constituição da República), ser fundamentado, cabendo ao juiz demonstrar a presença de seus requisitos e a necessidade da medida. Ademais, esta decisão deverá ser proferida no prazo de 24 horas, contadas a partir do recebimento da representação ou do requerimento (art. 2º, § 1º, da Lei 7.060/1989).

De acordo com o artigo 2º, § 3º, da Lei, o juiz poderá, de ofício, ou a requerimento do Ministério Público e do advogado, determinar que o preso lhe seja apresentado, solicitar informações e esclarecimentos da autoridade policial e submetê-lo a exame de corpo de delito.

Tratando-se de um Estado Democrático de Direito, a exceção da prisão em flagrante, uma pessoa só poderá ser presa por meio de mandado judicial. Assim, decretada a prisão temporária, será expedido mandado de prisão em duas vias, sendo que uma delas deve ser entregue ao preso, servindo como nota de culpa.

Cabe ao delegado de polícia, como garantidor do Estado Democrático e Humanitário de Direito, garantir ao preso todos os seus direitos previstos na Constituição da República e em tratados internacionais de direitos humanos.

Em conformidade com o artigo 3º da Lei de Prisões Temporárias e com o artigo 300 do Código de Processo Penal, alterado pela nova Lei 12.403/2011, os presos temporários deverão permanecer, obrigatoriamente, separados dos demais detentos.

Encerrado o prazo da prisão temporária, o preso deve ser solto imediatamente, independentemente de qualquer ordem ou alvará de soltura, constituindo a prolongação desse prazo em crime de abuso de autoridade (art. 4º, alínea "i", da Lei 4.898/1965).

Certo de que se trata de uma medida urgente e indispensável às investigações, o artigo 5º da Lei 7.960/1989 determina que em todas as comarcas e seções judiciárias haverá um plantão de 24 horas do Poder Judiciário e do Ministério Público para apreciar os pedidos de prisão temporária.

Por fim, lembramos que, caso o juiz indefira o requerimento de prisão temporária feito pelo Ministério Público, caberá recurso em sentido estrito dessa decisão (art. 581, inciso V, do Código de Processo Penal). Contudo, do ponto de vista prático, é mais interessante que se proceda com as investigações, colhendo mais elementos que justifiquem a medida.

4.10. Prisão cautelar de extraditando (Lei 12.878/2013)

Foi publicada, no dia 4 de novembro de 2013, a Lei 12.878/2013, que traz em seu conteúdo, entre outras, uma inovação no procedimento de prisão cautelar de extraditando.

Primeiramente, devemos destacar que, nos termos do artigo 5º, inciso LXI, da Constituição da República, à exceção dos casos de flagrante delito, transgressões militares e crimes propriamente militares definidos em lei, a privação da liberdade de locomoção de uma pessoa só poderá ocorrer mediante ordem escrita e fundamentada da autoridade judiciária competente. Conforme se depreende de uma análise perfunctória do dispositivo, trata-se de um direito fundamental que limita a atuação do Estado em benefício do direito de liberdade do indivíduo (direito de defesa).

CAPÍTULO III PRISÕES PROVISÓRIAS

Justamente por se tratar de um direito fundamental tão importante, a privação da liberdade de locomoção sem a manifestação do Poder Judiciário deve ser excepcional e a prisão em flagrante é o exemplo que melhor ilustra essa situação, sendo tal exceção justificada, devido à importância dessa medida pré-cautelar, que tem a função de proteger os direitos fundamentais (contidos nos tipos penais incriminadores) que estão sendo atacados ou acabaram de ser. Tendo em vista a excepcionalidade dessa modalidade prisional, o delegado de polícia, autoridade responsável por sua formalização, deve lavrar um minucioso e burocrático auto de prisão em flagrante, sempre com o objetivo de fundamentar essa restrição.

Nesse sentido, à exceção das hipóteses expressamente previstas na Constituição da República, a privação da liberdade de locomoção sempre dependerá de ordem fundamentada da autoridade judiciária competente. Em decorrência dessa determinação, afirmava-se que o artigo 81 do Estatuto do Estrangeiro não havia sido recepcionado pela Constituição de 1988, uma vez que seu conteúdo permitia que o próprio Ministro da Justiça decretasse a prisão preventiva de extraditando.

Assim, mesmo antes da inovação legislativa promovida pela Lei 12.878/2013, o Supremo Tribunal Federal já havia se manifestado no sentido de que a prisão preventiva de extraditando só poderia ser decretada pelo Ministro Relator da Suprema Corte, haja vista ser este o órgão jurisdicional com competência para processar e julgar a extradição solicitada por Estado estrangeiro (art. 102, inciso I, "g", da Constituição da República).[142]

Ocorre que com a nova lei foi colocada uma pá de cal no assunto, sendo que a partir de agora a decretação da prisão cautelar do extraditando deverá seguir a previsão constante no artigo 82 do Estatuto do Estrangeiro, já com a redação estipulada pela Lei 12.878/2013. Vejamos o conteúdo do dispositivo:

> Art. 82. O Estado interessado na extradição poderá, em caso de urgência e antes da formalização do pedido de extradição, ou conjuntamente com este, requerer a prisão cautelar do

---
[142] STF, Pleno, HC n. 73.256/SP, Rel. Min. Sydney Sanches, DJ 13.12.1996.

extraditando por via diplomática ou, quando previsto em tratado, ao Ministério da Justiça, que, após exame da presença dos pressupostos formais de admissibilidade exigidos nesta Lei ou em tratado, representará ao Supremo Tribunal Federal.

§ 1º O pedido de prisão cautelar noticiará o crime cometido e deverá ser fundamentado, podendo ser apresentado por correio, fax, mensagem eletrônica ou qualquer outro meio que assegure a comunicação por escrito.

§ 2º O pedido de prisão cautelar poderá ser apresentado ao Ministério da Justiça por meio da Organização Internacional de Polícia Criminal (Interpol), devidamente instruído com a documentação comprobatória da existência de ordem de prisão proferida por Estado estrangeiro.

§ 3º O Estado estrangeiro deverá, no prazo de 90 (noventa) dias contado da data em que tiver sido cientificado da prisão do extraditando, formalizar o pedido de extradição.

§ 4º Caso o pedido não seja formalizado no prazo previsto no § 3º, o extraditando deverá ser posto em liberdade, não se admitindo novo pedido de prisão cautelar pelo mesmo fato sem que a extradição haja sido devidamente requerida.

Nos termos do artigo supramencionado, percebemos que, nos casos de urgência e mesmo antes da formalização do pedido de extradição, o Estado interessado poderá requerer a prisão cautelar do extraditando, seja pela via diplomática ou, quando previsto em tratado, por meio do Ministério da Justiça. Neste caso, caberá ao Ministro da Justiça, após analisar a presença dos pressupostos formais de admissibilidade exigidos no Estatuto do Estrangeiro ou em tratado específico, representar ao Supremo Tribunal Federal pela decretação da medida.

Salta aos olhos, portanto, que a prisão preventiva de extraditando se caracteriza como uma nova espécie de prisão cautelar, com características próprias e restritas a essa modalidade prisional. Primeiramente, devemos atentar-nos para o legitimado ativo da medida, que, de acordo com o *caput* do artigo 82, é apenas o Ministro da Justiça. Isso significa que a inovação legislativa acabou por conferir à mencionada autoridade uma atribuição de representação exclusiva no que se refere à prisão cautelar do extraditando.

CAPÍTULO III PRISÕES PROVISÓRIAS

Nos termos do dispositivo em questão, o Estado interessado na prisão poderá *apenas solicitar* sua execução, devendo, para tanto, informar o crime cometido pelo extraditando e os fundamentos que justificam a adoção dessa medida extrema. O Ministro da Justiça, por sua vez, deverá analisar se estão presentes os requisitos para a prisão e, de acordo com seu livre convencimento motivado, optar ou não pela representação.

Percebemos que, dessa forma, o Ministro da Justiça se transforma no verdadeiro titular da pretensão cautelar de extradição, sendo que sua decisão não comportará qualquer recurso. Em outras palavras, a decretação da prisão cautelar do extraditando dependerá tanto do Ministro da Justiça, como da autoridade judicial competente, pois se aquele optar pela não representação, não haverá nada que o Estado interessado possa fazer para reverter tal situação.

Com todo respeito às opiniões em sentido contrário, mas o ideal seria que a lei conferisse tão importante mister ao Procurador-Geral da República, que é o representante do Ministério Público no Supremo Tribunal Federal e tem completa isenção para analisar o caso despido de influências políticas, preservando-se, assim, os aspectos jurídicos do caso e, especialmente, os interesses dos envolvidos (Estado estrangeiro e extraditando). Inobstante a lei não faça menção, entendemos, de qualquer modo, ser importante que, antes de proferir decisão, a autoridade judicial ouça o Procurador-Geral da República que deve atuar ao menos como "custus legis".

Dando continuidade, o § 1º, do artigo 82, determina que o pedido de prisão cautelar feito pelo Estado interessado poderá ser apresentado pelo correio, fax, mensagem eletrônica ou qualquer outro meio que assegure a comunicação por escrito, tudo com o objetivo de dar uma maior celeridade ao procedimento. Da mesma forma, o pedido também poderá ser feito pela Organização Internacional de Polícia Criminal (Interpol), desde que, é claro, seja instruído com a documentação comprobatória da existência de ordem de prisão proferida por Estado estrangeiro (art. 82, § 2º).

Em consonância com o § 3º, do artigo 82, o Estado estrangeiro terá o prazo de 90 dias, contados da data em que houver sido cientificado do cumprimento do mandado de prisão cautelar do extraditando, para formalizar o pedido de extradição, o que deverá ser feito nos termos dos artigos 76 e seguintes do Estatuto do Estrangeiro. Caso o pedido não seja formalizado dentro de referido prazo, o extraditando será posto em liberdade e não será admitido novo pedido de prisão cautelar pelo mesmo fato sem que a extradição tenha sido devidamente requerida (art. 82, § 4º).

Em conclusão, tendo em vista o caráter cautelar da prisão em análise, considerando que, na maioria dos casos, essa medida tem por objetivo assegurar a aplicação da lei penal do Estado estrangeiro interessado, entendemos que o Ministro do Supremo Tribunal Federal, responsável pela apreciação da "representação ministerial", deverá observar o disposto no artigo 282, do Código de Processo Penal, que se caracteriza como uma cláusula geral das medidas cautelares. Demais disso, caso opte pela não decretação dessa medida extrema, a autoridade judicial poderá valer-se das medidas cautelares diversas da prisão, constantes no artigo 319, do mesmo Estatuto Processual. Destaque-se, todavia, que, em se tratando de extraditando com sentença condenatória com trânsito em julgado no exterior, o § 6º, do artigo 282, do Código de Processo Penal, não terá aplicação. Em outras palavras, nessas circunstâncias a prisão cautelar não precisa, necessariamente, ser adotada apenas em último caso, inclusive porque já não paira sobre a cabeça do extraditando o princípio constitucional da presunção de não culpabilidade, prevalecendo, assim, os requisitos específicos para a extradição.

Anexos

AUTO DE PRISÃO EM FLAGRANTE DELITO

Às 4h29min do dia 23 do mês de julho de 2011, na sede do Plantão de Polícia Judiciária da cidade de Aparecida, onde presente se achava o delegado de polícia, Doutor FRANCISCO SANNINI NETO, comigo, Escrivão(ã) de Polícia, aí, compareceu o CONDUTOR, **Policial Civil**, conduzindo o preso **Fulano de Tal**, por infração, em tese, ao artigo 33, *caput*, da Lei de Drogas (Lei 11.343/2006), haja vista ter sido surpreendido na posse de 5 (cinco) quilos de "cocaína", substância proibida constante na Portaria 344/1998 da ANVISA, que constitui complemento normativo aos delitos previstos na referida Lei, sendo que a materialidade delitiva da conduta restou comprovada por meio do laudo de constatação provisório realizado sob o material apreendido. Os fatos se deram num barraco PRÓXIMO à LINHA FÉRREA, localizado no **bairro Tal,** nesta cidade, do que foram testemunhas **Beltrano e Ciclano**. Entrevistadas as partes e formado seu convencimento jurídico, deliberou a Autoridade de Polícia Judiciária por ratificar a "voz de prisão" dada pelo condutor e, após cientificar o preso quanto a seus direitos individuais previstos no artigo 5º da Constituição da República (em especial os de receber assistência de familiares ou de advogado que indicar, de não ser identificado criminalmente senão nas hipóteses legais, de ter respeitadas suas integridades física e moral, de manter-se em silêncio e/ou declinar informações que reputar úteis a sua autodefesa, de conhecer a identidade do autor de sua prisão e, se admitida, prestar fiança e livrar-se solto), determinou, **com base no artigo 302, inciso I, e artigo 304, § 1º, do Código de Processo Penal, a lavratura deste AUTO DE PRISÃO EM FLAGRANTE DELITO**, providenciando-se, conforme documentação adiante acostada, que fica fazendo parte integrante deste: 1) oitiva do condutor com entrega de cópia do termo; 2) expedição de recibo de entrega do(s) preso(s) em favor do condutor; 3) oitiva da(s) testemunha(s) e da(s) vítima(s); 4) interrogatório do(s) conduzido(s). Resultando demonstradas, pelos elementos de convicção colhidos, **a autoria e a materialidade** da infração penal, julgou a Autoridade Policial subsistente este auto de prisão em flagrante delito, **declarando instaurado inquérito policial** e determinando, ainda, a expedição de nota de culpa ao preso. Considerando que se trata de um crime de tráfico de drogas, não foi possível a concessão de fiança em benefício do preso, nos termos do artigo 323, inciso II, do CPP. Assim, ele foi recolhido à Cadeia Pública, onde ficará à disposição do Poder Judiciário. Nada mais havendo, determinou a Autoridade Policial o encerramento deste auto que assina com o indiciado e comigo, Escrivão de Polícia, que o digitei e imprimi.

FRANCISCO SANNINI NETO
Delegado de Polícia

Indiciado

Escrivão(ã) de Polícia

DESPACHO INTERLOCUTÓRIO FUNDAMENTADOR DA PRISÃO EM FLAGRANTE

O presente inquérito policial foi instaurado mediante *notitia criminis* revestida da forma coercitiva, consubstanciada neste auto de prisão em flagrante delito, que tem a função de levar ao conhecimento do Poder Judiciário a ocorrência de um fato criminoso, a prisão de uma pessoa e as circunstâncias dessa prisão, para que o Magistrado competente decida sobre a medida mais adequada a ser adotada. No presente caso, FULANO DE TAL, ora conduzido, foi surpreendido por policiais militares portando um revólver municiado calibre 38 em via pública, o que deu ensejo à sua condução até esta Delegacia de Polícia.

Ao tomar ciência dos fatos e ouvir todos os envolvidos na ocorrência, esta Autoridade de Polícia Judiciária ratificou a "voz de prisão" dada anteriormente pelos milicianos, por concluir, em sede de segregação provisória, que o conduzido violou o disposto no artigo 14 do Estatuto do Desarmamento.

Diante do exposto, com base no artigo 302, inciso I, e artigo 304, § 1º, do Código de Processo Penal, foi determinada a prisão em flagrante do conduzido. Salientamos que, embora o artigo 322 do mesmo estatuto processual possibilite a concessão de fiança por esta Autoridade Policial no caso em tela, haja vista que se trata de infração penal cuja pena máxima cominada não ultrapassa quatro anos de prisão, entendendo presentes os fundamentos da prisão preventiva, com fulcro no artigo 324, inciso IV, do CPP, deixo de conceder a fiança.

Devemos destacar que o conduzido é um indivíduo de grande periculosidade, conforme podemos vislumbrar, ao analisar seus antecedentes criminais. Trata-se de um inveterado na vida do crime, o que denota sua intenção de não agir em conformidade com a Lei. Sendo assim, salta aos olhos a periculosidade do agente, que expõe em perigo toda a sociedade e ameaça a ordem pública, uma vez que provavelmente voltará a delinquir. Ademais, o delito em questão é de grande gravidade, já que um indivíduo portando uma arma de fogo pelas ruas de uma cidade coloca em risco toda a coletividade.

Mister consignar que a prisão decorrente de uma sentença condenatória transitada em julgado é fruto de um juízo de culpabilidade realizado sobre os fatos praticados por uma pessoa e se dá durante um longo processo cercado por todas as garantias constitucionais, especialmente pela cláusula do devido processo legal. Contudo, em se tratando de uma medida cautelar, como a prisão preventiva, basta um mero juízo de periculosidade sobre o agente, destacando a probabilidade de reiteração de condutas criminosas, o que já restou claro no presente caso.

Assim, comprovada a materialidade do crime e havendo indícios suficientes de autoria (*fumus comissi delicti*), considerando que o criminoso coloca em risco a ordem pública, já que se trata de um indivíduo reincidente em crime doloso (*periculum in libertatis*), considerando, ainda, que as demais medidas cautelares não serão suficientes para a preservação dos bens jurídicos constantes no artigo 282, inciso I, do CPP, a **POLÍCIA CIVIL DO ESTADO DE SÃO PAULO**, representada pelo delegado de polícia que esta subscreve, vem, respeitosamente, perante o Poder Judiciário, **REPRESENTAR** pela **conversão** da prisão em flagrante do indiciado em prisão preventiva, com base nos artigos 282, 310, inciso II, 311, 312 e 313, inciso II, do mesmo estatuto processual.

Por fim, salientamos que foram preservados todos os direitos constitucionais do preso, sendo sua prisão comunicada à sua família e sendo-lhe entregue nota de culpa dentro do prazo legalmente estabelecido. Da mesma forma, a arma, objeto material do crime, foi apreendida e será submetida ao exame pericial com o desiderato de constatar sua potencialidade lesiva.

Aparecida, 4 de julho de 2011.

FRANCISCO SANNINI NETO
Delegado de Polícia

DESPACHO INTERLOCUTÓRIO FUNDAMENTADOR DA PRISÃO EM FLAGRANTE

O presente inquérito policial foi instaurado mediante *notitia criminis* revestida da forma coercitiva, consubstanciada neste auto de prisão em flagrante delito, que tem a função de levar ao conhecimento do Poder Judiciário a ocorrência de um fato criminoso, a prisão de uma pessoa e as circunstâncias dessa prisão, para que o Magistrado competente decida sobre a medida mais adequada a ser adotada. No presente caso, FULANO DE TAL, ora conduzido, foi surpreendido por policiais militares logo após haver ameaçado matar sua ex-mulher, CICLANA DE TAL, o que deu ensejo à sua condução até esta Delegacia de Polícia.

Ao ser ouvida em declarações, a vítima afirmou que vem sofrendo com as constantes ameaças proferidas pelo conduzido, sendo que em uma das oportunidades ele, inclusive, a ameaçou colocando um canivete em seu pescoço. A vítima destacou, outrossim, que o indiciado já a agrediu em mais de uma ocasião, o que fez com que ela procurasse a Delegacia da Mulher para registrar ocorrência contra o ex-marido e requisitar medidas protetivas de urgência. Por fim, a vítima afirmou temer por sua vida, caso seu ex-marido continue em liberdade.

Após ouvir todos os envolvidos na ocorrência, esta Autoridade de Polícia Judiciária ratificou a "voz de prisão" dada anteriormente pelos milicianos, por concluir, em sede de segregação provisória, que o conduzido violou o disposto no artigo 147 do Código Penal, numa circunstância que atrai os consectários da Lei Maria da Penha.

Diante do exposto, com base no artigo 302, inciso II, e artigo 304, § 1º, do Código de Processo Penal, além do artigo 41 da Lei Maria da Penha, foi determinada a prisão em flagrante do conduzido. Salientamos que, embora o artigo 322 do mesmo Estatuto Processual possibilite a concessão de fiança por esta Autoridade Policial no caso em tela, haja vista que se trata de crime cuja pena máxima cominada não ultrapassa quatro anos de prisão, entendendo presentes os fundamentos da prisão preventiva, com o objetivo de garantir a ordem pública e evitar a prática de novas infrações penais contra a vítima, com fulcro nos artigos 282, 312 e 324, inciso IV, todos do CPP e artigo 20 da Lei Maria da Penha, deixo de conceder a fiança.

Com o objetivo de fundamentar nossa decisão, destacamos que o artigo 313, inciso I, do CPP, teve como foco adequar a prisão preventiva ao ordenamento jurídico como um todo, especialmente com o disposto no artigo 44 do Código Penal, que trata das hipóteses de substituição da pena privativa de liberdade por pena restritiva de direito. Tanto isso é verdade que podemos perceber uma semelhança entres os mencionados dispositivos legais.

A inovação legislativa trazida pela Lei 12.403/2011, determinando que a prisão preventiva só possa ser decretada quando se tratar de infração penal cuja pena máxima cominada seja superior a quatro anos de prisão, teve como base o postulado da proporcionalidade, uma vez que não teria sentido uma pessoa ser presa durante o processo, se a seu final ela poderia ter sua pena substituída por uma pena restritiva de direito. Afinal, o meio não pode ser mais grave que o fim.

Contudo, no momento da decretação da prisão preventiva, além do prazo de quatro anos, também devem ser levados em consideração os demais requisitos previstos no artigo 44 do Código Penal, haja vista que tais requisitos podem fazer com que o agente não tenha direito à substituição da pena. Desse modo, nos termos do artigo 44, incisos I (parte final) e III, também influenciam na decretação da prisão preventiva o fato de o crime ser cometido mediante violência ou grave ameaça e as circunstâncias judiciais do artigo 59 do CP.

No caso em tela, percebemos a presença desses dois requisitos, primeiro porque o conduzido ameaçou gravemente a vítima e segundo porque as circunstâncias judiciais do artigo 59 não lhes são favoráveis (em anexo cópia de outros Boletins de Ocorrência registrados pela vítima, o que demonstra a péssima conduta social do conduzido). Diante disso, a prisão preventiva do conduzido não se apresenta como uma medida desproporcional, uma vez que ele poderá ser submetido a uma pena privativa de liberdade ao final do processo.

Lembramos que o próprio princípio da inafastabilidade da jurisdição, previsto na Constituição da República (art. 5º, inciso XXXV), prevê que a lei não excluirá da apreciação do Judiciário qualquer tipo de lesão ou ameaça a direito. Deflui disso a necessidade de uma tutela adequada e efetiva sempre que houver alguma ameaça a direito. De fato, não se pode excluir do Poder Judiciário a possibilidade de enfrentar e neutralizar qualquer ameaça a um bem jurídico, sob pena de macular o referido princípio. Sendo assim, não seria lícito retirar do Magistrado a possibilidade de, no caso concreto, determinar a melhor e mais adequada proteção aos bens jurídicos indicados no artigo 282, inciso I, do CPP, manietando-o diante de uma situação concreta de risco.

ANEXOS

Admitir que o juiz nada possa fazer em situações concretas e graves, em que há um risco sério a bens jurídicos relevantes, seria reconhecer a total incapacidade de o Poder Judiciário fazer frente ao risco que é a liberdade do imputado. Em outras palavras, o próprio Poder Judiciário estaria sendo cerceado em seu direito de prestar uma tutela adequada ao caso. Consignamos, ainda, que tal constatação tem um peso maior quando tratamos de Processo Penal, pois, afinal, é este o campo incumbido de tutelar os bens jurídicos mais relevantes da sociedade.[1] Isto posto, entendemos que nos casos de violência doméstica reiterada, a prisão preventiva do agressor se apresenta como a medida necessária e adequada para fazer cessar a reiteração de condutas criminosas.

No caso em análise, há uma clara ameaça aos direitos da vítima, que vem sofrendo com reiteradas agressões e ameaças, sendo que, na maioria dos casos, a violência do agressor tende a aumentar. Desse modo, o Poder Judiciário não pode ficar de mãos amarradas diante do iminente perigo de lesão a bens jurídicos tão relevantes, devendo fazer uso de instrumentos jurídicos capazes de neutralizá-lo. Nessas situações, a prisão preventiva se destaca como a medida mais adequada na tutela dos direitos da vítima.

Assim, comprovada a materialidade do crime e havendo indícios suficientes de autoria, entendendo presentes os fundamentos que autorizam a decretação da prisão preventiva (garantia da ordem pública), fulcrado nos artigos 282, 312 e 324, inciso IV, do CPP, além do artigo 44, incisos I e III, do Código Penal, deixo de conceder fiança ao conduzido, determinando, outrossim, seu recolhimento ao cárcere para que fique à disposição do Poder Judiciário.

Na mesma linha, com base nos artigos 282, incisos I e II, 310, inciso II, e 312 do CPP, a **POLÍCIA CIVIL DO ESTADO DE SÃO PAULO**, representada pelo delegado de polícia subscritor, vem, respeitosamente, perante o Poder Judiciário local, **REPRESENTAR** pela **conversão** da prisão em flagrante de FULANO DE TAL em prisão preventiva. Subsidiariamente, com amparo no artigo 319, inciso III, do mesmo estatuto

---

[1] Nesse sentido, BORGES DE MENDONÇA, Andrey. *Op. cit.*, p. 259.

processual, **representamos** pela decretação de medida cautelar que proíba o indiciado de manter contato com a vítima.

Por fim, salientamos que foram preservados todos os direitos constitucionais do preso, sendo sua prisão comunicada à sua família e sendo-lhe entregue nota de culpa dentro do prazo legalmente estabelecido.

Guaratinguetá, 2 de dezembro de 2011.

FRANCISCO SANNINI NETO
Delegado de Polícia

RELATÓRIO FINAL DE INQUÉRITO POLICIAL

Inquérito Policial n.: XXX/2011
Infração Penal: Embriaguez ao Volante (art. 306 do CTB)
Indiciado: FULANO DE TAL
Vítima: Coletividade

Ínclito Magistrado,

A **POLÍCIA CIVIL DO ESTADO DE SÃO PAULO**, representada neste ato pelo delegado de polícia subscritor, que no uso de suas atribuições legais e regulamentares conferidas pelo artigo 144, § 4º, da Constituição Federal, artigo 140, da Constituição Estadual Paulista, artigo 4º e seguintes do Código de Processo Penal Brasileiro, artigo 12, da Portaria DGP-18/1998, e demais dispositivos legais correlatos, respeitosamente reporta-se a Vossa Excelência ofertando o presente **RELATÓRIO FINAL DE INQUÉRITO POLICIAL**, expondo, para tanto, seus substratos fáticos e jurídicos e as providências de polícia judiciária adotadas no caso em epígrafe.

O presente inquérito policial foi instaurado por meio de notícia crime revestida da forma coercitiva, consubstanciada no Auto de Prisão em Flagrante Delito, com espeque no artigo 302, inciso I, e artigo 304, § 1º, do Código de Processo Penal, apresentando como autor do delito previsto no artigo 306 do Código de Trânsito Brasileiro FULANO DE TAL.

Preliminarmente, foi confeccionado o devido Boletim de Ocorrência que recebeu o n. XXXX/2011, sendo que posteriormente se passou a ouvir todos os envolvidos no caso.

O responsável pela efetivação da primeira fase da prisão em flagrante do indiciado foi o policial rodoviário federal, PETERSON, ora condutor. Em seu depoimento, o policial afirmou que estava efetuando patrulhamento de rotina no posto da Polícia Rodoviária na cidade de Aparecida, quando foi acionado para atender uma ocorrência de acidente de trânsito. O depoente afirmou que, ao chegar no local dos fatos, percebeu que se tratava de um acidente sem qualquer vítima. Contudo, um dos motoristas envolvidos no acidente e identificado como FULANO DE TAL apresentava claros sinais de embriaguez.

Diante dessa suspeita, o depoente o submeteu ao exame de etilômetro, sendo que o resultado apontou a presença de 0,85 MG/L de álcool por litro de sangue. Assim, caracterizado o delito previsto no artigo 306 do CTB, o depoente deu "voz de prisão" ao indiciado, conduzindo todos os envolvidos na ocorrência até esta Delegacia de Polícia. Por fim, o depoente consignou que foram tomadas todas as medidas administrativas, sendo lavrado o auto de infração e notificação de autuação n. B-11159049-3 em prejuízo do preso. Da mesma forma, o veículo conduzido pelo indiciado foi apreendido, assim como sua carteira de habilitação (fl. 06).

A segunda testemunha foi a senhora GRAZIELA, que em seu depoimento afirmou que estava conduzindo seu veículo pela Rodovia Presidente Dutra, quando sentiu uma batida na traseira de seu automóvel. Em virtude dessa colisão, a testemunha afirmou que perdeu o controle do carro e acabou colidindo contra a parede central da rodovia. A depoente destacou que não sofreu qualquer lesão em decorrência desse acidente, assim como seu marido. Ao ser questionada sobre o estado do condutor do veículo que colidiu contra o seu, a testemunha informou que não sabe dizer se ele estava embriagado (fl. 08).

Para findar o auto de prisão em flagrante delito, FULANO DE TAL, ora indiciado, foi ouvido em interrogatório. Contudo, ao ser cientificado por esta Autoridade Policial sobre seu direito constitucional de permanecer em silêncio e não produzir provas contra si mesmo (princípio do *nemo tenetur se detegere*), preferiu manifestar-se apenas em outra oportunidade.

Diante do exposto, esta Autoridade de Polícia Judiciária formou seu convencimento no sentido de que o indiciado violou o disposto no artigo 306 do Código de Trânsito Brasileiro, uma vez que foi surpreendido na condução de veículo automotor em estado de embriaguez, constatado por meio do exame de etilômetro, cujo resultado apontou a concentração de 0,85 MG/L de álcool por litro de sangue, sendo que de acordo com a tabela de conversão do INMETRO, isso significa a presença de 15,60 decigramas de álcool por litro de sangue. Assim, foi ratificada a "voz de prisão" efetuada pelo policial rodoviário federal, por concluir, em sede de segregação provisória, que o indiciado violou o artigo supramencionado, devendo, por consequência, submeter-se às penas previstas no preceito secundário do referido tipo incriminador, após, é claro, efetivado o devido processo legal.

Vale destacar que, em se tratando de infração cuja pena máxima cominada não ultrapassa os quatro anos de prisão, foi concedida liberdade provisória mediante fiança em benefício do preso, nos termos do artigo 322 do Código de Processo Penal. O valor desta medida cautelar foi fixado em mil reais, levando-se em consideração a condição financeira do indiciado.

Por fim, considerando que o delito de embriaguez ao volante expõe em perigo toda a coletividade, considerando que nesses casos o veículo conduzido pelo embriagado acaba tornando-se uma arma de grande potencial ofensivo, considerando, ainda, os inúmeros casos de mortes no trânsito devido ao consumo excessivo de álcool, a **POLÍCIA CIVIL DO ESTADO DE SÃO PAULO**, representada pelo delegado de polícia subscritor, com base no artigo 282 do Código de Processo Penal e artigo 294 do Código de Trânsito Brasileiro, **REPRESENTA** pela suspensão do direito de dirigir do indiciado.

Registre-se que os laudos realizados no veículo do preso encontram-se anexados nos autos deste inquérito policial (fls. 34 a 37).

Assim, em não havendo outras diligências possíveis à comprovação dos fatos e de suas circunstâncias, com base no princípio da razoável duração do processo, dou por encerrado este inquérito policial, remetendo-o, tempestivamente, para a análise deste douto Magistrado e do digníssimo representante do *Parquet*.

É o relatório.
Aparecida, 27 de fevereiro de 2012.

FRANCISCO SANNINI NETO
Delegado de Polícia

RELATÓRIO FINAL DE INQUÉRITO POLICIAL E REPRESENTAÇÃO PELA PRISÃO PREVENTIVA

Inquérito Policial n.: XX/2012
Infração Penal: Ameaça e Injúria (arts. 147 e 140 do CP)
Indiciado: FULANO DE TAL
Vítima: CICLANO

Ínclito Magistrado,

A **POLÍCIA CIVIL DO ESTADO DE SÃO PAULO**, representada neste ato pelo delegado de polícia subscritor, que no uso de suas atribuições legais e regulamentares conferidas pelo artigo 144, § 4º, da Constituição Federal, artigo 140, da Constituição Estadual Paulista, artigo 4º e seguintes do Código de Processo Penal Brasileiro, artigo 12, da Portaria DGP-18/1998, e demais dispositivos legais correlatos, respeitosamente reporta--se a Vossa Excelência ofertando o presente

RELATÓRIO FINAL DE INQUÉRITO POLICIAL
c/c REPRESENTAÇÃO PELA PRISÃO PREVENTIVA,

com fulcro nos artigos 282, 311, 312 e 313, inciso III, do Código de Processo Penal, expondo, para tanto, seus substratos fáticos e jurídicos e as providências de polícia judiciária adotadas no caso em epígrafe.

O presente inquérito policial foi instaurado por meio de Portaria, tendo em vista a *notitia criminis* narrada no Termo Circunstanciado n. XXXXX/2012, cujo conteúdo apresentava uma contravenção penal de perturbação da tranquilidade contra a vítima, CICLANA, sendo que o autor dessa infração seria seu marido, FULANO DE TAL.

Ao longo deste procedimento investigativo, todavia, restou comprovado que o indiciado violou os artigos 140 e 147 do Código Penal. Ao ser ouvida em declarações (fl. 08), a vítima informou que o indiciado a ofendeu, chamando-a de "piranha, vagabunda, libidinosa" etc. Ademais, ele também teria a ameaçado de morte.

Com base nas declarações da vítima, foram deferidas em seu benefício as medidas protetivas previstas no artigo 22, inciso III, alínea "a" e "b", da Lei Maria da Penha, impedindo, assim, que o indiciado tivesse qualquer tipo de contato com ela. Destacamos que tais medidas foram deferidas no dia 19 de janeiro de 2012 (fl. 09)

Ocorre que no dia 5 de fevereiro de 2012, a vítima foi novamente ouvida nesta Delegacia de Polícia e informou que o indiciado continuou com as ofensas contra sua pessoa, além de ameaçá-la de morte (fl. 13).

Ao ser ouvido acerca dos fatos, o indiciado confirmou que ofendeu sua esposa chamando-a de "piranha, vagabunda e prostituta", mas ponderou que o fez durante uma discussão, na qual, segundo ele, também teria sido ofendido. O indiciado confirmou, inclusive, que a ameaçou de morte (fl. 17).

Ante o exposto, com base nos elementos de informações colhidos ao longo deste inquérito policial, restaram constatados os indícios suficientes de autoria e a prova da materialidade dos crimes previstos nos artigos 140 e 147 do Código Penal, razão pela qual foi determinado o formal indiciamento de FULANO DE TAL como incurso nas penas dos artigos supramencionados.

Da necessidade e adequação da prisão preventiva

Primeiramente, destacamos que com a reforma processual ocasionada pela Lei 12.403/2011, o artigo 282 do CPP passou a funcionar como uma espécie de cláusula geral das medidas cautelares pessoais. Assim, toda e qualquer medida dessa natureza deve observar esse dispositivo legal.

Como é cediço, a inovação legislativa teve o objetivo de valorizar e consagrar o princípio constitucional da presunção de não culpabilidade. Nesse sentido, a prisão cautelar deve ser utilizada em último caso, quando as demais medidas cautelares se mostrarem insuficientes ou inadequadas, caracterizando-se, portanto, como uma *extrema ratio*, nos termos do artigo 282, § 6º, do CPP.

Em consonância com essa determinação legal, foi deferida em benefício da vítima uma medida protetiva de urgência que impedia o indiciado de manter qualquer tipo de contato com sua pessoa. Consigne-se que tal medida cautelar era, em princípio, suficiente e adequada para a proteção dos bens jurídicos constantes no artigo 282, inciso I, do Código de Processo Penal.

Contudo, conforme restou demonstrado ao longo deste inquérito policial, a medida cautelar deferida em benefício da vítima foi descumprida pelo indiciado, senão vejamos. Foi destacado alhures que a medida protetiva havia sido deferida no dia 19 de janeiro de 2012. Ocorre que, de acordo com as declarações da vítima, o indiciado a teria ameaçado novamente no dia 5 de fevereiro.

Sendo assim, constatado o descumprimento de uma medida cautelar, a prisão preventiva se apresenta como a medida mais adequada e necessária para a garantia dos bens jurídicos previstos no artigo 282, inciso I, do CPP. Salientamos, outrossim, que, fora essa medida extrema, não vislumbramos outra medida cautelar que seja capaz de impedir a reiteração de infrações penais em prejuízo da vítima.

Não podemos olvidar, Excelência, que o indiciado já deixou clara sua intenção em não se pautar de acordo com a Lei, uma vez que desobedeceu uma ordem emanada deste juízo. Destarte, seu comportamento coloca em risco a ordem pública e a instrução criminal, isso sem mencionar a integridade física e psicológica da vítima, já há muito tempo ameaçadas.

Diante do exposto, provada a materialidade do crime e constatado os indícios suficientes de autoria (*fumus comissi delicti*), considerando que o comportamento do indiciado coloca em risco a ordem pública e a conveniência da instrução criminal (*periculum libertatis*), considerando, ainda, a gravidade dos fatos e as condições pessoais do indiciado, que descumpriu medida cautelar anteriormente decretada, com o objetivo de impedir a reiteração de infrações penais, a **POLÍCIA CIVIL DO ESTADO DE SÃO PAULO**, representada pelo delegado de polícia que esta subscreve, vem, respeitosamente, perante Vossa Excelência, **REPRESENTAR PELA DECRETAÇÃO DA PRISÃO PREVENTIVA** de FULANO DE TAL, com base nos artigos 282, § 4º, 311, 312 e 313, inciso III, todos do Código de Processo Penal.

Sugerimos, contudo, Excelência, nos termos do artigo 282, § 3º, do CPP, a oitiva do indiciado antes da decretação desta *extrema ratio*, valorizando, destarte, a ampla defesa e o contraditório, facilitando a obtenção da medida mais adequada ao caso, haja vista que nessas situações o casal muitas vezes acaba se reconciliando, sendo a intervenção do Estado desnecessária.

Por fim, em não havendo outras diligências possíveis à comprovação dos fatos e de suas circunstâncias, de acordo com o princípio da razoável duração do processo (art. 5º, LXXVIII, da Constituição da República) dou por encerrado este inquérito policial, remetendo-o, tempestivamente, para a análise deste douto Magistrado e do digníssimo representante do *Parquet*.

É o relatório.

Aparecida, 6 de março de 2012.

FRANCISCO SANNINI NETO
Delegado de Polícia

REPRESENTAÇÃO PARA PRISÃO TEMPORÁRIA

Meritíssima Juíza,

Estreita síntese do presente inquérito policial:

O presente procedimento investigativo teve início por meio de Portaria, em virtude do Boletim de Ocorrência n. XX/2012, cujo conteúdo apresenta uma *notitia criminis* de roubo circunstanciado (artigo 157, § 2º, I, do Código Penal), na qual consta como vítima a senhora FULANA DE TAL, que no dia 09/01/2012 teve subtraída sua carteira mediante grave ameaça exercida por meio de emprego de arma de fogo.

Ao ser ouvida em declarações nesta Delegacia de Polícia, a vítima informou as circunstâncias do crime e, na mesma ocasião, reconheceu o autor do roubo ao qual foi submetida como sendo a pessoa CICLANO, conforme auto de reconhecimento em anexo.

Da necessidade e adequação da prisão temporária

Como é cediço, no ano passado nosso Código de Processo Penal sofreu uma reforma na parte que trata das prisões e demais medidas cautelares. Tal reforma foi efetivada pela Lei 12.403/2011. Com a inovação legislativa, o artigo 282 do CPP passou a atuar como uma espécie de cláusula geral das medidas cautelares.

Isso significa que o mencionado dispositivo legal deve ser observado na aplicação de toda e qualquer medida cautelar, o que inclui a prisão temporária, que nada mais é que uma medida cautelar.

Sendo assim, com base no artigo 282, incisos I e II, do CPP, a prisão temporária de CICLANO se apresenta como a medida necessária e adequada para impedir a reiteração de condutas criminosas, uma vez que o Setor de Investigações Gerais desta Delegacia de Polícia já identificou outros roubos praticados por ele.

Lembramos, ademais, que a prisão temporária do averiguado é imprescindível para o sucesso das investigações, haja vista que poderá ser efetuado seu reconhecimento pessoal no crime ora investigado, assim como em outros roubos em que ele também figura como suspeito. Da mesma forma, poderá ser efetivado seu formal indiciamento, no qual ele poderá fornecer sua versão dos fatos por meio do interrogatório.

Se não bastassem esses argumentos, entendemos que, em posse do competente mandado de busca e apreensão ao domicílio do investigado, também poderão ser encontrados os objetos roubados da vítima, assim como a arma utilizada no crime.

Em observância ao § 3º do artigo 282 do CPP, com o objetivo de garantir a eficácia da medida, sugerimos a este douto Magistrado que decrete a prisão temporária sem a oitiva da parte contrária (*inaudita altera pars*).

Por fim, destacamos que, diferentemente da prisão preventiva, que exige indícios suficientes de autoria, a prisão temporária demanda apenas a existência de fundadas razões de autoria. Isto, pois, a função principal da prisão temporária é servir ao inquérito.

Dessa forma, podemos afirmar que na decretação da prisão temporária o grau de certeza em relação à autoria é significativamente menor do que na decretação da prisão preventiva, tanto que o próprio legislador fez esta distinção ao mencionar as *fundadas razões* no texto legal.

Entendemos que a decretação da prisão temporária exige a *possibilidade* de autoria, enquanto a prisão preventiva demanda a *probabilidade* de autoria. Veja, Excelência, que é por meio da prisão temporária – que serve às investigações – que será possível colher mais elementos referentes à autoria. São por esses motivos que entendemos imprescindível a decretação da prisão temporária do suspeito.

Conclusão:

Diante do exposto, sendo imprescindível para a cabal apuração dos fatos, isto é, para findar as investigações de Polícia Judiciária, com fundamento no artigo 1º, incisos I e III, da Lei 7.960/1989, e artigo 282 do Código de Processo Penal, a **POLÍCIA CIVIL DO ESTADO DE SÃO PAULO**, representada pelo delegado de polícia subscritor, vem, respeitosamente, perante Vossa Excelência, **REPRESENTAR PELA DECRETAÇÃO DA PRISÃO TEMPORÁRIA** de **CICLANO**, pelo prazo de 5 (cinco) dias a partir da efetivação da medida.

Da mesma forma, **representamos pela concessão do devido mandado judicial de busca e apreensão** a seu domicílio, localizado na Rua X, n. Y, bairro Z, nesta cidade.

Termos em que
pede deferimento.
Aparecida, 12 de janeiro de 2012.

FRANCISCO SANNINI NETO
Delegado de Polícia

REPRESENTAÇÃO PARA PRISÃO PREVENTIVA

Ofício n. _____/2012

Meritíssima Juíza,

Estreita síntese dos fatos:

Tendo em vista a *notitia criminis* constante no Boletim de Ocorrência n. XXX/2012, cujo conteúdo apresentava um crime de roubo circunstanciado (art. 157, § 2º, inciso I e II, do CP), o Setor de Investigações Gerais desta Delegacia de Polícia deu início a um trabalho de investigação com o objetivo de esclarecer os fatos.

De acordo com a declaração da vítima, APARECIDA (em anexo), dois indivíduos entraram em sua residência e, mediante grave ameaça exercida por meio de emprego de arma de fogo, subtraíram-lhe diversos objetos e valores.

Após perfunctória investigação, foi possível localizar e identificar os suspeitos de cometerem o crime. Nesta data, a vítima efetuou o formal reconhecimento dos suspeitos, apontando como um dos criminosos que entraram em sua residência a pessoa de FULANO DE TAL (conforme auto de reconhecimento em anexo).

Da mesma forma, as testemunhas, BALTRANO e CICLANO, que passavam pela rua no momento dos fatos, também reconheceram as pessoas de Bruno e Thiago como sendo partícipes do crime ora investigado. De acordo com as testemunhas, os dois teriam ficado do lado de fora da casa dando auxílio aos comparsas que realizavam o verbo núcleo do tipo.

Vale consignar, Excelência, que a vítima suspeita que seu amigo, TOM, teria sido o autor intelectual do crime, fornecendo todas as informações necessárias para o sucesso da empreitada criminosa. Salientamos, outrossim, que o investigado, FULANO, afirmou de maneira informal e na presença desta Autoridade Policial que o crime teria sido arquitetado por TOM.

Com relação aos objetos e valores roubados da vítima, até o presente momento não foi possível recuperá-los, sendo que novas diligências serão realizadas com esse desiderato.

Da necessidade e adequação da prisão preventiva

Primeiramente, destacamos que com a reforma processual ocasionada pela Lei 12.403/2011, o artigo 282 do CPP passou a funcionar como uma espécie de cláusula geral das medidas cautelares pessoais. Assim, toda e qualquer medida dessa natureza deve observar esse dispositivo legal.

Como é cediço, a inovação legislativa tem o objetivo de valorizar e consagrar o princípio constitucional da presunção de não culpabilidade. Nesse sentido, a prisão cautelar deve ser utilizada em último caso, quando as demais medidas cautelares se mostrarem insuficientes ou inadequadas, caracterizando-se, portanto, como uma *extrema ratio*, nos termos do artigo 282, § 6º, do CPP.

Feitas essas observações, salientamos que, de acordo com o artigo 282, inciso I e II, do Código Penal, a prisão preventiva dos investigados se faz necessária para impedir a reiteração de condutas criminosas. Ademais, a prisão preventiva dos investigados caracteriza-se como a medida mais adequada ao caso, tendo em vista a gravidade do crime e as condições pessoais dos criminosos, que já todos possuem antecedentes criminais.

ANEXOS

Diante de tais fatos, parece-nos que a adoção de outras medidas cautelares diversas da prisão colocaria em perigo a ordem pública, ameaçada pela probabilidade dos investigados, em liberdade, voltarem a delinquir. Da mesma forma, devido à obscuridade dos fatos, que envolvem, inclusive, "amigos" da vítima, entendemos necessária a decretação da prisão preventiva para a garantia da instrução criminal, haja vista que os suspeitos podem ameaçar a vítima e as testemunhas, além de prejudicar a recuperação dos objetos roubados.

Desse modo, com o objetivo de assegurar os bens jurídicos previstos no artigo 282, inciso I, do CPP, salta aos olhos a necessidade e adequação da prisão preventiva dos indiciados.

Não podemos olvidar, Excelência, que a prisão decorrente de uma condenação definitiva é fruto de um juízo de culpabilidade sobre o acusado (juízo de cognição exauriente), após uma longa fase processual cercada por todas as garantias constitucionais, principalmente pela cláusula do devido processo legal. Contudo, em se tratando de uma prisão cautelar, como a prisão preventiva, é feito apenas um juízo de periculosidade sobre o indiciado (juízo de cognição sumária), o que restou demonstrado ao longo deste procedimento investigativo, uma vez que os criminosos provavelmente voltarão a delinquir, o que põe em perigo a ordem pública.

Lembramos que o conceito de ordem pública deve ser analisado sob três prismas, quais sejam: gravidade do fato, repercussão social e periculosidade do agente. No caso, resta claro o preenchimento de todos esses requisitos.

Por fim, destacamos que a decretação da prisão temporária dos suspeitos não é a medida mais adequada para a garantia dos bens jurídicos constantes no artigo 282, inciso I, do CPP. Isto, pois, o prazo estabelecido nesta medida cautelar não será suficiente para a perfeita elucidação dos fatos, uma vez que será necessária a constatação do envolvimento de outras pessoas no crime.

Contudo, considerando que com relação aos investigados, FULANO, BRUNO E THIAGO, já foram constatados indícios suficientes de autoria e participação, não há motivos que empeçam a decretação desta *extrema ratio*. Destacamos, inclusive, que não há qualquer impedimento legal nesse sentido, sendo que o novo sistema cautelar se pauta, principalmente, pelo binômio *necessidade* e *adequação*, nos termos do artigo 282 do CPP.

Conclusão:

Diante do exposto, tendo em vista o auto de reconhecimento realizado pela vítima dando conta de que um dos autores do crime é a pessoa de FULANO DE TAL, sendo que ele contou com o auxílio de Bruno e Thiago durante a empreitada criminosa, o que também foi comprovado por meio das testemunhas que os reconheceram em autos próprios, a **POLÍCIA CIVIL DO ESTADO DE SÃO PAULO**, representada neste ato pela Autoridade Policial que esta subscreve, vem, respeitosamente, perante Vossa Excelência

REPRESENTAR PELA DECRETAÇÃO DA PRISÃO PREVENTIVA

dos investigados adrede mencionados, com fulcro nos artigos 282, 311, 312 e 313, todos do Código de Processo Penal, uma vez que tal medida é imprescindível para a conveniência da instrução criminal, bem como para a garantia da ordem pública e aplicação da lei penal.

Termos em que
pede deferimento.

Aparecida, 14 de fevereiro de 2012.

FRANCISCO SANNINI NETO
Delegado de Polícia

REPRESENTAÇÃO PARA PRISÃO TEMPORÁRIA

Meritíssima Juíza,

Estreita síntese do presente inquérito policial:

ANEXOS

O presente procedimento investigativo teve início por meio de Portaria, em virtude do Boletim de Ocorrência n. XXX/2009, cujo conteúdo apresenta uma *notitia criminis* de homicídio (art. 121 do CP), na qual consta como vítima a pessoa de FULANO.

Ao ser ouvido em declarações acerca dos fatos, o pai da vítima, o senhor MOREIRA, informou que recebeu a informação de que no dia do crime seu filho estava na companhia de duas pessoas, sendo que, após os disparos, tais indivíduos teriam deixado o carro da vítima e fugindo em sentidos apostos (fl. 41).

Diante desse crime bárbaro, o Setor de Investigações Gerais desta Delegacia de Polícia efetuou diversas diligências no sentido de identificar o autor dos disparos. Ocorre que no dia 14 de junho de 2011, RAFAEL foi preso em flagrante pelo delito previsto no artigo 273 do Código Penal.

De acordo com o apurado nas investigações, RAFAEL seria uma das pessoas que estavam no veículo da vítima no dia do crime. Ao ser ouvido em assentada, RAFAEL afirmou que ele, a vítima e um indivíduo chamado Gabriel, saíram de carro para fumar "maconha".

Contudo, durante o trajeto, mais especificamente nas proximidades do viaduto da Vila Mariana, Gabriel começou a fazer sinais no sentido de que iria matar a vítima. Na sequência, Gabriel teria efetuado alguns disparos. Após, RAFAEL afirmou que ambos fugiram assustados. Por fim, RAFAEL informou que nunca se manifestou sobre os fatos, pois vem sofrendo com as ameaças de Gabriel.

Na mesma oportunidade, foi efetuado o auto de reconhecimento fotográfico, sendo que a testemunha identificou a pessoa de Gabriel como sendo o autor dos disparos que mataram a vítima.

Após essas informações, foram efetuadas novas diligências no sentido de robustecer o conjunto probatório já constante nos autos deste inquérito policial. Porém, não foi possível identificar novos elementos de informação.

Da necessidade e adequação da prisão temporária

Como é cediço, no dia 4 de julho de 2011 nosso Código de Processo Penal sofreu uma reforma na parte que trata das prisões e demais medidas cautelares. Tal reforma foi efetivada pela Lei 12.403/2011. Com a inovação legislativa, o artigo 282 do CPP passou a atuar como uma espécie de cláusula geral das medidas cautelares.

Isso significa que o mencionado dispositivo legal deve ser observado na aplicação de toda e qualquer medida cautelar, o que inclui a prisão temporária.

Sendo assim, com base no artigo 282, incisos I e II, do CPP, a prisão temporária de GABRIEL se apresenta como a medida necessária e adequada para a conveniência da instrução criminal, já que o suspeito se encontra foragido e sua oitiva é imprescindível para o sucesso das investigações.

Sem embargo, chamamos a atenção para o fato de que, com base no depoimento da testemunha e no próprio laudo pericial, tudo indica que o homicídio da vítima tenha ocorrido por motivo torpe e de uma maneira que impossibilitou sua defesa. Desse modo, estamos tratando de um crime hediondo, sendo a prisão do suspeito absolutamente adequada e proporcional à gravidade dos fatos (art. 282, inciso II, do CPP).

Em observância ao § 3º do artigo 282 do CPP, com o objetivo de garantir a eficácia da medida, sugerimos a este douto Magistrado que decrete a prisão temporária sem a oitiva da parte contrária (*inaudita altera pars*).

Por fim, destacamos que, diferentemente da prisão preventiva, que exige *indícios suficientes* de autoria, a prisão temporária demanda apenas a existência de *fundadas razões* de autoria. Isto, pois, a função principal da prisão temporária é servir às investigações. É por meio da prisão temporária que será possível a busca de novos elementos de informações sobre o crime e que não poderiam ser descobertos por outros meios.

Dessa forma, podemos afirmar que na decretação da prisão temporária o grau de certeza em relação à autoria é significativamente menor do que na decretação da prisão preventiva, tanto que o próprio legislador fez essa distinção ao mencionar as *fundadas razões* no texto legal.

Entendemos que a decretação da prisão temporária exige a *possibilidade* de autoria, enquanto a prisão preventiva demanda a *probabilidade* de autoria. Caso contrário, Excelência, não haveria necessidade da existência da prisão temporária, pois o Magistrado já poderia decretar diretamente a prisão preventiva e o Ministério Público, por sua vez, já poderia oferecer a denúncia.

São por todos esses motivos que entendemos imprescindível a decretação desta medida extrema, objetivando principalmente a proteção aos bens jurídicos previstos no artigo 282, inciso I, do CPP.

Conclusão:

Diante do exposto, sendo imprescindível para a cabal apuração dos fatos, isto é, para findar as investigações de Polícia Judiciária, com fundamento no artigo 1º, incisos I e III, da Lei 7.960/1989, e artigo 282 do Código de Processo Penal, a **POLÍCIA CIVIL DO ESTADO DE SÃO PAULO**, representada pelo delegado de polícia subscritor, vem, respeitosamente, perante Vossa Excelência, **REPRESENTAR PELA DECRETAÇÃO DA PRISÃO TEMPORÁRIA** de **GABRIEL,** pelo prazo de 30 (trinta) dias a partir da efetivação da medida.

Termos em que
pede deferimento.

Aparecida, 17 de janeiro de 2012.

FRANCISCO SANNINI NETO
Delegado de Polícia

DESPACHO DE INDICIAMENTO

Conclusão

Considerando o teor do artigo 2º, § 6º, da Lei 12.830/2013, e o Parágrafo Único do art. 5º da Portaria DGP-18/98, a Autoridade Policial que esta subscreve delibera nos seguintes termos:

O presente inquérito policial foi instaurado por meio de Portaria com o objetivo de apurar a *notitia criminis* constante no Boletim de Ocorrência n. XXX/XX, registrado no plantão de Polícia Judiciária de Guaratinguetá, cujo conteúdo apresenta, em tese, um crime de receptação (art. 180, do CP) contra a vítima, FULANA, sendo que o suspeito de praticar essa infração é a pessoa BELTRANO, ora investigado.

Ao ser ouvida em declarações, a vítima informou que, em outubro de 2010, uma égua de sua propriedade foi furtada na zona rural, conforme o Boletim de Ocorrência n. XXXX/XX, registrado nesta Delegacia de Polícia (fl. 03). De acordo com a vítima, no dia 24/04/2011, durante a cavalaria de Guaratinguetá, ela reconheceu seu animal na posse de CICLANA. Ao indagá-la sobre a origem do animal, CICLANA lhe falou que a égua pertencia a seu namorado, BELTRANO. A vítima destacou que não tem dúvida de que se tratava do mesmo animal, sendo que tal afirmação pôde ser comprovada pela inscrição "H", constante na égua. Por fim, a vítima afirmou ter pagado o valor de mil reais pelo animal (fl. 11).

CICLANA também foi ouvida em declarações. Ela confirmou que estava na posse do animal, mas alegou que ele pertencia a seu namorado, BELTRANO. Ainda de acordo com CICLANA, BELTRANO teria comprado a égua de um sujeito desconhecido, pagando, para tanto, o valor de duzentos reais (fl. 09).

O investigado, por sua vez, ratificou o exposto por sua namorada, CICLANA, acrescentando, ainda, que adquiriu a égua cerca de três meses antes da data do registro da ocorrência. Ao ser questionado sobre a pessoa de quem ele comprou o animal, o investigado não soube dar maiores informações (fl. 10).

Ante o exposto, com base nos elementos de informações colhidos ao longo deste procedimento investigativo, considerando que o investigado foi encontrado na posse do animal furtado da vítima, conforme Boletim de Ocorrência n. XXXX/XX (em anexo), considerando que ele afirmou ter pagado a quantia de duzentos reais pelo referido animal, sendo seu valor real muito superior, considerando, finalmente, que o investigado não soube prestar maiores informações sobre a pessoa de quem ele adquiriu a égua, a **POLÍCIA CIVIL DO ESTADO DE SÃO PAULO**, representada pelo delegado de polícia subscritor, formou seu convencimento no sentido de que restaram suficientemente caracterizados os indícios de autoria e materialidade do crime previsto no artigo 180 do Código Penal, razão pela qual, promovo o formal **INDICIAMENTO** de **BELTRANO**, como incurso nas penas do artigo supracitado, nos termos do artigo 2º, § 6º, da Lei 12.830/2013 e da Portaria DGP n. 18/1998.

Com o objetivo de subsidiar nosso entendimento, socorremo-nos da *teoria da cegueira deliberada (Willful Blindness)*, também conhecida como *teoria das instruções da avestruz*. Em linhas gerais, a teoria da cegueira deli-

ANEXOS

berada pode ser aplicada em determinadas situações em que o agente finge não perceber a origem ilícita dos bens adquiridos por ele com o intuito de auferir vantagens. Falando o português claro, ele se faz de bobo visando não tomar ciência da extensão da gravidade da situação em que ele está envolvido.

Contudo, para que a teoria possa ser aplicada, é necessário que fique demonstrado que o agente tinha ciência da elevada possibilidade de o objeto material do crime ser de origem ilícita. Trata-se, na maioria dos casos, de uma clara situação de dolo eventual, no qual o sujeito ativo vislumbra a possibilidade do resultado lesivo proveniente de sua conduta, mas pouco se importa com sua ocorrência.

De acordo com nosso entendimento, independentemente da modalidade de receptação, a teoria da cegueira deliberada sempre poderá ser utilizada para reforçar a materialidade delitiva da conduta. Do contrário, dificilmente restaria caracterizado o delito previsto no artigo 180 do Código Penal, uma vez que os órgãos responsáveis pela persecução penal teriam imensa dificuldade em provar a ciência da origem ilícita por parte do agente, pois ainda não é possível ao Estado imiscuir-se no consciente das pessoas.

Claro que, em diversas situações, podem ser reunidos indícios que demonstrem a certeza da origem ilícita da coisa. Entretanto, mesmo nesses casos, a teoria em estudo é pertinente para subsidiar uma sentença condenatória.

Não podemos olvidar que é dever de todas as pessoas contribuir para uma sociedade melhor e com menos crimes, sendo que condutas como a praticada pelo investigado apenas fomentam a prática de outros crimes. Aliás, ao tipificar o delito previsto no artigo 180 do Código Penal, o legislador tinha por objetivo desestimular a prática de furtos e roubos de determinadas coisas, pois, sem compradores, os criminosos não conseguiriam dar vazão aos objetos subtraídos.

Nesse sentido, a teoria da cegueira deliberada acaba punindo essas pessoas que, com o famoso "jeitinho brasileiro", procuram auferir vantagens em prejuízo de terceiros. Se todos cumprissem sua parte, crimes como os de lavagem de dinheiro ou de receptação sequer precisariam existir. Contudo, o ser humano é falho e, portanto, cabe ao Estado munir-se dos instrumentos necessários para o combate ao crime.

É, de fato, muito fácil para o oportunista se fazer de ignorante para não perceber a ilegalidade de determinadas situações. Não por acaso, a teoria em estudo também é chamada de teoria da ignorância deliberada (*deliberate ignorance*). Não se trata, pois, de responsabilidade penal objetiva. Para que a teoria da cegueira deliberada tenha vez, é imprescindível que o conjunto probatório demonstre que o agente tinha motivos para suspeitar da origem ilícita do objeto e pouco se importou com isso, fechando os olhos para aquilo que não lhe interessava ver.

Ora, não temos dúvidas de que tudo isso restou comprovado no caso em tela, haja vista que o investigado realizou um negócio com uma pessoa que ele nem sequer conhecia, não recebendo qualquer documento que legitimasse a compra do animal e, pior, pagando, para tanto, uma quantia totalmente incompatível com o valor real da égua adquirida. Por tudo isso, parece-nos que o investigado fechou os olhos para a provável origem ilícita do animal, o que, nos termos da mencionada teoria, acaba por caracterizar o delito previsto no artigo 180 do Código Penal.

Sem embargo, em observância aos princípios constitucionais do contraditório e da ampla defesa, determino que seja entregue **nota de culpa** ao investigado, com a informação do crime pelo qual ele está sendo indiciado, os motivos que levaram a esta conclusão e o nome desta Autoridade Policial.

Por fim, caso o investigado não seja localizado, determino, desde já, seu formal indiciamento indireto.

Aparecida, 8 de abril de 2013.

———————————————
FRANCISCO SANNINI NETO
Delegado de Polícia

Bibliografia

ÁVILA, Humberto. *Teoria dos Princípios.* 10 ed. São Paulo: Malheiros, 2009.

BARROSO, Luís Roberto. *Interpretação e aplicação da Constituição.* 4 ed. São Paulo: Editora Saraiva, 2001.

BARBOSA, Manoel Messias. *Inquérito Policial.* 5 ed. São Paulo: Editora Método, 2006.

BIANCHINIM, Alice; MARQUES, Ivan Luís; GOMES, Luiz Flávio; CUNHA, Rogério Sanches; MACIEL, Silvio. *Prisão e Medidas Cautelares.* 2 ed. São Paulo: Revista dos Tribunais, 2011.

BITENCOURT, Cezar Roberto. *Tratado de Direito Penal – Parte Geral.* 19 ed. São Paulo: Editora Saraiva, 2013.

_____. *Participação de policial em crimes relativos à organização criminosa.* Disponível em: <http://atualidadesdodireito.com.br/cezarbitencourt/2013/11/12/participacao-de-policial-em-crimes-relativos-a-organizacao-criminosa/>.

BONFIM, Edilson Mougenot. *Reforma do Código de Processo Penal.* São Paulo: Editora Saraiva, 2011.

BORGES DE MENDONÇA, Andrey. *Prisão e outras medidas cautelares pessoais.* São Paulo: Método, 2011.

BRASILEIRO DE LIMA, Renato. *Nova Prisão Cautelar. Doutrina, Jurisprudência e Prática.* Niterói: Impetus, 2011.

_____. *Manual de Processo Penal.* Vol. II. 2 ed. Niterói: Impetus, 2012.

BRUTTI, Roger Spode. *O princípio da insignificância frente ao poder discricionário do Delegado de Polícia.* Disponível em: <http://jus.com.br/artigos/9145/o-principio-da-insignificancia-frente-ao-poder-discricionario-do-delegado-de-policia/2>.

CABETTE, Eduardo Luiz Santos. *Lei 12.403 Comentada – Medidas Cautelares, Prisões Provisórias e Liberdade Provisória.* Rio de Janeiro: Freitas Bastos, 2013.

_____. *Uma análise sobre a coerência da jurisprudência do STJ quanto ao tema do indiciamento intempestivo.* Jus Navigandi, Teresina, ano 12, n. 1367, 30 mar. 2007. Disponível em: <http://jus.com.br/revista/texto/9667>.

_____. *O papel do inquérito policial no sistema acusatório. O modelo brasileiro*. Disponível em: <http://jus.com.br/revista/texto/13037>.

_____. *O advento da reforma do Código de Processo Penal pela Lei 12.403/2011 e o destino da apresentação espontânea*. Disponível em: <www.jusnavegandi.com.br>.

_____. *Concurso de crimes, continuidade delitiva e limite quantitativo de pena para a prisão preventiva e fiança de acordo com a Lei 12.403/2011*. Jus Navigandi, Teresina, ano 16, n. 2954, 3 ago. 2011. Disponível em: <http://jus.uol.com.br/revista/texto/19690>.

_____. *Terminologia dos pressupostos das medidas cautelares penais. Uma visão crítica das posturas críticas*. Jus Navigandi, Teresina, ano 16, n. 2977, 26 ago. 2011. Disponível em: <http://jus.com.br/revista/texto/19854>.

_____. *O Delegado de Polícia e a análise de excludentes na prisão em flagrante*. Conteúdo Jurídico, Brasília-DF: 8 nov. 2011. Disponível em: <http://www.conteudojuridico.com.br/?colunas&colunista=371_Eduardo_Cabette&ver=1089>.

CÂMARA, Luiz Antonio. *Medidas Cautelares Pessoais – Prisão e Liberdade Provisória*. 2 ed. Curitiba: Juruá, 2011.

CAMBI, Eduardo. *Neoconstitucionalismo e Neoprocessualismo*. 2 ed. São Paulo: Revista dos Tribunais, 2011.

CÂNDIDO, Joel João. *Direito Eleitoral Brasileiro*. 10 ed. Bauru: Edipro, 2003.

CAPEZ, Fernando. *Curso de Processo Penal*. 10 ed. São Paulo: Editora Editora Saraiva, 2003.

_____. *Lei 12.403 e as polêmicas prisões provisórias*. Disponível em: <http://www.conjur.com.br/2011-jun-29/consideracoes-sobra-lei-124032011-prisao-provisoria-polemicas>.

CASTELO BRANCO, Tales. *Da Prisão em Flagrante*. 5 ed. São Paulo: Editora Saraiva, 2001.

_____. *Da Prisão em Flagrante*. 4 ed. São Paulo: Editora Saraiva, 1988.

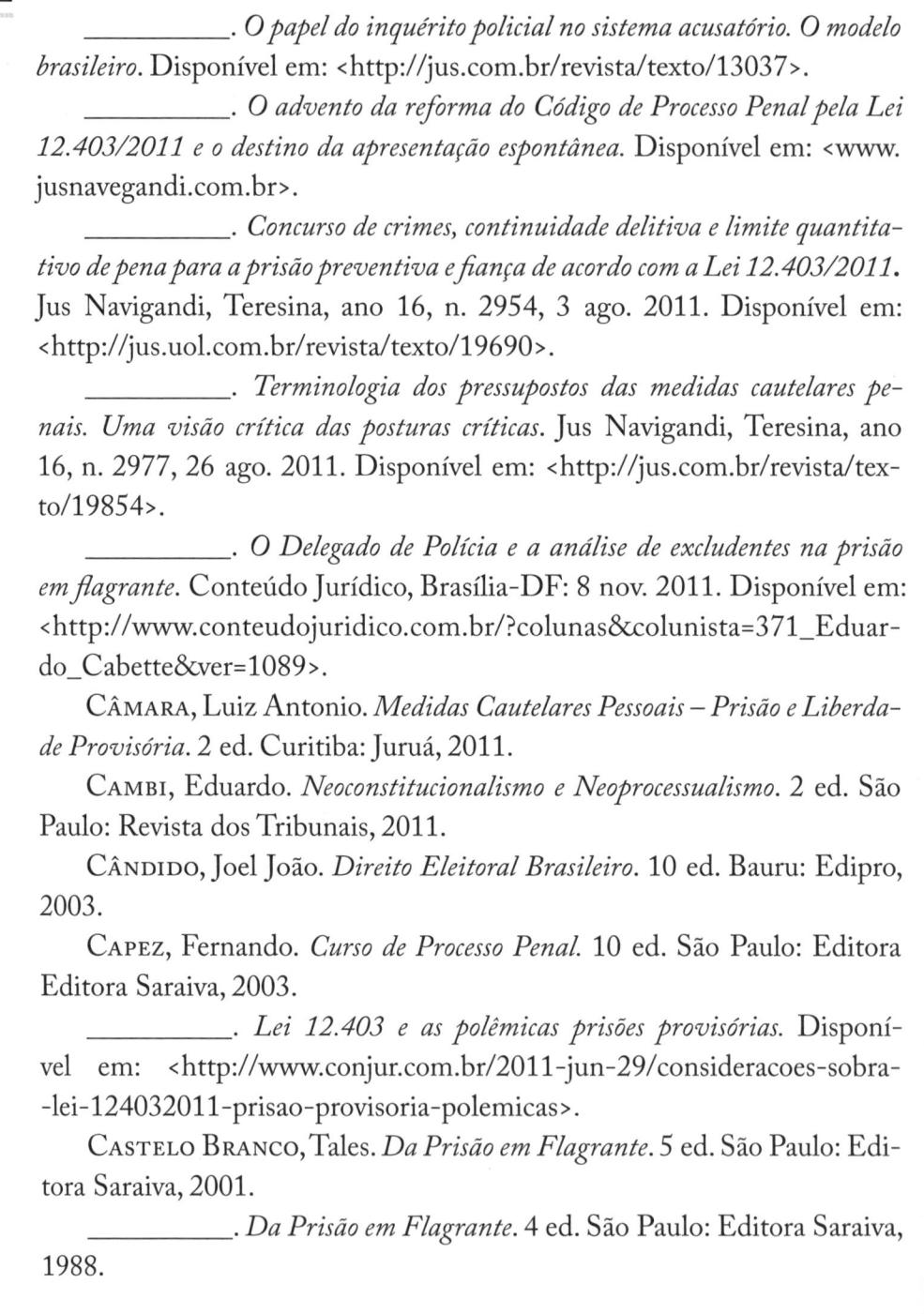

BIBLIOGRAFIA

CHOUKR, Fauzi Hassan. *Garantias Constitucionais na Investigação Criminal.* 3 ed. Rio de Janeiro: Editora Lumen Juris, 2006.

CUNHA, Rogério Sanches. *Código Penal para Concursos.* 4 ed. Bahia: JusPodivm, 2011.

DELMANTO, Celso; DELMANTO, Roberto; DELMANTO JUNIOR, Roberto; DELMANTO, Fabio M. de Almeida. *Código Penal Comentado.* São Paulo: Editora Saraiva, 2010.

DELMANTO JUNIOR, Roberto. *As modalidades de prisão provisória e seu prazo de duração.* 2 ed. Rio de Janeiro: Renovar, 2001.

DIDIER JR., Fredie. *Curso de Direito Processual Civil – Teoria Geral do Processo e Processo de Conhecimento.* 7 ed. Bahia: JusPodivm, 2007.

DUTRA SANTOS, Marcos Paulo. *O Novo Processo Penal Cautelar.* Salvador: JusPodiym, 2011.

ELIAS, Roberto João. *Comentários ao Estatuto da Criança e do Adolescente.* 4 ed. São Paulo: Editora Saraiva, 2010.

ESPÍNOLA FILHO, Eduardo. *Código de Processo Penal Brasileiro Anotado.* 3 ed., vol. 2. Rio de Janeiro: Borsoi, 1955.

ESTEFAM, André. *Provas e Procedimentos do Processo Penal.* São Paulo: Editora Damásio de Jesus, 2008.

FEITOZA PACHECO, Denílson. *Direito Processual Penal – Teoria, Crítica e Práxis.* 6 ed. Niterói: Impetus, 2009.

_____. *O princípio da proporcionalidade no direito processual penal brasileiro.* Rio de Janeiro: Lumen Juris, 2007.

FERNANDES, Antonio Scarance. *Processo Penal Constitucional.* São Paulo: RT, 1999.

FERRAJOLI, Luigi. *Direito e Razão.* Trad. Ana Paula Zomer "et al.". 3 ed. São Paulo: RT, 2010.

FOUCAULT, Michel. *Vigiar e Punir.* 39 ed. Petrópolis: Editora Vozes, 2010.

GARCIA, Basileu. *Comentários ao Código de Processo Penal.* Vol. III. Rio de Janeiro: Forense, 1945.

GOMES FILHO, Antonio Magalhães. *Presunção de Inocência e Prisão Cautelar.* São Paulo: Editora Saraiva, 1991.

GOMES FILHO, Antônio Magalhães; PRADO, Geraldo; BADARÓ, Gustavo Henrique; ROCHA DE ASSIS MOURA, Maria Thereza; FERNANDES, Og. *Medidas Cautelares no Processo Penal – Prisões e suas alternativas.* São Paulo: Revista dos Tribunais, 2011.

GOMES, Luiz Flávio. *Princípio da Insignificância e outras excludentes de tipicidade.* Volume 1. São Paulo: Revista dos Tribunais, 2009.

GOMES, Luiz Flávio; BIANCHINI, Alice; CUNHA, Rogério Sanches; OLIVEIRA, Willian Terra de. *Nova lei de drogas comentada.* São Paulo: RT, 2006.

GONÇALVES, Luiz Carlos dos Santos. *Mandados Expressos de Criminalização e a Proteção de Direitos Fundamentais na Constituição Brasileira de 1988.* Belo Horizonte: Editora Fórum, 2007.

GRECO, Rogério. *Curso de Direito Penal – Parte Geral.* Vol. I. 9 ed. Niterói: Impetus, 2007.

JESUS, Damásio E. *Direito Penal – Parte Geral.* São Paulo: Editora Saraiva, 1994.

KARAN, Maria Lúcia. *Prisão e liberdades processuais.* São Paulo: Revista Brasileira de Ciências Criminais. N. 2, 1993.

LOPES JR., Aury. *O Novo Regime Jurídico da Prisão Processual, Liberdade Provisória e Medidas Cautelares Diversas.* 2 ed. Rio de Janeiro: Lumen Juris, 2011.

_____. *Direito Processual Penal e sua Conformidade Constitucional.* 3 ed. Rio de Janeiro: Lúmen Júris, 2008.

_____. *Investigação Preliminar no Processo Penal.* São Paulo: Editora Saraiva, 2013.

_____. *Curso de Processo Penal.* 10 ed. São Paulo: Editora Saraiva, 2013.

MARQUES, José Frederico. *Apontamentos sobre Processo Criminal Brasileiro.* São Paulo: Revista dos Tribunais, 1959.

_____. *Elementos de Direito Processual Penal.* Vol. I e IV. 3 ed. atualizada. Campinas: Editora Millennium, 2009.

MENDES, Gilmar Ferreira; COELHO, Inocêncio Mártires; BRANCO, Paulo Gustavo Gonet. *Curso de Direito Constitucional.* 2 ed. São Paulo: Editora Saraiva, 2008.

BIBLIOGRAFIA

MENDES, Gilmar. *Os direitos fundamentais e seus múltiplos significados na ordem constitucional*. Revista Diálogo Jurídico. Disponível em: <www.direitopublico.com.br>.

MESSA, Ana Flávia. *Prisão e Liberdade*. Porto Alegre: Verbo Jurídico, 2009.

MIRABETE, Julio Fabbrini. *Processo Penal*. 16 ed. São Paulo: Editora Atlas, 2004.

_____. *Código Penal Interpretado*. 8 ed. São Paulo: Editora Atlas, 2013.

NUCCI, Guilherme de Souza. *Manual de Processo Penal e Execução Penal*. 4 ed. São Paulo: Ed. Revista dos Tribunais, 2007.

OLIVEIRA, Eugênio Pacelli. *Curso de Processo Penal*. 11 ed. Rio de Janeiro: Lumem Juris, 2009.

PINTO, Adilson José Vieira. *O inquérito policial à luz dos direitos e garantias individuais da Constituição Federal de 1988*. São Paulo: Revista Brasileira de Ciências Criminais. N. 27, p. 251-264, jul/set, 1999.

RANGEL, Paulo. *Direito Processual Penal*. São Paulo: Atlas, 2013.

RIOS GONÇALVES, Daniela Cristina. *Prisão em Flagrante*. São Paulo: Editora Saraiva, 2004.

SANNINI NETO, Francisco. *Espécies de Prisão Preventiva e a Lei 12.403/2012*. Disponível em: <http://jus.com.br/revista/texto/19635>.

_____. *A importância do inquérito policial para um Estado Democrático de Direito*. Disponível em <http://www.jusnavegandi.com.br>.

SARLET, Ingo Wolfgang. *Constituição e Proporcionalidade: o direito penal e os direitos fundamentais entre proibição de excesso e de insuficiência*. Disponível em: <http://www.mundojuridico.adv.br>.

SILVA, Marcelo Cardozo da. *A prisão em flagrante na Constituição*. Editora Verbo Jurídico, 2007.

SZNICK. Valdir. *Liberdade, Prisão Cautelar e Temporária*. 2 ed. São Paulo: Universitária de Direito, 1995.

TÁVORA, Nestor; RODRIGUES ALENCAR, Rosmar. *Curso de Direito Processual Penal*. 6 ed. Bahia: JusPodivm, 2011.

TORNAGHI, Hélio. *Curso de Processo Penal.* Volume II. 7 ed. São Paulo: Saraiva, 1990.

TOURINHO FILHO, Fernando da Costa. *Manual de Processo Penal.* 10 ed. São Paulo: Editora Saraiva, 2008.

TUCCI, Rogério Lauria. *Direitos e garantias individuais no processo penal brasileiro.* 2 ed. São Paulo: RT, 2004.

ZAFFARONI, Eugenio Raúl. *Manual de derecho penal – Parte general.* Buenos Aires: Ediar, 1996.